品格

成就人生的力量

Character

自律習慣 × 領導力 × 責任培養 × 生命價值

若是精神已富足，哪怕生而平庸，靈魂也將成就偉大

目錄

目錄

第一章
優秀的品格造就輝煌的人生

　　天才總是受人崇拜，但沒有天才的能力，倘若擁有良好的品格，更能贏得人們的尊重。天才是超群智力所結的碩果，而良好的品格是高尚靈魂所聚的結晶。然而，天才們憑藉自己的智力贏得社會的肯定，擁有高尚品格的人靠自己的良知卻能獲得社會讚譽。

只有超越了自我，人才能自立起來，否則，人將是多麼可憐啊！

——丹尼爾

骨氣是基源於品格所表現出來的道德準則，有骨氣的人，代表了他們所屬的那個社會的良知。

——愛默生

一個國家的繁榮，不取決於國庫之殷實，不取決於城堡之堅固，也不取決於公共設施之華麗，而取決於公民的文明素養，即人們所受的教育、遠見卓識和品格的高下。這些才是真正的屬害所在、真正的力量所在。

——馬丁·路德

毋庸置疑，品格是推動世界發展最為強大的動力之一。一個人擁有高尚的品格，是人性最高形式的體現，因為，高尚的品德能最大限度地體現出人的自我價值。

每一種真正美好的品德，如勤勞、正直、自律、誠實，都自然而然地得到了人類的崇敬。因為在這個世界上，具備這些美德的人弘揚了人間正氣，使得我們賴以生存的世界日趨一日、年復一年地變得令人憧憬和嚮往，所以，擁有這些美德的人為我們營造了一個美好而可愛的家園，他們高尚的品格，理應值得我們信賴、信任和效仿。

眾所周知，天才總是受人崇拜的，但倘若沒有天才的能力，擁有良好的品格，也能贏得人們的尊重。天才是超群智力所結的碩果，而良好的品格是高尚靈魂所聚的結晶。然而，天才們憑藉自己的智力贏得社會的肯定，擁有高尚品格的人靠自己的良知卻能獲得社會讚譽。從長遠來看，大千世界，萬事萬物卻由高尚的德行主宰著人們的生活。前者受人崇拜，而後者卻被視為楷模加以效仿。

在常人眼中，偉人往往是一些特殊人物，但殊不知偉大只不過相比碌碌無為而得來的。事實上，大多數人的生活圈都非常狹小，他們當中很少有人

能抓住機會出人頭地成為偉人。但是，每一個人都可以正直善良、光明磊落地做好自己的本職工作，最大限度地發揮自己的能力，淋漓盡致地展示自己的聰明才智。倘若不濫用、誤用自己的才華，即使在平凡的職位上，只要做到真誠、公正、正直和忠厚，也能充分體現自我的人生價值。總而言之，只要我們將安排給自己的工作做到盡心盡職，我們就可以無愧於天地良心，踏踏實實地睡上安穩覺。

愛爾蘭的政治家、演說家、哲學家艾德蒙·伯克曾說：「以英雄的品德為基礎的人類制度，必定會有一個脆弱的或墮落的上層建築。」這就要求我們，哪怕從事的工作職位再平凡，只要我們盡心盡職、宵衣旰食，就能展現出自身生命的崇高信念和個性。有人會說，人的平凡生活本身並無崇高可言，但是，人的高尚情操中所涵蓋的責任感，也必須體現在他的日常生活和日常事務當中。一個人良好的操行，「集中在平凡的職責範圍內」。因此，一切美德的最大魅力，就在於它是否最大限度地滿足人們日常生活的要求。這樣的美德才崇高、永恆和持久。

當阿波特博士，也就是後來的坎特伯雷大主教，在總結他死去的朋友湯瑪斯·沙克維爾的品格時，他沒有強調其身為一位政治家的優點，也沒有強調其身為一位詩人的天才，而是著力渲染了沙克維爾在日常生活中所表現出來的盡心盡責。「他身上有如此多可貴的東西，」阿波特博士說，「有誰像他那樣如此深愛著自己的妻子？有誰像他那樣對自己的子女如此慈愛？有誰像他那樣對朋友如此忠誠？有誰像他那樣對自己的仇敵如此溫和有禮？有誰像他那樣對自己的承諾如此守信？」實際上，透過一個人對他最親近的人的行為模式，透過一個人在平凡的生活中所具有的細節和責任心，我們可以更加深入地了解和欣賞他的真正品格。這種深入了解，比透過他身為一位政治家、一位作家或一位雄辯家向大眾所展現出來的品格要入木三分，也更為人們所信服。

對大多數人來說，身為一名普通人，在自己平凡的生活中盡心盡責的時候，他最高尚的品格也就在這種持久的盡心盡責中表現出來了。他們或許沒

有金錢、沒有財產、沒有學問、沒有權勢，但是，他們同樣可以擁有高尚的靈魂，擁有人類最為寶貴的精神財富——誠實、正直、盡職盡責。因此，無論是誰，只要他忠於職守，就是在履行被創造出來的義務，也就是在凝聚高尚的靈魂，更是在鍛造自己果敢的品格。在這個世界上，他們當中的許多人儘管一無所有，但是，他們所擁有的榮耀品格與加冕的國王相比，可以說毫不遜色，同樣值得人們尊敬並效仿。

知識與品格的純潔或高尚並沒有必然的連繫。在《新約全書》中，我們總是不斷地呼喚人的心靈和「我們的靈魂」。但是，我們卻極少提到一個人首先要學會理性思考。喬治‧赫伯特（George Herbert）說：「少量的好品行抵得上一大堆學問。」赫伯特這番言論，並不是說要我們輕視知識和學問，而是說知識與學問應該與善行結合，方能對人類有益。有時候，我們發現知識、才能往往與最卑鄙的品行結合在一起，譬如對地位高者趨炎附勢、卑躬屈膝；對地位低者傲慢無禮、橫行霸道。這樣的人或許在文學、藝術和科學領域中成就顯赫、名噪一時，然而，在誠實、正直、忠誠和責任感方面，他們卻遠遠趕不上一些窮困潦倒、目不識丁，卻有良好品行的農民。

正如帕修斯在給一位友人的信中寫道：「你總是說要尊重有學問的人，我表示認同，但是，與此同時，不要忽視了寬闊的胸懷、思想的深度、高尚的鑑賞力、涉世的經驗、優雅的舉止、行動的策略、充沛的精力、對真理的追求、誠實的為人以及和藹可親的態度。因為，在一個學富五車的人身上，有可能找不到這些難能可貴的特質。」

再聽聽一位聖賢的聲音吧！有些人把文學才能和文學成就的價值，分別視為最值得尊敬的本領和理應得到的最高榮耀，當華特‧司各特（Walter Scott）聽到這些評論時，他指出：「上帝拯救我們吧！如果這種觀點所言正確，那麼，這個世界將會是多麼的可悲呀！在我的生活中，我曾經在書本中讀過、在實際中觀察和結交過許多才華橫溢而又極富教養的人。但是，我可以向你們保證，那些貧窮而且沒有受過教育的男男女女，在他們面對困難和不幸時，從他們身上所表現出來的堅韌不拔的精神和英雄氣概，比我見到的

衣冠楚楚而滿嘴仁義道德者面臨危難時要勇敢堅強數倍；在他們談到一個朋友和鄰居的命運時，從他們口中說出來的關於生活的感恩與付出，比我從《聖經》裡讀到的經典語錄還要感人肺腑、真誠樸實。因此，如果我們學會把任何事物都當作虛無縹緲的東西，那麼，我們就會和那些受過教育的人一樣，學會感恩和尊重職業的召喚與命運的安排。」

財富與品格的高尚則更沒有必然的連繫。相反，財富會衍生墮落，奢侈能滋生邪惡。它們之間又有著盤根錯節的關係，這就使得財富往往成了導致人們品德敗壞與人性墮落的罪魁禍首。因此，倘若財富掌握在意志薄弱、少有自制、缺乏理性的人手中，就只會成為一種誘惑，變成一個陷阱，從而將自己送往一座冷冰冰、陰森森的牢獄。不獨如此，這樣的人如果掌握了財富，不僅有可能葬送自己的前程，而且還有可能給他人帶來無窮的災難。

與之相反，相對貧困的狀態卻與最高尚的品格毫不抵觸。因為一個人可以只擁有勤勞、節儉和正直的品格，但這絲毫不妨礙他成為一個真正對社會有用的人。詹姆斯·麥格雷戈·伯恩斯（James MacGregor Burns）所著的《領袖》一書在全世界暢銷，他的父親給他提過極富哲理的忠告：「你雖然不名一文，但一定要有男子漢的氣概，因為一個缺乏誠實正直心靈的人，根本不值得人們尊敬。」

有一位品格純潔高尚的工人，僅僅靠著每週不到十先令的薪水養家糊口。雖然他只在一個普通的教區學校接受過初等教育，但他卻是個充滿大智慧、思想極有見地的人。在他所藏的書中有《聖經》、《弗拉維爾》和《波士頓》，這些書，恐怕除了第一本外，很少有讀者聽說過。這個善良的人也極有可能就是沃茲沃斯的名著《漫步者》中主角的原型。為什麼這麼說呢？因為在他虔誠地完成了自己的工作和做完禮拜之後，他卻永遠地安息了。在他去世後，卻因其在實踐中的智慧、生活中的善行和美德英名，廣受人們讚頌和尊敬，使得一些社會地位比他高、經濟上比他富有的人望塵莫及。

無獨有偶，當馬丁·路德死後，正像他在遺囑中所宣布的那樣，他身後「沒有留下一分錢，也沒有留下任何財產之類的東西」。可能大家都知道，

馬丁・路德的生活潦倒不堪，以至他不得不透過旋製工藝、種植菜圃和製作鐘錶來換取麵包等生活必需品。然而，正是這樣的親力親為，磨練了他一身好品格，也因此被塑成了他所在國家的品格楷模。換句話說，在道德品格方面，馬丁・路德比所有的德國王公要高尚得多、榮耀得多、富有得多，因而才擁有了數以萬計的追隨者。

品格就是財富，是人最寶貴、最有價值的財富，是人的良好意願和人的尊嚴方面的財富。致力於投資品格的人們，雖然不能在世俗的物質方面變得富有，但是，他們可以從贏得別人的尊敬和讚譽中得到回報。因此，在生活中，我們一定要尊重勤勞、美德和善行這些最高尚的品德，只有具備了這些品德的人，才有可能成為這個社會的頂梁柱。

要證明上述觀點，這裡有一則典型的例子能很好地說明這個道理。有位非常有名的雄辯家，為了一起訴訟案件前去羅馬，途經愛比克泰德（Epicte-tus）住處，特意去拜訪這位哲學家。雄辯家想跟愛比克泰德學習斯多葛派的哲學，但是愛比克泰德不相信這位雄辯家的忠誠，於是非常冷漠地接待了這位來訪者。「你來寒舍，只不過是想借機批判我的風格，」愛比克泰德說，「而並非真誠地想向我學習一些我所堅持的原則。」、「不錯，」這位雄辯家回答說，「不過，倘若我也像你一樣潛心這樣的原則，我也會成為一個乞丐，就不會有金銀餐具，不會有扈從，也不會有土地。」、「我不需要這樣的東西，」愛比克泰德斬釘截鐵地回答道，「而且，不管怎樣，你比我更窮。因為有沒有庇護人，對於我來說輕描淡寫，可以不在乎，而你卻要依靠他謀取你的飯碗。我能不在乎尤利烏斯・凱撒（Iulius Caesar）大帝怎樣看待我，我也可以從不對任何人阿諛奉承。這就是我的財富，它比你的金銀餐具更寶貴。相反，你所擁有的金銀器皿，只不過是用貪欲製成的陶器。而我的『金銀器皿』，就在於我的心靈是一個無限廣闊的王國，充滿了歡樂和幸福，而不像你遊手好閒，懶惰成性，還要依託庇護人來換得可憐的供你揮霍逍遙的沾滿世俗的金錢。兩相比較，對你來說，你的所有財富都顯得那麼渺小；而對我來說，我的財富是那麼的彌足珍貴。你的貪欲是永無止境的，而我的欲望往往能適可

而止。因此，我比你更富有，絕對不像你所諷刺的那樣，大言不慚地說我像一個乞丐。」

經濟學家本傑明‧魯迪亞德就曾經說過：「沒有誰必須要成為富人或偉人，也沒有誰必須要成為一個聰明的人，但是，每一個人必須要做一個誠實的人。」因此，如果誠實是一個人唯一的財產，並且他也知道遵守這一原則的至關重要，那麼，誠實就能使他保持正直，給他以力量和耐力，成為他精力充沛的主要動力。同時，誠實對於他而言，更有可能成為他一生的美德，使他成為一個高尚的人，得到世人的尊敬和愛戴。

休謨曾說：「道德原則是社會的、整體的。在一定程度上，它是人類反對邪惡、反對無序、反對敵人的一個部分。」因此，生活的經驗警示我們，一個人除了要誠實之外，還必須堅守自己的原則，從而能不偏離正道，堅持不懈地追求真理、正直與忠誠。因為一個人倘若沒了原則，就會像一艘在大海中失去了航向的大船，隨風飄蕩，信自飄零。一旦如此，他就會淪為一個目無法律、目無規則、目無秩序、目無政府的人。

世界上才華橫溢的人並不罕見，甚至堪稱天才的人也為數不少。但是，才華出眾的人就值得相信嗎？天才就值得信賴嗎？我看未必，因為只有忠誠或誠實的人才值得人們信賴。忠誠和誠實，這兩種品格比其他任何品格更能贏得人們的尊重和尊敬，更能取信於人。忠誠是一切人性優點的奠基石，它本身要透過行動體現出來，那就是正直、誠實的行為，透過言行舉止展現出來。擁有這樣品格的人值得信賴，能讓人確信他或她是可信的。當人們認為一個人是可信的時候，那麼，他就是一個忠誠的人。也就是說，當一個人說他知道某件事時，他確實知道這件事；當他說他將去做某件事時，他的確能做而且做了這件事。因此，值得信賴是贏得人類普遍尊重和信任的通行證。

在日常生活或商務活動中，我們判斷一個人，更多的是根據他的品格而不是根據他的知識，更多的是根據他的心地而不是根據他的智力，更多的是根據他的自制力、耐心和紀律性而不是根據他所具有的天才般的能力。因

此，不管是在私人生活還是在公共生活中，一個人若能在正直的引導下表現出良好的感覺，就成了一個人立足於社會的良好品格。

良好的感覺受著經驗的約束，並且由善行激發出來，它就彰顯了一個人的實際本領，也就是這個人贏得了社會尊重的最高智慧。那麼，他就能將世俗生活與精神生活統一起來，辯證地看待和分析問題，從而取信於世人。「智慧和善行的一致是多方面的，」亨利・泰勒（Henry Taylor）勳爵說，「我們推斷它們結伴而行，不僅僅是因為人類的智慧使他們變得善良，而且是因為他們的善良使得他們變得更加富有智慧。」

在日常生活中，我們經常看到人們所表現出來的影響力的大小與他們的智力稟賦明顯不相稱，這是因為他們在品格上的控制能力各不相同的原因所致。一些品德高尚、影響力大的人，往往透過一些潛在的力量、一些有保留的力量，在內心裡暗暗發揮著舉足輕重的作用。正如伯克在談到上世紀一位很有影響力的貴族時所指出的：「他的品德就是他的方法。」這個奧祕就在於，這些人的目標充滿了純潔與高尚，自然也就能對周圍的人產生一種無形的影響力。

儘管一些人的優秀品格所凝聚的聲響，在漫漫人生路上會成長得很慢，但是，哪怕他們積聚的是「杯水車薪」，但他們誠實、善良的品格卻不能完全抹殺。他們當中的有些人，甚至可能會被另一些人曲解，被另一群人誤解，在一段時間內，不幸和苦難可能會籠罩他們的生活，但是，只要他們耐心地忍耐和等待曙光的降臨，相信他們最終會鹹魚翻身，撥開雲霧，從而贏得本應該得到的尊重和信任。

如果理查德・謝立丹（Richard Sheridan）有讓人信賴的品格，他或許可以主宰世界。然而，正因為他缺乏這種優秀的品格，也就使得他那讓人欽羨的稟賦變得毫無用處。謝立丹在日常生活和政治方面影響甚微，甚至連特魯利街的默劇演員在人們心中的影響力也能超過他。這確實讓謝立丹自己也感到茫然和驚詫，但是他卻不能改變自己傲慢的本性，潛心培養自己讓人信賴的品格，自然想要得到人們的尊重與信任，也就無力回天。因此，有一天，當

德爾比尼因為薪資被拖欠向謝立丹施壓時，謝立丹嚴厲地訓斥了他，說德爾比尼忘記了自己的身分。「不，謝立丹先生，事實上，我並沒有忘記自己的身分，」德爾比尼反駁道，「我完全清楚你我之間的差別，論出身、門第和所受的教育，我不如你，但在實際生活中，在品格、行為方面，你卻遠遠不如我。」

謝立丹的兄弟伯克，與謝立丹的本性有著天壤之別，他是一個品格極為高尚的人。正是因為伯克所具有這些讓人尊重和信賴的品格，使得他在三十五歲時就成功地躋身於英國議會。他也能抓住時機，將自己的英名深深地刻在英國政治歷史畫卷上。他的天賦極高，而且有著非凡的品格力量。然而，伯克卻有一個缺陷，而且是一個嚴重的、致命的缺陷——暴躁的脾氣。他的暴躁性格，葬送了他天才般的才華，他的失敗，形如他自己挖了一座墳墓，埋葬了他急躁的缺陷，同時也埋葬了他一世的英明。縱觀歷史長河，伯克正因為缺乏溫和的脾氣，才使得他自己最為難得的天賦價值，變得相對狹小和沽名釣譽。

一個人良好品格的養成，要在大千世界的熔爐裡慢慢磨練，在個人或多或少的調節和控制下，經過日復一日、年復一年的累積，從而慢慢鑄造而成。一個人倘若沒有追求正義的原則，日子也就一天無法過下去，反而成為自身的一種累贅；若是蠅營狗苟，倒行逆施，只能偷雞摸狗，過著似人非人的生活，成天杯弓蛇影，不僅不利於良好品德的養成，反而會遭到世人的唾棄。西摩本尼克女士的母親的一番言論極有見地：「不管多麼微不足道的事情，都不要屈從於它；否則，儘管你可以藐視它，但是實際上你卻處於它的統治之下。」因此，一個人品格的養成，哪怕細微到一個動作，不管它多麼微不足道，也是訓練出來的結果，這就如同一根頭髮，不管它多麼細小，都會留下投影。

一個人的每一次行動或者每一種思想，抑或是每一種感情，都可以歸因於他所受的教養、他的習慣和他的理解力，而且，這些行動、思想、感情必然會對他將來生活的所有行動產生潛移默化的影響。「在我的生活中，沒有

發生什麼對我產生不良影響的錯誤或蠢行，」拉斯金夫人說，「它們還不至於剝奪我的歡樂、損害我的財產、模糊我的視力、干擾我的理解能力。而過去生活中的每一次正義之舉或善行，現在都在影響著我，幫助我掌握為人處世的藝術，使我享受到其中的樂趣。」因此，一個人的個性處於不斷變化之中，一方面，它可以透過改進變得更好；另一方面，它也可能墮落而變得更壞。

眾所周知，在物理學中，作用力和反作用力是一對「孿生兄弟」，它們大小相等、形影不離，這也同樣適用於道德領域。一個人的善行，會對行為者本身發生作用和反作用，同樣，一個人的惡行也同樣會還施彼身。不僅如此，一個擁有良好品德的人，就是這個社會的道德榜樣，他的行為還會對他所在的社會產生不可估量的影響。

人不僅僅是環境的產物，同樣也是環境的創造者。一個人的力量是透過他的創造能力來衡量的。同樣使用一種材料，有的人可能會建造成氣勢恢宏的宮殿，而有的人則只能築成茅舍供一己之安；有的人可能建成的是一座倉庫，而有的人則可能建成的是一座別墅。紅磚和灰泥其本身並無特殊性，不值得人們頂禮膜拜，但是建築師卻可以把它們建造成豪華的建築，引得人們「駐」目停留，驚嘆不已。因此，在同一個家庭裡，在同一種環境中，有的人可能持之以恆地建成大廈，贏得人們的尊重和敬仰；有的人可能會力不從心、三心二意地坐吃山空，一輩子只得永遠生活在廢墟當中。

「除了我自己，沒有誰能夠傷害我。」聖‧伯納德說，「我所受到的傷害是我自己造成的，這是我自己的過錯，因此，我從來就不是一個真正的受害者。」因此，一個人透過自由意志的控制，完全可以把自己的言行引向善行，而不是導向邪惡。同樣的道理，一塊巨石可能會成為弱者生活中的絆腳石，但它也是強者繼續前進的墊腳石。

然而，不經過一番「頭懸梁，錐刺股」，一個人良好的品格很難形成。良好的品格，需要經過本人不斷地自我審視、自我約束、自我節制的訓練，才能百煉成鋼，最後脫穎而出。在這個過程中，可能會遇到艱難險阻、誘惑的干擾、志向的躊躇、生活的羈絆，甚至是事業上暫時性的失敗，需要我們

去抵制和克服，但是，如果我們意志堅強並且心地正直，擺脫灰心喪氣的桎梏，最終我們會取得成功。

我們每個人，要有一種勇攀高峰、跌倒了再爬起來、不斷進步的恆心，力圖超越現有的品格水準，以求讓我們自己每天都因進步一小步而感到振奮和心曠神怡，那麼，即便我們達不到預期的目的，但是，在前進的路途中，我們可以看到自己每一次的誠實努力都會得到回報，從而歷練我們的品性，使得自己的品格得以昇華。

只要我們堅持在人類最優秀的擁有良好品格的人的指引下，在盡職盡責方面，努力向光輝的楷模學習靠攏，使得自己的品格也能上升到一個新的臺階，那麼，我們就會無愧於社會、無愧於天地良心，我們做人的品德自然也就無可非議了。一個人，在物質方面可以不是最富有，但在精神方面卻能臻於極致地做到最富有。一個人，在社會地位上可以不是達官顯貴、權力無限，但在道德的榮譽上完全可以追求到極致。一個人，在智力上可以不是「上通天文，下曉地理」，但在德行上卻可以做到德高望重、受人敬仰。一個人，可以不是權勢顯赫、呼風喚雨的人，但完全可以做個最真誠、最正直、最誠實的人。

伊莉莎白女王的丈夫，就是一個典型的心地純潔、道德高尚的人，他總是透過自己仁慈的天性，潛移默化地去感染他人、影響他人。在英國威靈頓學院擬訂女王陛下年度獎金的草案中，伊莉莎白女王的丈夫決定將獎金頒發給不是最聰明的學生，不是有書呆子氣的學生，也不是最勤奮和最節儉的學生，那麼，他要頒發給誰呢？他選擇的卻是擁有高尚操行的學生，而且這個學生必須保證做一個心胸寬闊、動機純正的人。

正因為如此，我們所說的高尚品格，要在原則、正直和實際才智的引導與鼓勵下，來充分展現我們自己，只有堅持做到了這些，才能保證我們是一個擁有良好品德的優秀人才。品格的最高形式，是在宗教、道德和理性的影響下表現出來的個人意志，一個擁有良好品德的人，往往要經過慎重考慮來選擇自己的行為方式，然後堅定不移地去實現自己所選定的目標。這些擁有

良好品德的人，對職責的尊重要遠遠高於對聲譽的考慮，對良心的遵從要遠遠高於對世俗榮譽的追求。此外，他還要保證在尊重別人人格的同時，保持自己個性的完整性和獨立思考的能力。

原則、正直、才智對於一個人培養良好品德固然重要，但是缺少了持之以恆的意志，也只能是一張空頭支票，距離養成良好品德還是遙遙無期。在我們養成良好品德的過程中，雖然榜樣的力量往往會對品格的形成產生巨大的影響力，但是，個人精神的自我創造力和堅持不懈的努力卻始終是大樹之根、房屋之根基，它是一個人立德社會的根本。在生活中，我們僅僅靠後者就足以支撐自己的生活力量之源，它能給我們個體以堅持獨立的勇氣和磨練品格的力量。

伊莉莎白時代的詩人丹尼爾說：「只有超越了自我，人才能自立，否則，人將是多麼的可憐啊！」因此，如果缺乏一種行之有效的力量，也就是說沒有一種作為品格根基的意志和作為品格主幹的智慧而組成的有效力量，那麼，我們的生活就會漂泊不定、漫無目的，就會形如一潭死水，不會急流奔騰，也不會充滿熱情。因為，倘若一個人做著有益於事業，同時又能歷練自己良好操行的事情，即便遇到坎坷和不順，也能透過自身堅持不懈的意志力去調控自己的惰性情緒，以便保證身體機理和工作機器健康良好地運轉，從而自立於社會，做出對社會和個人有益的事情。

我們培養良好的品格，還與自身的性格有關。當個人性格的各種要素透過特定的意志力發生作用時，並且他所堅持的崇高目標得到了社會的承認，他就會毫不懈怠矢志不渝地投身於自己的職責範圍之中。即便在道義上的意志力可能並不是時尚的元素，但他卻有百般的勇氣去實現自己的追求，從而將結果交給時間與經驗去檢驗。在這個追求的過程中，他會不屈不撓、堅持不懈地「咬定青山不放鬆」，這樣一來，即便他付出了許多世俗的代價，但是他卻獲得了一個人取信於社會、立足於社會的最高籌碼，也就是我們所說的意志力。

這時，他向人們展示了自己英勇無畏的性格，體現了果敢堅毅的最高

品格。做到了這些後，他的個人行為就會在生活的詞典裡反覆出現，同時潛移默化地影響他人的行為，從而成為全人類共同的彰顯高尚品格的行為。那麼，他的言行將時常銘刻在他人心中，並且會轉化成一次次經過實踐考驗的正確的對社會有貢獻的行動。因此，馬丁・路德的言行受到了全德國人民的頂禮膜拜、競相效仿，他所說的每一句話勢必都如一聲聲號角，日夜響徹在德國的上空。利希特就評價了馬丁・路德這一高尚的行為：「他的言語就是動員令。」直到今天，馬丁・路德的行為，如標杆似的楷模一直鼓舞著後人的生活，他的良好品格依然活在現代德國人的品格之中。

另一方面，假如力量不與正直和善良的靈魂結合在一起，它可能只是邪惡的化身。諾瓦利斯（Novalis）在他的《論道德》一書中指出，道德最為危險的敵人是這樣一個人，他是一個假想的最強大的野蠻人，他擁有最大的力量和最充沛的精力，如果再賦予他以狂妄自大、野心勃勃和自私自利的品性，那麼，這個人就成了一個十惡不赦的魔鬼。倘若我們所生活的人群中出現一個具有這些特點的人，那他就是這個世界上最大的踩躪者，同樣會給這個世界造成最大的災難。

這些踩躪世界的人，完全是高深莫測的造物者被蒙蔽了雙眼所造就出來的無賴，他們趁造物者一不留神，就偷偷地跑到這個世界，來毀滅這個世界。這些無賴中最為無賴的要數法蘭西第一共和國的獨裁者拿破崙・波拿巴（Napoléon Bonaparte）「大帝」。他是一個精力十分充沛，卻又是一個滅絕人性、毫無原則的人。他曾大言不慚、毫無羞恥地評價自己的同類：「人就是豬，只不過要用金銀來餵養他們的貪婪。」他甚至還大放厥詞，倘若給他金銀，他會拋給這群豬，將這群豬帶到他所引向的任何地方。

更讓全世界所唾棄的是，拿破崙在西元 1812 年，當梅林地區的大主教伯拉德特啟程去波蘭當大使時，他給伯拉德特臨別贈言：「你一定要看好你的奴僕，並管好你的婦女。」拿破崙的齷齪行徑終究不能瞞天過海，正如本傑明・康斯坦特（Benjamin Constant）在給一位六十歲的老牧師的信中說：「這種論調恰恰顯示了拿破崙・波拿巴對整個人類不分種族和性別的極度蔑視。」康斯坦

特評價拿破崙可謂一語中的，剝離了拿破崙殘暴和不可一世的本性，可謂字字如血，力透紙背。

　　然而，由高尚的道德情操所激發出充沛精力的人，他們往往與世俗齷齪小人大不相同，他們的行動受到正直的品格和生活要負擔的責任等諸多原則所制約。正因為如此，不管是在商務活動、公益活動，還是在家庭生活中，他們處處都保持公平與正直。這些擁有良好品德的人，他們懂得在治理家務中要公開、公正、公平與在治理國家時要端正品行、秉公執法，有著兩相對等、不分伯仲的關係。因此，在任何事情上，他們都能誠實守信，哪怕是舉手投足，他們也都能做到一碗水端平，絕不刻意偏袒和縱容，也絕不因私廢公，所以他們能在言行上受到人們的景仰，在工作上得到人們的支持。同樣，他們對待反對自己的人，就像對待比自己弱小的人一樣，總能處處體現出寬厚與仁慈，從而感化敵對者，贏得敵對者的一致好評。

　　福克斯就是擁有這種高尚品德的人，他能夠換位思考、將心比心，站在對方的角度，思考別人的感情與利益。有這樣一則關於福克斯的故事，他給人留下了信譽至上的良好印象。一天，有位商人拿著一張福克斯開具的期票來找他兌付。當時，福克斯正在點驗鈔票，商人借機要求福克斯在自己面前當場兌付現金。出乎意料的是，福克斯連連擺手說：「不行，絕對不行！」商人大笑起來，用言語挖苦福克斯不守信譽。福克斯解釋說：「這些錢，是我欠謝立丹的，這是一筆靠信譽好不容易擔保下來的債務。倘若我發生意外的話，謝立丹本人會拿不出證據找我的家人討還，這樣我就失去了當初的信譽。」、「那好，就依您所說，」那個商人接著說，「那我也把這筆債務變成『信譽債』。」商人說完，便把期票當場撕得粉碎。福克斯被商人這一舉動感動了，連忙向這位商人道謝，感謝他對自己的信任，並當場付清了欠商人的債務。還完欠款後，福克斯說：「現在，謝立丹必須再接著等待下去，我欠他的債務也只能往後拖欠了。」

　　人的品格就是自己的良心。一個人將自己的良心置於工作之中、言談舉止之中，那麼他就會贏得世人的理解與支持。當奧立佛・克倫威爾（Oliver

Cromwell）懷著端正的良心，向眾議院提出要用士兵來取代聯邦軍隊中的服務生和酒吧招待員時，他勇於說士兵們應該為自己做過的事情感到內疚，他還勇於號召士兵們應該成為像聞名遐邇的「艾恩賽德」軍團的士兵那樣的人。這正印證了那句古話：「其身正，不令而行；其身不正，雖令不從。」正因為克倫威爾是站在公正、正直的良心的角度，因此他才能贏得士兵們的擁護與愛戴。

人的品格來源於對他人的尊重。這種尊重他人的品格，是一個人要獲得最高貴和最高尚的榮譽所要加冠的一頂無形的帽子。但凡品德高尚的人無一例外地尊重他人的崇高目標、純潔的思想和高尚的動機。尊重他人，是一個人、家庭和民族的幸福之源。如果脫離了尊重他人，不管是民族與民族之間，還是個人與團隊之間，抑或是個人與個人之間，就不會有信用、不會有真誠、不會有信任，也就不會有社會的穩定和社會的進步。其實說到底，尊重也能稱為宗教的代名詞，它把人與人之間、人與上帝之間緊密地連繫了起來。

湯瑪斯·歐弗伯裡爵士說：「具有崇高精神的人，往往能把以往發生的所有事情都轉化為寶貴的經驗，然後將這種經驗與自己的理性聯姻，它們共同產生出的結果，就慢慢衍化成他們自己的行動。他們不是為了討人歡心，而是為情所動；他們能珍視榮譽、蔑視恥辱，出於為他人考慮，並且善於控制自己的情緒而給他人留足情面。他們往往懂得不能遊手好閒的事理，從而勤勞勇敢、明辨是非，他們是真正掌握自己命運航向的舵手。」

「真理，就是他們的女神，他們會盡自己一切的努力得到她的青睞，而不是要想著法子哄她開心，變著戲法阿諛奉承、曲意逢迎她。對於整個人類社會來說，堅持真理的人就是這個世界的太陽，他們總是能用自身的高尚品德來指引整個地球正常運轉。同時，他們是智者的朋友，平凡人的榜樣。同樣，他們也是一切邪惡者的解毒劑，只要惡者尚存一息良知，也能被他們身上所折射出來的道德光芒所感化，從而做一個對社會有用的人。」

「因此，擁有高尚品德的人，從來不感到時間的流逝，而是感到自己總是

與時間同在。有的時候，他們或許感覺到自己年歲漸大，但是，與其說是他們透過自身體力感知到身體機能的衰退，不如說是他們透過道德的感召，從而使得自己心靈的力量日趨一日慢慢強大。因此，他們能在面對死亡時，沒有絲毫的痛苦，而是像尊重那些自己想幫他們卸去鐐銬、脫離監獄的朋友那樣，尊重生老病死的自然規律。知天命、明事理、樹道德、施德化，正是這些擁有良好品德的人的一種胸懷，生若光明正大，死亦無所懼怕，因為他們知道，雖然他們的身體『下線』了，但是他們的良好德行所影響的力量正在一次次『上線』，造福人類。」

　　一個人的意志力是自我創新的力量，也是任何一種偉大品格的靈魂。哪裡有它，哪裡就有生命力；哪裡缺少了它，哪裡也就喪失了鬥志，只殘留下怯懦、無助和沮喪。正如一句諺語所說：「意志堅強的人和洶湧的瀑布一樣，都有能力為自己開闢新的道路。」具有崇高精神而且精力充沛的人，不僅會為自己開闢道路，而且還會引導他人，幫助他們獲得新生。他們的每一次行動，都有著深遠的影響力，彰顯了個體的生機、獨立和自信，而且，在無意中建立了自己的威望，贏得了人們的尊重和崇拜。

　　具有這種正直、充滿意志力的品格的典型人物有路德、克倫威爾、喬治・華盛頓（George Washington）、威廉・皮特（William Pitt）和威靈頓（Arthur Wellesley，1st Duke of Wellington）等，他們都是人類社會傑出的領袖。眾議院的帕默斯頓爵士死後不久，格拉斯頓先生在描述他的品格時指出：「我確信帕默斯頓有著一股意志的力量，一種責任感和絕不屈服的決心，才使得他成為我們大家學習的楷模。正是借助這種意志的力量，在他年老時，他能拿出與病魔抗爭的勇氣，使得病魔望而卻步。此外，他身上還凝聚著另外一種品格，那就是帕默斯頓所具有的嫉惡如仇的天性，他能坦蕩地喜怒哀樂，也能無愧於良心地將情緒溢於臉上。正因為他無法按捺住自己因卑鄙下流的人所激發的憤怒情感，才使得他成為一個有血有肉、真實可愛的人。然而，消除憤怒的情感並非一朝一夕，因此他的內心常常要經過上千次痛苦的煎熬，而這些由齷齪小人所帶來的非正常的外界因素，往往逼得他不得不將自己的情

感真實自然地流露出來，以便解脫自己，擺脫世俗的羈絆，從而獲得良好品行的陶冶，成為一個品行可嘉的人。這也就是帕默斯頓所具有的固有的高貴的天性，也是他的過人之處。我們也樂意從他身上看到這些在人情冷暖、是非不分的社會裡還能保持的潔身自好的彌足珍貴的東西，因此，雖然現在他已離我們而去，但他的精神並未走遠，我們要化悲痛為力量，學習他盡職盡責和正直誠實的品格，矢志不渝地向他的優秀品德靠攏，從而使得我們自己也能得到周圍人的敬仰和愛戴。同樣，我們在這裡客觀地提及帕默斯頓嫉惡如仇的秉性，應該不會激起他人心中痛苦的情感，即便是含沙射影地指責那些心懷叵測的小人，對於這個崇尚道德的社會，不但有百利而無一害，反倒顯得勢在必行、十分重要。」

　　有個鮮為人知的祕密，我不得不告訴大家。那就是，但凡偉大的領導者總會用自己的人格魅力，去吸引與他具有相似性格的人的注意，並能像塊天然磁石吸引鐵塊一樣把這些人凝聚到自己的周圍，不僅靠偉人自己的品格做出一番驚天動地的事業，而且以驚人的光芒爆發出前所未有的團隊力量。正因如此，約翰・莫爾爵士（Sir John More）勳爵從他周圍的一群官員中慧眼識珠地提拔了納皮爾三兄弟，因為他看重了納皮爾三兄弟所具備的良好的職業操守和優秀的道德品格，不僅如此，納皮爾三兄弟也對約翰・莫爾爵士的處事果敢以及禮貌、勇敢、廉潔這些良好品格佩服得五體投地。

　　正所謂物以類聚，人以群分，自古英雄惜英雄。正是約翰・莫爾爵士和納皮爾三兄弟具有相似的良好德行，才使得他們凝聚成一團。納皮爾三兄弟自從跟隨了莫爾爵士後，受到他良好德行潛移默化的影響，決心向他靠攏，而且時常拿莫爾爵士的言行進行效仿，並許下願望，如果可能，他們希望有朝一日能在品行上超過莫爾爵士。不僅如此，我們透過另一側面來更加深刻地了解這四個人的關係，一位給威廉・納皮爾勳爵寫傳記的作者說：「在納皮爾三兄弟品格的形成和發展過程中，莫爾爵士給他們三兄弟的影響是非常深遠的。莫爾爵士也時常對身邊的人說：『我能成為這樣三個人的偶像，是一件多麼榮耀的事情啊！』這裡我們就可以看出，在當初莫爾爵士能發現他們三

個人在智力和道德方面的品格，也同樣證明了莫爾爵士自己在品格的判斷方面，有著過人的深刻洞察力。」

在一個人的一生中，別人的每一個積極舉動都會成為自己的好榜樣。那些在人群中有著勇敢氣魄的人，對怯懦者是一種鼓勵，產生一種召喚力和感染力，同時使得怯懦者將他們視為楷模，從而採取積極有效的行動，縮小與這些擁有品德人的距離。我們能從納皮爾所講的一次親身經歷的戰鬥中窺見一二。在維拉戰鬥中，當西班牙軍隊的中央部分被法軍衝破，而且雙方陷入激烈的混戰時，一位名叫哈威洛克的年輕軍官從陣營中衝了出來，一邊揮舞著他的軍帽，一邊聲嘶力竭地號召在視野範圍內的西班牙士兵跟隨他衝殺。只見哈威洛克士官用靴刺踢起馬背，躍過了保護法軍前線的障礙物，勇往直前地浴血拚殺。這時，西班牙軍隊的士氣空前高漲，一群群的士兵奮勇向前，跟著哈威洛克士官衝殺了過去，邊衝邊歡呼「EL Chico branco（好男兒）」。最後，在哈威洛克士官的指揮下，經過了一場突擊式的奮勇衝殺，西班牙軍隊轉敗為勝，擊潰了不可一世的法軍，將他們趕到了山下。

不僅如此，納皮爾還提到了另一個同樣關係到品格影響力的引人入勝的場面。有位年僅十九歲，名叫愛德華·弗利爾的年輕士兵，雖然他的年齡不到二十歲，但是他所經歷的戰鬥突圍卻遠遠地超過了他的年齡數目。有一次，在紐維爾戰鬥中，因為瘦小，加上容貌稚嫩，以致西班牙的士兵常常拿他開玩笑逗樂，說他女扮男裝、一口娘娘腔，還是個沒有更換幼齒的小屁孩。然而，他卻生龍活虎，英勇無畏，在與敵人短兵相接時，能不動聲色，冷靜地取下敵人的首級，贏得了那些久經沙場、經驗豐富的老兵的賞識和認可。一旦這些士兵進入戰爭狀態，連這些老兵就像「小孩子扮家家酒」一樣唯弗利爾的馬首是瞻，聽命於前，隨他拚殺。

在日常生活中，情形也是如此。善良的人和偉大的人一樣，常常受人追捧、令人膜拜。因為他們有一種能力，或者說是這樣一種品行，他們能在自己力所能及的影響範圍內，感染身邊的每一個人，從而煥發身邊人的鬥志，鼓舞人們，振奮人們，當然他們自己也得到了人們的追隨。打一個形象而直

觀的比喻，這些善行的人，他們身上凝聚的威望，與慈善活動中心德高望重的人一樣，得到人們的信任，贏得人們的支援。如果讓一個精力充沛而且品格正直的人處於受人信賴的權威位置，那麼，在他手下謀職的每一個人都會感覺到權力的增大、品格的強大。當切沙姆被任命為內閣成員時，所有的政府部門人員都有一種切身的感受，那就是受到了切沙姆本人的個性影響。無獨有偶，在尼爾遜手下服役的士兵，還有僅僅只是知曉自己被尼爾遜所領導的每一個海員們，都能深深地感受到自己受到了一位為世人所崇敬的英雄的鼓舞，而這種鼓舞往往能煥發他們誓死效忠的奉獻精神。

不僅如此，還有當華盛頓答應擔任總司令時，人們彷彿一下子感到美國軍隊的力量猛增了一倍。許多年以後，也就是在西元 1798 年，當華盛頓年事已高、離開公職生活、退居佛農山莊的時候，當時正好趕上法國極有可能向美國宣戰，約翰·亞當斯（John Adams）總統寫信給華盛頓：「如果您同意的話，我們一定要使用您的名義，因為您的威名所具有的力量，遠遠超過了無數的軍隊。」可想而知，華盛頓這位偉大的總統，他所擁有的高貴品格和卓越能力，在全美國民中竟然有著如此崇高的威望。

另外，在華盛頓打算隱退之時，恰逢「美聯邦」面臨即將解體的危險，時任總統的傑弗遜寫信給華盛頓，迫切地要求他繼續留任公職。傑弗遜說：「所有聯邦的信任都集中在您一個人身上。倘若您能留在領導集團，那麼，在任何時候，都是對那些試圖引起人們恐慌或者企圖引導人們走向暴力主義和分裂主義的極端分子的一種最好的回擊……有時，社會認同一種卓越的品格，是需要他能節制自己對個人幸福的偏愛，去為人類目前和將來的幸福做出犧牲。恕我直言，這似乎就是您目前所面臨的境況，而您是一個擁有卓越品格的人，因此您來挑這個重擔，是最為合適的人選，您也必須擔當起這個重任，因為國家離不開您，戰爭需要您的指揮。這似乎也是萬能的上帝在您的個性形成過程中和改變將來事物的進程時，強加在您身上的規律。為了遏制國家的人為恐慌，雖然我沒有權力要求您做出犧牲，但是我還是不得不求助於您這些卓越的品格，請求您改變以前的決定，繼續留任公職。」

記載伊比利亞半島戰爭的歷史學家們，描繪了一個優秀的指揮家透過個人的品格，對他的追隨者產生巨大影響力的故事。當時，英國軍隊駐紮在索洛林地區，讓‧德‧迪厄‧蘇爾特（Jean-de-Dieu Soult）的部隊正在向索洛林地區急速行軍，準備突襲英軍。在戰爭一觸即發時，恰好威靈頓公爵不在軍營，焦急的士兵急得如熱鍋上的螞蟻，急切地盼望著威靈頓公爵的歸來。忽然，一個人單槍匹馬地跑上山來。「威靈頓公爵回來了，他真的就像一場及時雨呀！」一位名叫坎貝爾的葡萄牙軍營的士兵遠遠地就認出了威靈頓公爵，便欣喜若狂地喊了起來。接下來，第二個軍團的士兵也看見了威靈頓公爵，也喊了起來，一聲傳一聲，形如一陣陣破浪振盪開來，立即變得人聲鼎沸。與此同時，軍營中歡呼的掌聲一浪高過一浪，如一場傾盆大雨般降落在整個山頭。

這種掌聲，對於臨戰之前的英國士兵，已經是習以為常，但沒有哪個敵人聽到後，不為之膽戰心驚。突然，威靈頓公爵在一個非常顯眼的地方停了下來，他想讓兩支軍隊都知道自己已經回來了。與此同時，有一雙毒辣的眼睛正盯著威靈頓公爵，他就是敵方主帥讓‧德‧迪厄‧蘇爾特。威靈頓公爵軍營裡的一個在場的陰險間諜，企圖提醒與自己靠得如此之近以至可以分辨得出其身影的蘇爾特，但是威靈頓公爵目光如炬地盯著那個畏畏縮縮、膽怯可疑的間諜，自言自語地說：「蘇爾特是個了不起的指揮官，但是他太謹小慎微了。他來查明這邊發出歡呼的原因，卻耽擱了最好的進攻機會，只要我的第六縱隊能抓住這個空檔趕到大本營，就有機會打敗他。」事實也正如威靈頓公爵所料，正在蘇爾特懷疑對方是否回到軍營，而親自深入敵營查看的空檔，威靈頓公爵的第六縱隊見縫插針地如期會師於大本營，從而將蘇爾特所部打得落花流水。

在某些場合，個人的品格像一種神奇的魔力一樣產生著影響，彷彿擁有這些品格的人就是引發超微力引擎的機械師。「只要我一踏上義大利的土地，」格奈烏斯‧龐貝（Gnaeus Pompeius Magnus）說，「就會凝聚成一支有著軍隊數量的追隨者來。」正像歷史學家們所描述的那樣，「只要一聽到隱逸之

士彼得的召喚，歐洲人就會自發地站起來，對亞洲人發起猛烈的進攻。」據說，那些看到卡利弗・奧馬爾手杖的人，會比看到別人手上沾滿鮮血的寶劍更為膽戰心驚。因此，可以這樣說，擁有個人品格的人，他們的名字所造成的影響力不亞於軍隊裡行軍打仗吹起的號角聲。

在奧特本戰場上，當道格拉斯受了致命之傷時，他命令士兵們鼓足勇氣，要比平時呼喊自己的名字還要大聲。士兵們疑惑不解，道格拉斯就解釋說：「在我的家族中，留傳下來這樣一個傳統，那就是每一位即將臨死的道格拉斯家族的人，都會在行將就木之前，打勝一場戰爭。」於是，士兵們聽信了，到處大聲呼喊道格拉斯的名字。道格拉斯從四面八方的士兵們的呼喊中受到了鼓舞，增添了新的勇氣和力量，最終贏得了勝利。道格拉斯死後，一位蘇格蘭詩人寫下了這樣的詩句：「道格拉斯雖然仙去，但是他的英名，卻為他贏得了一場戰鬥。」

還有一些人，在他們死亡之後，卻能最大限度地征服別人。特奧多爾・蒙森（Theodor Mommsen）所著的《羅馬史》一書中記載著麥克雷的一段話：「凱撒大帝腐朽不堪的屍體遭人突襲後，滿目瘡痍地橫躺在冰涼的地上，可是，他從來沒有像這一天那樣，讓人感到他充滿活力、威風凜凜和令人恐怖。當時的他，是多麼的純潔、可敬。雖然他生前有過許多汙點，但是他依然充滿人性。」還有一則事例就是關於奧林奇派的威廉，他在德爾夫特被耶穌會的間諜謀殺後，他的崇高品格對他的國民產生了非常巨大的影響。就在他被害後的當天，荷蘭的立法機構決心「在上帝的幫助之下，不惜金錢與血的代價，也要竭盡全力地查明真相」。

這些例證同樣適用於所有歷史和道德領域，一個偉人的生涯就是一座人類力量的不朽豐碑。偉人雖然已經逝去，但是他的思想和行為依然長存。他們在人類歷史上烙定了不可磨滅的烙印，因此，他們的精神將會永遠地一代一代地傳承下去，他們也將成為思想和意志的化身，對後人品格的形成發揮著不可估量的作用和影響。那些品格最為高尚的人，就是人類社會進步的真正燈塔，他們就像高山之巔的燈光，在自己的周圍發出光芒照亮他人，為他

人營造了一種良好的道德氛圍。同時，他們的精神之光也繼續照耀著一代代前仆後繼的心靈，引導後來者走向良好的道德軌道。

　　誠然如此，真正偉大的人理應受到人們的崇敬和愛戴。他們常常將自己所屬的民族視為神聖純潔的不可褻瀆的事物，這一舉動，不僅提升了所有與自己同時代的人的心靈品格，也為後來者營造了一個良好的道德環境。同時，他們這種巨大的榜樣作用，成了整個人類普遍的寶貴財富，他們的光輝業績和睿智思想將是整個人類最燦爛的遺產。當然，他們也是現代人和先輩們連繫的紐帶，而且在很大程度上提升了後代人的生活目標與道德追求。他們對整個人類的卓越貢獻，不僅提高了人們的生活水準，也保持了人類的品格尊嚴得以延續，而且他們自己在生活中所具有的最有價值和最高尚的傳統與天性，同樣也充實了整個人類的精神財富。因此，這些真正的偉人，不愧為建造整個人類道德品格的靈魂工程師。

　　一個偉大的思想家，他所領悟的個人思想將會數百年扎根於人們的心靈，並最終在人們的日常生活和實踐中發揮著作用。這些思想，會跨越歷史的長河，與天同寐，與地同寢，它們會無時無刻地扮演著逝者由衷的禱告之音，影響著相隔數千年的人們的心靈。因此，偉大思想家的思想和行動中所展現的品格將會永垂不朽。

　　這些道理不言自明，也就是說摩西、大衛、所羅門、柏拉圖、蘇格拉底（Socrates）、色諾芬、塞內卡（Lucius Annaeus Seneca）、西塞羅和愛比克泰德等，這些擁有良好品德的聖賢，仍然在他們的墓地裡與我們後來者對話。當然，他們本人不會跳到你面前，裝神弄鬼地念叨他們的思想。但是，他們所留下來的優秀思想和良好品格，會一代一代地往下相傳，當我們聽到他們的智者慧語後，同樣也會將我們的思想帶到一番新的境界，並且強有力地影響著我們的品格。希歐多爾·派克曾經說過，對一個國家來說，一個像蘇格拉底這樣的人，他的價值比無數個像南卡羅來納這樣的州還要大。如果這個州今天從世界中消失，它給世界帶來的影響，遠不如蘇格拉底給世界帶來的影響大。還有，伊拉斯姆斯非常崇敬蘇格拉底的品格，他還想著把蘇格拉底放

入聖人日曆，一旦他陷入困境，他就會告訴身邊的人：「神聖的蘇格拉底呀！他老人家也在為我們祈禱！」

湯瑪斯‧卡萊爾（Thomas Carlyle）先生明確地指出，人類的歷史歸根到底不過是偉人的歷史。偉大的勞動者和偉大的思想家是歷史的真正創造者，他們高尚的品格常常影響著在歷史的洪流下賴以生存的千千萬萬的人，這些偉大的人包括傑出的領導者、國王、牧師、哲學家、政治家和愛國者，他們才是自己所在的民族裡最為高尚、真正高貴的人。這些偉人開創了國民生活一個又一個嶄新的時代，他們的影響是積極主動的，推動了社會的發展。

當然，他們的影響有時也具有相反的作用，在一定意義上，他們的精神是他們那個時代的產物。但是，在很大程度上，大眾的精神卻是他們的產物，因為他們對大眾的影響不可忽視。

偉人的個人行為往往與一個時期的社會目標相同，服務於那個時期的社會制度。於是，他們創造了光輝的思想，並使之得以廣泛傳播，從而化精神為一次次的具體實踐。因此，早期的改革者宣導了宗教改革運動，也影響了現代的思想解放。愛默生曾經說過，每一種制度都可以被看作是一些偉人的影子的延伸，諸如伊斯蘭教教義是穆罕默德影子的延伸，清教徒的習俗和教義是約翰‧喀爾文（Jean Calvin）影子的延伸，耶穌會的教義是羅耀拉影子的延伸，教友派教義是福克斯影子的延伸，衛斯理公會派教義是衛斯理影子的延伸，奴隸制度廢除論是克拉克森影子的延伸。

不僅如此，偉人的精神風貌會在他們的時代和民族身上打下烙印，就像馬丁‧路德在現代德國人、約翰‧諾克斯在蘇格蘭人身上打下烙印一樣。在卡萊爾所著的《雜集》第四卷中，記載了這樣一則史料：向所有勇敢和真誠的人們致敬！向約翰‧諾克斯表示永恆的敬意，他是真誠的人中的真誠者！在國內發生騷亂、處於震盪和混亂之時，諾克斯和他所堅持的目標，讓人仍然振作起來，為了生活而奮鬥。諾克斯冷靜地將學校老師分派到四面八方，並且囑咐他們說：「無論發生什麼事，最為重要的就是要讓人民受到教育。」事實上，這是他經過深思熟慮之後，給人們發出的正確指令中必不可少的一

條，也是最為關鍵的一條。諾克斯這一指令的真正含義是：「要讓每一個人都知道他們首先是一個人，是造物者創造出來，享有身為一個人的權利和義務，並且要矢志不渝地忠誠於造物者，對造物者負責。只有做到了這樣，當人們在艱難的處境中與生活搏擊，而且終身不改其志地參與奮鬥，那麼，這些人將會得到永生……」諾克斯以一個人的聲音和力量，正確地傳送出一條偉大的指示，得到了一個民族的擁護與支持。諾克斯的這種成就是無與倫比的，價值是無可估量的。雖然在這樣一個國家中，他的精神會變成其他形式，但他對這個民族的功績卻是不可磨滅的。這個國家最終走向了成熟，儘管蘇格蘭人民的國民性格根源於各種各樣的境遇，但是那些有助於人類征服和改造世界的思想和精神力量一直保存了下來，這其中也有撒克遜人的本質在發揮作用，但最為功不可沒的，要數約翰・諾克斯的長老會所信奉的信條所帶來的深遠影響。

　　如果說有誰比其他任何人更深刻地影響了現代義大利人的心靈，那麼這個人就非但丁・阿利吉耶里（Dante Alighieri）莫屬。在義大利人墮落的漫長的世紀中，但丁那充滿熱情的言辭，對所有尚處在絕望情緒中的人來說，就是一堆營火點燃了他們心中的熱情，就是一盞燈塔照亮了他們的征程。但丁成了義大利民族自由的先驅，他可以拋棄一切，為了追求自由，他勇敢地面對殘害、流放和死亡。

　　正是他所擁有的這種優秀的道德品格，使得他成為最具有民族特性的義大利詩人，受到了全世界人民的喜愛，得到了普天下廣大讀者的擁護。自從但丁去世之後，任何受過教育的義大利人，都能十分嫻熟地背誦他最有代表性的詩篇。但丁詩中的情感，鼓舞了一代又一代讀者的生活，而且最終影響了義大利的民族歷史。

　　西元 1821 年，在托馬斯・摩爾（Thomas Moore）所著的《拜倫的一生》第八卷中，記載了拜倫勳爵（George Gordon Byron, 6th Baron Byron）評價但丁的一番言論：「義大利人談論的是但丁，寫出來的是但丁，思考著的和夢想著的也是但丁。在此時，談及這些，或許有些過於極端，但是，但丁確實值得

人們崇拜。」但丁還不僅僅是位頗有政治聲望的改革家，而且還是位一呼百應的宗教改革家。但丁的宗教改革運動，在當時的政治與知識背景下，他的這一改革對於整個義大利而言，提前了整整三百年。他宣導神權與政權的分離，聲稱現世的羅馬教皇的統治，是一種對政權的赤裸裸的篡權行為。

在《拜倫的一生》一書中，有段寫於五百六十多年以前的話語，值得人們牢記：當時，但丁還是一名羅馬天主教徒，但丁就有著過人的領悟力與敢言他人不敢言的勇敢品格。他曾指出：「每一條神的旨意都可以在《新約》或《舊約》中找到，但是，在這兩本書中我都沒有找到這樣的條文，那就是應該對神職人員給予世俗的物質關懷。相反，我找到了這樣的條文：第一批傳教士被法律剝奪了世俗的物質關懷，而後來的傳教士同樣是基督叮囑他的弟子們，一定要剝奪了這些傳教士的世俗的物質關懷。」同樣，但丁也抱著「教會改革」的信條，因此，他才奠定了後來宗教改革運動的理論基礎。他曾說：「在有教會之前就只有《舊約》和《新約》，但自從有了教會之後，才有了傳統。那麼，可以得出結論，教會的權威不是來自於傳統，即便教會想混淆視聽，強加這一特殊榮譽，也只不過是來自教會本身自我吹捧的傳統。」

不同時期具有各種才華的人前後相繼，從阿爾弗雷德到亞伯特，他們身上有著驚人的相似特質，那就是共同的行為方式，即透過自己在生活中建立榜樣的作用，為英國人培養多種形式的品格做出自己特殊的貢獻。在這些人中間，最有影響的可能要數生活在伊莉莎白時期和克倫威爾時期，以及介於這兩個時期的人。在這期間，湧現出的偉人不在少數，諸如威廉‧莎士比亞（William Shakespeare）、弗朗索瓦‧拉伯雷（François Rabelais）、菲利普‧西德尼（Philip Sidney）、法蘭西斯‧培根（Francis Bacon）、約翰‧米爾頓（John Milton）、赫伯特、亞歷山大‧漢彌爾頓（Alexander Hamilton）、艾略特爵士（Sir John Eliot）、洛倫佐‧瓦拉（Lorenzo Valla）、克倫威爾等。他們當中的一些人具有偉大的力量，另一些人則具有強烈的尊嚴和純潔的品格。但是，無一例外，這些人的事蹟和思想，被視為從歷史中繼承來的最珍貴的遺產，他們在生活中建立榜樣的作用，已經深入到後來英國人的生活中。

　　因此，華盛頓在他身後留給他的國家最為寶貴的財富，就是一個凝聚著偉大、誠實、純潔和高尚的品格，他被視為一個毫無瑕疵的生活楷模，成為所有後來人在培養自己的品格時效仿的榜樣。在華盛頓生前，與其他偉大的領袖人物一樣，他的偉大不僅僅在於他的智力、技巧和天才，而且還在於他的榮譽、正直、忠誠和崇高的責任感，概而言之，在於他真正的高貴的品格。

　　與華盛頓一樣，擁有那樣品格的偉大領袖，是他們所屬的那個國家的真正力量的源泉。他們透過自己在生活中所建立的道德榜樣，以及自己所遺贈給後人的良好品格，支撐和鼓舞了本國國民，強化和鞏固了自己的國家，使整個國家趨向成熟，閃爍出絢麗的光輝。西元 1863 年 6 月出版的《布萊克伍德雜誌》刊登了一位才華橫溢的作家寫的一篇文章：「關於偉人的名字和回憶是一個民族的資產，即便是孤立、顛覆、被拋棄甚至推行奴隸制度，也不能剝奪她這份神聖的遺產。無論何時，一旦國民生活幸福了，這些死去的英雄就會在人們的記憶中復活，以一種莊嚴的旁觀者和讚許者的面貌，出現在活著的人們面前。任何一個國家，只要她的國民感覺到有這些光輝的形象在鼓舞自己、鞭策自己，她的國民就不會迷失自我。因此，這些偉人是人類社會的菁英，他們雖死猶存。他們所建立的形象，經常使得有心效仿他們的人受到激勵和鼓舞，因此，說這些人是整個國民的楷模，一點也不為過。」

　　然而，判斷一個民族的特質不僅僅要考慮偉人的品格，而且要考慮在整個國民主體中發生影響的普通人的品格。當華盛頓・埃爾文參觀艾博斯福德時，華特・司各特勳爵將埃爾文介紹給他的許多朋友和他所喜愛的人，這其中不僅有附近的農場主人，而且還有正在田間工作的農民。司各特說：「我想讓你看看那些真正優秀而又普通的蘇格蘭人民。一個民族的品格不是從優秀人才中學到的，而是從這些生活在普通的國民身上所學到的，你若不信，你在任何地方遇到蘇格蘭人，你可留心觀察一下，他們身上都具有同樣的優秀品格。」雖然政治家、哲學家和神學家代表了一個社會的思考能力，但是，那些創辦工業和開闢新職業的人，和那些普通的受薪階級，必然是每一個民族的主體力量。不僅如此，他們身上所擁有的優質品格，常常是構成一個民族

的真正的脊梁。因此，要想使得一個民族長盛不衰，這個民族必然時時從他們身上吸取新的力量和精神。

　　每一個民族和每一個個人一樣，不但要養成良好的品格，還要善於維護自己的品格。在一個制度化的政府統治下，每一個統治階級都要或多或少地行使自己所標榜的政治權力，但是民族的品格卻不能有絲毫虧損，統治階級只有得到了多數擁有道德品格的人的擁護，這個制度才能藉以生存下去。因此，決定個人品格的道德，同樣也決定著一個民族的品格。如果一個民族的品格不是心胸寬闊、忠貞、誠實、善良和勇敢，或者他們的民族品格不具備尊重別人、遵紀守法、自我節制和忠於職守等要素，那麼這個民族就會被其他民族所輕視，在世界民族之林中變得無足輕重，甚或被其他優秀的民族所同化。同樣，如果一個民族沒有比感官快樂、金錢至上和物欲橫流更為高尚的品性，那麼它就只是一個可憐的生物群落。哪怕是還原到荷馬書中寫到的有些民族對神靈的頂禮膜拜，也比一些民族追求感官、金錢和物欲要好得多，因為異教徒的神靈至少也會反映人性的美德，他們與我們追求的道德品格也有著相類似的東西，同樣值得人們所尊敬。

　　至於制度，不管它本身多麼完美，在維持一個民族的品格水準中，它所發揮的作用仍然微乎其微。因為，決定著一個民族的道德修養，以及使一個民族保持穩定的品格，取決於無數身為民族元素的個人身上所要激發的精神和品格。所以，從長遠來看，政府的干涉遠遠沒有這個國家的人民自治要好。因此，哪個民族的人們具有良好的良心、道德和習慣，這個民族的治理就會是誠實和高尚的，這個國家也就會長治久安。相反，哪個民族的人們道德敗壞、自私自利而且心地虛偽，那麼，他們既不能靠真理也不能靠法律聯合起來，從而使得國家治理陷入一片混亂，甚至導致無賴和幕後操縱者統治這個國家的臣民也將不可避免。

　　因此，國家要防止對大眾的偏見，不管這個團體是多數大眾還是少數大眾，倘若這個國家想要透過專制或者獨裁來實現這個國家的屏障，那麼，她就會阻礙人民的自由進步和人民品格的純潔。倘若這個國家不覺悟、不警

醒、不去拆除這個屏障，那麼，這個國家永遠不會有生機勃勃的精神風貌，這個民族也就不會有真正的自由。因此，只要是政治權利，不管它多麼廣泛，它的爪牙能伸向任何一處地方，也不會使一個個體墮落的民族變得高尚。事實上，大眾參政制度實施得越徹底，參政權越能得到保障，這個民族的真正品格也就會在他們的政府和法律中反映得越徹底。這一現象與「鏡子效應」有著驚人的相似，你站在那裡是什麼樣，鏡子裡反射出來的你還是什麼樣。

　　以個體的不道德為基礎的政治道德，從來就不會有任何穩定的存在形式。一個品格惡劣的民族所享受的自由，不僅不會被人們承認，相反會受到人們的唾棄和鄙視。因此，他們所標榜的新聞自由，也只不過是找到了一個彈丸之地，在這裡他們可以肆無忌憚地數落道德墮落的不是。

　　與個人一樣，一個永保長興的民族也要從她所屬的民族中，吸取優秀的品格養料，從而從這種民族感情中獲得支持和力量。一個優秀的民族其本身就是自身偉大的繼承者，因此，她要使自己的榮耀永恆地保持下去，就必須要有值得本民族時常回顧的輝煌歷史。正如托馬斯‧阿諾德（Thomas Arnold）博士在臨死前一年寫下的日記裡的最後一段：「法蘭西的『過去』並不可愛，也不可敬，這是她的不幸，她的現在和將來不能與過去結合在一起。然而，如果她不根植於過去，現在又怎麼能結出碩果，將來又怎麼躋身於歷史的長河中呢？」

　　一個民族如果有過往的汙點，自然她的罪孽是深重的，但是，將那些屬於過去的毫無生氣的糟粕矯正，能總結歷史的教訓，從而時常警醒本民族的人民，避免再次踏入臭水溝，指導人們過健康向上的生活。這樣的意義，顯得更為重要。若是本民族有著輝煌的歷史，常常回顧先人經歷的艱苦卓絕的磨練和所取得的輝煌業績，有利於指引現在的穩定生活，照亮本民族的發展之路，以及提升現在的生活價值。

　　民族的生活和個人的生活一樣，是一種極為可貴的經驗財富，這種經驗財富，如果能得到巧妙的運用，就會促進社會的進步和發展；相反，如果濫

用或誤用，就會導致空想、迷惑和失敗。人的經歷與民族的發展有著共同的語言，與人所經歷的艱苦磨練一樣，民族的發展也會經歷懵懂時期、幼稚時期，彷徨時期，自然也會蒙受災難，正是在這些經歷中一步步總結，才使得這個民族的精神得到淨化，同時變得堅不可摧。

因此，一個民族的品格得到各種各樣的磨練，往往是這個民族發展史上最為寶貴的財富，才有可能造就不朽的輝煌篇章。一個民族對自由的追求或對祖國的熱愛，或許會深深地影響這個民族的品格，但是，在影響民族的品格形成的過程中，最為重要的還是她所承受的考驗和磨難。

現在，許多打著「愛國主義」的旗幟而大行天下的行為，包含著極端的偏激與狹隘的心胸，極大程度地表現了民族的偏見、民族的自負和民族的仇恨，這樣的民族不是用自身的業績來展現自己，而是靠自吹自擂來炫耀自己。這樣的民族實際上是在絕望中哀鳴、打著掙扎的手勢哀叫；他們想借用飄揚的旗幟和放聲的歌唱來炫耀自己，而實際上這是在本民族陷入極度的痛苦時的呻吟聲以及本民族在長期的錯誤中飽經折磨的喘息聲，這些民族無異於在自掘墳墓，使民族陷入萬劫不復的萬丈深淵。更讓人擔心的，也更讓人膽戰心驚的是，倘若這些標榜自己是「愛國主義者」的人大量湧現，那麼，他們將會給這個世界造成巨大的災難，而這份災難會隨機地降臨到任何一個國家。

我們不必過度恐慌，因為既然存在卑賤的「愛國主義者」，那麼，也同樣存在高尚的真正的愛國主義者。這群道德高尚的愛國主義者，他們剛毅果斷、忠於職守、生活樸素、誠實正直，總是力圖抓住機遇使自己在各方面得到發展，他們會透過自己高尚的行為，使一個國家充滿活力，並且會提升本民族品格。

那麼，怎麼鑑別這兩種「愛國主義者」呢？很簡單，因為一個真正的愛國主義者，會時常緬懷和學習過去的偉人的優秀品格，他們會身體力行地向偉人們學習，在追求目標和追求自由的過程中，透過自己的艱苦努力，為自己贏得不朽的英名，同時為自己的民族贏得自由的生活和自由的政治制度。

　　這裡有個經驗主義必須根除，那就是評判一個民族的優劣，不能根據它所屬的疆域大小，而只能根據它的民眾。「民族的成長，使人民變得高尚，而不像樹木，使樹幹變得粗壯。」雖然疆域遼闊往往與「偉大」二字連繫在一起，但是，一個民族的偉大，並不一定非疆域遼闊不可。從疆域和人口來斷定一個十分龐大的民族具備優秀的品格，是完全沒有道理可言的；不但如此，一個疆域遼闊、人口眾多的民族，也可能毫無真正的偉大可言。以色列民族曾經是個小民族，但是，他們卻產生了令世界瞠目結舌的偉大生活，他們對人類命運所產生的影響是多麼的巨大、多麼的深遠！希臘也並不是個大國，單就阿提卡區的所有人口比南開郡的人口還要少，雅典也遠不如紐約出名，然而，希臘在藝術、文學、哲學和愛國主義方面的成就，就取得了舉世矚目的輝煌！

　　當路易十四（Louis XIV）問讓 - 巴蒂斯特・科爾伯特（Jean-Baptiste Colbert）：「為什麼我可以主宰像法蘭西這樣龐大而又著名的國家，卻無力征服荷蘭這個只有彈丸之地的小國？」這位大臣回答說：「陛下，這是因為一個國家是否偉大，並不取決於她的疆域大小，而是取決於她所管轄的人民的品格。正是荷蘭人民勤勞、正直、善良，且充滿活力，所以陛下您才感到她難以征服。」

　　有一位非常有名的雄辯家談到了馬拉松戰役，當時獲勝方雅典方面只有一百九十二人死亡，而裝備先進的現代軍隊，或者是在戰爭中使用破壞性的化學武器，幾個小時就可以使五萬或更多的人死亡。其實，即使發生在現代社會的大規模屠殺，早已成了歷史的過往雲煙，被人們所遺忘，但是，馬拉松戰役時，雅典人民所表現出來的英雄氣概照樣會彪炳史冊。

　　然而，雅典人卻有一個致命的弱點，那就是她的公民沒有一個真正的屬於自己的家庭，或者說她的公民沒有什麼家庭生活可言，因為她的奴隸數量大大超過了自由人民的數量。雅典的公職人員，在道德方面即使不是腐敗墮落的，也可以說是荒淫放蕩的。還有雅典的女性，即便是最有成就的，也逃

脫不了其極為放蕩的齷齪行徑。因此，雅典的衰落是必然的，而且它走向衰落比它走向興盛更令人感到在情理和預料之中。

　　與雅典的衰落一樣，羅馬也是以同樣的方式走向衰亡的。在羅馬帝國晚期，羅馬人民不再以他們偉大的先輩們所擁有的美德為榮，而是已經走向了普遍的墮落，貪圖享樂和安逸，他們居然大放厥詞說工作僅僅是奴隸們的行為。正如老邁的伯頓所說：「這些生活奢侈而又懶散的民族，寧願在一對一的格鬥中失去一磅鮮血，也不願在誠實的工作中流下一滴汗。」因此，在這個缺乏奮鬥、熱情和活力的制度下，羅馬帝國走向衰落，已是歷史的必然，她也必將被那些勤勞而又充滿生機的民族所代替。

　　有一個關於斯比洛拉和里卡多的傳說。西元 1608 年，西班牙國王任命一個特使團前往海牙，簽訂一紙談判條約。一天，特使團的勳爵看到了大約八到十個著裝樸素的人從一隻小船上下來，紀律有素地坐在一塊草地上，拿出麵包、乳酪和啤酒，吃起了午餐。「那些旅遊者是誰？」特使團的勳爵拉來一個農夫問道。農民回答說：「這是我們可敬的主人，我們國家的代表團。」隨行的斯比洛拉立即對他的同伴低聲耳語道：「我們必須講和，這些人不能被征服。」

　　總而言之，制度的穩固必須以穩固的品格作為基礎。任何墮落的個體的聯合不能形成一個偉大的民族，即便由這些人暫時組成了一群烏合之眾，表面上看起來成為一個民族，顯得他們是高度文明的代名詞，但是，只要他們面對逆境，立即就會四分五裂。因為，缺乏正直誠實的個人品格，他們就不會有真正的力量團結在一起，也不會有明正的紀律宣導團隊做出公正、公開、公平的獎罰制度。他們或許會富裕、有貴族派頭，但是他們缺乏一個人立足社會所要擁有的道德品格，那麼，他們的團隊就會陷入毀滅的邊緣，其個人也就會瀕臨死亡。如果他們不求上進、不求改過、死到臨頭也不有所覺悟的話，僅僅為自己而活著，僅僅把感官快樂當作一己私利的生活目的，他們不僅會多行不義必自斃，同樣會葬送自己的民族。

　　綜上所述，哪一個民族缺少了品格的支撐，那麼，就可以認定它是下一

個要滅亡的民族；哪一個民族如果不再崇尚和奉行忠誠、誠實、正直和公正的美德，它就失去了賴以生存的資本。一個國家的人民一旦熱衷於對財富的追求、對感官快樂的追求，以至於拋棄榮譽、秩序、忠誠、美德和服從這些在他們眼裡似乎已是過往的品格，那麼，長期在這種墮落的社會風氣中生活的人，就只有翹首期待那些誠實善良的人出現，或者他們透過到處碰壁並且有深刻的理解之後，這個民族才有可能被挽救。而挽救這個民族的希望，還僅僅只存在於使失去的品格得以恢復，使每個個體的品格得到昇華，只有這樣，這個民族才能夠得到前所未有的拯救。但是，如果這個民族的那些良好的品格無可挽回地損失了，或者那些良好的品格被這些不可一世、自以為是的人所排擠，那麼，這個民族的拯救也就無濟於事了，只能永遠退出歷史的舞臺。

第二章

推動世界的手是搖搖籃的手

　　家庭的薰陶，不僅能塑造人的行為舉止和心靈，而且還能塑造一個人的品格。在家庭生活中，一個人的心靈開始敞開，習慣便開始形成，理性也開始萌芽覺醒，善良或者邪惡的品格也便開始初具雛形。

吸取萬物之精華，增強自身之體質，人類智力必將更為發達。

——沃茲沃斯

推動世界這部水車運轉的水浪，發源於人跡罕至的地方。

——荷爾普斯

拿破崙‧波拿巴在和貢龐夫人（Maria Luise von Österreich）交談的過程中問道：「傳統的教育體制似乎一無是處，為了使人們受到良好的教育，我們缺少的是什麼呢？」貢龐夫人答道：「母親！」貢龐夫人的回答深深地吸引了波拿巴，於是他說道：「不錯，我們缺少的正是母親的力量。在母親這個詞裡，包含著一種教育體制。那麼，請你費心，務必要培養出知道怎樣去教育自己孩子的母親。」

——艾梅‧馬丁

仁慈的主哇！您是多麼仔細地讓我們處於悉心照料之中啊！父母給了我們薰陶，學校老師又傳授了我們知識，他們教給了我們許多理性的規則。

——喬治‧赫伯特

一個人品格的塑造，家庭是第一所學校，也是最為重要的一所學校。人從娘胎裡呱呱墜地，就要受到家庭本身所附帶的最好的或者最壞的道德薰陶，正是家庭裡的這些道德品格培養了他們的行為準則，而且將會貫穿於他們的一生，直至生命的最後一刻。

有一句廣為人知的格言：「行為舉止造就了人。」還有一句格言叫作「心靈造就了人」。然而，比這兩句格言更為千真萬確、更能讓人信服的一句格言就是：「家庭造就了人。」因為家庭的薰陶，不僅能塑造人的行為舉止和心靈，還能塑造一個人的品格。在家庭生活中，一個人的心靈開始敞開，習慣便開始形成，理性也開始萌芽覺醒，善良或者邪惡的品格也便開始初具雛形。

家庭，不管它本身是純潔的還是骯髒的，都將是產生管理社會的原則和

規則的源泉。眾所周知，法律本身不過是寫照家庭的一句句條款。在家庭生活中，其父母對孩子的心靈播下的哪怕是最為細小的思想火花，到後來這些思想的火星也會向整個社會進發，從而影響到全體國民。

民族的振興從托兒所就已經開始，因此，那些管教孩子的人所產生的影響，比那些管理政府的人產生的影響還要深遠。朱勒‧西蒙所著的《職責》一書中記載道：「公民的道德，除非在私生活和家庭生活中有著良好的開端和奉獻精神，否則，只不過是偽裝出來的德行。試想，一個對自己的孩子沒有愛心的人，不可能對人類表現出真正的愛心。」

家庭生活應該為社會生活提前做好準備，而且，一個人的心靈和品格應該首先在家庭生活中形成，這是一切社會發展所形成的自然秩序。一個人首先要在家庭生活中學會獨立，與人交往，並彼此適應，等到他成長為社會人後，才能立足於這個社會。一個人必須要從家庭生活走向社會生活，從兒童時期慢慢成長為一個公民，因此，家庭可以稱作是對文明社會最有影響力的學校。因為就文明本身而言，歸根到底要轉化成對個人的訓練，而身為社會元素的每個成員，在青少年時期所受到的良好的或不良的教育，決定了整個社會文明程度的高低。

任何人哪怕是最有才智的人，其早年所受到的道德環境的薰陶，都會對其一生產生強有力的影響。因為每個人來到這個世界時都是孑然一身，無依無靠，他必須依賴於周圍的人並從中獲得營養和教育。一個人從他的第一次呼吸開始，他所受到的教育也便開始了。當一位母親帶著她四歲的孩子，向一位牧師請教她應該在什麼時候開始對自己的孩子進行教育時，這位牧師回答說：「夫人，如果您還沒有開始對孩子進行教育，那麼，您已經耽擱了四年的讓孩子受到教育的時間。其實，從嬰兒臉上第一次露出微笑開始，您就應該抓住機會開始進行教育。」

其實，在這個事例當中，在母親帶著孩子去請教牧師時，她的孩子已經潛移默化地受到了很多教育。因為小孩能透過簡單的模仿進行學習，而這種學習不需要外界的逼迫，他們幾乎是在任何時間任何地點抓住任何機遇，就

在「偷偷地」進行模仿。有一句阿拉伯諺語說:「一棵無花果樹看著另一棵無花果樹,就會變得碩果累累。」小孩子也是如此,他們的第一位偉大的導師就是「示範」!

在兒童性格的形成過程中,不管多麼微小的影響都會貫穿其一生。兒時的品格形成構成了成年時品格的核心,所有成年後的教育都只不過是在兒時品格的基礎上進行的一次次疊加,但是晶核的形式卻沒有發生變化。因此,正如有句詩詞所說:「兒童是成人之父。」或者就像米德爾所說的那樣:童年預示了一個人的一生,正如早晨預示著一天一樣。

那些持續時間最長、扎根最深的推動力,往往結緣於我們出生之時。正是在那時,美德或邪惡、感恩或感傷的基因首次移植於人的身體,從而決定了一個人一生的品格。

兒童往往是站在一個嶄新世界的大門口,對其中的一切事物都充滿著新鮮感和好奇心。起先,他們會四處觀望,不久,他們便開始觀察、領悟、分析比較、模仿,把對事物的印象和思想牢記在心。這個時候,倘若他們能得到悉心的指導,那麼,他們所取得的長進會讓人驚詫和喜悅。

布魯姆爵士透過研究發現,小孩在十八個月至三十個月這段時間,對物質世界、對自己的能力、對其他物體的屬性,甚至對自己的心靈和對他人的心靈,都會有一番領悟。這些領悟會比他在爾後一生中所獲得的領悟還要多出很多。在這一時期,一個小孩在生活中所累積起來的知識,與他在心靈中所產生的思想,就顯得至關重要,以至於那些在劍橋大學取得數學學位的人,或者是那些可以稱得上牛津大學一流學者的人,也變得不值一提。因此,假如一個人學到的東西可以擦掉的話,那麼,一個小孩在此期間所學到的東西要用一生的時間來清除,而這些學者的學問不用一週的時間便可全部清除乾淨。

兒童時期,心靈的大門毫無遮攔地敞開著,時時準備接納新鮮事物。這時的他們,不僅接受能力強,而且記憶力強。一個人在少年時學到的本領,好比刻在石頭上,很難遺忘。據說,司各特在學會讀書寫字之前,透過他母

親和祖母的朗誦，便已對民族文學如癡如醉。一個人的童年就像一面明鏡，在日後的生活中反射著最早進入他生活的東西。還有，第一次在孩子生活中出現的事情，也必將影響其一生。這些事情往往就是第一次喜悅、第一次悲傷、第一次成功、第一次失敗、第一次輝煌、第一次災難，它們共同構成了一個人的生活背景。

與此同時，一個人的品格也正承受著錘鍊，同時也在不斷地進步和完善。他們的性情、意志和習慣，都將成為日後幸福生活的依託。雖然人在日後的發展中具有一定的自我調節、自我拯救的能力，對周圍的環境具有相對獨立的能力，對周圍的生活具有一定的適應能力，但是，幼年時期所形成的先入為主的偏見，對道德品格的影響是極其巨大的。誠然，即使把一個心靈最為高尚的哲學家，放在一個日常生活極不方便、道德淪喪的惡劣環境之中，他也會變得麻木不仁、凶殘無恥。試想一下，要是放的不是哲學家，而是將一個毫無免疫力、無依無靠的孩子置身於這樣的環境中，他所受到的影響那就可想而知了。因此，在一個野蠻、貧困和骯髒的環境中，要想培養出一個心地善良、有著純潔特質和道德高尚的人，是萬萬不可能實現的。

因此，那些將孩子培養成成年男子或女子的家庭，可以根據其對孩子的管理能力，就能區分哪些是良好的家庭、哪些是糟糕的家庭。在那些充滿愛心和責任感的家庭裡，他們的孩子從小就得到了智力的啟蒙和良好品格的正確引導。同時，我們也可以指望這個家庭培養出一批身心健康、有所作為、樂觀向上的孩子。因為經過這樣的家庭培養出來的孩子，獲得了必備的力量，他們會走上正直、自制和樂於助人的生活道路。

與此相反，如果小孩子生活在一個愚昧、野蠻、自私的家庭環境中，他也會潛移默化地受到這些不良風氣的感染，日後成為一個粗魯的毫無教養的人。要是將他們置身於文明生活的多重誘惑之中，他們會對社會造成極大的危害。一位古希臘哲學者就說過這樣一句話：「如果讓奴隸去教育你的孩子，那麼，你得到的就不再是一個奴隸，而是兩個奴隸。」

孩子總會情不自禁地模仿他所看到的一切。對他來說，一切東西都是他

的榜樣，包括行為方式、體態姿勢、言語、習慣和品格等。利希特曾經指出：「對一個小孩來說，他一生中最重要的時期就是童年時代。在這個時期，他開始透過和別人的交往以及效仿別人的行為方式，來為自己的生活增添色彩。」

　　模仿，培根把它比作「全球通行的訓導」。然而，榜樣所發揮的作用，遠遠不只是口頭的訓導，她是孩子們行動的指南，是引領孩子們行動的無聲指令。一般來講，以身作則遠勝於那些口頭式的訓導。倘若孩子們認定了一個榜樣具有極壞的品行，那麼，這位榜樣即便再苦口婆心，採用最好的口頭訓導也無濟於事。

　　人們會追隨榜樣，而不會聽從訓導。事實上，和自身行動不一致的口頭訓導不僅發揮不到任何作用，相反它還教人虛偽，從而走向邪惡。即使是小孩，也能判別一個人的言行是否一致，因此，那些說一套做一套的父母，很快就會被孩子們所識破。所以，那些明裡滿口仁義道德，暗裡雞鳴狗盜、男盜女娼的人，企圖道貌岸然地進行關於誠實的說教，是毫無效果的。

　　行動的模仿，對一個人的性格影響是潛移默化的，是在漫長的時間中悄無聲息地完成的。這就像天上飄下來的一瓣瓣雪花，雖然每一瓣新增加的雪花對於整個雪堆無足輕重，也絲毫不能引起人的感官上的變化，但是，正是這一瓣瓣雪花的集腋成裘，最終釀成了雪崩。正所謂「冰凍三尺，非一日之寒」。行動的模仿，對於重複不斷的行為更是如此，透過日積月累，最終形成了難以改變的習慣，也就決定了一個人的善良或者邪惡的舉動。

　　《拉瓦那》一書中，關於「教育學」的定義是：任何一個新上任的教師對孩子的影響不會超過他的前任。假設我們把一個人的一生都當作是受教育的過程，我們會驚奇地發現：一個環球旅行家所受到的沿途民族的影響，遠不及他在孩童時期家庭對他的影響。因此，在小孩的模仿過程中，榜樣的力量是至關重要的。如果我們希望一個小孩能夠擁有良好的品格，那麼，我們就應該給他提供良好的榜樣。

　　有一個榜樣，常常在孩子們面前出現，那就是他們的母親。喬治·赫伯特曾經說過：「一個好的母親抵得上一百所學校裡的老師。」在家庭中，母親

像磁石一般吸引著孩子們的心靈，像北極星一樣對孩子的教育發揮著燈塔的作用。在家庭裡，孩子們時時刻刻都在模仿自己的母親。

孩子在選擇榜樣時也會有所選擇，因為在家庭生活中，是母親而不是父親影響了孩子的一舉一動，所以，母親的榜樣作用是至關重要的。關於這一點，也是不難理解的。家庭是女人的管轄區，在這裡女人是家庭的國王，對家庭實行著全面的控制。她對每一個細小的物體都擁有絕對的權力，小孩如果要獲得任何東西，都要經過她的批准。因此，小孩也在無意之中觀察和模仿他的母親，以便使得自己將來也要擁有這份「至高無上」的權力。

科雷在談到幼年時期所受到的影響和移植於自己心靈的思想時，他將這一切比作「刻在一棵小樹樹皮上的字母」，隨著小樹年歲的增加，樹皮也在增大，字母留下的痕跡也隨之增大，字母對於小樹的影響也在逐步擴大、日益明顯。一個母親在孩子幼年時期所留下來的印象，不管多麼微弱，卻是孩子一生不可磨滅的。當時植入心靈的思想就像埋在地下的種子，在這裡萌發，生長為日後的行動、思想和習慣。因此，母親的德行操守在自己的孩子身上得到了再生。孩子們呢，也在有意或者無意當中模仿著母親的行為舉止、言語和生活方式。母親的習慣成了他們的習慣，母親的品格自然也會滲透到他們的品行當中。

母愛是人類可以看得見的神靈，它的影響是永恆和普遍的。在對每一個新生生命進行教育的同時，每一位善良的母親在生活中對子女的重大影響，將隨著孩子的年歲的增加而永遠地延續下去。每一個人來到世界上，都要工作、產生焦慮和承受考驗，當他們遇到麻煩和身陷困境的時候，他們都會跑去向母親垂詢，或者從母親那裡尋求安慰。在母親離開人世之後，她所移植於孩子心靈的純潔和善良的思想，依然透過子女轉化為善良的行動。或者當她在這世界上只留給人們美好回憶的時候，她的子女帶著她的思想已經長大成人，那麼，這位母親依然是聖潔的，值得人們尊敬。

我們可以毫不誇張地說，這個世界是幸福還是不幸，是開化還是無知，是文明還是野蠻，在很大程度上都取決於女人在她的家庭中所運用的各種權

力。愛默生曾極有見地說過：「對文明的唯一衡量標準，就是那些善良女人所影響的結果。」甚至有人說，孩子最終將成為一個什麼樣的人，主要取決於他從第一個最有影響力的教育者那裡所接受到的訓練和榜樣的示範，因此，我們的子孫後代都孕育在那個睡在母親懷抱裡的孩子身上。

女人超出其他教育者的地方，就在於她們能對孩子提供人性的教育。男人是人類的頭腦，女人則是人類的心靈；男人對人類最大的共用在於能理性思考，女人對人類的突出貢獻就在於她們的思考過多來源於感情；男人是力量的象徵，女人則是文雅、華美和快樂的象徵。換句話說，即使是最優秀的女人，她對世界的理解力也主要是透過感情來獲得的。因此，儘管男人可能提供智力支援，但是，感情的開發卻是由女人來完成的，而品格的形成主要依託於情感。男人能充實人的頭腦，而女人占有的卻是一個人的心靈。對於事物的理解，男人只能使得我們去相信它，而女人卻能使我們去熱愛它，因此，一個人美德的養成主要受女人的影響。

在一個人的品格的薰陶和發展過程中，關於父親和母親各自的影響作用，我們可以透過聖奧古斯丁（Sanctus Aurelius Augustinus）的一生來加以說明。奧古斯丁的父親是撒傑斯特地區的一個窮苦市民，他為兒子的非凡才華感到驕傲，力圖教給兒子淵博高深的學識。為達到這一目的，奧古斯丁的父親做出了巨大犧牲。正如他的鄰居所說的，「花在他兒子身上的金錢，已經遠遠地超出了他的經濟能力」。然而，奧古斯丁的母親莫妮卡培養孩子的方式卻與其丈夫不同，她為了將兒子的心靈引向最崇高的善良，於是悉心地呵護他、勸導他、引導他。在這一過程中，因為兒子生活的不檢點，莫妮卡也曾有過痛苦和沮喪，但她仍然堅持不懈地開導兒子，用至善的良心去感染兒子，最終，她不僅改變了極有天賦的兒子，也同時改變了自己的丈夫。後來，奧古斯丁的父親過世，奧古斯丁要求母親跟隨自己前去米蘭生活，出於對自己兒子至深的愛，莫妮卡決定聽從兒子的建議，前往米蘭繼續照料兒子。到了奧古斯丁三十三歲時，莫妮卡駕鶴西去，但是，奧古斯丁回憶時，一直不忘母親對自己一生的影響。奧古斯丁經常跟周圍的人說：「在我幼年時

期，我母親莫妮卡對我的表率作用和諄諄教誨，在我心靈裡打上了深刻的烙印，並因此決定了我一生的品格。」

父母在孩子幼年時期對孩子的影響，會在他們心靈上留下深刻的印象，即便在日後也會最終轉化為善良的行動。然而，這種良好品格的影響有時也會打折扣，或者事與願違。因為在父母的良好德行影響孩子時，在這中間，孩子可能還要承受外界的自私和邪惡的干擾。有時，當父母竭盡全力地教導孩子形成正直和高尚的品格時，他們的努力可能會徒勞無功，這就好比一個人對另一個人施恩，但是另一個人並沒有圖報的良心，這樣的事情在我們生活中已屢見不鮮。關於這樣的事情，我們不要感到無助和悲觀，有時也能有意外的轉機。比如在父母去世後很久，有的十年、二十年，有的或許會更遠一些，那些父母的善意的口頭訓導和在年幼的子女面前的表率作用，最終會發芽開花、結出碩果。

在這類事例中，最有代表性的是約翰・牛頓。他是奧爾尼教區的牧師，也是詩人庫珀的朋友。在約翰的父母去世後很久，他自己已經是一名海員，早已度過了放蕩不羈的青少年時期。有一天，他突然良心發現，自己心裡有一種深深的罪惡感揮之不去，母親的聲音彷彿又在耳邊響起，母親對自己的教誨好似在腦海中翻騰，引導自己浪子回頭，指引自己去追求善良和美德。

另一則有代表性的事例，是有關約翰・藍道爾爵士（Sir John Randall）的。這位美國政治家曾經說過：「如果不是回憶起往事，或許我已成為一個無神論者。有些往事總能讓我記憶猶新，那時，我媽媽總是牽著我的小手，讓我跟著她一起雙膝跪地，並且要在口中念『我們的天父』！」

一個人的品格養成主要是在幼年時期。當一個人進入成年時期時，那些幼年時期所形成的品格，一般都能保持下來，並且逐漸穩定下來。「不管你能活多少歲，」塞西爾・戴-劉易斯（Cecil Day-Lewis）說道，「第一個二十年，將是你一生中最為漫長的一半。」確實，正如塞西爾所說，第一個二十年是人的一生中最能富於成果的黃金時期。沃爾科特（Sir Derek Walcott）博士習慣於造謠中傷，以及長年縱情聲色，結果染上了重病，氣息奄奄。一位朋友問沃

爾科特博士：「您是否還能做什麼事情，使得自己感到滿足呢？」這位垂死的人急切地回答說：「是的，只要能讓我返老還童。」倘若讓他再次年輕，他或許會痛改前非、改過自新。但是，這一切都已為時太晚，沃爾科特博士的生命早已被習慣的鎖鏈牢牢束縛，他已然成為習慣的奴隸。正如聖奧古斯丁在《懺悔錄》中談到習慣的力量時指出：「我的意志一旦被敵人俘虜，它們就會為我鑄造一條鎖鏈，將我牢牢縛住。因為前進的意志是由貪欲構成的，這種貪欲也注定要成為一種習慣，而這種習慣又不可避免地要成為生活的絕對需求。綜合以上這些原因，敵人為我鑄造的這些鏈環，環環相扣，構成了一條牢不可破的鎖鏈，讓我成了它們的俘虜。」

作曲家安德烈・格雷特里（Andre Gretry）認為，女人身為品格的教育者是極為重要的。格雷特里尊重女人關於品格的教育，這一思想是極為深刻的，他時常將優秀的母親刻畫成「自然的傑作」。他說，優秀的母親在家庭中營造良好的道德氛圍時，她們也為人類的精神世界提供了豐富的養料，就像男人們為物質世界的進步提供了豐富的養料一樣。女人們在理性的指導下，以溫和的性情、善良和友好的品格，營造了一個歡樂、如意、祥和的氛圍，這種氛圍不僅適於純潔的品格的生長，而且也適於剛毅性格的形成。因此，女人們為人類的進步所做的努力，是男人們不可比擬也無法超越的。

哪怕窮得家徒四壁，只要有一個善良、節儉、樂觀的女人處理家事，這樣的家庭仍然是舒適、溫馨和幸福的。受這樣的女人影響，家庭成員之間就能和睦相處、關係融洽，這樣歡樂的家庭不僅會受到人們的喜愛，而且也會成為人們心靈的神聖殿堂、躲避生活風暴的港灣、勞累之後休息的樂園、不幸之時尋求安慰的處所、諸事順遂時的驕傲，以及在任何時候都引以為樂的源泉。

不管是在青少年時期還是在老年時期，良好的家庭都是最好的學校。在這裡，年輕人和年老者都學會了快樂、忍耐、自制、奉獻和責任心。在談到喬治・赫伯特的母親時，艾薩克・華爾頓（Izaak Walton）說：「她極有分寸地管理家庭事務，既不過於苛刻，也不會尖酸刻薄；在孩子們的娛樂活動中，

她十分溫柔、和藹，因此，孩子們都十分樂意與她在一起，而孩子們的這一舉動，也時常使她自己感到欣慰和滿足。」

家庭也是最好的禮儀學校，女性往往是最優秀的能為人師表的導師。法國普羅旺斯人有這樣一句諺語：「沒有女人，男人永遠只是少不更事的幼稚小孩。」伯克曾經指出：「博愛是以家庭為中心發散開來的，因此，在社會活動中，熱愛我們所屬的那個家庭小團體，是熱愛其他公益事業的感情基礎。」在神聖不可侵犯的家庭當中，那些最明智和最優秀的人，不會因為自己的才智低於孩子而感到恥辱，相反，他們會因此而感到快樂和幸福。在家庭生活中，那些心地純潔、有責任感的人，也為他們日後在職場生活中要擁有的道德心和責任心奠定了堅實的基礎。

然而，家庭並不都是培養品格的最優秀的學校，它們也可能是最糟糕的學校。從兒童期進入成年期，在這期間多少不幸都是由於家庭的無知造成的。把孩子托交給一位愚昧無知的女性去撫養，他日後就會毫無教養、無可救藥。假如一位母親好逸惡勞、心術不正、行為放蕩，在家庭中吹毛求疵、性情暴躁、極不安分，那麼，家庭就會成為充滿不幸的人間地獄 —— 人人唯恐避之不及，更談不上一往情深地迷戀。在這樣的家庭中長大，對孩子來說是一種極大的不幸，會讓他們具有道德缺陷和在道德方面發育不良 —— 這不僅會給他們本人帶來災難，而且也會給社會中的其他人帶來不幸。

拿破崙·波拿巴總是習慣於說：「一個孩子行為舉止的好壞，完全取決於他的母親。」拿破崙將自己在生活中的成就，很大程度上歸功於他在家庭生活中母親對他的意志、力量、自制等方面的磨練。一個拿破崙的傳記作家說：「除了拿破崙的母親以外，幾乎沒有人能指揮得了他。他的母親總是透過諸如溫柔、嚴厲而又極有分寸的方法，讓他熱愛、尊敬和服從自己。從拿破崙母親那裡，拿破崙學到了順從的美德。」

西元 1850 年，在塔夫勒爾先生的《關於英格蘭和威爾士聯盟教區附屬學校的調查報告》中顯示：孩子們的品格取決於他們的母親。塔夫勒爾先生寫道：「有人告訴我，在一家大工廠裡，老闆聘用了許多孩子。這個工廠的經理

們在錄用某個孩子之前，往往要詢問孩子們關於自己母親的品格，如果經理們對這位孩子的母親的品格感到滿意，他們也就會對這位孩子將來的行為舉止放心，也就能聘用他們。相反，這些經理們卻對孩子們的父親的品格漠不關心。」

　　我們透過調查，也發現了這樣的事情：在有的家庭中，父親的品行極差，常常酗酒、偷雞摸狗，但是，只要母親勤儉節約、通情達理，這個家庭就能保持得完整，孩子們日後的生活照樣可以飛黃騰達。但是，與此相反的事情卻並不多見：在一個家庭中，如果母親品行不端，不管父親的言行舉止多麼有教養，他們的孩子在日後生活中很難有所作為。

　　然而，女人在孩子們的品格形成過程中的影響究竟有多大，對此我們仍然知之甚少。由於家庭純屬私人生活空間，女人們在僻靜的家庭中默默無聞、任勞任怨、盡職盡責，她們的業績也便鮮為人知。正因為如此，即使在傑出人物的傳記作品中，描述母親對他們品格和志趣愛好有所影響的文字也並不常見。然而，女人們並不計較這些得失，她們所實施的影響雖然沒有載入史冊，但是在後世人的生活中卻充滿活力、發揮作用。

　　我們經常能聽到傑出男人的名字，卻較少能聽到偉大女性的名字，可是，我們卻能經常聽到善良女人的名字。女人鍛造了人類良好的品格，僅此一項偉大的事業，比她們畫出世界名畫、創作不朽的文學名著和戲劇，要絢麗奪目得多。「千真萬確的是，女人沒有創造出什麼傑作，」約瑟夫·德·邁斯特（Joseph de Maistre）說，「她們沒有寫出《伊利亞德》、《拯救耶路撒冷》、《哈姆雷特》、《菲德爾》、《失樂園》、《偽君子》；她們沒有設計出聖伯多祿大殿（Basilica Sancti Petri），沒有創作出〈彌賽亞〉，沒有雕刻出〈阿波羅瞭望塔〉，沒有畫出〈最後的審判〉；她們也沒有發明代數學、望遠鏡、蒸汽機，但是，她們卻做了比所有這一切更為偉大、更為優秀的事情，那就是每一位正直和高尚的男人或女人，都是在她們的膝上調教出來的，而這些，才是世界上最為傑出的作品。」

　　約瑟夫·德·邁斯特伯爵（Le comte Joseph de Maistre）在自己的書信和作

品中，懷著無比的熱愛和無限的崇敬談到了他的母親。在邁斯特伯爵眼中，母親的高貴品格是所有其他女性可望而不可即的。他將自己的母親描寫成「一位崇高的母親」、「一位上帝借體還魂的天使」。他還將自己的品格、志趣愛好和善良天性，歸功於自己的母親。不僅如此，當德‧邁斯特伯爵進入成年，擔任聖‧彼得堡使館大使時，他說母親的言傳身教影響了他的一生。

塞繆爾‧詹森（Samuel Johnson）儘管其貌不揚，還不修邊幅，但是，他卻有著迷人的人格魅力。他的和藹可親最讓世人傾倒，而他卻說自己這種品格來自他母親的調教。在克羅克所著的《博斯韋爾》一書中，記載了這樣一件事：當時塞繆爾已經年過半百，他的母親已是九十歲高齡，而詹森在西元1759 年 1 月曾多次給母親去信，說自己被世人所愛戴的品格完全出自母親的親身調教。詹森還說：「我母親是一位領悟力極強、最讓我崇拜的女性，以至於在我最困難的時期，我也要從最為微薄的收入中勻出一點錢，讓我的母親過得舒服一些。」後來，詹森寫作了《阿塞拉斯》一書，用稿酬償還了母親的一小筆債務後，拿著剩下的所有稿酬支付了母親的喪葬費用。

另一則事例，我們能從傑拉德‧斯巴克斯所著的《華盛頓的生活》一書中，看到女人對於家庭的貢獻。喬治‧華盛頓是其家庭裡五個子女中的老大，在他年僅十一歲時，慈父去世，母親成了寡婦。然而，他的母親卻是個極為優秀的女性，她富有很強的人格魅力，且又足智多謀，擅長生意買賣，是個十分難得的管理人才。除了五個子女需要她來教育和撫養外，還有一大堆的家事需要她來處理，同時，還有面積廣大的種植園需要她來經營，但是，華盛頓的母親憑著自己的理智、勤勉、溫柔、節儉和機警，付出了辛勤的工作，游刃有餘地克服了重重障礙，終於得到了豐厚的回報。在她的勤勞和善良的品行影響下，她的五個孩子都順利地進入了生活，而且一個比一個前程美好。他們在各自的領域中大顯身手，不僅為自己贏得了榮耀，而且也為教給他們生活準則、行為方式和習慣的母親，贏來了至高無上的榮譽。

給克倫威爾寫傳記的作家弗斯特，很少在作品中提及這位護國公的父親，但是卻不惜筆墨、不厭其煩地詳細描述了克倫威爾母親的品格。弗斯特

把她描述成一位精力過人、處事果斷的女性。即便在最為孤立無助的情況下，這位優秀的女人還有著非凡的自救能力。不僅如此，即使在極為不幸的處境中，她仍然有尋求解救的精神和力量，這種精神和力量與她的溫柔和耐心相比也毫不遜色。憑藉她工作的雙手，她給五個女兒的嫁妝，遠遠超過當地稱得上富豪們的財產。她也極富愛心、正直誠實，即便生活在豪華的英國政府宮殿裡，她仍然生活儉樸，就連平常的酒宴，她也只飲用早年在亨廷頓郡時喝的那種普通啤酒。她根本不在乎財富和權力，唯一在乎的那就是兒子的安全，因為兒子處在極其危險的顯赫之中。

我們前面談到拿破崙‧波拿巴的母親是位極富人格魅力的女性，在這方面，儘管威靈頓的父親是位傑出的作曲家和演員，但是威靈頓的性情和品格，很明顯地從他母親那裡繼承而來。更讓人感到詫異的是，威靈頓的母親在培養威靈頓時，竟然將他當作一個智力低下的人，也不像寵愛其他子女一樣喜歡威靈頓，直到威靈頓取得了光輝的業績，她才開始喜愛威靈頓，並以他為傲。

納皮爾三兄弟從父母身上都受益匪淺，特別是從他們的母親薩拉‧尼諾克絲夫人身上。在他們童年時期，他們的母親總是力圖用崇高的思想激發兒子們的心靈，教他們崇尚輝煌的業績，引導他們養成一種騎士精神。後來，這些品格都在他們的生活中體現出來，從而支持他們在人生的道路上盡職盡責、潔身自好，並至死不渝。

在政治家、律師和宗教學家的談話中，我們發現他們特別喜歡提到大法官培根、厄斯金和布萊漢姆的母親，她們都是具有非凡才能的女性，而且最為重要的是，她們的學識都很淵博、見多識廣。喬治‧坎寧（George Canning）、卡南、亞當斯總統、赫伯特、佩利和衛斯理等人的母親，也同樣具備這些優秀的品格。布萊漢姆爵士在談到羅伯遜教授的妹妹時，就像談到他自己的祖母一樣充滿敬意，她教給了布萊漢姆孜孜不倦地追求各種知識的首要原則，而這一原則成了貫穿布萊漢姆一生的最突出的品格。

羅伯特‧貝爾（Robert Bear）所著的《坎寧的一生》一書中，記載道：坎

寧的母親是位稟賦極高的愛爾蘭婦女，她的兒子坎寧也同樣是個天分很高的人，但是她的兒子對她一生都無比熱愛和無限崇敬。坎寧母親的智力非常人能比，正如坎寧的傳記作者所說：「事實上，如果不是親眼所見，我們不敢相信這是事實，因為只要稍稍了解坎寧母親的人，都會被她那種奇特的品德魅力所迷住。她的談話充滿活力，能鼓舞人心，她選擇的話題新穎而有吸引力，從來都不落俗套。不僅如此，她的行為舉止富有個性特徵，透過和她交往，周圍的人能感受到她身上有一種偉大的精神力量，因此，她被生活圈的人愛戴。坎寧如此深愛自己的母親，他自始至終依戀的就是母親那十分難能可貴而又令人傾倒的品格。」

由卡南的兒子所著的《卡南的生活》裡，有這麼一章：卡南的母親是位悟性很高的女性，他總是懷著極其深厚的感情經常談到自己的母親。卡南甚至將自己在生活中的所有成功，全部歸因於他母親明智的勸導、始終如一的虔誠以及她教給孩子們的可貴的抱負。卡南過去總是說：「我從我可憐的父親那裡繼承下來的、唯一的、可以值得誇耀的東西，就是這一張不是很吸引人的臉蛋和像他本人那樣的一副身材。如果說這世界給了我什麼東西，而且比我這張臉蛋和這副身材以及世俗的財富更可貴的東西，那就是我親愛的媽媽給了我無窮的精神財富。」

當美國前總統亞當斯視察波士頓女子學校時，學生們的致辭深深地感染了他，因此，他利用致答辭的機會，談到了女性對他的訓練，以及女性社團在他的個人生活和品格中所產生的影響。亞當斯說：「小時候，我最感謝上帝，因為上帝賜予了我一位非常出色的母親，她經常為自己的孩子擔憂，而且她自己還有能力讓孩子形成良好的品格。我從母親那裡得到了很多教導，這其中有關於宗教和道德的教導，它們在我的生活中發揮了極為強大的作用。我不敢說這些教誨是盡善盡美的，但是我敢說，在我的生活中，我做事的不完美或者對她的教誨產生背叛的話，都是我自己的過錯，而不是我母親的責任。我只有這樣說，才是對我可敬的母親的一種公道。」

在歷史長河中，衛斯理兄弟（Charles Wesley & John Wesley）是至善至美

的代言人，它們與父母親的關係十分密切，但是，在對他們心靈和品格的教育與影響方面，他們的母親遠遠要多於父親。他們的父親是個意志十分堅強的人，但是在家庭中有些過於嚴厲和獨斷。衛斯理兄弟的父親曾經一度決定拋棄自己的妻子，因為她不肯違背良心，同意丈夫為當時執政的君主寫下禱告文。衛斯理兄弟的父親這一休妻想法，直到威廉三世意外死亡之後，才改變了當初輕率做出的決定。在對待孩子方面，他也表現出同樣的專橫，他甚至強迫女兒麥哈特波爾違心地嫁給一個她根本不喜歡、也根本配不上自己的男人。

衛斯理兄弟的母親具有極強的理解能力，酷愛真理，她非常溫柔、具有說服力、慈愛而且儉樸。她不僅是孩子們良好的導師，而且是他們快樂的玩伴。正因具備了這兩種素養，她漸漸地成為孩子們效法的楷模。衛斯理兄弟的母親從小對孩子們進行宗教信仰方面的薰陶，使他們心裡產生了一定的傾向，因此在他們還年幼的時候，就已靠近了分類學的門檻。西元 1709 年，當塞繆爾・衛斯理（Samuel Wesley）還是西敏的一位學者時，他的母親在給兒子的一封信中寫道：「我建議你盡可能地從事某一種方法的研究，這樣你就可以充分利用每一分寶貴的時間，找到一種不可言說的簡便方法，甚至能游刃有餘地完成你的各項工作。」接著，她繼續描繪了這種「方法」的好處，告訴兒子「任何事物都按照一定的規則在發揮作用」。

在詩人、文學家和藝術家的生活中，母親的感情和志趣愛好，毫無疑問地會對她們的兒子產生極其巨大的影響。托馬斯・格雷（Thomas Gray）、詹姆斯・湯姆森（James Thomson）、司各特、塞西爾、弗里德里希・席勒（Friedrich Schiller）和約翰・沃夫岡・馮・歌德（Johann Wolfgang von Goethe）等人的生活，就是典型地受到了他們母親的影響。英國詩人格雷，他的母親是個集友善、正直、博愛於一身的大愛至善的人，而他的父親卻是個過於苛刻而又很難打交道的人，格雷幾乎完全地繼承了他母親的品行。所以，格雷是位有些女性化的人，他靦腆、沉默寡言並且缺乏力量，但是，他在生活和人格方面是無可挑剔的。格雷的母親在被丈夫拋棄後，獨立地支撐著門戶。在母

親死後，格雷把她葬在斯托克普吉斯，並且在給母親題寫的墓誌銘中，格雷稱她為「她是許多孩子需要的有著難得的細心與慈愛的母親，這些孩子只有一個不幸地比她活得長久」。格雷死後，根據他本人的意願，葬在了他母親的墓旁。

與席勒一樣，歌德也把自己的志趣愛好和品格，歸因於自己才華超群的母親。歌德自己說：「我從父親那裡繼承了體格以及初涉人世的感覺，但我從母親那裡卻繼承了快樂的天性以及對快樂的想像力，並且一生受用。」歌德的母親生性活潑，洋溢著母愛的智慧，具有強烈激發小孩積極上進的品格，她常常以自己豐富的經驗教導孩子們要學會生活的藝術。有位熱衷於旅遊的旅遊家在和歌德的母親暢談一番後，說：「現在我明白了歌德是怎樣成為歌德的。」歌德本人對母親的感情極為深厚，並在自己的心靈深處留下了關於母親的美好回憶。有一次，歌德說：「她無愧於人生！」不僅如此，後來歌德到萊茵河畔參觀法蘭克福時，尋訪了那些曾與母親友善的人，並對他們表示了感謝。

阿雷‧謝菲爾非常熱愛自己的母親，這位畫家在自己的名作〈比阿特麗斯，聖‧莫妮卡〉和其他一些作品中，一次次地再現了母親迷人的風采。為了兒子執著的追求，這位母親省吃儉用，做出了巨大的犧牲。也正是這位母親，鼓勵兒子從事藝術研究，才使得兒子堅定不移地走向了藝術生涯。阿雷‧謝菲爾的母親在荷蘭的多德徹特生活時，就將兒子送到利爾去學習，後來又送他去巴黎學習。當母子天各一方時，她給兒子的信總是飽含著母愛的忠告和女性的思念與感傷。有一次，她在信中寫道：「要是你能回來看看我，那該多好啊！我一遍又一遍地看著你的照片，親吻著照片上的你，眼淚總是忍不住地往下流，我呼喊著『我的寶貝』。或許等你長大了，為人父母時，你就會明白，有時候我使用長輩的嚴厲的言辭來訓斥你，使你感到痛苦，可是我自己心裡卻也要承受巨大的痛苦啊！你要勤奮學習，但更重要的是，要使自己做一個謙虛和謙遜的人。如果你覺得自己的技藝已高人一等，那麼，你可以拿自己在不同時期創造的作品，進行作品本身的客觀比較，看看你畫

的畫是否真的栩栩如生；你還可以拿它和心中的理想目標相對照，看看彼此之間的差距有多大，這樣你就會做到心中有數。透過這種鮮明的對比，你就不會自我陶醉和自以為是，而這樣做對於你自己的藝術造詣，有百利而無一害。」

很多年以後，當阿雷‧謝菲爾自己做了祖父之後，他還深情地回憶起自己母親的忠告，然後反覆地向孩子們講述母親一生的品德操守對自己的影響。因此，楷模的活力是會代代相傳的，正因為這樣，這個世界也就會更加新鮮、更加年輕。在格羅特夫人所著的《阿雷‧謝菲爾的一生》一書中，記載了一則後來被世人奉為經典哲理的故事。西元 1846 年，阿雷‧謝菲爾在給女兒瑪喬琳夫人寫信時，有關他自己母親的忠告又在他腦海中浮現出來，於是，他寫道：「親愛的孩子，『必須』這個詞，你一定要時刻牢記，過去你的祖母總是念念不忘。事實上，在我們的生活中，只有透過我們雙手的辛勤工作，或者透過自我的犧牲，才能結出碩果，除此之外，別無他法。總而言之，如果我們想得到舒適和幸福，那麼我們就必須做出犧牲。現在，我已不再年輕，在我的一生中，很少有不做出犧牲就能得到的收穫。大多數情況下，我都是透過犧牲某一方面的快樂，才能獲得另一方面的滿足。因此，只有犧牲才能有收穫，這是智者的座右銘。基督耶穌就為我們後人做出了自我犧牲的表率。」

法國歷史學家麥克雷，在他的一本最著名的著作《論教士、女性和母親》的前言中，提到了他的母親，引起了當時社會上非常激烈的討論。他寫道：「寫到這裡，我不能不想起我的母親。她那頑強而又嚴肅認真的精神一直支持著我。三十年前她離開了我，當時，我還是個小孩，然而，她卻一直活在我的心中，陪伴我走過了許多春夏秋冬。我現在很後悔，或者說是終生遺憾，在她生前，她和我一起承受貧窮的折磨，卻沒能和我一起享一天的清福。年幼的時候我無知，因此讓她很失望，現在我卻無法安慰她。我悲痛，那時的我實在太貧寒，我窮酸到竟然連給她買一塊墓地的錢也拿不出來，到現在，我甚至連她的骨灰在哪裡也不知道！我對母親心存感激，我深深地感覺到我

是她的兒子。每時每刻，我都感到母親就活在我身邊，她一直活在我的思想和言語之中，他的音容笑貌一直活在我的言談舉止、舉手足投當中。正因為這樣，我懷念我的母親，我為過去流逝的歲月和所有只留下微弱記憶的東西而感到傷感。她已然不能再回來，我欠她的東西太多，怎麼樣才能給她一點點補償呢？因此，我寫了這本關於女性和母親的書，或許能聊表我的心意。」

然而，母親在給她身為詩人或藝術家的兒子的心靈以良好影響的同時，也可能給他們產生極壞的影響。拜倫勳爵就是一個典型的例子，他的恣意妄為、剛愎自用、目中無人、睚眥必報、性情暴躁，從她母親身上都有跡可尋。自從拜倫出生之後，他幼小的心靈就受到了他那自以為是、目空一切、脾氣火爆而且任性固執的母親的有害的影響。拜倫的母親甚至嘲笑拜倫的生理缺陷，母子之間經常發生激烈的爭吵，這一切，早已是拜倫家司空見慣的事。在拜倫逃離的時候，他母親拿著火鉗或撥火棍，無所顧忌地向他猛擲過去。正是拜倫母親對他的這種虐待，造成了拜倫日後精神上的不健全。拜倫經常操心、焦慮、多疑，而且常常因為憤怒而肝火太盛，弄得自己體弱多病，這些不好的因素，就是他身上帶著他母親自小就留給他的那些毒素。因此，在他的〈蔡爾德·哈洛德〉一詩中，他聲稱：「是的，我的思想應該少一點野性，我在黑暗中冥思苦想得太久，大腦已形成了旋轉不停的渦流，就像灣流般緊張過度。當初年幼，心靈未被馴服，然而生命的春天已被人毒害。」

以同樣的方式，雖然不是以同樣的道路，福特夫人（Betty Ford）的品格在她那位快樂的演員兒子身上也得到了重現。福特夫人雖然繼承了一大筆財產，但她很快就將這些財產揮霍殆盡，最後，她因欠人債務被關進監獄。在這種窘迫情況下，她寫信給兒子薩姆，因為薩姆曾經答應每年從他的演出費中拿出一百英鎊交給母親。「親愛的薩姆，我已因債務而進監獄，快來幫助你親愛的媽媽。E·福特。」對此，她的兒子薩姆寫了封十分有特色的回信：「親愛的媽媽，我也和您一樣因欠債而入獄。因此，我無法履行身為兒子的義務，不能替我親愛的媽媽償還債務。薩姆·福特。」

我們曾經談到華盛頓的母親是個極為優秀的生意人。具有這樣一種商業

才能，不僅不與真正的女性氣質相衝突，相反，它是每一個家庭獲得舒適與安寧必不可少的要素。商業習慣不僅適用於商務活動，而且也適用於一切實際的生活事務，適用於一切需要安排、需要準備和需要完成的事情。在所有這些方面，對一個家庭的管理，就像在商業活動中對一個店鋪或一個事務所的管理一樣重要，它要求有正確的方法、準則、勤奮、節儉、紀律、策略、知識和收支平衡的能力。而這一切，就是商業的本質。因此，商業習慣對於一個想在家庭事務管理中獲得成功的女人來說，與在貿易和商務活動中想要獲得成功的男人一樣，是必不可少的素養。

　　然而，迄今為止，認為商業和商業習慣僅僅只有男人才能勝任而女人無須關心的觀點，仍然十分盛行。例如，在數學知識方面，布賴特先生曾經說過：「教會男孩子算術，他就會成為一個男人。」為什麼呢？因為算術教給了他方法、精確、等值、比例和關係。但是，又有多少女孩能學好算術呢？這樣成功學好算術的女孩，簡直是鳳毛麟角。然而，倘若這樣的觀點仍舊十分猖獗，那麼，這樣做的後果，又當如何呢？當女孩成為了妻子，如果她對數學一竅不通，不懂得加減乘除四則運算，她就不會記下收入和支出，這樣一來，一個多子女的家庭就會出現一系列的煩勞和爭端。一個女人，如果不能在家庭事務管理中，學會運用簡單的四則運算規則，那麼她們的家庭就會出於純粹的無知，使得這個家過著奢侈的生活，久而久之，就會滋生貪婪、無節制，這樣一來，就有可能會危及家庭的安寧和舒適。

　　方法是商業活動的靈魂，在家庭中也是極為重要的。只有透過正確的方法，工作才能順利地完成。如果雜亂無章、毫無頭緒，不僅在商業活動中難以開展工作，而且在家庭生活中也會捉襟見肘、窮於應付。方法要求守時，這也是商業活動的一個極為重要的品格。不守時的女人，和不守時的男人一樣，不受人喜歡。因為她耽誤和浪費了別人的時間，甚至讓人覺得自己在她心中無足輕重，不值得她動作敏捷一點。因此，對生意人來說，方法能節省時間，也能創造更多的財富。但是，對一個女人來說，方法不僅僅是金錢，它更是構成平和、安寧、舒適的家庭所必備的要素。

精明是商務活動的又一重要品格，對女人和男人同等重要。精明來自有修養的判斷，是實踐證明了的人類智慧。它指的是在任何事情中都要合情合理，遵守社交慣例，明智地判斷哪些事情應該去做，而且能清晰地決斷應該採取什麼樣的方法去做。不僅如此，它還要考慮收入、時間的節省以及做事的方法。如果一個人具有了知識作為強大的後盾，那麼他將更容易掌握智慧的運用。正是考慮到這些原因，為了使婦女在日常生活和工作中能得心應手，因此教給她們商業習慣是十分必要的。而且，女性身為孩子的護士、訓練者和教導者，她們需要教育及修養來給予孩子們支援和提供精神能量。

　　一個母親為孩子提供的僅僅是一種本能的愛，是遠遠不夠的。因為本能，是低等動物都具備的，它不需要經過任何的訓練。但是，人類的理智，在一個家庭中是時時都需要的，而且它們需要透過教育來獲得。然而，上帝把一項最為重要的任務交給了女人，那就是撫育出體魄健壯的後代。女人們必須懂得，人的道德和精神屬性珍藏在肉體屬性之中。因此，她們的行動必須與自然規律相一致，她們對身體健康的祈禱，對精神和道德健康的祈禱，在家庭生活中，是可以透過她們自己的言傳身教來獲得最可靠的保證。如果女人們不懂得這樣的自然規律，那麼，她們的母愛往往只能在小孩的棺材裡才能得到回報。因為在一個國度裡，在出生的小孩中，大約有三分之一的小孩不到五歲就夭折了，這只能歸因於女人們對自然規律的無知，對人體構造的無知，對要使用純淨空氣、純淨水的無知，對保存和管理食品需要藝術性的無知。要知道，即便在低等動物中，幼獸的死亡率也不會有如此之高。

　　造物主賦予女人的理性和賦予男人的理性一樣，是用來應用和實踐的，而不是給她們以毫無用處的裝飾，這是不證自明的道理。造物主賦予男人或者女人的這種理性的稟賦，也是有目的的。因為造物主贈送禮物雖然慷慨大方，但他從不會鋪張浪費。

　　女人，並不是頭髮長見識短的一類專做苦工的人，也不是供男人閒暇時玩弄的美麗裝飾品，她不僅為別人活著，而且也要為她自己而活著。在生活中，女人們要認真負責地完成指定給她們的任務，這就需要她們不僅要有一

顆善良的心，而且還要有一個有教養的頭腦。女人們的崇高使命，並不是要掌握那些轉瞬即逝的技能，倘若這樣的話，那麼她們在這方面浪費的時間可能會太多，雖然這些技能能在一定程度上增加小孩子們的魅力，也能使女人們更加嫵媚動人，但是，女人們會慢慢發現，這些自己教給孩子們的技能，在實際生活的事務中卻很少能派上用場。

古代羅馬人所崇拜的家庭主婦，是坐在家中紡織棉紗的人。在我們這個時代，有人說，標準的家庭主婦是：她的化學知識只要懂得讓水鍋沸騰，她的地理知識只要能分清家裡的幾間房子，女性有了這麼多的「科學知識」就已經足夠。拜倫對女性的認同是非常有缺陷的，他聲稱女人的書架上只能有一本《聖經》和一本關於烹飪的書。拜倫的這種關於女性品格和教養的觀點十分荒謬，而且過於狹隘和缺乏理智。另一方面，有一種與之相反的觀點，也是時下非常流行的觀點，那就是女人應該盡可能地與男人一樣，平等地接受教育；男女只能在性別上加以區分；男女享有平等的權利和選舉權；女性可以和男性一樣為了地位、權力和金錢，進行凶殘而自私的競爭。這樣的觀點未免有些過分和偏激，但是它卻彰顯了人類社會的自然規律，強調了女性的重要，也提升了女性對社會的價值。

一般來說，對一種性別的小孩非常適合的訓練和約束，對另一種性別的小孩也同樣非常適合。向男人灌輸的教育和文化，對女人也是同樣有益的。事實上，我們提出的男人應受更高的教育的觀點，同樣可以用來為女人應受較高的教育辯護。在所有的家庭事務中，理智都會使女人變得更為有用和更有效率。理智會使女人思想深刻、處事慎重，使女人有能力預防和應付生活中的偶發事件，給女人提供更行之有效的管理方法，使女人在各方面更有依靠和力量。倘若女人受到了理智的訓練，她們對一件事物的認知，就不會過於天真和盲目輕信，就會有效地防止受騙上當。如果女性能夠受到道德和宗教的薰陶，她就不會只受肉體感官的誘惑，才能有更大的力量和毅力抵制各種影響。假如教給女性以自信和自立，她們就會發現家庭的舒適和幸福，是一切正義、理性、果斷的真正源泉。

但是，對女性心靈和品格的教育，應該考慮到女性自己的幸福，而絕不應該只考慮到別人的幸福。這個問題很嚴肅，為什麼呢？因為如果女人被完全改變，男人們就不會有良好的道德品格。一個民族的道德狀況主要取決於這個民族在家庭裡所受的教育，因此，女人的教育問題就應該被當作是事關民族前途的問題。女人的道德純潔和智力修養，對於提高男人的道德品格和精神力量有著舉足輕重的作用。一個民族這兩種力量越充分，這個民族就會越來越和諧、有序、健康、穩定地發展。

拿破崙一世曾指出法蘭西最缺乏的是優秀的母親。換言之，他的意思是，法蘭西民族缺乏家庭的教養。而這一目標的實現，需要有善良、品德高尚和有理性的婦女來實施。實際上，第一次法國革命的爆發，已經充分說明了由於法蘭西民族忽視了女性的純潔給家庭帶來的良好影響，才導致了社會不可挽回的災難。當那場全國性的騷亂爆發時，社會已經充滿了邪惡，陷入了墮落，所有道德、信仰和美德全都被肉欲吞噬了。女人的品格已經腐化墮落，夫妻間的忠誠已蕩然無存，母愛變成了責罵呵斥，家庭和家族的倫理、尊老愛幼的道德已經被完全架空。整個法蘭西已經沒有了優秀的母親，她們的孩子變得毫無約束。正因為這樣，很多歷史學家都將法國大革命的爆發，歸因於「女人們的凶殘、暴力和道德敗壞的呼喊」。

波馬謝所著的《費加羅》一書，反映了上層社會和下層社會在兩性關係方面具有一致的道德水準，在法國大革命爆發後不久，這本書受到了數以萬計的人的推崇。為此，赫伯特·史賓賽（Herbert Spencer）在《社會靜力學》一書中解釋道：「你可以任意給人們貼上『上層社會』『中層社會』和『下層社會』的標籤，但是，你無法阻擋他們成為一個整體。因為他們具有同樣的時代精神、同樣的品格，以及同樣的商務邏輯。其實，大家都知道，作用力和反作用力是相等的，這條物理學規律也同樣適用於社會道德。一個人對另一個人的行為，不管是好是壞，這種行為最終會對兩個人都產生同樣的影響。只要讓他們發生關係，那麼，種姓的劃分、財富上的差異，都不能阻礙他們走向融合……個人對社會的適應，雖然要經歷一個較為漫長的過程，但是，卻使

一個民族的品格趨向一致。而且，只要這種融合還在繼續發生，那麼，想人為地讓社會中的某個階層，在道義上不同於其他階層，是萬萬做不到的，也是愚不可及的。只要你發現哪一個階層墮落了，那麼，這種墮落的風氣就會向其他所有的階層蔓延，最終這個社會就會淪落到具有一致的極為低下的素養。也就是說，如果一個國家的一部分人感染了腐敗的病毒，那麼，其他的所有人也不能倖免。」

紀律、忠順、自我控制和自尊，這些優秀的品格，只有在家庭中才能學到。但是，法蘭西民族還沒有意識到這一點，沒有從慘痛中吸取教訓，依舊一意孤行，以致讓人民一次又一次地陷入水深火熱之中，承受著痛苦的煎熬。據說，拿破崙三世（Napoléon III）把法蘭西力量的弱化，歸因於民眾舉止的輕浮、缺乏自我約束力、太熱衷於肉體享樂，所以才導致了自己的祖國在征服者的腳下呻吟和流血。不得不承認，拿破崙三世本人並沒有花天酒地、追求享樂，但是，法蘭西要想改變這種現狀，躋身於世界優秀民族之林，那麼，它就必須像拿破崙一世所指出的那樣，在家庭中重視優秀母親的教育。

在世界各地，女人的影響都是一樣的。不管在哪個國家中，女人們的道德品格都影響著這個民族的道德、行為方式和品格。哪個社會的女人品格惡劣，哪個社會的品格也就惡劣；哪個社會的女人道德高尚、有教養，哪個社會也就繁榮、進步。

因此，對女人的教導也就是對男人的教導；對女人品格的昇華也就是對男人品格的昇華。國家只不過是家庭的結果，民族只不過是母親的結晶，所以，女人精神的解放是整個社會精神解放的延伸和保證。

毫無疑問，經過女人的教導和淨化，一個民族的品格才會不斷地得以昇華。但是，讓女人從事商業和政治等粗糙的活動，讓女人與男人進行激烈的競爭，這樣做到底會有多少價值很值得懷疑。因為男人難以勝任女人的特殊工作，然而，女人更難以從事男人的特殊工作。如果在一個地方，那裡的女人退出了家庭而從事其他活動，其後果必定會帶來社會性的災難。實際上，

近些年來，一些優秀的慈善家正在致力於讓女人從煤礦、工廠、製釘工廠和磚廠等男人從事的工作中退出來。

丈夫在家閒得無聊，而妻子和女兒卻在辛苦工作，這種倒行逆施的情況非常普遍，而這種情況往往持續越久，對整個社會就會產生更為嚴重的惡果，它們會造成家庭秩序、家庭約束和家庭規範的完全瓦解。為什麼呢？因為工廠制度，不管它怎樣增加了國家的財富，但是它對我們的家庭狀況產生了極其有害的影響。它的存在，會使妻子離開丈夫，孩子離開父母，尤為突出的是，它降低了女人的品格。一個女人，履行家庭的職責才是她應該承擔的義務，這其中包括家庭事務的管理、對孩子的教養、對家庭經濟的安排、對家庭需求的滿足。但是，工廠制度卻使她無法履行這些職責，家庭已不再成為完整意義上的家庭，孩子們受到了前所未有的忽視，變得毫無教養。女人們美好的感情變得麻木遲鈍，她們不再是男人溫柔的妻子、伴侶和朋友，而是他們的工作夥伴。

女人們拋頭露面，使得端莊淑靜的思想和行為消失得無影無蹤，因而，良好的美德也就喪失了忠誠的護衛，漸漸隱退。由於缺乏判斷能力或正確的原則指導，工廠裡的女孩過早地獲得了獨立感，她們時時準備擺脫父母的約束離家出走，加入同伴們的邪惡活動。她們所生活的物質氛圍和精神氛圍，激發了她們動物般的本能，不良的影響像瘟疫一樣在她們當中蔓延，災難正在不斷地擴大。正因為如此，許多年之後，在巴黎出現了這樣一種情況：一些婦女要求在男人們中間發揮作用，她們要求參加商務活動，開辦時裝用品商店，而男人們卻被擠得只有到林蔭道上去漫步。男人和女人這樣顛倒的生活，其結果只得讓更多的男人們無家可歸，變得憂鬱和墮落；女人們變得專橫跋扈、鉤心鬥角、唯利是圖，從而使得家庭支離破碎，毫無溫馨可言，而整個民族也會在這種金錢萬能、道德不復存在的環境下，慢慢走向衰落。

我們不要被這一觀點所迷惑，那就是讓女人參加政治活動是社會進步和發展的保障，這一觀點簡直是無稽之談。然而，目前仍然有許多人認為，給予女性「公民權」和「選舉權」會給社會帶來無窮無盡的好處。針對近些年關

於選舉權的反覆叫囂和連續不斷的爭吵，法國一位諷刺作家在西元 1870 年指出，我們很可能就會進入這樣一個時期，任何人，不論男女，他們在禱告時的唯一一句禱告詞可能是：「給我們每天選舉的日子吧！」這裡我們沒有必要討論這個問題，我們只要指出這樣一個事實就足夠了：女人雖然沒有政治權力，但是她們透過在家庭生活中所運用的權力而得到了補償，因為不管是男人還是女人，不管是在這個世界上從事男人的事業還是做著女人的工作，在家庭中，無一例外地都要接受女人們的訓練。

激進派的本瑟姆曾經說過：「一個男人，想要讓女人遠離權力是不可能，因為女人透過控制家庭已經統治了整個世界，儘管女人是用愛來行使這種權力，但是她已然擁有了一個專制君主享有的一切權力。」《道義學》第二章記載道：「母子關係比父子關係，有一種更基本、更必不可少的絕對優越性。即便人們很少把母子關係當作引用的對象，但一旦從援引的人口中說出，那麼，它就比父子關係更徹底、更有震撼力。」羅伯特・菲爾默（Robert Filmer）認為，每一個國家，它的君主政治權力的基礎和根源，就來源於眾多家庭裡父親對子女的絕對權力。換句話說，一個國家可能會把對一個女人的絕對支配，當作是政府的唯一合法形式。

選舉權只是用來選舉國會議員或者立法者，這種權力相比於女性們所擁有的權力而言，簡直是滄海一粟。因為女性們對於一個民族、一個家庭而言，她們身上扛著塑造整個人類的品格、鍛造整個民族的靈魂的責任。

然而，在女性的工作中有一個帶有特殊使命的工作，那就是分管如何節約和儲備人類的食物。這項工作，雖然至今仍然被社會忽視，但是需要引起所有真正的宣導女性改良主義者的熱切關注。目前，由於人們缺乏最基本的烹飪知識，造成了極大的浪費，這是可恥的。如果說男人們被認為是種族的保護人，因為他們有能力使得原本只能生長一穗玉米的地方，現在能生長出兩穗玉米；那麼，女人們應該被認為是整個大眾的保護人。因為她們有一項這樣的特殊機能，那就是能更經濟地使用和充分地利用食品。因此，有效地使用已有的資源也就等同於擴展當前的可耕種土地面積，女人的這一本事

能與男人相當。可是，女人還有一種本事，那就是她們能管理好食物，做到增進健康、厲行節約，自然也能維持家庭的幸福了。如果那些婦女改良主義者能在這方面勤勤懇懇地做出努力，她們就會贏得所有家庭的感激，就會被視為實際生活中最偉大的慈善家。

第三章

聖賢之士可以百世為師

　　一個人追隨和模仿周圍的人，從而有助於他們人生目標的確立和生活原則的形成，然而，這種現象在很大程度上並不取決於他們身邊夥伴們的行為，而取決於他們自身的自我約束和自我激發的行為習慣。每個人自身都有各自的意志力和各自行動的自由，倘若他能大膽地去甄別、實踐，那麼，他就能在自己所結交的朋友中，作出最為明智、正確的個人抉擇。

與好人交朋友，那麼你也將成為好人中的一員。

—— 喬治‧赫伯特

對我來說，我喜歡結交那些高尚的人。

—— 莎士比亞

榜樣已經向你示範，那麼，你將要做的不是怎樣收場，而是怎樣打發日子。

—— 亨利‧馬丁

如果你打算成為一名優秀的畫師，就要描摹那些最傑出的作品，不僅如此，在揣摩傑作的時候，要一筆一畫地描。因此，那些打算在自己的藝術生涯中有所作為的人，在選擇典範的時候，就要做到慎之又慎，並且要矢志不渝地趕上或超過典範的水準。

—— 歐文‧菲爾沙姆

　　家庭的教育往往要持續到孩子進入社會，但是事實上，家庭教育從來就沒有完全終止過。但是，隨著年齡的增加，家庭教育不再對個人品格的形成產生太多的影響，而學校裡的人為教育和朋友間的夥伴關係，開始透過榜樣的影響，對一個人品格的形成發揮著至為關鍵的作用。

　　不管是年輕人還是老年人，都會情不自禁地模仿朝夕相處的朋友。不過，這種模仿能力，年輕人更甚於老年人。因此，為了指導自己的兒子，喬治‧赫伯特的母親說了這樣一句名言：「正像我們的身體從我們所吃的食物中吸取有益的營養一樣，我們的靈魂也會從我們所接觸的或好或壞的朋友的行為和言語中，吸取美德或者邪惡。」

　　一個人的模仿能力是與生俱來的，他們都會對與之相處的朋友的言語、行為、步法、姿勢和思考等習慣，或多或少地留下印象並模仿。因此，只要我們與身邊的人打交道，他們的言行對我們的品格的形成就會產生強有力的影響，而要想拒絕這一影響卻是萬萬不可能的。伯克在給羅金漢姆侯爵的便

條中，就提出了自己莊嚴的座右銘：「牢記 ── 效仿 ── 持之以恆。」伯克也曾說：「典範的力量無足輕重嗎？不，它重於泰山！典範就是人類的學校，透過典範我們能學到很多東西。」

那麼，我們又是怎麼被典範影響的呢？一個人的模仿往往是在潛意識下發生的，因為榜樣的影響對於我們品格的形成往往是不知不覺、悄然進行的，但是，這種影響卻是極為持久的。當一個感情、思想和習慣極易受影響的人接觸到一個感染力極強的人時，他才能明顯地感覺到自己的品格受到了影響。然而，即便是感染力極其微弱的人，也會對他周圍的人產生一些影響，因為他的言行對身邊的人這種示範作用從未停止過。

愛默生發現，即使是老年夫婦或同住多年的室友，他們會逐漸變得彼此相像。因為，如果兩個人在一起生活的時間足夠長，我們或許會無法區分他們的品格。倘若這種關於老年人的理論是正確的話，那麼，下述關於年輕人的理論就更具有真理性。這些年輕人具有天然的可塑性，他們時時刻刻準備著模仿身邊人的生活和言語，因此他們非常容易受到身邊人的影響。

在《查理斯‧貝爾勳爵書信集》裡，查爾斯‧貝爾爵士（Charles Bell）在一封信中說：「我們已經讀了很多關於教育方面的書，但是，在我看來，很多人卻忽視了典範的作用，而典範對於一個人的品格的形成卻發揮著至關重要的作用。就我而言，我的哥哥就在我的成長中為我做出了很好的榜樣，我從他身上學到了最好的教育。並且，在我們家的所有成員中，大家都依賴自我、完全獨立，我自己也是透過模仿他們、獲得了自立。」

在孩子成長發育時期，影響孩子品格形成的主要因素是環境中事物的屬性。但是，隨著孩子年齡的增加，樣本和典範的力量卻在他們身上如影隨形，成了影響他們的一種經常性行為，以致讓他們潛意識裡逐漸形成固定不變的習慣。然而，這種習慣的力量往往非常強大，幾乎在他們意識到它之前，就已經在很大程度上屈從於它，甚至放棄了自己的個性自由。

據說，有一次，柏拉圖看到一個小男孩玩一個很愚蠢的遊戲，便訓斥了這個小男孩。小男孩生氣地說道：「你為一點雞毛蒜皮的事，就來譴責我？」

柏拉圖厲聲呵斥道：「但是，我要讓你記住的是，如果你經常這樣做的話，那就不是雞毛蒜皮的事了！」因此，當一個人的不良行為得不到糾正，讓其肆意發展下去，就有可能成為難以改變的習慣，那麼他就會變得自以為是、一意孤行，甚至可能變得飛揚跋扈、專制妄為。這些不良的習性，其實就是變化了的邪魔，它會死死地纏著一個人，雖然人們能詛咒它，但是當人們無力抵抗這種習慣勢力的影響時，他們就會成為習慣的奴隸。因此，洛克曾說：「創造一種能夠擺脫習慣的羈絆，並想法保持下去的這種精神，應該成為社會道德約束的主要目的之一。」

儘管典範對品格的教育作用大多是自發的和無意識的，但是，並不等價於人們就是他們周圍人的被動的追隨者和模仿者。一個人追隨和模仿周圍的人，從而有助於他們人生目標的確立和生活原則的形成。然而，這種現象在很大程度上並不取決於他們身邊朋友的行為，而取決於他們自身的自我約束和自我激發的行為習慣。每個人自身都有各自的意志力和各自行動的自由，倘若他能大膽地去甄別、實踐，那麼，他就能在自己所結交的朋友中，做出最為明智、正確的個人抉擇。

與成年人一樣，只有那些意志薄弱的青少年，才會成為自己嗜好的奴隸，他們自己並無獨立的精神，才會對他人毫無選擇地模仿。「我們要了解一個人，可以透過這個人所交往的朋友來了解他。」這是一句廣為人知的格言，它旨在告訴人們，若想了解一個人，看看他所交往的朋友的個性、品格、做人處世等方面的喜好和能力，就能從側面評判這個人並熟知他。試想，一個飲食有節制的人自然不會和一個酒鬼成天廝混在一起；一個舉止優雅的人自然不會和一個粗魯野蠻的人交往；一個潔身自好的人自然不會和一個荒淫放蕩的人做朋友。

塞內卡曾說：「倘若我們與不求上進、自甘墮落的人談話，是對自己百害而無一利的不負責任的行為。」因為，即使這次談話在當時當地沒有造成傷害，它也會在我們的心靈上撒下邪惡的種子。一旦我們離開了談話者，那麼，這顆邪惡的種子就會留在我們身上，假以時日，這顆種子就會在災難來

臨時頃刻萌發。因此，想要了解一個人，倘若這個人與一些自甘墮落的人交往，則表現出這個人自身品味極低，並有邪惡傾向，從而必然會把這個社會的品格導向墮落。

西班牙有句諺語：「與豺狼生活在一起，你也能學會嗥叫。」一個人倘若與豺狼生活在一起，不僅學會了嗥叫，還會從豺狼那裡繼承凶殘的習性。這也就是我們常說的「近朱者赤，近墨者黑」。因此，與品格低劣的人長期相處，我們的心靈也會被他們道德敗壞的不良習性所感染；倘若與品格高尚的人生活在一起，我們也會被他們高尚的德行所薰陶，從而昇華自己的品格，自己的心靈也能被他們良好的操行所照亮。這也就是說，如果年輕人在與身邊的人交往中，小心謹慎地對身邊的人做出選擇，從而受到良好的榜樣的影響以及明智的指導，他們就會在社會生活中去主動尋找那些強於自己的人當作自己的榜樣，努力地去模仿他們。

倘若我們與優秀的人交往，就會從中吸取營養，使自己的品格得到良好的薰陶，從而在社會進步的河流中能夠長足地發展；相反，倘若我們與惡人為伴，從而被他們身上不良的習性所影響，勢必會自掘墳墓，滑向罪惡的深淵。法國諷刺作家拉伯雷在其作品《巨人傳》中描寫了一個貪欲巨大的國王，這個國王被人所鄙夷、瞧不起，任何有良知的人都唯恐避之不及，倘若與他交往，或者獻媚巴結他，都會使得自己陷入千夫所指、遭人唾棄、四面楚歌的境地。因此，在一個社會中，總有那麼一些被人討厭、遭人鄙視的人，只要我們疏遠他，不與他同流合汙、狼狽為奸，而是斬斷與他的瓜葛，拿他的不良習性作為防止自身走向墮落的警示，從而堅守並形成自己的良好德行。然而，除了這些品格低劣的人外，社會中還有一些受人愛戴、尊敬和崇拜的人，我們就要靠近他，從他身上學習良好的習慣、為人處世的美德，使得自己也能擁有像他們一樣的美好品德，受到人們的敬仰。

在一個人的品格形成中，如若與普通的、自私的人交往，這樣的危害性也是極其顯著的。因為與他們接觸，會讓人覺得生活單調和乏味，從而形成保守、自私的不良習慣，阻礙了本身剛毅果斷、胸襟開闊的品格的養成。長

期交往下去，會出現心胸狹隘、目光短淺，甚至遇事優柔寡斷、安於現狀、不思進取，更為嚴重者則罔顧倫理、喪失道德準則。與這樣的人交往，對於那些想要成為真正優秀的人來說，可謂是一種致命的錯誤。

與之相反，倘若我們能與那些比自己聰明、優秀並有著豐富的社會成功經驗的人交往，我們就能或多或少地受到他們良好的品格引導、獲得積極向上的精神鼓舞，從而增加我們的生活閱歷，豐富我們的視野，增加事業成功的砝碼。與身邊優秀的人交往，從小的方面來說，我們可以根據他們的生活狀況來改進自己的生活狀況，成為他們在智慧之路、成功之路上的夥伴；從大的方面來說，我們也可以透過他們來開闊自己的視野，從他們的經歷中吸取成功的經驗，從而激發我們自己的潛能，從中得到成功的啟示。透過與這些優秀的人交往，如果他們比我們有能力有頭腦，我們可以借鑑他們成功的因素，從中得到積極向上的力量；與這些聰明而又精力充沛的人交往，能提升我們自己的才能，提高獨立分析和解決問題的能力，改進自己的奮鬥目標，從而在日常生活中變得更為機敏和老練，形成良好的習慣和品德。同時，我們這種良好的品格的養成，也會對我們周圍其他人產生積極的影響。

在《瑪麗·安娜·西摩本尼克自傳》一書裡，西摩本尼克夫人就這樣認為：「我早年固執地離群索居的習慣，給我一生造成了巨大的損失，為此，我經常感到深深的懷悔和自責。因此，我深有體會的是，那些最糟糕的朋友，往往其本身就是那種自以為是而又不肯悔改的人。倘若一個人與世隔絕的話，那些對於幫助自己同類的方法，他就會一無所知，並且根本不會從內心深處產生幫助他人的理念。此外，一個人的交際圈越大，他不僅能從其他人身上吸取優秀的素養，從而形成自己優秀的品格，而且他本人也會透過自己的言行，對其他人產生良好的影響。在與他人的交往中，如果我們自己失意或困惑，往往會博得他人的同情，雖然這並不等同於他人對我們的慈善，但是這種友好的提醒和幫扶，會由點及面地擴散開去，最後，我們自己就能從他人的關懷中收穫到許多寶貴的情誼。因此，與他人交往，我們能增強自己品格的力量，使得我們自己融進團體中，從而不會迷失自己前進的方向，甚

至會模仿優秀的人群，以便更加明智地開闢自己高尚品格以及事業輝煌的成功之路。」

年輕人若能在成長之路上得到忠誠的朋友的愉悅的建議、及時的暗示或友善的勸告，那麼，這位年輕人就極有可能受到這位朋友的影響，改變自己生活的軌跡，從而開闢出一條嶄新的生活道路。亨利·馬丁是印度一位頗有影響的傳教士，然而他早年在杜魯初級中學學習時，性情卻極度暴躁。馬丁的父親因此斷定自己的孩子不可能成為對社會有用的人。然而，一位同在杜魯初級中學學習的比馬丁年長的學長，卻改變了馬丁的性情，不僅如此，他也改變了馬丁本人的生活軌跡，從而助推馬丁走上了成功之路。當時，在杜魯初級中學學習時，馬丁不僅體質虛弱、缺乏活力，而且還有輕微的神經質。因此，馬丁對學校的活動毫無興趣，加上馬丁性情急躁，那些比馬丁稍大一點的孩子總是變著戲法地激怒他，以此羞辱馬丁並取樂。然而，在這些年齡稍大一點的孩子中，卻有一位在別人欺負馬丁時站出來為馬丁撐起保護傘的孩子，正因為這樣，他們成為了朋友，產生了極為深厚的友誼。久而久之，這位經常幫助馬丁的孩子，走進了馬丁的內心深處，得到了馬丁的信任，成為馬丁的「大哥哥」。這位大哥哥經常站在馬丁這邊，幫助馬丁打退那些以欺負弱小者取樂的孩子們；不僅如此，這位大哥哥還在生活上照顧馬丁，在學習上幫助馬丁補習功課。

早年的馬丁是一個相當愚笨的學生，但他的父親不甘心馬丁就此永遠屈居人下，因此咬牙決定讓馬丁接受大學教育。因此，馬丁在杜魯初級中學繼續待了兩年後，他父親就帶著他去了劍橋，在劍橋的聖約翰學院注了冊。然而，讓馬丁感到興奮異常的是，在聖約翰學院裡，馬丁發現了在杜魯初級中學結識的那位大哥哥。於是，馬丁與這位大哥哥的友誼進一步加深。過了不久，這位大哥哥就成為了馬丁的指導教師。雖然，在接下來的日子裡，馬丁能應付自己的學業，但他仍然容易激動，激動的時候他就會脾氣暴躁，偶爾控制不住的時候，馬丁還會發洩自己難以抑制的憤怒。與馬丁相反，這位大哥哥卻能掌控好自己的情緒，而且極富有耐心，常常不厭其煩地照顧、指導

和勸勉馬丁。在生活中，這位大哥哥不允許馬丁結交邪惡的朋友；在學習上，他時常勸勉馬丁要摒除雜念、認真學習。正是有了這位大哥哥無微不至的關懷和良好品格的影響，馬丁在學習上進步神速，於第二年的耶誕節考試中，馬丁就取得了聖約翰學院年級第一的驕人成績。而後，馬丁逐漸形成了自己的良好品格，並獨立自主地學習和鑽研，最後成為一位印度傳教士。

這位友善的大哥哥在馬丁的成長過程中，給予過馬丁幫助和指導，然而他自己卻沒有取得事業的輝煌和驕人的成績，慢慢就被世人淡忘了。雖然他對馬丁的影響鮮為人知，但是他卻過著一種極為有益的生活，在他崇高的理想中，他曾成功地拯救了一位差點誤入歧途、不思進取的朋友，並且成功地輔助這位朋友形成了良好的品格，激發這位朋友追求真理的潛能，從而為朋友日後從事崇高的事業打下了堅實的基礎。

據說，佩利博士在未成為作家和宗教學家之前，在他的大學生涯中，也曾從一位朋友的言行中得到了啟發。佩利在劍橋神學院讀書時，雖然天賦極高，但他不肯開動腦筋，常常因為處事愚笨而轟動全校，最後以愚蠢出了名。佩利因為不肯動腦筋，且又喜歡遊手好閒、花錢大手大腳，到了大學第三年，佩利還是過著「打腫臉充胖子」的生活，每次考試一塌糊塗，在學業上毫無起色，然而他卻不覺醒，還是我行我素、自以為是。

直到有一次，佩利像往常一樣閒遊浪蕩了一個通宵，第二天早上起床時，有位朋友來到他的身旁，吼道：「佩利，我為你輾轉反側、徹夜難眠。我為什麼這樣？因為我覺得你是一個愚蠢的大傻瓜！你要知道，我比你有錢，因此我比你更適合去過放蕩的生活；我也比你有資本，因此我比你更灑脫地去過遊手好閒的生活。你得掂量掂量你自己，你算什麼？你佩利不過是個窮小子，你有資本和我們這些有錢人比嗎？雖然我有足夠的金錢去過放蕩的生活，有足夠的資本玩得比你更灑脫，但是我卻並不這樣去做，然而你卻什麼壞事都敢做！我一想到你愚蠢的行為，就夜不能寐，為有你這樣的朋友而感到羞恥。現在，我要向你提出嚴正的警告，倘若你還是這樣不思進取、一意孤行下去，那麼，我將和你斷絕一切往來。」

聽了朋友措辭嚴厲的訓誡，佩利的自尊心受到了前所未有的激發，並從內心深處受到了極大的震撼。從此以後，佩利完全變了樣，與以前判若兩人。佩利制訂了全新的生活和學習計畫，並且嚴格遵照執行。漸漸地，佩利成了劍橋神學院最為勤奮用功的學生，最後，佩利超過了一個個競爭的對手，在學年末的考試中一次次取得年級甲等的成績。也正因為有了這位朋友善意的激發，佩利逐漸養成了良好的學習和生活習慣，最後功成名就。

　　個人的示範作用能對青少年產生極為深遠的影響。堅持這一真理的拉格比市立學校的校長阿諾德博士，對此有著充分的認知，並一直身體力行地實踐著。阿諾德數十年如一日地透過自己的艱苦努力，使得他管理的學校的學生的品格提升到了一個較高的水準。阿諾德是怎樣成功的呢？首先，他擬訂了一個基本目標，就是透過與學生中的「領頭羊」溝通感情，向他們灌輸崇高的精神；其次，透過與「領頭羊」們的交流，使得他們成為在學生中普及崇高精神的工具，逐漸地讓那些後進的學生模仿「領頭羊」的品格；然後，給予這群「領頭羊」以崇高的威望和品格的力量，讓他們示範並感化那些後進的學生；最後，阿諾德力圖使得這些「領頭羊」相信自己不僅僅是阿諾德的學生，而且還是他本人的負有道義的同事，從而自發地有效地參與到「管理」學生的義務中，使得整個學生隊伍的素養提升了一個檔次。

　　透過這種崇高精神的管理體制，其產生的一個最為顯著的效果就是，它能極大地激發學生們的品格力量和自信，讓他們感到自己是被人信賴的，而不是受人利用。當然，與其他學校一樣，拉格比市立學校也有不少無賴。但是，阿諾德校長針對這一團體，時刻密切地關注他們的舉動，不讓這些壞的示範影響了其他學生。有一次，阿諾德校長對一位副校長說：「你看見那兩個走在一起的學生了嗎？我以前就沒看見他們這樣走在一起，因此，要想了解他們性格的變化，你就要留心觀察他們的交友狀況。」

　　任何優秀的教師都能對學生們起到一種表率作用，阿諾德校長正是這些優秀教師中的典範。因此，在他身上，孩子們學會了自尊，而自尊卻是一切美德的生長點。在《阿諾德博士的一生》一書中，這位傳記作家寫道：「正

是在阿諾德身上，孩子們發現了健康的精神和活力，他們感到了生活的樂趣和意義，並對他們以後的生活產生了深遠的影響。阿諾德良好的品格，鮮活地留在了他所培育出來的學生們的腦海裡。在阿諾德去世之後，他對學生們良好品格的影響仍然揮之不去，並且他在學生們心目中的地位仍然高大和崇高，學生們總是覺得阿諾德校長並未走遠，而是永遠活在自己的生活之中。」正是這樣，阿諾德校長透過自身的良好德行，造就了一大批品德高尚的人，並透過他們將自己的表率作用帶到了世界上的各個地方。

　　不獨如此，杜戈爾德‧史第沃特也是一位透過自身優秀的品格，培養了一代又一代學生可貴品格的教師。科克本爵士在其《回憶錄》中這樣寫道：「在我看來，他的演講就像開闢了一條通向天堂之路。透過他的演講，我才感覺到我靈魂的存在，同時感覺到我自身存在的價值。他的那些可貴的思想，往往能透過精美的語句在我們心中撒播，從而將我們帶到了一個更為崇高的精神境界，也因此完全改變了我的品格。」

　　在我們生活的各個方面，他人的品格都會對我們產生各種各樣的影響。因此，一個具有優秀品格的人，就能給同伴們定下生活的格調，激發他們生活的熱情。比如，佛蘭克林在倫敦一個工廠當工人時，就曾以其良好的品格改變了整個工廠職工的行為方式。同樣，一個品德敗壞、生活和思想都墮落的人，也會對他身邊的人產生影響，從而不知不覺地降低和敗壞同伴們的品格。例如，有著「勇往直前的布朗」稱謂的約翰‧布朗（John Brown）船長，就曾經對愛默生說：「一個善良可信的人對社會的作用，抵得上一百個虛偽而不講信用的人，同時也抵得上一千個沒有品格的人。」約翰‧布朗是這麼說的，同時也是這麼做的。他這個典範對身邊的人產生了很強的感染力，幾乎所有的人都受到了他直接或間接的有益影響，從而潛移默化地提升了周圍人的品格，使得他們的生活充滿了光芒與活力。

　　在社會生活中，那些具有優秀品格的人，會一傳十、十傳百地將優秀的品格擴散開去，因此，我們若能與優秀的人交往，那麼，我們自己也會變得優秀。有這麼一句關於土地能散發濃郁芳香的寓言：「我本是塊普通的土地，

但是我能散發濃郁的芳香，只因我這裡種植了玫瑰。」這也就是我們經常說的，品格優秀的家庭必然培養出品格優秀的後代。這樣說，未免太絕對化，但千百年來人們一直普遍相信這一「遺傳學說」。

在赫伯特勳爵死後不久，舉行了一場紀念會。在紀念會上，主持人深情地朗讀了卡農·莫斯利先生的一封信：「有些事總令人感到不可思議，那就是善行從來不是獨一無二的，它會產生出無數的善行。而惡行也同樣不會形單影隻，它也會滋生出另外的惡行，從而循環往復，生生不息。這就好比將一塊石頭投入水中，它會產生波紋，而這些波紋又會接連產生更多的波紋，如此連綿不斷延續下去，直至最後一道波紋抵達岸堤。因此，我猜想，目前在世界上存在的一切美德都是以一個美德為中心，透過幾千年的代代相傳，從而形成了現在的人類的美德。」為此，拉斯金先生就曾高呼過：「一個人，如果其天生邪惡，必定會產生諸多的邪惡；相反，如果他天生勇猛和正直，那麼他就會形成勇敢和正直的品格。」

因此，每個人的生活對周圍的其他人來說，都是一些或好或壞的示範，每天都在反覆灌輸給他身邊的人。一個擁有良好品格的人，他的一生就是培養社會美德的活生生的教材，同時也是對邪惡的一種最為義正詞嚴的駁斥。胡克博士就曾經把他所認識的一位虔誠的牧師，刻畫成一位「看得見的真神」，從而最終使得那些無信仰者也深信了善良的美德。無獨有偶，當善良的喬治·赫伯特在從事牧師這一職業時，他說：「擺在我面前的最為首要解決的問題是，我既然決心要成為一名牧師，那就要有良好的德行，只有這樣，我的布道才有說服力，也才能贏得他人的尊敬與愛戴。因為我們生活在這樣一個時代，那就是這個時代不僅需要口頭訓導，而且更加需要良好的榜樣。只要我堅定了擁有良好德行的信念，並且身體力行地去實踐它，我相信我能成為一名對社會有益的成功的牧師。」艾薩克·華爾頓創作了《喬治·赫伯特的一生》，他在記載這位善良的牧師的布道時，寫過兩件事情。第一件事是，當喬治·赫伯特對一位窮人布道善行時，卻被人們誤解為有損窮人的尊嚴而受到指責，於是喬治·赫伯特說了一番關於牧師要有良好德行的膾炙人口的

話，感動了指責他的人。後來，當人們一想到喬治‧赫伯特這番有關善行的話，就像是「聞聽半夜裡優美的音樂」；第二件事是，喬治‧赫伯特曾寫了一封關於生活的信函給大主教安德魯斯，安德魯斯大主教在傳給自己的門徒看過之後，就一直「貼身收藏」著這封信，為了防止別人盜取，安德魯斯一直祕密地藏在胸前，直到他離開人世。

要知道，善行的魅力和感染力對人們的影響是極其巨大的，那些被善行所鼓舞的人，是人類真正的幸福之王，他們會領導整個人類的靈魂。克勞德‧尼科爾森（Claude Nicholson）將軍在德里臨終之前，就讓身邊的人傳話給赫伯特‧愛德華茲勳爵：「赫伯特‧愛德華茲勳爵是我一生結交的最為高尚和偉大的朋友，請你們轉告他，若是我能繼續與他一起生活的話，或許我就能成為一個更好的人。雖然我們擁有同樣繁重的公務，但這一切並沒有妨礙我對他個人生活的了解。在他的官邸裡，我與他和他的夫人度過了非常愉快的日子，我很快樂，我要感謝他們，也很敬愛他們。」

我們都有這樣的體驗，那就是在與一些人待在一起的時候，我們彷彿呼吸了新鮮空氣，精神為之一振；又如同在山野裡吸進了天地之精華，或者享受到了日光浴一樣，身上湧現出萬般的力量。湯瑪斯‧摩爾爵士（Sir Thomas More）給身邊的人就營造了這樣一種氛圍。在他的有生之年，他擁有和藹可親的個性力量，這種力量不僅幫助他煞住了歪風邪氣，而且弘揚了社會正氣。與湯瑪斯‧摩爾爵士一樣具有如此「神力」的菲力浦‧西德尼，也給朋友布魯克爵士帶來了這種品格的力量。在菲力浦‧西德尼去世時，布魯克爵士在談到這位友人時說：「他的智慧和美德敲擊了無數在他身邊的人的心靈。他影響周圍的人不單單靠的是言語和思想，更多的是他自己一次次具體的實踐行動，使得周圍的朋友變得更為優秀和偉大。」

哪怕是對一位偉大和善良的人看上一眼，也會感化那些彷徨的青少年，他們會情不自禁地崇拜和愛戴他們所看到的那些親切、勇敢、真誠和寬厚的人。夏多布里昂和華盛頓總統僅僅有過一面之緣，然而，就是這短暫的「相會」，卻鼓舞了夏多布里昂一輩子。後來，夏多布里昂在回憶與華盛頓見面

時，他說：「當時，華盛頓已經是一位聲名顯赫的人，而我卻是一個前途未卜的默默無聞的人，或許在他的記憶裡，我們的見面只是短暫的『萍水相逢』，即便我強調了自己的名字，但是他在腦海裡留存我名字的時間，恐怕也不會超過一天。然而，當我身為一名陌生人，無聲無息地『闖進』他的視野時，他卻用目光認真地打量了我。這是我一生最為高興的一件事，並且感到一生的溫暖，就是這深邃的目光所折射出來的品格的力量，扭轉了我鬱鬱寡歡的一生，從此開始積極健康的生活。現在想起來，那些偉人的目光裡有著一種奇特的力量，引導著我們驅逐邪惡，鞭策著我們積極前進。」

布雷爾死後，他的朋友弗雷德里克·帕修斯談到他時說：「多麼了不起的當代人哪！他的良好品格，使得那些不道德的人和卑鄙的人看到他都感到毛骨悚然、畏懼三分。他的這些美德成為所有可信賴的人和誠實的人的精神支柱。因為這樣，只要一想起布雷爾，那些青少年就變得剛強和充滿熱情，布雷爾儼然成了這些青少年的朋友和精神鬥士。」除此之外，帕修斯還經常在一些場合公開對身邊的人說：「對於練習摔跤的人來說，身邊時常有一些可靠的摔跤者環繞他們，是一件大有裨益的事情。布雷爾這個活著時讓人敬畏的人，在他死後，那些心存邪惡的人只要一看到他的遺像，就會自覺慚愧，就會拋棄萬惡的邪念。」

讓我們感到詫異的是，一些信仰天主教的放債人，在他們準備騙人的時候，總是習慣於用一塊紗巾蓋住他所喜愛的聖徒的面像，因為這樣，他們才會覺得自己的良心能得到些許的救贖和寬慰。黑茲利特就曾說過，倘若在一張美妙絕倫的女人肖像前，要做出一件沒有美感的事情來，似乎不大可能。與黑茲利特一樣，那些普通的人也有這樣的感悟，一位窮困的德國婦女，指著她牆上那張偉大的宗教改革者的肖像禱告：「再看一眼他那張剛毅、誠實的臉，對我是絕對有好處的。」

在我們的生活中，即使是懸掛在房間裡的一個高尚的或一個善良的人物肖像，也能影響到我們的品格。這些人物肖像，能給我們一種更為密切的個人情趣，看著他的身形，我們似乎對他有了更多一分的了解，關係也隨之密

切。因為，若是我們將自己與那些比我們高尚和優秀的人時常連繫起來，兩相比較，我們就能繼承他良好的美德。雖然我們可能永遠也達不到自己偶像的道德水準，但是，由於他的畫像時常掛在我們的面前，我們就能時時回想起他的品格的力量，從而不斷地鞭策我們自己要向他靠近，不斷地完善我們自己。

福克斯曾經毫不忌諱地談到了伯克的言談舉止對自己的深遠影響，他說：「倘若我把從書本上學到的有關政治方面的所有知識和從自然科學中學到的一切東西，以及從日常生活中所獲得的所有經驗，放到一個天平盤上，再把從伯克的言談和教誨中學到的東西放到另一個天平盤上，後者將會在重量上占有絕對的優勢。」

約翰‧丁達爾（John Tyndall）教授也曾很自豪地認為：「我與麥可‧法拉第（Michael Faraday）結下了很深的友誼，在我看來，他是我所有的朋友中最能給我以力量和最能鼓舞我的榜樣。法拉第在工作上的熱情和敬業讓人敬佩，與他交往，能讓我的心靈感到溫暖並且得到昇華。雖然，法拉第是個精力充沛的人，我也喜愛這種充滿熱情的力量，但是，在法拉第所有的品格中，讓我不能忘懷的要數他待人謙遜有禮、和藹可親，對生活的那種樂觀的心態以及積極向上的品格。」

在與人接觸中，那些溫柔的品格也會強有力地影響到他人的品格。沃茲沃斯的妹妹比他小兩歲，但妹妹的溫柔和活潑對沃茲沃斯影響極大，他甚至稱妹妹的這些溫柔的品格，成了自己童年和成年的幸福之源，也因此為他開闢了一條通向詩歌王國的大道──「她給了我雙耳，給了我雙眼，給了我悉心的照料，給了我淡淡的哀愁／我的心，思緒萬千，充滿感激／充滿了愛，充滿了歡樂。」由此看來，一個人溫柔的性情，透過感情和理智的力量影響到他人，會對他人的品格的塑造和定型，產生舉足輕重的作用。

威廉‧納皮爾勳爵（Lord Napier）把自己品格的形成首先歸功於自己的母親，其次歸功於自己的上司約翰‧莫爾爵士。在納皮爾的青少年時期，母親的言行舉止在他的心目中留下了極為深刻的印象；在成年之後，摩爾將軍使

得納皮爾成為一個真正的男子漢。有一次，在考察了年輕軍官的品格之後，摩爾將軍鼓勵納皮爾說：「做得不錯，少校！」在寫給母親的信中，納皮爾寫道：「我到哪裡還能找到這樣一位好上司呢？他的美德猶如他那一呼百應的軍令一般，時常鼓舞我的鬥志和生活的熱情。」在納皮爾的一生中，他對上司約翰·莫爾爵士一直滿懷深情，並因此寫出了一本影響世界人民的《伊比利亞半島戰爭史》。據說，威廉·納皮爾勳爵寫這本書前，曾採納了朋友蘭德爾勳爵的建議。一天，當兩位勳爵走過貝爾格萊維亞區的一片原野時，蘭德爾忽然停下來，若有所思地對納皮爾提出要他寫成一部戰爭史，將那些軍人身上優秀的美德記載下來，供子孫後代學習。就是蘭德爾勳爵的這次提醒，點燃了納皮爾的心中之火。另外，關於威廉·納皮爾勳爵本人的美德，他的傳記作家就常念叨：「只要與威廉·納皮爾勳爵接觸過的人，沒有一個不對他的美德留下深刻印象並頂禮膜拜的。」

在品格形成的過程中，他人的品格會對我們產生巨大的影響。馬歇爾·霍爾（Marshall Hall）博士的一生就為這句真理塑造了一個成功的典範。霍爾用其一生高尚的品格，影響了身邊一批傑出的成功人士，他們或多或少地得到了霍爾的建議和幫助。毫不誇張地說，倘若離開了霍爾的影響，整個社會的那一系列的富有價值的調查和研究，可能成為一紙空談，無法實施，至少不會如此神速。霍爾總是為一些身邊的年輕人，哪怕是自己並不認識的年輕人，不厭其煩苦口婆心地勸導他們：「選定一個目標努力追求，總會成功的。」不但如此，他還經常向年輕的朋友提出一些新的想法，比如告誡他們：對於成功，我只想告訴你們一點，那就是只要你盡力去做，定會有所收穫。別指望成功會一蹴而就，但若是不努力，你就永遠看不到成功的曙光。

倘若一個人擁有品格的力量，那麼，他也會激發別人的品格的力量，從而與之產生共鳴。不要覺得這個道理很普通，其實它是整個人類社會發展規律的一個重要媒介。因為品格優秀的人相互影響，這個社會才會進步，才會朝著先進的方向發展。一個充滿熱情、精力充沛的人，會不知不覺、潛移默化地帶動周圍的一大批人。周圍的人透過這個典範的力量，會主動靠近他，

被他良好的品格所感染，從而行之有效地進行效仿。這個典範，也會產生一種活力，透過自身的每一根神經來傳導興奮的力量，最後使得周圍的人同樣能釋放出美德和智慧的火花。

阿諾德博士的傳記作家斯坦尼，在談到阿諾德對年輕人所產生影響時曾說：「阿諾德之所以能震撼年輕人的心靈，並且使得年輕人如此狂熱地崇拜他，不是緣於他本人天才般的能力，也不是他擁有淵博的學識或雄辯的口才，而是因為他身上的道德品格，這種品格能使人產生一種共鳴的力量，催人健康、積極、持久地上進。這些良好的品格所散發的精神力量，使得人們對阿諾德產生了一種神靈般的敬畏，從而煥發了他們深深的責任感和價值觀。」

正是這些道德品格優秀的人產生了一種精神的力量，才喚醒了人們的勇敢、熱情和忠誠。人們開始變得對個人極度的崇拜。打個比方吧！那些堅持不同觀點的典範，在社會歷史潮流下，不斷地演繹成為英雄或者殉道者。因此，那些擅長控制自己品格的人，就會感覺到這一點至關重要，於是他們站出來，透過自身感化、刺激和鼓勵人類的天性，使得人們屈從於自己的影響，然後他們成了這個潮流的英雄。相反，那些不擅長控制自己品格的人，也就肆意踐踏人性的美德，助長邪惡，使得不好的惡行蔓延開去，從而影響一批又一批的人，最後成了千夫所指的罪人。

偉大的品格總在無時無刻輻射出無窮無盡的力量，透過交流，人們也會自發地產生出新的強有力的能量。因此，但丁出現之後，他就引發了一大群偉人，譬如弗朗切斯科・佩脫拉克（Francesco Petrarca）、喬凡尼・薄伽丘（Giovanni Boccaccio）等。然後，米爾頓從這些偉人身上學會了忍受那些邪惡言語的刺激和侮辱，最終形成了自己偉大的品格；拜倫因為想到但丁曾住在拉瓦那的松樹林中，而受到激發，寫出了那個世紀最為激昂的詩歌；義大利最偉大的畫家多米尼哥・基蘭達奧（Domenico Ghirlandaio）、米開朗基羅和拉斐爾・聖齊奧（Raffaello Sanzio da Urbino），也是在受到但丁的鼓舞後，陸陸續續地功成名就；亞里士多德和阿爾弗雷德・狄克遜（Alfred Dixon）也是在

受到但丁的影響後，開始互相勉勵、團結互助，最終走向了輝煌……諸如此類受到但丁影響的偉人，可謂舉不勝舉。

同樣，那些用其自身的力量帶動了其他人的偉大而又善良的人，理所當然地會贏得世人的崇敬。這樣一群高尚的人，他們偉大的思想或事蹟著稱於世的同時，也為整個時代營造了一個比較好的道德氛圍。我們透過對這些高尚品格的崇敬，往往會使得自己的品格也隨之得到昇華，從而讓靈魂從自我的奴役中得到拯救。

這裡有一則聖・波伏關於「你崇拜誰，你就是誰」的經典古訓。聖・波伏經常對年輕人說：「請告訴我，你崇拜誰？只要你將自己所崇拜的人告訴我，我就能判斷你是個什麼樣的人，而且還能了解到你的潛能、志趣和品格。若你崇拜卑鄙的人，那麼，你自己也是個卑鄙的人；若你崇拜有錢的人，那麼，你自己也是個世俗的人；若你崇拜有頭銜的人，那麼，你自己也是個溜鬚拍馬、阿諛奉承的人；若你崇拜誠實、勇敢和剛毅的人，那麼，你自己也是個擁有這些美德的人。在這裡，我還要講一則關於卑躬屈膝得讓人驚奇的故事。故事發生在菲力浦王子生病的時候，據說菲力浦王子生病後就剃了個光頭，於是，他就離奇地下令手下五百多名貴族也全部剃成光頭。在這五百多名貴族中，有一個阿諛奉承到了極點的貴族，他就是皮埃爾・德・哈根巴，他為了表示自己對菲力浦王子的忠誠，不但自己搶先剃成了光頭，而且還在全城巡邏，只要他看見一個沒有剃光頭的貴族，便立即派人抓住這個人，強行地逼迫這個人到理髮店剃去頭髮。擁有良好品格的人，他們的言行能感化人、激發人、鼓舞人；同樣，擁有邪念的人，他們的言行就能變成利器坑害人、殺戮人、殘害人。」

一個人在青少年時期，品格正處於形成階段，因此，崇拜他人的熱情也會隨之而來。而後，隨著年齡的增加，這種崇拜會慢慢演化成為一些習慣。當一個人的性格處於可塑階段並容易接受影響時，我們最好鼓勵他們去崇拜偉大的品格，因為在青少年的成長過程中，他們太需要有各式各樣的英雄當作生活的典範。因此，在這個過程中，青少年不僅會把擁有偉大的品格的人

當作自己的偶像，也會將一個罪大惡極的人當作崇拜的偶像。當學生對他人的光輝業績表示崇拜，或者對自然景觀表示出極大的熱情時，阿諾德校長會非常欣喜，並努力引導他們走向積極健康的道路。他常說：「我認為，若是這些青少年不崇拜偶像的話，那簡直就是一種未經調查的滿嘴胡說。因為，在他們的成長過程中，對於偶像的崇拜，能轉化為對他們自身的更為行之有效的教化。當一個學生失去了他天性中最美好的東西，那麼，他也就失去了對一切低級、愚蠢撐開防護傘的品德，從而陷入混亂之中。而想要給孩子們灌輸良好的品格，那就要努力引導他們崇拜偉大而高尚的品格。」

阿爾伯特王子有一個十分優秀的品格，那就是他對別人的優秀事蹟總是表現出十分的崇敬。他身邊的官員在描述他的品格時說：「只要任何一個人說出了一句名言或辦了一件好事，王子都會表現出十分快樂，為之歡呼，並接連幾天都會欣喜地提到。不管這些名言是出自一個小孩之口，還是出自一個老練的政治家之口；也不管這些好事是出自一個乳臭未乾的兒童之手，還是出自一個年富力強的中壯年人之手，他都感到同樣的高興和愉悅。同時，他自己也在任何場合，以任何方式，做著任何他樂意去做的好事。」

缺乏真誠和欣賞力的人，是永遠看不到別人優點的；同樣，一個用真誠去崇拜他人品格的人，會比其他任何心懷叵測或別有用心的人贏得更多的朋友。因為用真誠的心去崇拜他人的人，其本身就有著寬厚、率直、誠實和樂於接受他人優點的品格。《詹森傳》是迄今為止寫得最好的一本傳記，因此，有人認為詹姆士・博斯韋爾（James Boswell）在給詹森寫這本傳記時，懷揣了一顆真誠崇拜的心。這一遐想，使得人們不禁想到，在博斯韋爾身上也一定具備一些真正優秀的品格，因為只有這樣，他才會被像詹森這樣的人所吸引。雖然在《詹森傳》這本書中，他也曾對詹森有過無數次的駁斥和責罵，但他仍然保持著對詹森真誠的崇拜，否則，他不可能將這本傳記寫得如此客觀公正。但是，在湯瑪士・麥考萊（Thomas Babington Macaulay, 1st Baron Macaulay）看來，博斯韋爾卻是一個完全不值得一談的人，是一個令人討厭的紈絝子弟，他不僅脆弱、虛榮、衝動、喋喋不休，而且還缺乏理智、幽默和口

才。但是，卡萊爾卻對博斯韋爾的評價卻要客觀公正、入木三分：博斯韋爾雖然在很多方面喜歡虛榮並且近乎愚蠢，但他尊重傳統的習慣，對真正智慧和優秀的人充滿愛心並且崇拜得五體投地。倘若博斯韋爾缺乏這樣良好的品格，他是寫不出《詹森傳》這本曠世巨作的。正是因為博斯韋爾有著深刻的洞察力和極高的才華，並且充滿愛心以及擁有孩子般敞開的心扉，他才用他真誠的心靈去發現詹森的智慧和才能，從而寫成了這部好書。

大多數心胸開闊的年輕人都崇拜英雄。為了說明這個道理，我們舉出一組事例：當艾倫・坎寧安（Alan Cunningham）還在尼斯德爾當石匠學徒時，他曾步行到愛丁堡，而他此行的唯一的目的，就是想見一見在街頭散步的華特・司各特勳爵；當約書亞・雷諾茲（Joshua Reynolds）還是個十歲孩子的時候，他便借機插進了等待教皇接見的人群之中，而他這一「冒死」的行為無非就是想見見教皇，希望從中瞻仰某種美德；很多年以後，約瑟夫・海頓（Joseph Haydn）在回到故鄉時，因為見到了雷諾茲而興奮得幾個晚上徹夜難眠，逢人便自豪地提起；詩人塞穆爾・羅傑斯（Samuel Rogers）在童年時就有著一個熱切的期望，那就是見一見詹森博士（Dr. Johnson），但是，當他的手放在了詹森在博爾特科特的住宅大門上時，他卻沒能鼓起勇氣去敲門，而是轉身走了；艾薩克・迪斯雷利（Isaac D'Israeli）在少年時代，也與羅傑斯一樣為了同樣見一見的目的，鼓起了十足的勇氣敲開了詹森博士家的大門，但是，在僕人為他開門的同時，也傳來了一個讓這位少年感到頭昏目眩的噩耗，這位偉大的詞典編纂者在幾個小時前咽下了他最後的一口氣。

與心胸開闊的人崇拜英雄相對應，那些心胸狹隘、斤斤計較的人往往不會心悅誠服地崇拜他人，因此，他們也不會崇拜偉大的人物和偉大的事業。利慾薰心的人只關注自己眼前的一點蠅頭小利；眼光狹小的人只注視到自己眼前巴掌大的一片天；卑鄙的小人也只會崇拜卑鄙的東西。那些馬屁精對於美的最高認知也就停留在了溜鬚拍馬的功夫上，那些默默無聞的勢利小人對於做人的最高理想也就一心想要成為人所共知的附庸風雅之徒，正如奴隸販子總是根據肌肉是否發達來評判一個人的價值。除了這直截了當的眼見為實

的附著表面的強壯外，他們再也看不到任何品格或智慧的價值。因此，當戈弗雷‧尼爾勳爵當著教皇的面，告訴一個幾內亞商人在他面前有兩位世界上最偉大的人物時，這位幾內亞商人卻不屑一顧地回答說：「我不知道你們有多偉大，但是我知道我不喜歡你們的相貌，我還知道我所販賣的那些人比你們兩個要強出很多。按我的經驗，根據你們兩個人的骨骼和肌肉，至多只能值十個幾尼（舊時英國金幣，合 21 先令）。」

　　羅謝弗古爾德曾說過一句人生箴言：「即使是發生在我們最好的朋友身上的災難，也有一些東西讓我們感到彌足珍貴。只有那些心胸狹小、卑鄙齷齪的人，才會對他人的災難幸災樂禍、落井下石，也才會對他人的成功怒髮衝冠、不可忍受。人活一世，倘若沒有寬闊的胸襟和健康心態，那就是一種極大的不幸，因為人們最討厭那些喜歡嘲笑別人的人。那些道德品格低劣的人，總喜歡把別人的成功看作是對自己的冒犯和侮辱，他們是絕對不能容忍他人受到讚揚的，特別是在他人與自己同屬一個領域或者一種職業時所獲得的成功時，他們往往會被氣得暴跳如雷、極為光火。讓我們感到極其不解的是，他們能『胸懷寬闊』地寬恕他人的失敗，但是，如果他人在同一件事情上比自己做得更好，他們就覺得這一切不可饒恕，從而對他人譏諷、挖苦；若是一些人在一個地方或者領域遭到了慘痛的失敗，那麼，這些品格低劣的人就會跳出來，對他人發出最為無情的汙蔑。」有位智者，批判一些刻薄的評論家判斷競爭對手的思考模式：「當我的競爭對手在這我們共同的領域裡受到了表揚，難道我還沒有足夠的理由去嫌惡他嗎？如果不對他產生嫌棄，難道要我精心呵護他，讓他一步步成長，最後砸掉我自己的飯碗？」可想而知，一個心懷叵測、目光短淺的人，當他們身邊的人取得了成績的時候，他們將會異常瘋狂和卑鄙；當他們身邊的人遭遇了災難時，他們又將是萬般欣喜、落井下石。因此，要是我們身邊有這樣的敗類，我們就要與他們劃清界限，疏遠他們。

　　那些狹隘卑鄙的人總是有著對他人鄙夷、挑剔和吹毛求疵的習慣，他們除了對厚顏無恥和極端邪惡的事情同樣感到噁心外，還會對其他任何事情

也熱衷於冷嘲熱諷。你若與這樣的人交往，你就會發現，他們最大的慰藉就是挑刺，並以此為樂，這樣一種邪念，其實就是他本人的人格缺陷，而他卻並不感到羞愧，反而樂此不疲。喬治‧赫伯特說過一句經典的話，可以拿到這裡來佐證這個觀點：如果聰明的人不犯錯誤，那麼，那些愚蠢的人就會感到如坐針氈般的難受。儘管聰明的人可以透過避免錯誤來理解愚蠢的人，但是，愚蠢的人卻很少能夠從聰明人的表率作用中有所收穫。一位德國作家也曾說過，有這樣一種人類極為可悲的性格，那就是僅僅致力於發現偉人或者偉大時代的瑕疵。與這些可悲的性格相反的是博林布魯克所擁有的寬厚仁慈，在別人提到瑪律伯勒身上一個有嫌疑而又尚未得到證實的缺點時，博林布魯克說：「即使他有這種缺陷，我也會原諒他。因為我知道，他是一個偉大的人。」

我們若是能對在世的或者已經過世的偉人們產生崇拜，那麼，我們自己也會在一定程度上很自然地去模仿他們。還在孩提時代的特米斯托克利，他的心靈就被同代人的光輝業績所鼓舞，並渴望為國效勞，他也因為擁有這樣的品格而出了名。在馬拉松戰役打響後，特米斯托克利陷入了沉思默想之中。當朋友詢問他為何這樣發愁時，他回答說：「只要我一想到密爾梯爾德斯戰役紀念碑時，我就無法入睡，從而陷入憂愁中。」過了幾年以後，特米斯托克利當上了雅典軍隊的指揮官，在阿特米絲安戰役和撒拉米絲戰役中，他硬是憑著一種偉人賜予的精神力量，將波斯軍隊趕到了克爾克斯地區。戰後，國民們都滿懷感激地說：「特米斯托克利的智慧和勇猛幫助他拯救了我們的國家。」

據說，修昔底德（Thucydides）還是個小孩時，當聆聽到希羅多德念他的歷史學著作時，修昔底德不禁聲淚俱下，並暗自下定決心要做個對社會有所作為的人。有一次，當德摩斯梯尼在聽完科尼斯特圖斯演講後，就被科尼斯特圖斯的雄辯智慧所感染，並立志成為一名雄辯家。然而，德摩斯梯尼本人身體虛弱、中氣不足、口齒不清，而且呼吸短促，於是，他就透過勤奮的學習和堅忍不拔的毅力，克服了這些與生俱來的缺點。但是，雖然德摩斯梯尼

透過自己的努力，成功地翻越了一個又一個障礙，但是他卻未能成為一名口齒伶俐的演說家。即便如此，德摩斯梯尼每次登臺演講時，都要對自己演說的內容逐詞逐句地咀嚼、精益求精地推敲，正是由於德摩斯梯尼這樣勤奮，才演講出了許多膾炙人口的名篇。

與此類似，那些偉人也經常透過效仿其他偉人的才華或者行為方式來塑造自己的品格。這樣的事例，在任何歷史時期都可以找到原型。在事業上有所建樹的政治家、雄辯家、愛國者、詩人和藝術家等，他們都有意或無意地從以往或者當今的成功人士的生活和行為中，透過模仿他們，從而吸取了自身成長和成功的營養。

同樣，那些偉人們所具備的品格，還引起了國王、教皇和皇帝們的崇拜。法蘭西斯科・德・麥地奇（Francesco I de' Medici）每次總是先脫掉帽子，再和米開朗基羅（Michelangelo）說話，以示敬意；儒略三世（Iulius PP. III）每次和德高望重的人說話時，總是讓他們坐在自己的身旁說話，而讓自己手下權勢顯赫的十二個紅衣主教站立一旁。緣於對偉人的崇拜，查理五世（Karl V）就曾給狄克遜讓過路，而且，有一天，當狄克遜的畫筆從他手上掉落到地上的時候，查理斯則小心翼翼地彎腰將畫筆撿了起來，畢恭畢敬地交給狄克遜，並說：「你值得一個國王為你效勞。」同樣這樣做的還有利奧十世，當有人未經阿里奧斯托（Ludovico Ariosto）許可，就私自印刷和出售他的詩歌時，利奧十世就以將這些人驅出教會相威脅，以讓他們收斂並改錯。

海頓年輕時，有很多人都喜愛和尊敬他，但是海頓發現，由於自己尚未取得成績，很多聲名顯赫的音樂教師並不尊重自己，他們彼此之間也互不買帳。但是海頓卻完全擺脫了那種狹小器量的束縛，對聲名顯赫的波波拉極度崇拜，甚至為了接近波波拉，海頓決心給他當僕人。海頓成功地走進波波拉的生活中後，每天都為波波拉扮演著「保姆」的角色。他每天清早起床的第一件事，就是要為這位大師刷去大衣上的灰塵，為他擦皮鞋，為他梳理蓬亂的頭髮。海頓每天都堅持著做這些工作，周而復始，不厭其煩。剛開始，波波拉對這位「入侵者」動輒發怒，但過了不久，他的粗暴很快就被溫和所代替，

並且轉化成了與海頓私人之間的感情。成為朋友之後，波波拉很快便發現了海頓身上具有音樂家的天賦，於是，在波波拉的細心指導下，海頓也最終躋身於世界傑出的作曲家之林。

海頓也非常崇拜格奧爾格‧弗里德里希‧韓德爾（Georg Friedrich Händel），海頓曾說：「韓德爾是我們的祖師爺。」莫札特也非常崇拜音樂家韓德爾，後來，韓德爾死後，斯卡拉第蜚聲義大利，他的名字成了尊敬的象徵，這位傑出的音樂家同樣也受著莫札特的推崇。同樣，貝多芬也把韓德爾擁戴為「音樂王國的君主」。在貝多芬臨死前，他的一位朋友送給了他四十卷的韓德爾的作品，這些作品被貝多芬放進了他的臥室，一有時間，貝多芬就用一雙似乎恢復了活力的雙眼，死死地盯著這堆書，並用手指著這堆書不停地念叨：「這就是真理！」

卑鄙的小人會嫉妒自己的同行，但是，真正偉大的人卻善於發現同行的優點，並彼此相互欣賞和珍愛。海頓不僅崇拜那些已經過世的天才人物，而且也很推崇與他同時代的年輕人，如莫札特和貝多芬。海頓曾這樣評價友人莫札特：「我唯一的心願，就是想在音樂界的朋友中，特別是在音樂界的偉人中，得到像莫札特這樣具有音樂天才的人的認同。因為，莫札特創作的舉世無雙的作品，讓整個人類欣賞並感到感激。為此，我還聯想到，對於偉大的人物，我們不要懷有嫉妒，而是要在各自的領域裡相互競爭，而且必須是良性的競爭，從而力爭一流，為整個社會做出貢獻。因此，身為擁有像莫札特這樣天才般的音樂家的布拉格，不僅應該多做努力，以求保留這樣不可多得的珍貴人才，而且還應該給他們以優厚的報酬。倘若得不到自己所在的國家如此禮遇的話，對於一個偉大的天才人物來說，實在是一件太可悲的事情了。每每想到舉世無雙的莫札特還沒有被某些特級的樂隊或皇宮聘用，我就滿腔怒火、寢食難安。最後，請原諒我的激動，我為什麼如此情緒高漲，只因我太喜愛莫札特這樣的人了。」

在對海頓的優點表現出極度認同方面，莫札特同樣也具有寬厚仁慈的品格。在談到海頓時，莫札特曾對一個評論家說：「先生，即使我和您兩個人融

為一體的話，我們兩個人的分量也抵不上一個海頓。」而當莫札特第一次聽貝多芬演奏時，他說：「當我聽到這個年輕人演奏時，我就能武斷地說，這個年輕人今後將成為這個世界上偉大的音樂家。」

還有諸如此類對同行不是嫉妒、刻意攻擊而是崇拜的人。巴芬認為牛頓是最偉大的哲學家，他也因此而非常崇拜牛頓，常常在工作的地方懸掛牛頓的肖像；席勒也同樣推崇莎士比亞，他懷著極度的崇敬和熱情研究了莎士比亞多年，當他對莎士比亞有了更為直接的了解後，他就更加崇拜莎士比亞了。

坎寧非常崇拜他的老師皮特，並且在心裡將皮特定為自己要追隨的偶像。坎寧懷著真誠的崇拜，跟隨了皮特多年，並且對皮特有著深深的依戀。西元 1812 年，坎寧在利物浦演講時，他說：「我的老師皮特活著的時候，我就全心全意地忠誠他。他去世之後，我就不再承認任何人的領導地位，我在政治上的忠誠已隨著他的死亡而葬入了他的墳墓。」

對於一個年輕的藝術家來說，在他的藝術生涯裡，若能有幸遇到一件偉大的藝術作品並欣賞和崇拜它，往往顯得至關重要。當柯勒喬（Antonio Allegri da Correggio）第一次凝視拉斐爾的作品〈聖塞西莉亞〉時，他就感到內心深處湧現出一種覺醒的力量，他實在太興奮，實在太激動地喊叫道：「從此之後，我也是一名畫家了！」康斯特布林常常回憶說，當他第一次看到克勞德的作品〈夏甲〉時，他的繪畫生涯從此產生了劃時代的轉折。同樣，喬治·博蒙特爵士（Sir George Beaumont）也非常喜愛〈夏甲〉這幅畫，每次外出旅行時，他總是將它放入隨身攜帶的行李箱中，以便能時時拿出來觀摩。

偉大人物和優秀人物所建立的榜樣是不可磨滅的，即便他們過世後，他們的靈魂仍然活在後代人心裡，並對後代人的生活產生影響。在理查德·科布登（Richard Cobden）先生死後不久，班傑明·迪斯雷利（Benjamin Disraeli）在眾議院發表演說時說：「偉人的離世，對於我們活著的人來說，是一種極其巨大而又無可挽回的損失，每當我們回憶起他們時，我們還能找到一些安慰，這是為什麼呢？就是因為，這些偉大的人物其實並沒有從我們身邊完全離開。在生活中，我們還要經常引用他們的至理名言，還要經常提到他們的

榜樣作用，甚至到了最為關鍵的時候，我們還要拿他們的思想來解決面前的爭議和衝突。現在，我可以這樣說，雖然一些議員再也不能出席議會會議了，但他們仍然還是議會的議員，他們的職務將不會被任何人以莫須有的原因而解除，他們也將不再受反覆無常的選民所左右，他們的輝煌業績和高尚的品格更不會隨著歲月的流逝而沖淡。因此，我認為科布登先生就是一個這樣的人。」

優秀人物所說出的金玉良言、為世人所做出的表率，會超越時空一代一代傳承下去，也將融入後代人的思想和心靈中，在生活的道路上給他們以幫助，同樣也能給那些即將走向死亡的人以精神上的安慰。亨利·馬丁是一位共和主義者，在他臨死前，他說：「最為悲慘和痛苦的死亡，並不是身體意義上的死亡，而是靈魂上的消失。與度過了有意義的一生的人相比，我的一生沒有留下太多值得回憶的地方。只有那些給後人留下了寶貴的經驗，並做出了表率的人，他們的活或者死，才是真正的偉大！」在面對死亡時，亨利·馬丁是那樣的無畏和偉大，他死後，無數共和主義者對這位擁有偉大品格的人，懷有無限的敬仰和尊敬。

我們為什麼要給偉人寫傳記，一個很重要的原因就是，透過學習偉人的品格，能讓我們懂得做一個什麼樣的人和一個人該為社會做點什麼。因此，偉人的傳記，能在很大程度上激發我們成功的力量和勇氣，即便那些最低賤的人，只要在他們能看得見偉人的地方，他們就可以隨時隨地崇拜並效仿他們，從而獲得生活的信心和動力。雖然有些偉人已經辭世，但是他們的高尚品格會永垂不朽，他們依然在墳墓中與我們對話，同樣能指引我們踏著他們的輝煌足跡前進。他們對我們的榜樣作用無窮無盡，也同時用他們的榜樣力量引導、影響和統率著我們。因為高尚的品格是人類社會永不磨滅的寶貴遺產，它們會代代相傳，並不斷產生出高尚的品格。

我們常說：「聖賢之士可以百世為師。那些懂得聖賢們的禮貌規矩的人，會變得剛毅和有禮貌，透過模仿聖賢之士，愚蠢的人會變得聰明，優柔寡斷的人會變得剛毅果斷。」因此，那些優秀人物所構建的生活典範，仍然是後

代人獲得自由和解放的福音，他們從來都不會死亡，他們永遠活在後代人的
心中。

第四章

成功和幸福源自全身心的工作

衡量一個人生命的意義，主要應該看看他在有生之年都做了些什麼，他對自己所做的事情有著何種興趣，以及他所做的事情對社會有多大的價值。如果一個人做的事情越有益，他為之付出的精力和代價就越大，那麼，他的生活就會越充實，從而他的生命也就越有意義。

早睡早起，勤奮工作，你就有可能成為光榮的勳爵。

——《歷史》第二十二章，第十六節

如果你想永遠活下去，那麼你就必須工作；如果你想今天死去，那麼你就必須敬奉神明。

—— 托斯卡納人的諺語

詛咒工作，也就是詛咒至高無上的上帝，同時，好逸惡勞也是對上帝的褻瀆。

—— J·B·塞爾科克

讓每一個人都辛勤地忙碌吧！讓每一個人都最大限度地從事適合於自己的工作吧！這樣，他們在面見上帝的時候，就能夠坦然地說：我問心無愧，因為我盡了自己最大的努力。

—— 席尼·史密斯（Sydney Smith）

工作是人類最貼心、最實在的啟蒙老師之一，人們所需要掌握的一切知識都來源於工作，同時，工作也是人們成功和幸福的本源。透過工作，人們能豐富自己、充實自己、塑造自己、改變自己。正是在辛勤的工作中，人們才學會了遵守紀律、自我控制的道德品格。因此，那些沒有真正工作過的人，就不可能養成專心致志、全神貫注的品格，也不可能具有持之以恆、鍥而不捨的頑強毅力。正是人們透過工作，從而在不斷磨練中才逐漸掌握了一門門技巧，也就慢慢地學會了處理日常事務的本領。

工作是人之為人的一種本質屬性，或者說，工作是人類所特有的一種本能，正是這種充滿生機和活力的本能，才推動了人們不斷地創造生活和事業，從而推動了各個民族和全人類不斷向前發展。人們想要生活下去，就必須用自己的雙手辛勤地工作，這是一種不可違背的客觀自然規律。從另外一種意義上講，倘若人們要享受幸福的人生、享受幸福的生活，也必須從事各

式各樣的工作，也只有在工作中，人們才能找到源源不斷的快樂，才能創造出美好幸福的人生。

也許有人會認為，工作是一個重負壓在我們頭上，是造物主對我們立身人世所給予的一種懲罰。但是工作是光榮的，工作為我們創造了一切，為我們帶來了物質文明和精神文明的享受。人類的偉大和光榮之處，就在於人類能透過自己的創造性，獲得生活所需要的一切，正是人類有這樣的認知，透過辛勤的工作，才創造了人類的文明。人類一旦廢止了工作，所有的幸福都將成為一紙空談，化為泡影和空想。

工作是人類賴以生存的幸福之本，而懶惰、好逸惡勞則是破壞人類生活的萬惡之源。懶惰會吞噬一個人的心靈，就如同灰塵可以讓鐵生銹一樣，懶惰也可以輕而易舉地毀掉一個人，甚至一個民族。在亞歷山大征服波斯人之後，他有幸目睹了這個民族的生活方式：波斯人的生活十分腐敗，他們厭惡辛苦的工作，卻只貪圖舒適地享受祖先留下來的成果。正因為波斯人如此好逸惡勞，才使得亞歷山大所率領的的民族有了征服波斯人的可乘之機。於是，亞歷山大不禁感慨道：沒有什麼比懶惰和貪圖享受更容易使一個民族奴顏婢膝，也沒有什麼比辛勤工作的人們更為高尚。

古羅馬皇帝塞維魯一生征戰無數，他先後率領部隊吞併了美索不達米亞、不列顛。在塞維魯皇帝彌留之際，當他聽到自己統帥的大軍在格蘭片地區將行軍打仗的生活用品糟蹋得一片狼藉時，心裡感到十分不安。他想：千里之堤毀於蟻穴，若是自己的軍隊在生活上沒有一個嚴格的紀律作為保障，那麼，單單這一件小事，就能滋生軍隊的紀律渙散、麻痺大意，從而影響到整個作戰計畫。於是，他借這件事向該軍團施壓，警告該軍團不僅作戰時要勇猛向前，而且在生活上也要紀律嚴明。之後，塞維魯皇帝在臨終時，給士兵們下達的最後一道命令是：「我們必須將『工作』提到軍事議程中來，只有透過辛勤的工作，羅馬大軍的蓬勃生機才能永久地保持下去。而且，羅馬將軍們的威望，也必須建立在赫赫戰功的基礎之上。」

在遠古時期，農業生產中的各種最普通的工作，都具有某種特殊的社

會意義。人們從事各種各樣的農業生產、各種各樣的謀生手段，往往與尊貴和高尚連繫在一起。古義大利就屬於這種情況，關於這些記載在古羅馬著名歷史學家普林尼（Pliny the Elder Gaius Plinius Secundus）的著作中，可以窺見一斑。在當時，一個人下田從事什麼樣的農業生產，都是有講究的，所有的農業生產都與一個人的社會地位、官職大小相關聯，你想做什麼樣的農業生產，你自己說了並不算，得聽統治階級的安排。那些凱旋而歸的將軍及隨同他們出征的士兵，如果能被恩賜去耕田，在當時那是相當榮耀的事情。因此，將軍們往往要親自扶犁掌耙，從事田間工作。正因為有了這樣的制度，人們將象徵著不同階級、不同身分的桂冠，打造成犁鏵的形狀。那些被允許去田間工作的將軍們，在農夫們的指導下，十分榮幸且十分細心地扶犁耕田，而農夫們卻能在一旁會心滿意地歡笑。到了後來，統治階級才將奴隸制推廣到各個部門，久而久之，工作成了奴隸的代名詞，工作不再有光榮的光環，而被定義為一種奴顏婢膝的奴隸行為。一旦工作在羅馬帝國「失寵」後，懶惰與奢華就趁機跳出來，包圍了整個羅馬統治階層，最後使得羅馬帝國走向了衰落和滅亡。

在各種各樣的人性之中，沒有什麼比懶惰這一不良習性更讓人感到不齒的了。有一個喜歡周遊世界的人，因為長期在外地見識不同的風土人情，因此，他的經歷非常豐富，他能對生活在不同國家、不同地位的人了解得十分透徹。當有人問：「您知道不同民族的最大共同點是什麼嗎？」他說：「好逸惡勞，是人類最大的共同點。」英國哲學家穆勒說：「其實，無論是王侯、貴族，還是普通市民，都具有這個特點。因為人們總是想著盡力去享受工作的成果，而不願從事艱苦的工作。懶惰和好逸惡勞這種本性，如此普遍存在並根深蒂固，以至於人們被這種本性所驅使，他們會不惜一切代價去毀滅其他民族，甚至整個社會。因此，為了保障社會的統一與和諧，往往需要一種強制的力量，來迫使人們克服懶惰這一習性，從而不斷地工作，創造先進的生活方式，也正因為這種依靠強制的力量，來迫使人們改變這一好逸惡勞的本性，也就是產生了專制政府。」

無論是對個人還是對一個民族而言，懶惰這一習性都是一種催人墮落、具有毀滅性的不良習慣。一個人若是沾染了懶惰和懈怠的習性，他在世界歷史上就不會留有好的名聲。懶惰是一種精神腐蝕劑，因為懶惰，人們才不願意爬過一座小山；因為懶惰，人們才不願意去戰勝那些完全可以戰勝的困難。因此，成功只會光顧那些辛勤工作的人們，而那些生性懶惰的人，就不可能在社會生活中成為一個成功者。懶惰是人性裡面的一種惡劣而卑鄙的精神重負，人們一旦背上了懶惰這個包袱，就只會怨天尤人，滋生抱怨的情緒，而一旦染上精神沮喪、無所事事的習慣，那這個人就成了對社會不會有利只會有害的人。

　　英國聖公會牧師、學者、著名作家伯頓，給世人留下了一本內容深奧卻十分有趣的《憂鬱的剖析》一書。關於這本書，詹森說，這是唯一一本使他每天提早兩個小時起來拜讀的書。伯頓在這本書中提出了許多特別獨到而又精闢的論斷。他指出，精神憂鬱、沮喪總是與懶惰、無所事事連繫在一起，而懶惰是一種毒藥，它既毒害了人們的肉體，也毒害了人們的心靈。懶惰也是萬惡之源，是滋生邪惡的溫床，是惡棍們的靠墊和枕頭，是魔鬼們的靈魂，是人類七大致命的罪孽之一。而且，我們要知道，一條懶惰的狗都遭人唾棄，一個懶惰的人豈能逃脫世人對他的鄙棄和懲罰？因此，懶惰會腐蝕一個正常人的心靈，使得他變得不可救藥。那些聰明的人，若是沾染了懶惰的習性，其本身就是一種悲哀和災禍，這種人必然會成為邪惡的走卒，成為一切惡行的役使者，他們的心靈被惡魔占據，從而驅使他們拋棄工作和勤勞。一個人的心靈要是被懶惰所占據，那麼就形如一潭死水或臭水溝裡繁衍了無數的寄生蟲，各種骯髒的爬蟲都在這裡瘋狂地生長。同樣，各種邪惡、骯髒的想法，也會在這個懶惰的心靈裡瘋狂地滋生，長此以往，這類人的心靈就會被各種邪惡的思想所腐蝕、毒化。為此，我完全可以大膽地說，無論是男人還是女人，只要他們的心靈被懶惰這一惡神所占據，那麼，不管他們處在什麼樣的情形或條件之下，他們就永遠不可能從精神上感到滿足，也永遠不可能與忠誠之士結伴。自然而然，他們就不可能感到哪天真正幸福和愉快，即

使讓他們擁有自己所奢求的一切財富和運氣，讓他們盡情地滿足自己一次又一次的貪欲和邪念，只要他們不改生性懶惰、無所事事、遊手好閒、好吃懶做的習性，他們就永遠不可能真正滿足，也永遠不可能感到真正的快樂和幸福。懶惰的人，總是感到厭煩、惱火；總是病態地憎恨一切、厭惡一切；總是感到不舒服、不滿足；總是感到莫名的悲哀、嘆息、悲傷、愁悶、苦惱；總是希望自己離開這不可思議莫名其妙的世界，長此下去，他們的心中就只會有滾滾陰雲，而不會出現豔陽高照。

在伯頓《憂鬱的剖析》這本書裡，他的深刻思想集中體現在結束語中，他是這樣寫下了結語：「你千萬要記住這一條，那就是你的心靈萬萬不可向懶惰和孤獨、寂寞讓步，你要是想獲得成功和幸福，就必須切實遵循這一原則，並保證無論何時何地都不要違背這一原則。因為只有遵循了這一原則，你的身心才會有寄託和依歸，你也才會因此而得到幸福和快樂。倘若你違背了這一原則，你就會跌入萬劫不復的深淵。這是人類社會發展的必然規律，也是任何想得到幸福的人必須堅守的金牌律令。最後，我還強調一遍，那就是千萬千萬要記住，必然的結果、絕對的律令。記住這一條：千萬不可懶惰，萬萬不可精神憂鬱。」

在我們身邊，有這樣一些頭腦十分靈活的人，但他們卻整日遊手好閒、無所事事，他們做什麼事情都捨不得花力氣、下功夫，卻想著怎麼樣占有別人的工作成果，不勞而獲。這種人的腦子一刻也沒停止過思考，但是他們卻總在千方百計、想方設法地盤算著掠奪本屬於他人的東西。正如肥沃的稻田不生長稻子，就必然長滿茂盛的雜草一樣，那些好逸惡勞者的腦子中，就長滿了各種各樣的「思想雜草」。正義之神正是派遣了這些擁有懶惰本性的惡魔，來折磨這些頭腦中長滿了「思想雜草」的懦夫，並時時折磨他們、戲弄他們。然而，真正的幸福絕不會光顧那些思想麻木、四體不勤的人，他們只會照顧那些積極健康、辛勤工作的人。

對於成功和失敗、幸福和苦難，只有那些透過工作創造生活的人，才會給人們帶來成功和幸福，而懶惰只能使得人們精神沮喪、萬念俱灰。任何人

只要工作，就必然要耗費體力和精力，但工作絕對不會像懶惰一樣，使人精神空虛、萬念俱灰。馬歇爾·霍爾博士認為：「工作是治療人們身心病症的最好藥物，而沒有什麼比無所事事、空虛無聊的不良習性對人更為有害的了。」美茵茲的一位大主教認為：「一個人的身心就好比磨盤一樣，如果把麥子放進去，它會把麥子磨成麵粉；如果不把麥子放進去，磨盤雖然也在照常運轉，卻不可能磨出麵粉來。」

那些遊手好閒、不肯吃苦耐勞的人，不願意好好地工作，卻常常會想出各種主意和理由編造出「好聽」的藉口，為自己辯解。諸如「不是我不願意去呀！是路上有老虎和獅子，太危險了。」、「我倒想上去的，就是那山太難爬了！」、「你也沒有必要嘗試了，我已經試過了許多次，每一次都不可能成功。」針對這種種詭辯，塞繆爾·羅米利爵士（Sir Samuel Romilly）曾寫信給一位年輕人說：「虛度光陰的最好方式就是懶惰。我很嚴肅地告訴你，你這種懶惰的行為，其實是一種藉口。當在生活上遇到一點點挫折後，你總是想方設法地搬出種種漂亮的藉口為自己辯解，在我看來，你其實能成功的，只是你不肯付出努力，不肯在困難面前想方法、下功夫，因此，你就產生出了一種歪門邪道的理論，那就是自己不行、自己沒有能力，可是，要相信，每一個人都可以把他能做的事情做得出色。若是一個人在自己的能力範圍之內，沒有將任何事情做好，那是由於他沒有能力勝任。然而，你沒有寫文章不代表不能寫，而是你不願意寫罷了。就這樣，在你的想法中，產生出了這樣一條自我認定的『真理』：我沒有這方面的愛好，證明我沒有這方面的才能。試想，這是多麼愚蠢可怕的事情啊！你沒有努力去做，你怎麼知道你自己沒有那方面的才能呢？你其實就是不想努力，不願付出，因而找了一個非常華麗的托詞。要是人人都像你這樣為不努力、不付出、不工作而找出這些華麗的托詞的話，那麼，這個世界將會走向無窮無盡的黑暗。」

倘若一個人想要擁有某種東西，卻又不想或者害怕付出相應的努力，這是一種懦夫的行為。生活對每一個人都是公平的，幸福也只會降落到付出努力的人群中，而從來不會向空想而不付諸行動的人施捨任何東西。人們也只

有透過付出相應的努力和汗水，才會收穫到成功和幸福，也才能懂得美好的東西是多麼來之不易，從而愈加珍惜它，這也成了一條關於幸福的亙古不變的定義。如果一個人過著悠閒的生活，而這種悠閒並不是自己透過努力而獲得的，那麼，他也並不會感到踏實和自在。那些不是用自己的努力和汗水換來的成果，你既然沒有為得到它而付出代價，你也就不配有資格去占有並享用它。因此，德國文藝理論家、劇作家戈特霍爾德‧埃弗拉伊姆‧萊辛（Gotthold Ephraim Lessing）深深地相信一條真理：不思進取、遊手好閒和死氣沉沉，是一種能讓人致命的毒藥。為此，他在著作裡寫道：「如果全能的主一隻手裡握著真理，另一隻手中拿著『尋找真理』，主讓我二者擇其一，我將這樣回答他：『我全能的主啊！把真理留給你自己吧！讓我自己去探索真理，這樣我活得會更踏實一些。』」

悠閒必須建立在努力的基礎之上，或者與辛苦的工作緊密相連，這樣的悠閒才會有價值。在緊張的工作之餘稍事休憩，放鬆一下自己，然後再投入到工作和努力中，這樣的休憩才會對一個人有意義，才不會使他們懈怠工作，產生無聊、抱怨的情緒。因此，離開了工作的悠閒，純屬毫無意義的無聊之舉，才不會使得他們無所事事，以致感到空虛和憂鬱。正如過度飽食總會讓人感到不舒服一樣，過度的悠閒也對人們的身心百害而無一利，無論是無所事事的富人，還是遊手好閒的窮人，他們的內心都會感到空虛、寂寞、憂鬱、苦悶，不管任何人，只要他們一旦脫離了工作，他們也就遠離了幸福。有一位年逾四十的法國乞丐，總是感到精神空虛，無事可做，最後被人抓進了監獄，在布林熱監獄待了八年之後，他終於良心發現，在自己的右臂上文上了這麼一句話：過去的時光已經欺騙了我，現在的時光就會戲弄我、折磨我，一想到將來的時光，我便恐懼不已。對於天底下所有好逸惡勞的人來說，法國乞丐的這句話，可謂道出了他們共同的心聲。

在現實的社會生活中，無論一個人處在什麼樣的社會階層，也無論這個人具有什麼樣的地位和身分，都無一例外地要透過努力工作才能獲得幸福的真諦。一個民族要想崛起，那麼無論是窮人還是富人，無論是達官顯要還是

普通市民，都必須各司其職、各盡其力、各盡所能，從而為社會做出自己應盡的貢獻。因此，無論是從一出生就擁有了萬貫家產或者從祖輩那裡世襲而來成為縉紳的人，還是靠自己的努力學習而成為達官顯貴的人，都不應該輕視工作，不應該理所當然地享受一切工作成果，也不應該陶醉於茶來伸手、飯來張口的生活。然而，在我們身邊有些紈絝子弟們，他們從未意識到自己靠著別人的工作才能活著，卻偏執地認為那是他們應得的，因此，他們從不願意回報社會，而是在飯店裡坐下來大吃大喝，等到酒足飯飽之後，也不結帳，而是抹抹油嘴一走了之。他們的這些做法，應該為任何有良心、有道德的人所不齒。但是，有些白吃白喝一輩子的人，自己不但沒有為社會做出貢獻，反而將懶惰、無所事事看作是一種榮耀、一種自己高貴於別人的特權。這些墮落的縉紳、貴族與他們自己享有的尊貴榮譽完全不相符合，他們早已成了行屍走肉，從而也就不再具備良知和人性。儘管在這個社會上有許多卑鄙的小人，滿足於白吃白喝，並以大肆揮霍、奢侈浪費為榮，但那些稍有頭腦、有抱負、有良知的人們，卻毫無疑問地會鄙夷這些人。

七十歲高齡的翰·派特森先生，有一次出席在德文郡的菲尼頓舉行的一年一度的犁田比賽集會，在這個盛大的集會上，派特森先生發表了演講，他說：「如果一個人不從事繁重的體力勞動，那麼，他就無權享有勞動者這一光榮的稱號。」我也想起在一次類似這樣的集會上，我的一位朋友約翰·派拉，竟然堂而皇之地指責我沒有為社會做任何事情。對朋友提出的這個滑稽的無厘頭的指責，我感到非常氣憤，因此我毫無情面地嚴肅地對他說，派拉先生，你對自己說出的這些沒有根據的話，難道不感到臉紅嗎？那些扶犁掌耙、插秧下種的農夫，自然是勞動者，但還有許多勞動者存在於除了從事田間工作之外的各行各業當中。譬如我自己，自孩提時代開始，我就是一個名副其實的勞動者。然後我告訴他，與你未經調查而妄加指責的虛無縹緲的事情恰恰相反，法官絕不是一份工作清閒而報酬優厚的閒職，每一名法官都和一個耕耘不已的農夫那樣，在自己的工作職位上努力而辛勤地工作。身為一名法官，每天都會有各種各樣的法律問題迫使他思考、處理，因此，他必

須了解相關事實及法律條文，才能公平、公正地加以調解和處理。他們的腦海裡經常跳躍著這些問題，而這些問題解決起來往往是相當棘手的，他們必須不斷地思考再思考，正因為如此，那些焦慮和煩惱也會接踵而來：比如有些訴訟人命關天，委託人的命運就掌握在他們手中，而要評判一個嫌疑人無罪或有罪、是釋放還是處決，往往就取決於他們手中所掌握的資訊，如果他們能全面地了解情況，依法做出正確的判決，也許就能挽救一個人的生命。反之，如果他們不能充分地掌握資訊，而草率地做出判決，就完全有可能誤傷一條活生生的人命。想要當好一名好法官，就必須極其勤懇、相當嚴肅地工作。然後，我還告訴他，無論人們怎樣去聯想自己的職業，也隨便人們怎麼去臆想法官的輕鬆悠閒，我們身為一名法官，都必須要兢兢業業、勤勤懇懇地做好自己的工作。因此，凡是那些真正知道我在這一輩子中所承受的各種苦難的人們，都一定會深深地認知到身為一名法官，我身上的擔子有多麼沉重。

　　西元 1869 年，斯但利勳爵在就任格拉斯哥大學校長時，給學生們做了一次意義深遠的演講，他說：「一個無所事事的人，不管他多麼和藹可親，也不管他是一個多麼好的人，更不管他是多麼的聲名顯赫，他過去不可能、現在也不可能、將來更不可能得到真正的幸福。生活就是工作，工作就是生活，兩者是形影不離的孿生兄弟。我識人的標準，就是讓我看看你能做什麼，我就能知道你是一個什麼樣的人。我一向認為，擁有良好品德的前提條件，就是要熱愛自己的工作、尊重自己和他人的工作。因為一個人尊重工作，才能在心裡抵禦各種卑劣和腐朽的思想對自己的侵蝕，也才能抵抗各種低級趣味的引誘。我想進一步說明，只有那些熱愛工作、盡職盡責的人，才能擺脫由於沉溺於自私自利之中而帶來的無數煩惱和憂愁。有人認為，只有躲在自己的小天地裡，兩耳不聞窗外事，才能避免種種煩惱和不幸。無數實踐經驗顯示，雖然許多人都已這樣嘗試過，但其結果都是驚人的一樣，那就是，無論是誰，都不可能躲避煩惱和憂愁，也不可能避開辛苦的工作。那些不經過工作，卻試圖躲避煩惱的人，煩惱卻總是自己找上門來，憂愁也總是光顧他

們。有些懶惰的人總想做些輕鬆的、簡單的事情，但生活對於每一個人而言都是公平的，這些輕鬆的、簡單的事情，對於懶惰者而言也會變得很困難、很艱難；那些一心只為自己著想的人，或遲或早地會意識到生活總是特別冷酷無情；那些一心只想逃避責任的懦夫，也遲早會受到應有的懲罰。因為這種人總是對高尚的、有利於大眾的事情絲毫不感興趣，於是乎，各種卑劣、庸俗的念頭就會在他們的大腦中膨脹起來，從而腐蝕、侵害他們的靈魂。其實，這種人的心思本來可以用在有益的、健康的事業上，結果卻由於私心雜念過於膨脹，才導致了自己的心智、腦力被各種各樣瑣屑、卑鄙，甚至是幻想出來的煩惱和痛苦，白白地耗費、折磨殆盡，從而虛度了自己毫無意義的一生。」

即使從最低級、最庸俗或者從純粹個人享樂方面來講，適當從事有益的工作，也是完全有必要的，因為不工作就沒有資格享受工作所帶來的快樂。司各特先生就常說：「即使當我們被雇傭的時候，當我們從事艱苦工作的時候，我們也感到很幸福、很快樂，我們也能常常睡得相當酣暢。適當的休息、必要的休閒，這是人人都希望的，但清閒必須透過自己的努力才能換得，只有透過自己的辛苦工作所換取的安逸，才會讓人感到舒適，才會使人享受到工作之餘的樂趣，也只有這樣活著，我們的生活才會充滿無限的幸福。」

在我們身邊，確實有許多人因過度勞累而死亡，但有更多的人因自私自利、過度縱欲和無所事事而死亡。那些因過度勞累而使自己身體垮掉的人，一般來講，這些人都沒有注意適當照顧自己的生活，忽視了自己的健康。倘若完全不顧及自己的生活和健康，而完全沉溺於過度勞累之中的做法，可謂是殺雞取卵、得不償失，明智的人應該引以為戒。斯坦利勳爵在給格拉斯哥大學的學生演講時，也曾指出，只有那些有規律地、協調地、能持續不斷地努力工作的人，才不至於因無節制、無規律的過度勞累而損傷了自己的健康。

另外，一個人生命的意義，絕對不能僅僅憑藉他活了多大歲數這一標準來衡量，這種認為一個人活得越久，他的生命意義就越大的觀念是極其不正

確的，也是一種毫不負責的行為。因為，衡量一個人生命的意義，主要應該看看他在有生之年都做了些什麼，他對自己所做的事情有著何種興趣，以及他所做的事情對社會有多大的價值。一個人做的事情越有益，他為之付出的精力和代價就越大，那麼，他的生活就會越充實，從而他的生命也就越有意義。相反，那些一輩子無所用心、虛度年華的酒囊飯袋，也不過如同一根朽木苟延殘喘於世罷了，這樣的人即便年逾百歲，又有什麼意義可言呢？

　　早期的基督教牧師都以親自參加各種辛苦的體力勞動為榮，聖保羅就主張「不工作者不得食」的觀點。聖保羅的一生，都是靠著自己的雙手辛勤工作來養活自己的，他為自己能靠工作而活著感到無比榮幸，同時也為自己沒有欠下別人一分錢而感到萬般驕傲。當聖波尼法爵（Sanctus Bonifacius）到達英國之後，他一隻手拿著福音書，另一隻手還要拿著木匠用的尺子，時時刻刻準備著投身到工作當中。後來，波尼法斯又從英國輾轉到了德國，他營生的手段，還是靠著自己那門木工手藝。路德也是一個這樣的人，他一生做過許多工作，比如從事園藝、建築、鐘錶製造和車工工藝，但無論從事什麼工作，他都相當勤勉，總是憑著自己的工作去換取麵包。當紐倫堡的一位修道院院長送給路德一套車工工具時，路德在給這位修道院院長的信中，特意諷刺了不工作的人，他說：「在鐘錶製造方面我已經取得了很大的進步，我感到太高興了。然而，與我付出努力換來幸福所不同的是，撒克遜人總是醉醺醺的，他們總寄希望於別人告訴他們什麼時候了，從來都不想著自己去努力工作。但是，只要他們的杯中還是滿滿的食物時，這些醉漢倒不會在意是什麼時候了，也不會自找麻煩地去關心鐘錶、鐘錶製造商以及時間本身是不是還在正常運轉。」

　　每當拿破崙參觀優秀機械工業製品時，他總是對那些發明家表示深深的敬意，到了離開的時候，他也總要向發明者深深地鞠躬，以表示真誠的感激之意。有一次，拿破崙與巴貢貝夫人一同在聖赫勒拿島參觀，這時，有一些用人挑著滿袋子的貨物走了過來，堵塞了道路。高貴的巴貢貝夫人滿臉怒氣地命令這些用人趕緊散開，不要擋著道路，拿破崙卻馬上插話道：「夫人，請

你尊重這些挑夫。」在拿破崙心裡，即便是那些地位最為卑賤的勞動者所從事的苦役，也對整個社會的幸福做出了應有的貢獻，應該給予尊重和敬仰。有句諺語說得好：「如果哪一個農民沒有耕地，哪一個婦女沒有紡紗織布，那麼，就一定會有人要挨餓受凍。」

人們若能經常性、習慣性地從事一些有益的事業，就能收穫到幸福和快樂。一旦離開了這種經常性的、有益於身心的工作，人們就會百無聊賴、無精打采，從而導致精神萎靡不振，進而產生頭昏眼花、神經系統紊亂不堪，久而久之，身體自然會莫名其妙地垮下來。卡羅林·帕修斯（Caroline Pacius）曾經用心良苦地告誡剛結婚的女兒路易莎：「你千萬別向懶惰和無聊讓步。當孩子們外出度半天假的時候，我自己也像白天的貓頭鷹一樣無精打采、神情恍惚、單調乏味。年輕的妻子多多少少會感到生活有些單調、無聊、厭倦，但你千萬不要陷進這種狀態之中。戰勝無聊和苦悶的最好辦法，就是勤奮地工作，滿懷信心地工作，一個人一旦開始工作，快樂自然就會來到你的身邊，無聊和單調也會無機可乘，繼而逃之夭夭。一個人勤奮地工作，愉快地工作，總是去做各式各樣有益的事情，他就會擺脫苦悶，收穫幸福。懶惰是魔鬼為所有偉大人物和小人物設置的陷阱，一旦掉入這個陷阱中，就等於落到了惡魔的手中，勢必無法自拔，跌入萬丈深淵。這是你祖父說的，我現在同樣告訴你，因為這確實是至理名言。」

同樣，人們從事一項固定的有益的職業，對一個人養成良好的身心也是有好處的。一個人從事固定的工作，不僅有益於心智的健康發展，而且對於修身養性也十分有益；而那些一輩子無所事事、渾渾噩噩的人，總是一天又一天地挨日子，做一天和尚撞一天鐘，不思進取，不想著有所作為，久而久之便養成了懶惰習性，難以自拔。在我們身邊，有許多人一事無成地過了一輩子，那些原本蘊藏在他們身上的可以開發利用的智力資源，就這樣白白地被他們浪費，葬送在他們親手為自己挖掘的墳墓裡。那些朝氣蓬勃、充滿進取精神的人，總是活得精神歡快，不僅充分利用了時間和精力，而且也能愉快地工作、愉快地休息，繼而取得事業上的成功，又得到精神上的滿足。

　　這種既會工作又會休息的人，他們身上往往能折射出無窮無盡的道德力量，給人以巨大的感染力。對於生活本身而言，即便是那些單調乏味的工作，也比無所事事地無聊虛度要好得多。法蘭西斯‧戴基爵士（Sir Francis Drake）年輕時被派到海上去工作，他的老闆總是迫使他認真、刻苦地工作，然而他卻以此為樂。英國著名學者、傳教士富勒，在談到戴基先生時說：「戴基年輕時所受過的這些嚴格的訓練，已經深深地烙在他的心上，使得他能嚴謹、細緻、一絲不苟地專注於工作；同樣，這些嚴格的鍛鍊，也使得他的身體更為結實、意志更加堅定。」與戴基一樣，席勒曾經長時間從事日常的、機械性的工廠工作，在回憶這段充實的工作時光時，他得意地說：「這種按部就班的機械性工作，使我養成了勤奮、專注、有規律的生活習慣，並終身受益。」

　　法國著名畫家讓-巴蒂斯特‧格勒茲（Jean-Baptiste Greuze）說：「打開幸福大門的鑰匙，就是從事各種有益的職業工作。」古往今來，無數著名人物的親身經歷，早已經證明了這一真理。法國新教神學家、古典學者卡佐本，在一位朋友的數次誠懇的勸說之下，被迫離開工作，徹底地放鬆休息了幾天。令朋友大惑不解的是，卡佐本享受不了這份清閒，隨即又回到了工作職位上。他說：「我寧可帶病堅持工作，也不願意無所事事地擁有這份清閒。倘若一個人什麼事情也不做，那將是多麼令人痛苦的事情啊！」

　　查理斯‧蘭博曾在東印度公司從事文書工作，而文書工作卻是一項既單調又乏味的工作。蘭博工作了不久，便在心裡對這個工作十分厭惡，當他從這種無聊的文書工作中解脫出來後，他感到難以名狀的高興和喜悅，從心裡感到自己是天底下最幸福的人，從此有了虎出牢籠、龍歸大海的暢快。於是，蘭博就寫信給他的一位好朋友，他說：「我再也不想回到那個牢籠中，這份無聊的工作浪費了我十餘年的寶貴時間，也才得到了幾萬英鎊，實在太不值得了。」信件發出去之後，蘭博接著以這種狂喜的心情給伯納德‧伯頓寫信說：「我幾乎不能靜下心來給你寫一封信，因為我自由了，我終於自由了！我的心都要跳出來了！我能自由自在地度過餘生了！這是一件多麼令人暢快

以致做夢都會笑醒的事情啊！如果你願意的話，我可以賣一些空閒的時間給你。我可以這樣負責任地講，人世間最痛快、最幸福的日子，就是什麼也不做，當然，或許那些好的清閒的工作，也會給人以快樂，但永遠也比不上那種什麼也不做所帶來的幸福。」漫長的兩年過去了，蘭博享受到了自認為清閒帶來的福氣，但他的心情卻發生了根本性的變化。他慢慢發現那些單調乏味的工作，即便是由別人指定的一連串反覆不已的重複性工作，原來一直十分適合他，可他卻一直未曾認知到。於是，他又給伯納德·伯頓寫信說：「我現在十分後悔當初做出的愚昧的決定，我現在終於相信，沒有工作比過度勞累更容易讓一個人愁悶、煩躁。一個人一旦不從事工作，他的心就會自己折磨自己，就如同不利於健康的食物，對人體的害處相當大。我現在幾乎對什麼東西都失去了興趣，而我唯一能做的，就是周而復始地散步。現在想起來，我真是一個自掘墳墓、自己謀害自己幸福的罪惡凶手，恐怕一切歡樂、暢快再也與我無緣了。」

洛克哈特在《司各特傳》裡寫道：很少有人能趕得上司各特的勤奮和專心致志，他一輩子致力於文學事業上，並且鍥而不捨、筆耕不已。司各特精力過人、心境安詳、舉止得體，可以毫不誇張地說，即使將各個不同時代和不同國家的人加以對照，恐怕在那些極為突出的領袖式的人物中，也很難找到與司各特相匹敵的人；同樣，即便在那些所有可以稱得上文學天才之中，也實在找不出能比司各特更勝一籌的人。司各特曾經多次語重心長地教育自己的孩子們，要認知到勤奮對於一個人來說的極端重要性，勤奮能創造成功和幸福，也是奠基快樂和美德的基石。

在兒子查理斯上學時，司各特在給兒子的信中說：「我不得不一而再、再而三地告訴你，工作並勤奮地工作，是人生一世的主要壓力，也是主要的動力，沒有工作也就沒有現在生活的一切，沒有鍥而不捨的毅力，也就難以有所成就。農夫用自己額角的汗水換來甘甜的麵包，富翁也只有在工作中才能擺脫生活的厭倦和煩惱。因此，你要知道，不經一番寒徹骨，焉得梅花撲鼻香，沒有耕耘也就談不上收穫，不下苦功夫也就不可能學到本領。當然，在

人類生活中，會有許多偶然性，也會有許多機緣，那些農夫播下種子，也可能被其他不勞而獲的人偷割，但是無論是誰，都不可能掠走農夫因種植稻田所得到的經驗。所以，只要我們工作了，努力了，那些倒楣的、不幸的、厄運之事，也難以從我們的腦中偷走知識。我勸你要大量而廣泛地吸取各種各樣的知識，用深厚的知識武裝自己的頭腦，只有這樣，那些知識才會成為你將來取之不盡用之不竭的財富，即便心存歹念的人，也無法從你的頭腦中奪走你的知識。這些透過努力獲得的知識，也只有你自己才能享用它，別人是替代不了的。我親愛的孩子，你一定要好好利用有限的時間勤奮學習、不斷進步。你現在還年輕，有著年輕人的朝氣蓬勃，你的腳步輕快、頭腦靈活、感受能力強，這將是你一生中接受知識的最好時期，倘若錯過了這段時光，你將來定會後悔莫及。所謂少壯不努力，老大徒傷悲，春天沒有播種，秋天就不可能有所收穫。青壯年時期是人生的黃金時期，浪費了這段時間，你就不可能有所作為，到了老年就不會被人尊重，如果你現在不覺悟，到了老年時再覺醒，那就為時已晚了。」

　　與司各特一樣，塞西爾也是個十分勤勉的人，對於塞西爾來說，工作是他生命中不可或缺的一個重要組成部分。在塞西爾十九歲時，他說：「十九歲了！我生命的四分之一已經這樣過去了，也許這四分之一的生命就是一生中最為重要的部分，然而，我到現在還一事無成，甚至對社會沒有做出絲毫的貢獻，想起來真是十分慚愧呀！那些為別人驅趕烏鴉的農夫，尚且每天能有兩便士的收入來養家糊口，而我卻是一個白吃白喝的人。那些熱愛工作的人都是對社會有益的人，而我完全是一個寄生蟲！」其實，塞西爾一直是一位十分勤奮的學生，他不僅閱讀了大量的英國著作，而且透過翻譯，他已經結識了塔索、阿里奧斯托、荷馬和古羅馬詩人奧維德等著名的文學大師。但是，司各特卻總感到自己的生活漫無目的，他很想靜下心來完成一件事情。從此以後，他便致力於追求文學事業，直至生命的最後一刻。正因為這樣的堅持，司各特每天都有新的收穫，並且每天都在進步。因此，有人評價他說：

「沒有哪一個人像他那樣貧窮的人卻如此博學；沒有哪一個人像他擁有了驕傲的成績卻如此謙卑。」

　　我們往往能透過一個人所喜愛的座右銘，窺探出這個人的性格和愛好。塞西爾在《醫生》一書中表達了這樣一個觀點，即要想了解一個人，可以透過了解其他人給這個人寫的書信，就可以很好地了解這個人的性格、品格和為人，而這個人自己寫的信倒很難反映出他的自身品格。我們可以從以下成功人士的座右銘裡窺見一斑：司各特的座右銘，就是「一刻也不要閒著」；蘇格蘭歷史學家羅伯遜最鍾愛的格言是「沒有知識就沒有生活」；伏爾泰（Voltaire）的人生格言是「生活就是工作」；自然學家亞西比德（Alcibiades）和作家普林尼都喜愛的格言是「生活就是觀察」。除了這些名人自己喜歡的座右銘外，我們還可以根據名人身邊的人對他們的評價，來了解名人的性格和品格。我們也還可以透過名人為自己取的筆名，來了解名人的生活習慣和道德品格。比如瑞典詩人斯傑伯戈，曾用過一個筆名來象徵自己的奮鬥歷程，那就是「人生就是一場鬥爭」；同樣，弗里德里希・馮・哈登柏格男爵（Georg Philipp Friedrich Freiherr von Hardenberg）也曾採用了和斯傑伯戈具有同樣意義的筆名，那就是「生活充滿了競爭」。因此，我們可以透過這兩位天才人物所採用的筆名，就可以看出他們非凡的抱負。

　　工作是對人的能力和紀律開展訓練的老師，工作能活躍人們的思考，增強人們的紀律性，養成互助合作的習慣。由於人們在工作中增強了技能，養成了合作的習慣，強化了紀律觀念，這就為人們以後的成功奠定了基礎。一個人若是工作，那比他無所事事要好得多，因為無所事事會使得他們變得呆滯、遲鈍和懶惰，然而透過工作，他們就能逐漸掌握各種各樣的方法和技巧。不但如此，人們透過在工作中學習到了競爭的自然規律，他們就會自發地節約時間、講求效率；生活要有計畫、有預見性；說話處事要釐清思路、注重條理。總之，人們只有透過實務工作，才能鍛鍊自己、提高自己。由於人們在工作中有了平常的鍛鍊，一旦到了關鍵時刻，他們就能應付自如，那些平常訓練出來的各種能力就能派上用場。另外，由於人們平常總在習慣性

地堅持工作，一旦有了空閒的時間，就可以以飽滿的熱情去享受清閒，享受這其中的快樂。

柯勒律治曾在《關於科學方法的講演》中深刻地指出：「如果說那些無所事事的閒散之人，是在消磨時間的話，那麼，我們完全有理由說那些處事有條不紊的人，把時間融進了自己的生命當中。」這些處事有條理的人，絕非僅僅靠著自己的感覺、知覺來做事，而是將時間看作一個確定的對象，用他們自己的良心去體悟、規劃，從而合理地利用。他們往往不是從一般的時間觀念上來看待時間本身，而是將時間賦予了靈魂和道德的人性素養，從而從道義上善待自己的這位朋友。他們覺得，如果浪費了時間，就如同虧待了朋友一樣，會感到良心的譴責。因此，一個忠實而盡責的僕人，總是把時間和精力有條理地運用在指定他做的事情上。在這裡，時間在這位僕人手中得到了充分的利用，可以這麼說，這位忠實的僕人是一位守時的人，但他卻不能算作是一位視時間為有靈魂有心靈，從而在道義上善待時間的人，因為他生活在時間當中，而時間卻沒有生活在他的生活當中。這位僕人所經歷的年年歲歲，正如準時到點的班車一樣，每一次都有清晰的記載。比如他在某年某月做了什麼樣的事情，時間都為他的生活列上了生活的清單，看起來，時間似乎與他同在，但他卻從來沒有從時間本身來考慮其更為深遠的價值。

實際生活是人們最好的老師，它會有效地教會人們各種各樣的方法。有效的工作方法，是人們透過與其他人在不斷的接觸中慢慢體會、總結出來的。正所謂世事洞明皆學問，人情練達即文章。即使是一件再普通再尋常的生活小事，也能折射出許多生活的大道理。只要人們善於觀察、體會、總結，哪怕是管理一個小家庭，也能從中發現或找到治理一個國家的大道理。因此，那些有能耐的家庭主婦，都是工作效率極高的人，正是她們具有了這樣的品格，她們才能在生活與工作中妥善地處理各種各樣的問題。

要想管理好一個家庭，這些婦女就必須善於掌握和管理家中的各種細小的問題，她們也必須精打細算、量入為出，也必須有計畫、有目的地籌畫好家中的大小活動，才能機智地處理那些突如其來的家庭問題，也才能將這

個家庭管理得井井有條。正如要想高效地管理好一個家庭，她們就要擁有勤奮、專注、自律的品格，還要具有深謀遠慮、謹慎小心的能力。除此之外，她們還要具備實際才能、應用才能和規畫才能，同時還要善於洞察人心，講究方法和技巧，而這些恰恰也是人們從事其他任何管理工作所必須具備的基本能力。事實上，人們其實可以透過許多途徑，獲得處理、駕馭世事的能力。諸如家事管理、職業訓練、商業和貿易往來、政府工作等，只要人們具備了這種能力，就能得心應手、運用自如地處理這些問題。

其實，在人們日常生活中，有意識地訓練自己處理各種問題的能力，是一件十分必要而且重要的事。《玻爾‧摩爾公報》曾發文告知人們：「要想培養自己遵守紀律的素養，訓練我們的智力以及鍛鍊我們的應變能力，就要盡心盡力地做好日常生活中的小事，專心致志地工作，友好地與各種各樣的人交往，處理好各種令人討厭、使人為難的事情。」這一觀點，被許多人當作行為守則運用於生活當中。

有人認為處理日常生活瑣事或從事一般性的交往，僅僅是為了個人的謀生，這一觀點是極其庸俗的。因為，日常事務貫穿了一個人的一生，只有處理了日常事務，才能更好地勝任複雜和艱巨的社會生活。一個人不管他喜不喜歡處理日常事務，他都要明白並重視，這就是他急需解決的工作。其實，處理日常事務也是對人的一種能力訓練，它要求人們不僅要專心致志，而且要時常自我否定、自我克制。因此，無論是誰，若將日常事務拋在一邊，就不可能全身心地撲在自己的事業或職業上。

如果一個人處理不好許許多多的日常瑣事，就不能抑制因此而帶來的種種衝動，也不能約束或壓制因此而帶來的種種空想和怪念頭，自然也就不能訓練好自己處理各種問題的能力，最終也勝任不了自己的工作。因此，一個人要想能勝任工作，就必須養成良好的素養。這些勝任工作的良好素養，要求人們需要有堅強的意志力、善於自我控制，同時要對生活、工作充滿熱情，且要具有敏銳的判斷力，要尊重知識。儘管這種修養並不一定能造就優雅的紳士，但是養成了這種素養，它就能使得人們在處理各種複雜問題時變

得堅強有力、游刃有餘。一個人在培養自己這方面的能力時，他還會自動自發地培養自己勤奮刻苦、專心致志、自我克制、自我犧牲、善於同情體諒他人等一切良好的品性，同時透過這種訓練，人們的辨別力、判斷力和機敏程度都會有相應的提高。

良好的修養、優秀的品格，是一個人獲得幸福的引路人，只有那些受過嚴格的紀律訓練的人，才能真正享受到生活的幸福。從長遠意義上來講，一個人的智慧和才華都要從社會生活中來，只有經過了社會生活的種種嚴格考驗，才能形成良好的品格，也才能提升一個人的才智。無數事實證明，只有經過仔細觀察生活並不斷實踐，才能獲得良好的素養。一個人若是拋開了現實的社會生活，拋開了各種嚴格的訓練，而去埋頭冥思苦想或僅僅注重文學上的修養，都不可能提升一個人的才能，也不可能養成優秀的品格。特洛楚將軍曾說：「要想成為一位好鐵匠，就必須一輩子花上大氣力從事打鐵的工作。同樣，要想成為一位優秀的管理者，就必須長時間研究日常事務。」

司各特的一個為世人稱道的顯著特點，就是他對日常生活中的各種能人都表示出最崇高的敬意。他曾公開聲稱，不要說那些政府部門的高級官員，就是一流的領袖，也並不比普通的勞動者高明多少，他們之間的區別，只是各自所站的地方不同而已。

偉大的統帥和將軍都是十分謹慎、小心的人，他們往往對各種各樣細小的事情，都要加以周密地考慮，從不疏忽。當威靈頓在西班牙擔任聯軍總指揮時，他要求士兵們將各式各樣的裝備都要事先準備好，甚至對士兵們應該如何生火做飯都做了精確的批示。在印度作戰的時候，他更是具體規定了小公牛每天必須趕多少路。正是由於威靈頓精於籌畫，他所率領的部隊經得起考驗，作戰時也非常勇敢，士兵們對他充滿了敬畏和佩服，並且十分忠誠和友好。威靈頓的一位好友在報紙上讀到有關印度戰役的作戰情況後，對威靈頓說：「勳爵，在我看來，你在印度的主要戰績，是如何侍弄稻米和公牛。」、「確實如此！」威靈頓說，「如果沒有稻米和公牛，我就養不起士兵，沒有士

兵，我就會被別人擊敗；相反，有了稻米和公牛，我就有了士兵，有了士兵，我就能戰勝敵人。」

許多偉大人物都具有非常的膽識和超人的才智。當拿破崙麾下的健將朱諾率領法國軍隊來到門迪戈河岸時，威靈頓仍舊隻身來到自己駐紮在河口的軍隊中，擬就作戰計畫；據說，世界上最偉大的軍事家之一的凱撒，率領部隊橫過阿爾卑斯山時，還寫就了一篇關於拉丁修辭學的論文；羅馬帝國的統帥華倫斯坦，在率領六萬人馬與敵軍作戰時，當聽說部隊中的禽畜生了病，他卻全然不顧敵軍已經臨近的危險，毅然在司令部裡從容地下達了救治這些禽畜的命令。

華盛頓也是一個十分細心的人，早在孩提時代，他就特別注意培養自己的這種習慣；後來，他就將這一習慣融進工作中，培養自己處理事情的能力。至今，華盛頓的那些手抄課本還依然完整地保留著，我們也能從中看出，早在他十三歲的時候，他就自覺地抄出了許多帳單的複本，以及認真抄寫各種收條、筆記、文據、契據、租約和土地授權書等，用以加深印象。正是這些對各種事情都非常關心和認真的習慣，為他以後處理複雜的軍國大事奠定了良好的基礎。

一個畫家要成就一件傳世之作，要吃許許多多的苦頭，要經過許多年的累積和磨練；一個作家要成就一部優秀的作品，就要經過多番痛苦的思考；一個將軍要封侯拜爵，就要率領部隊身經百戰；這些畫家、作家和將軍都要靠自己的心血和汗水鑄就成榮譽的桂冠。與他們相比，那些善於處理、管理各種事務的能人，一點也不遜色，他們當中的著名政治家、管理家同樣要面對萬般艱難險阻，也必須要做出犧牲、克服困難，才能贏得輝煌。乍看之下，他們似乎沒有流血，事業似乎也平淡無奇，但是他們成功的背後，並不比那些畫家、作家、將軍要少流汗和少費心血，只是形式不同。

有人認為天才人物根本不在乎這些日常生活瑣事，更不在乎這些日常生活的能力訓練，這一觀點是相當錯誤的，在現實生活中根本立不住腳。我們從比克納爾先生的妻子在其所著的《桑福德和莫頓》一書中了解到，「比克納

爾是一位平凡而受人尊敬的人，但是他身上卻有許多缺點，比如輕視日常生活瑣事、厭惡日常事務。」事實上，那些真正偉大的人物，無一例外都是極為勤勞的人，他們從來不蔑視日常生活中的各種小事，即使是那些常人認為很卑賤的事情，他們也都能投入滿腔的熱情。這些偉大人物不僅比平常人能更認真地對待這些瑣事，而且總能真心誠意地做好這些事情。正是在處理這些瑣屑的小事中，幫助他們自身提升了才能。任何傳世之作都不是偶然產生的，都不是憑空產生的，而是經過長期的日積月累，在不斷的實踐中孕育而生的。那些偉大的品格、超人的才能，也不是憑空而來的，而是他們透過平常的點滴累積，由量變到質變昇華得來的。因此，在任用一個人的時候，我們千萬不要指望那些不願意做小事的人能將一件大事做得多麼出色。

辛勤工作的人才會擁有才能和本領，埋頭苦幹的人才會獲得權利和榮耀，而那些無能之輩勢必就會整天無所事事。只有那些十分勤勞和努力的人，才有機會管理和統治這個世界，因此，任何一個政治家都是勤勤懇懇、兢兢業業的人。路易十四認為：「國王只有辛勤工作，才能管理好國家。」英國著名政治家、歷史學家克拉倫登（Edward Hyde, 1st Earl of Clarendon），在講到英國國會領袖之一、稅務專家約翰·漢普登（John Hampden）時，他說：「漢普登是一個十分勤勉的人，在他身上我們從未見到懶惰和閒散的影子。他總是把最重的擔子壓在自己身上，總是以常人難以想像的毅力盡職盡責地工作，因此，就算是他面對那些最辛苦、最繁重的工作時，他也從不產生抱怨的情緒，而是以百倍的熱情應付自如。有——次，漢普登在給母親的信中寫道：『我的生活就是辛勤地工作，幾年來，我一直盡力為國家、國王恪盡職守，盡心盡力，不敢有絲毫的懈怠。有時我甚至無法抽出時間來孝敬雙親，就連寫一封信的時間都要計畫好，一旦有了新的任務，我就只得延後再延後。』」與漢普登一樣，克拉倫登自己也是一個這樣的人，無論在辦公時間還是在閒暇時間，他都在堅持不懈地努力工作。事實上，任何有所作為的政治家都是埋頭苦幹的人，從他們身上折射出來的敬業精神和奉獻精神，常常令我們感動。

無論是過去還是現在，許多著名的人物在工作中都充滿活力，為了執著地追求事業，他們常常以常人難以想像的熱情，投入到他們所從事的工作當中。在廢除穀物法的運動中，英國政治家科布登在給一位朋友的信中說：「我像一匹馬一樣，狂奔不已，沒有片刻的休息時間。」無獨有偶，布萊漢姆勳爵是有名的工作起來就不要命的人。在布萊漢姆的一生中，他總是充滿著無限的工作熱情，總有使不完的精力，無論什麼事情，他不做則已，一旦決定做，不達目的就不甘休。布萊漢姆的這種不屈不撓、不達目的誓不甘休的精神，感動了他身邊的許多人。

　　帕默斯頓勳爵（Henry John Temple, 3rd Viscount Palmerston）也同樣如此，他始終對工作充滿著火一樣的熱情，即使到了老年，不但沒有減少工作的熱情，反而比青壯年時期更加努力、更加賣力。帕默斯頓的一位朋友曾經講述了這樣一件事：有一次，這位朋友問帕默斯頓：「一個人的壯年時期，是人生中的哪一段？」、「七十九歲。」隨後，帕默斯頓又補充道，「我剛滿八十歲，看來我才剛剛過了壯年時期。」這只是一則逸聞趣事，不能奉為教條，更不能適用於每個人，但是，我們能從帕默斯頓身上看出，一個人要想安身立命，就必須充滿熱情地撲在工作上。帕默斯頓還常常對身邊的人說：「到了辦公室後，只要我一看到還有許多事情要做，我就會感到無比的興奮。工作會使一個人擁有健康的體魄，使生活變得充實。」更有甚者，就是愛爾維修曾說：「正因為人們空虛、無聊，人們才變得無比殘忍、缺乏人性。」因此，為了使自己擺脫空虛和無聊的困擾，愛爾維修將自己全部的身心投入到了人類進步的事業當中，贏得了數以萬計的人對他頂禮膜拜。

　　無論什麼時候，人們都能在工作中找到樂趣，在工作中找到幸福，這是一條亙古不變的規律。因此，一個人多與各種各樣的人接觸，老老實實地做自己的事情，就會啟動人身上的活力，從而提升自己的才能。一個人勝任工作的基本條件，既要養成良好的工作習慣，又要擁有嚴肅認真的工作態度，還要培養自己優良的品德和教養。如果這些基本條件你都具備了，那麼你從事任何工作都會得心應手。在現實生活中，一個人只有既熱愛工作又善於工

作，才能真正找到工作的樂趣。不管你是從事行政管理工作，還是從事文學、研究、影視藝術創作，你都必須具備這些最基本的基本條件。因為，許多偉大的文學作品，都是由一些受過系統訓練的人們創作出來的，而絕非靠運氣憑機遇者胡編亂造出來的。此外，時間觀念也很重要，因為無論從事什麼工作，都要講求效率、注意節約時間，許多大家之所以能出類拔萃，就是因為他們善於利用時間。

　　除了那些牧師、祭司、布道者等神職人員之外，在早期的英國根本沒有文學階層，因此，在那個時候，很多英國作家都是實務家，他們所接受的訓練都與文學無關。英國詩歌之父傑弗雷‧喬叟，早年曾當過兵，後來在一個小海關當海關審計員。然而，喬叟的審計員工作卻不是一個閒職，他得用手仔細地記下每筆帳目，而且不能有絲毫差錯。因此，只有當喬叟在海關公署將所有這些帳目都處理完畢後，他才能高興地回家，也只有在這個時候，他才能靜下心來看自己喜愛看的書，也才能有時間自由自在地思考問題。喬叟每天都花很多時間投入到詩歌的創作中，只有到了頭昏眼花、眼前一片模糊時，他才不情不願地上床休息片刻，醒來之後又全身心地投入到事業當中。

　　在女王伊莉莎白統治時期，人們將物質利益看得高於一切，因此，整個社會生活顯得十分粗俗和喧鬧。在當時，根本不存在現代意義上的文學工作者，到處都充斥著實務家、商人。史賓賽就擔任著愛爾蘭代理勳爵的祕書；大作家羅利先後當過朝廷侍臣、士兵；培根在成為國王的掌璽者和國家的大法官之前，曾經是一位很普通的律師；布朗曾在諾里奇當過醫生；胡克曾是一個鄉村牧師；莎士比亞曾是一個小戲院的老闆，當時的他充其量也不過是一個無關緊要的小演員，他的主要心思在於如何投資賺錢，而對自己的文學創作並沒有多大的興趣。然而，無論什麼時候，那些最為突出的偉大作家，都是一些十分勤勞、務實的人，只要他們心裡有事業，無論他們處在什麼樣的時代，他們依然能成功。伊莉莎白時代和詹姆斯一世統治時期，英國的實業極為發達，然而，這一段時期的文學事業也極為輝煌，許多偉大的文學家、偉大的文學作品都在這一時期相繼誕生。

在查理一世統治時期，考利深受朝廷信任，曾擔任幾位主張立憲君主制領袖的祕書。在擔任女王私人祕書期間，考利要直接把女王與查理一世之間的通訊編成密碼，然後再破譯出來，這在當時有限的條件下，是一項十分繁重的工作。為了完成工作，考利有時白天工作後，晚上還要加班加點地投入到工作中。這一工作在考利的一生當中持續了好些年。同樣，當考利正為皇家事業獻身之時，米爾頓也正受雇於英倫三島共和國，他先是當過地位低下的老師，爾後擔任過拉丁文祕書，後來又擔任了國王的助理。詹森博士說：「無論是在學校當老師，還是後來從事其他工作，米爾頓在工作中都是十分勤奮、認真和負責的。」當王政復辟之後，米爾頓的宦海生涯就結束了，此後，他便埋頭在文學創作之中。但是在米爾頓從事偉大的文學創作之前，他每天都還抽出時間來認真閱讀、反覆思考，花時間對生活加以敏銳而仔細的觀察，從而將身心深入到浩如煙海的資訊中。正是因為有了這些前期工作的努力，他創作文學時便感到得心應手。

約翰·洛克（John Locke）也在好幾個王朝擔任過職務。在查理二世（Charles II）統治時期，洛克曾擔任過貿易委員會祕書；到了威廉三世統治時期，他又擔任貿易和移民申訴委員會委員。在英國女王戴安娜（Diana, Princess of Wales）統治時期，許多著名的文學大師都曾在這位女王手下供職：約瑟夫·艾迪生（Joseph Addison）曾任過國務卿；理查德·斯蒂爾爵士（Sir Richard Steele）曾任過印花稅委員會的長官；馬修·普賴爾（Matthew Prior）曾任過政府副國務卿，後來擔任駐法大使；梯克勒曾任過副國務卿，後來擔任愛爾蘭司法部部長；威廉·康格里夫（William Congreve）曾任過傑馬卡的祕書；約翰·傑伊（John Jay）曾任過駐漢諾威使館的祕書。

事實上，各種各樣的實際工作，看起來與科學和文學似乎風馬牛不相及，其實兩者之間有著很多內在的、本質的、必然的連繫。許多科學發明和文學作品，都直接來源於實際生活，這也應了那句古話：「藝術來源於生活。」伏爾泰堅持認為，「文學離不開生活」。一個人只有將豐富的現實生活，與聰明的頭腦完美地結合起來，從而將抽象的書本知識融合到變化並發展的實際

生活當中，才能有所發明、有所創造。即使是那些最偉大的作家，一旦他們脫離了現實生活，不與各種各樣的生活接觸，不深入到現實生活當中去，他們也不可能寫出任何具有生命力的作品。

因此，許多膾炙人口的不朽之作，都不是由一些文學專業的人創作出來的，而是由一些實業家創作出來的。對於一個務實的人來說，文學其實並不是他的本行，僅僅只是他們生活當中的娛樂和消遣。因此，文學並不神祕和奧妙，也並不是遙距我們九天之外，而是在我們生活的現實當中。許多文學專業的人之所以寫不出東西來，主要原因就是他們沒有豐富的生活閱歷。記得《季刊》總編輯吉福德先生說：「第一種情形，就是單純地靠文學創作來謀生，那將是無聊、乏味和辛苦的事情。第二種情形，就是痛痛快快地工作一天，然後再從事一個小時的寫作，比自己整天冥思苦想地從事文學創作，要輕鬆和快樂很多。在第一種情形之下，人們整天望著幾張稿紙，東張西望，胡思亂想，不僅自己搞得精疲力竭、氣喘吁吁，而且寫出來的東西也像個癟三，實在令人不忍卒讀。然而，在第二種情形之下，人的思考就相當活躍，他們拿寫作只是當作一種享受，不會產生江郎才盡、無從下筆的苦澀感。」

柯勒律治在給年輕朋友的信中，也提出了同樣的觀點，他說：「除了極少數的特例外，我從來沒有見到一個沒有職業的人，會擁有真正的自由、快樂和幸福。簡單的工作，只是一種機械的重複，它不需要人們具備什麼非凡的意志力就可以將這份工作做好。只有那些具備了良好身心健康的人們，才能有規律地從事各種複雜的工作，也正是在這種規律性的工作中，人們的體力和精力都能得到正常的發揮，智力也能得到開發和運用。我有一種深刻的體會，那就是倘若能輕輕鬆鬆、無憂無慮地休息三個小時，而且在這段時間裡什麼也不想，盡情地娛樂、盡情地玩耍，那麼，三個小時過後再創作出來的文學作品，遠遠勝過那些經過幾個星期的艱苦而強迫自己創作出來的文學作品。如果你們要我舉出一些把令人沉重的文學創作，與自己的工作相互結合，從而獲得成功的例子，我們只要看看西塞羅和古希臘將領、歷史學家色諾芬的著作就可以了。至於近代的曾任過內閣大臣的摩爾，以及培根、理

察‧巴克斯特（Richard Baxter），還有查爾斯‧達爾文（Charles Darwin）和威廉‧羅斯科（William Roscoe）等這些成功的例子，就足以證明我所說的觀點了。」

最初，義大利那些偉大的文學家也並不是什麼專業作家，而是一些如政治家、外交家、法官、士兵和商人等實業家。享譽海內外的《佛羅倫斯史》一書的作者尼可洛‧馬基維利（Niccolò Machiavelli），就是一位道道地地的商人；佩脫拉克和薄伽丘，都曾擔任過大使的職務；但丁不僅擔任過大使的職務，而且在其成為外交家之前，就曾當過藥劑師；伽利略‧伽利萊（Galileo Galilei）、路易吉‧伽伐尼（Luigi Aloisio Galvani）和法拉第都曾經當過醫生；義大利現實主義喜劇奠基人、喜劇作家卡洛‧哥爾多尼（Carlo Goldoni），曾是一位律師；義大利著名詩人阿里奧斯托，他從事實業的才能絕不低於其創作才能。

在此，我們只要透過品讀阿里奧斯托的經歷，就能對所有這些作家窺見一斑。在阿里奧斯托的父親死後，為了照顧自己的弟弟妹妹們的生活，他不得不經營家業，而且憑著自己過人的才華，將這份家業從管理到經營都打理得井井有條。不但如此，家庭也因為他的管理而一直蒸蒸日上。阿里奧斯托在家庭和事業中的過人才能，立即得到了當政者的賞識，他被派往羅馬和其他許多地方從事重要的工作。後來，阿里奧斯托被任命為一個有名的暴亂地區的總督，在職期間，他清正廉潔、勵精圖治，使得當地的風氣煥然一新，平時在當地作威作福的惡棍、歹徒、流氓、地痞，也因敬畏他而有所收斂。於是，阿里奧斯托的政績立即在社會上產生了巨大的影響，同時他本人的大名常常與他的能力、廉潔和公正連繫在一起，被當地人時常提起。據說有一天，阿里奧斯托在樹林中遇上一群歹徒，他本人則遭到了歹徒的綁架和勒索，後來，當歹徒們搞清楚眼前這個人就是大名鼎鼎的阿里奧斯托時，不得不釋放了他，並將他護送到總督府。

不僅在義大利，在世界上的其他國家，偉大的文學家總是和實務家連繫在一起。瑞士法學家、著有《萬國法》一書的作者維泰爾，也是一位有名望

的外交家，同時還是一位非常善於經商的商人；法國作家、人文主義者、著名小說《巨人傳》一書的作者拉伯雷，曾經是一位醫生，後來還是一位頗有成就的律師；席勒本人也做過多年的外科醫生；西班牙小說家米格爾‧德‧塞凡提斯（Miguel de Cervantes）、西班牙劇作家佩德羅‧卡爾德隆‧德‧拉‧巴爾卡（Pedro Calderón de la Barca）、葡萄牙詩人路易‧德‧賈梅士（Luís de Camões）與勒內‧笛卡兒（Renatus Cartesius）等人，在他們各自的早年時期都曾應徵入伍。

　　在英國，許多知名作家都是商人，今天的許多人只知道他們留下來的大作，而他們成名前操著何種謀生的手段卻鮮為人知。利洛的戲劇作品是人們公認的最有價值、最有影響力的傳世之作，然而他一生的大部分時間，卻在布林特利從事珠寶加工及製作，而他所創作的戲劇是在他的業餘時間裡完成的；艾薩克‧華爾頓在成為作家前，曾在英國的艦隊街販賣亞麻織品，他只能在工作之餘讀書並累積素材；丹尼爾‧笛福（Daniel Defoe）不僅僅是作家，他還曾做過馬匹代理商、磚瓦製造商、商店管理員以及政治家。

　　將生意和文學創作完美結合起來的典型人物，要數英國小說家塞繆爾‧理查森（Samuel Richardson）。他一邊在艦隊街的索爾茲伯大樓裡經營生意，一邊在商店後的房子裡從事寫作，他在後面寫出來的小說，就常常在前面商店的櫃檯上出售。就這樣，他寫出了書信體小說《帕美勒》、《克拉麗莎》和《查理斯‧葛蘭迪森爵士》等對 18 世紀的文學有著深遠影響的作品，其中的《帕美勒》還享有「英國第一部小說」的稱號。無獨有偶，伯明罕的威廉‧哈頓，也是位把做生意和從事寫作有機結合起來的典型例子之一。有則逸聞趣事，據說他在自傳中寫到自己活了半個多世紀，居然還不知道自己是個什麼人。直到人們拜讀了他的大作《伯明罕史》之後，人們才告訴他，他是位古文物收藏家。這個時候，威廉‧哈頓才發現自己這個破書店裡，珍藏著許多稀世珍品。佛蘭克林被人們所稱道，不僅僅因為他是一位有名望的作家、哲學家、政治家，而且他還是一位非常有名的印刷工和書商。

　　關於這些「不務正業」的作家，實在舉不勝舉。比如雪菲爾（Sheffield）

的 T・S・艾略特（T. S. Eliot），原本是一位經營條形鐵的出色商人，但他在業餘時間寫出了大量的詩歌。艾略特不僅是享譽詩壇的大詩人，同時還是一位精明過人的商人，他用自己辛勤經營所獲得的財富，在鄉下建起了漂亮的別墅，並在那裡度過了幸福的晚年。還有，著有《熱情的自然史》一書的作者艾薩克・泰勒（Isaac Taylor），一直在幫助曼徹斯特的棉布印花商人雕刻印模；著有《論自由》一書的作者約翰・斯圖爾特・密爾，早年曾在東印度公司擔任首席檢察官，他早期的著作都是在公務之餘寫出來的；而著有《噩夢隱修院》一書的作者皮科克和著名文學家埃德文・洛利斯以及查理斯・蘭博和都曾在東印度公司供職；英國女作家麥考利在擔任戰地記者時，寫下了著名小說《我的荒蕪世界》；在做生意的間隙裡，荷爾普斯先生寫出了許多充滿智慧的著作。諸如亨利・泰勒、約翰・凱伊、安東尼・特洛普、湯姆・泰勒（Tom Taylor）、馬修・阿諾德和塞繆爾・沃倫（Samuel Warren）等，也都曾在社會生活中擔任重要職務。

著名詩人巴里・康沃爾（Barry Cornwall）恐怕大家再熟悉不過了，然而「巴里・康沃爾」僅僅是布賴恩・沃勒・普羅克特（Bryan Waller Procter）律師的一個筆名。同樣，巴里斯博士也常常以匿名或筆名發表作品。他們為什麼要用匿名和筆名發表作品呢？因為在當時的社會上流行一種觀點：誰要是寫出了小說、詩歌、散文或其他作品，那麼，他本人的職業就「大廈將傾」了。因此，普羅克特律師和巴里斯博士知道，一旦市民們知道他們發表了文章或出版了書作，他們的職業就會受到威脅。這樣做的還有莎朗・特納（Sharon Turner），他既是一位十分傑出的歷史學家，同時也是一位響噹噹的律師；著有《被拒絕的演說》一書的作者賀拉斯（Horace）和史密斯兄弟，工作都做得非常出色，以至人們一致推舉他們出任地位十分顯赫、待遇十分優厚的海事法庭律師，結果，兄弟不負眾望，做得頗有成效。

布羅德里普爵士（Sir Broderick Chinnery）在倫敦警務署擔任律師時，卻對自然歷史特別感興趣，他也因此在業餘時間裡寫下了好幾本具有重要學術價值的著作，比如《動物的娛樂》、《從博物學家的筆記本看世界發展》等。

除此之外，他還不遺餘力地堅持給諸多刊物寫稿。不但如此，在學術研究之外，他還自發地成立了「動物協會」，並為協會的工作付出了大量的心血和代價，最後，使得動物協會在社會上產生了意義深遠的影響。然而，布羅德里普的業餘研究卻從來沒有影響他的正常工作，在他擔任律師期間，沒有一個人指責他的工作。不僅如此，布羅德里普還迷上了攝影，後來成為攝影行業裡的一流專家。

　　許多文學家、史學家都是銀行家或高級銀行職員。著有〈回憶的樂趣〉詩作的作者羅傑斯，就是一位非常有成就的銀行家；著有《羅倫佐‧德‧麥地奇》一書的作者羅斯科，就是利物浦一位銀行家；著有《政治經濟學及賦稅原理》一書的作者李嘉圖，就是一位銀行職員；著有《希臘史》一書的作者格羅特，也是一位銀行工作人員；著有《史前時期》和《文明起源和人的原始狀態》的作者盧伯克，不僅是一位銀行家，還是博物學家和古文物收藏家；雪菲爾的塞繆爾‧帕里斯（Samuel Parris）是一位非常有影響的銀行家，他卻寫了大量有關宗教、道德、政治經濟和哲學方面的著作。這裡，舉出一則關於李嘉圖的逸聞趣事。據說李嘉圖寫下《經濟收益理論》的手稿後，自己感到極不滿意，準備付之一炬，但是英國哲學家、經濟學家和歷史學家，著有《不列顛印度史》的作者穆勒卻獨具慧眼，並在穆勒的極力推薦下，李嘉圖發表了《經濟收益理論》，該書一問世，當即在社會上引起轟動，取得了舉世矚目的成功。

　　同樣，那些受過嚴格科學訓練的人們，許多都成了一流的實業家，也同樣能成就輝煌的事業。人們一旦受過嚴格的科學訓練後，距離成功也就不會再遙遙無期。那麼，嚴格的科學訓練究竟是什麼呢？這種嚴格的科學訓練包括勤奮的習慣、自覺遵守紀律的習慣、善於思考的習慣等，而這些習慣恰恰是一個成功的實業家所必備的素養。受過嚴格科學訓練的人，總是十分勤奮、專注，而且善於接受新知識，潛心培養自己注重科學的思考和方法，他們也因此比那些沒有受過專業訓練的人更加敏捷、更具有智謀、更具有膽識。不但如此，他們一旦遇到問題常常能審時度勢，從而做到因時、因地、因人而變，也就能耳聽四面、眼觀八方，凡事先發制人，奪人先機，獲得事

業上的成功。蒙田曾說：「真正的哲人和聖者，他們的精神十分崇高、心靈特別充實、靈魂異常高潔，他們不僅在探求真理方面獨具慧眼，而且在行動上也同樣充滿著智慧。」蒙田在所著的《隨筆記》裡記載：「古希臘哲學家、數學家、天文學家泰利斯（Thales），在一次公開演說中，曾激烈反對那些為了發財致富而自尋煩惱的人。這時，聽眾席裡有一人站起來對泰利斯橫加指責道：『你將我們尋求致富說成是自尋苦果的人，我看你是吃不到葡萄說葡萄酸，你自己發不了財，還想妖言惑眾蠱惑別人也不致富。正因為你自己不想致富，你才沒有許多的煩惱。』聽眾的這番言論啟動了泰利斯的商業細胞，他決定親自檢驗一下自己的商業能力。一年過去後，泰利斯成了古希臘的名商巨賈。泰利斯在短短的一年時間內，從陌生到熟悉再到成熟，繼而取得這樣巨大的成就，讓那些有所成就和經驗的商人汗顏，並為之傾倒。」

　　同時，在我們的頭腦裡，一定要形成這樣一種觀點，那就是：善於思考、會做學問是一碼事；會生活、會處理實際問題則是另一碼事。兩者雖然有一定的連繫，但是卻也有著絕對的界限，若是認為會讀書、有知識就自然會生活、駕馭世事，那就是斷章取義、捨本逐末了。在我們身邊，有許多人偏於一隅、與世隔絕、靜坐書齋，然而，卻能信手拈來洋洋萬言，他們提出的觀點卻在現實生活中無法立足，或者還有悖於現實。因此，書本與生活二者有一定的連繫，同時也有一定的距離，只有那些善於將二者結合起來並學以致用的人，才是對社會有用的人。所以，我們一定不能死死地固守書本，不能整天苦思冥想，更不能養成憑空想像卻不願意動手實踐的惡習，倘若非要一意孤行，就會陷入萬劫不復的境地，從而喪失生活的能力。

　　思想家與實業家在現實生活中，往往表現出來的處世風格截然不同。比如思想家往往遇事深思熟慮，總是習慣於考慮事情的方方面面、仔細權衡利弊得失、思考問題的前因後果，從而優柔寡斷、疑而不斷；而實業家總是雷厲風行，他們遇到事情時，不會將時間耗費在邏輯推理上，常常是先試、先做，一旦得出確定的結論後，就會立刻付諸實施。弗朗西斯‧貝利（Francis Baily）就說過一番經典的妙論：「注重思考習慣的人，往往反覆思考，直至形

成連貫的思想體系；而注重實際的人，則在複雜的社會交往中，逐漸獲得了快速敏捷的行動能力。因此，從這兩種人身上，體現出了迥然不同的思考方式和行動方式。勤於思考、善於思考的人，往往在行動能力方面略遜一籌；只注重實際的人，思考能力就會有所遜色。此外，我要強調一點，這兩方面的能力確實具有本質上的差異性，如果一個人不能注重二者的有機結合，那麼，他一方面強一些，另一方面必然要弱一點。所以，我們常常能看到，有些人雖然是國家的重臣，卻是生活中的孩子。」

　　許多偉大人物之所以能獲得偉大的成就，就是因為他們將思考和實務統一了起來。比如英國的牛頓，他不僅是物理學家、數學家和天文學家，而且還是一位傑出的鑄幣局局長；英國的威廉・赫雪爾（Wilhelm Herschel），他除了是著名的天文學家外，也曾擔任過鑄幣局的要員，同樣也做得非常出色；洪堡兄弟不僅在文學、哲學、語言學、文獻學上取得了舉世矚目的成就，而且在外交和採礦以及治理國家方面，也做出了突出的貢獻。

　　在史學界一直享有盛譽的著名歷史學家尼布林，也是一位成功的實業家。丹麥政府曾派尼布林出任駐非洲領事館祕書兼會計，在職期間，他相當認真、負責，做出了很大的成績。後來，尼布林先後被丹麥政府委任為政府金融管理委員會委員、政府駐柏林銀行的聯合經理。尼布林在繁忙的政務、公務、家事活動之餘，擠出時間研究羅馬歷史，並先後掌握了阿拉伯語、俄羅斯語和其他斯拉夫語言。尼布林在業餘時間裡寫出了三卷本《羅馬史》，轟動了世界。後人往往認為尼布林只是一位純粹的歷史學家，卻不知道尼布林研究歷史僅僅是他本人的一項業餘愛好。

　　前面我們講過拿破崙十分尊敬科技工作者，那麼，拿破崙會不會任用科學家幫助他一同管理國家呢？拿破崙一貫重視有才能的人，尤其重視那些受過嚴格訓練的、有真才實學的科學工作者，在這一方面，拿破崙可以說是一位勇於和善於重視知識分子的偉大政治家。然而，在任人唯賢、知人善任地任用科學家從事行政工作方面，拿破崙還有所欠缺。皮耶 - 西蒙・拉普拉斯（Pierre-Simon Laplace）是法國有名的天文學家、數學家和物理學家，在當時

他的大名無人不知、無人不曉。於是，拿破崙就任命這位大科學家為內政部長，可是任命不久，他就意識到自己犯了錯誤。究竟是什麼原因，使得拿破崙在下達任命書後後悔莫及呢？終於，在拿破崙談到拉普拉斯時，這一謎底才被揭曉。他說：「拉普拉斯總是從學術的眼光看待任何問題，他滿腦子裡裝的都是一個又一個學術問題，以至於他常常將那些細而又細的問題提到議程上，進行思考和分析，他的這一所謂解決政治問題的方法，與他演算微積分時按照邏輯、公式一步步推理，簡直如出一轍。拉普拉斯這種吹毛求疵的精神，拿來從事科學事業當然行之有效，但如果照搬到行政工作上，卻犯了以偏概全、不能靈活機動處理問題的錯誤。」拿破崙對拉普拉斯的評價極其客觀而公允。誠然，拉普拉斯在幾十年的科學研究中，形成了自己的一套思考方法以及行動方式，並且拉普拉斯年事已高，很難接受新鮮事物，自然很難適應和改變自己的思考和工作方式，也就不能應對錯綜複雜的行政工作了。

與拉普拉斯這種純粹的研究型科學家不同，達魯雖然以善寫文章著名，但他除了注重研究、思考之外，還有著豐富的生活經驗。法國軍隊征戰瑞士時，達魯曾在拿破崙麾下的健將馬塞納帳前任軍必須管理監督員。由於表現出色，拿破崙有意任命達魯為政府顧問兼帝國事務總管，可達魯拿到任命書後，卻再三推辭道：「我一生的大部分時間都在書本中度過，恐怕我已沒有時間來學會當好一個臣子。」拿破崙聽後，笑道：「我身邊有許多重臣，他們當中也不乏年老的健將，而國家現在需要一位開明的、有知識的、沉著穩重而又十分警覺人來當這個國家的部長，於是，我選中了你。」達魯見拿破崙非常真誠，於是接受了任命，出任帝國政府最重要的部長職務。達魯上任後，不僅工作做得有聲有色，而且還以謙遜、果敢、正直和無私，影響了帝國政府時期一批又一批官員。

英國玄學派宗教詩人喬治·赫伯特說：「我從來沒有閒暇時間。」英國哲學家、作家法蘭西斯·培根也說：「那些最活躍、最勤奮的人們，儘管他們也希望在適當的時候能停下來休憩片刻，但他們卻從來不用閒暇時間打發時間。他們眼中的休閒，僅僅是在身心疲倦後的一種調劑，一旦他們恢復好

了，便立即投入到工作當中。」古往今來，許多勤奮慣了的人在自己的「業餘時間」裡創作了許多偉大的著作。對於這些勤奮慣了的人來說，有事可做總比無所事事要舒服和踏實得多，因此，他們總能在有生之年裡充分地利用好一分一秒。我們也能從這些勤奮慣了的人身上，得到許多生活和工作的啟示。諸如形成了工作習慣的人，總是在心裡排斥懶惰的惡習，即便有些時候因為情勢所迫而不得不終止自己早已習慣了的工作，他們也會立即從事其他工作。而那些懶惰者總會在工作的時候偷奸耍滑，抱怨自己工作太累，即便有了足夠的時間來調養休息，他們也只會白白地打發時光。

　　一個人工作技能的培養，與他們本身的興趣和愛好也有關係。無數實踐顯示，人們在從事自己所喜愛的事情時，總能感到興奮和滿足。一個人只要有了興趣和愛好，就會自發自覺地從事或追求與興趣和愛好相關的工作；同時，興趣和愛好也會產生一種動力，使得他們勤奮、堅持不懈地努力下去。正如羅馬皇帝圖密善嗜好捕捉蒼蠅，馬其頓國王特別喜愛製作燈籠，法國皇帝鍾情於制鎖等等，這些愛好無一例外地反映了他們對工作本身的態度。幸福和快樂，往往奔走於勞動者享受工作的過程中，而不是寄存於工作所產生的結果中。哪怕人們有時要面對一些工作的壓力，或者疲倦於機械的重複性的工作中，人們也不會因無所事事而滋生出鬱悶和無聊，只會感到寬慰和踏實。因此，人們才會將工作之餘的間歇、工作之餘的消遣，看作是與職業本身之間的一種相映成趣。

　　在所有的興趣和愛好當中，最能讓一個人感到滿足的當屬求知欲。因此，那些精力充沛、智力發達的人們，在完成日常工作之餘，總是投身於自己的興趣和愛好當中。他們中有的人喜歡鑽研科學；有的人喜歡鑽研藝術；有的人喜歡從事文學創作。真正高尚和幸福的人，往往是有這種高雅的業餘愛好的人。他們當中不乏多才多藝之人，所涉及的領域也相當廣泛，諸如歷史、詩歌、音樂、舞蹈、攝影等。當然，我們不能一味地要求某個具有高尚品德的人能愛好廣泛、樣樣精通，因為任何事物都要講究一個分寸，倘若分寸掌握好了，能成為一種興趣和愛好，有利於個人的心智發展；若是縱之過

度，就會使人精疲力竭、精神萎靡不振，不但影響自己的分內事，還會殃及身心健康。

　　許多有名的政治家、軍事家，都曾充分利用業餘、閒置時間從事文學創作，其中一些作品成為舉世公認的不朽之作。凱撒在戎馬倥傯中寫下了《高盧戰記》，被後人認為是經典之作；古希臘將領色諾芬，在東征西討的戰爭生涯中，先後給世人留下了《遠征記》、《希臘史》和《回憶蘇格拉底》等著作。凱撒和色諾芬的文筆都十分流暢明晰、風格獨特，被公認為文學大師。

　　赫赫有名的政治家敘利公爵（Maximilien de Béthune, duc de Sully），被解除部長職務後，不得不告退隱居。隱居後的敘利公爵並沒有因此而閒著，他想到自己的兒孫們一定會關注家族的歷史，於是，他利用閒餘時間寫下了《回憶錄》。除此之外，他還模仿斯卡德利學派風格，創作了一些浪漫主義文學作品，對後世影響深遠。

　　法國著名經濟學家、重農學派代表人物之一的安‧羅伯特‧雅克‧杜閣（Anne Robert Jacques Turgot），在路易十四統治時期曾任國家財政大臣。在政敵施展的連環陰謀之下，杜閣被迫辭去了財政大臣這一要職。此後，蟄居在家的杜閣，便開始精心研究文學。其實，在少年時代就對古典文學另眼相加的杜閣，在成年之後，一直難以割捨文學愛好，正是因為有了這層基礎，杜閣便開始了一番古典文學的征程。不僅如此，杜閣還學習寫作拉丁詩，藉以自娛自樂。後來，杜閣的古典文學和拉丁詩都取得了舉世矚目的成就。

　　許多法國政治家對從事文學創作情有獨鍾，他們將所從事的政治看作第一職業，而將文學看作第二職業。譬如法國著名政治家亞歷西斯‧德‧托克維爾（Alexis de Tocqueville），在法蘭西第二共和國時期就當選了制憲會議議員，並出任憲法起草委員會委員，在他精忠報國之際，同時寫下了《論美國的民主》、《舊制度與大革命》等著作；法蘭西第三共和國總統阿道夫‧梯也爾（Adolphe Thiers），曾歷任內政大臣、外冰島大臣和首相，同時也是一位著名的歷史學家，著有《法國大革命史》、《執政官統治史和法蘭西帝國史》等；法國君主立憲派領袖法蘭索瓦‧基佐（François Guizot），曾歷任教育大臣、外交

大臣、首相，他本人也同時是著名的歷史學家，著有《歐洲文明史》、《法國文明史》等；政治家阿方斯‧德‧拉馬丁（Alphonse de Lamartine），在西元 1848 年法國「二月革命」後，曾一度成為臨時政府的實際首腦，同時他本人也是一位著名的詩人，著有《沉思集》；在學園派中也占有一席之地的《凱撒傳》，其原著作者卻是拿破崙三世。

與法國政治家一樣，許多偉大的英國政治家也非常喜愛文學。英國首相皮特職滿卸任後，便開始潛心研究古希臘和羅馬文學；與皮特一樣，英國輝格黨下院領袖、外交大臣福克斯也致力於古希臘文學的研究，並創作出了《詹姆斯二世的歷史》；坎寧和韋爾茲利離任之後，都曾致力於翻譯古羅馬詩人賀拉斯的頌詩和諷刺作品。坎寧的傳記作家在談及坎寧時，講過一則故事：坎寧十分酷愛文學，這種愛好影響了他生活和工作中的方方面面。有一次，坎寧在皮特家吃飯，當其他人紛紛閒談時，坎寧卻和皮特關在一間黑屋子裡探討古希臘文學，以至忘了歸程，便在皮特的黑屋子裡過了一夜。

喬治‧科勒維爾‧路易斯（George Colleville Louis）是當代政治家中最有才能、最勤奮，而且將文學視為一種興趣愛好，並將它當成一門終身職業的人。路易斯不僅勤奮、刻苦、嚴謹、求實，而且是一位十分優秀的實務家，他先後擔任濟貧理事會董事長、英國財政大臣、內政大臣、戰時祕書長等職。然而，無論在哪一個職位上，路易斯都做出了輝煌的業績，贏得人們的讚譽，是一位當之無愧的出色的行政管理者。不但如此，在繁忙的公務之餘，他還潛心研究諸如歷史、政治學、人類學和古文等諸多領域，並都有獨到的探索和見解。路易斯常常對那些深奧、抽象的問題充滿興趣，他非常樂意探索這些複雜的問題並樂此不疲。他的朋友帕默斯頓勳爵時常勸誡路易斯道：「你不要走得太遠。倘若為了研究自己感興趣的問題，而將正經的公務耽擱，那就得不償失了。」不但如此，帕默斯頓勳爵還對路易斯身邊的人說：「他根本沒有時間看書，你們只要看看他案頭堆放的檔，就知道他有多麼繁忙了。」當路易斯的傳世之作《古代文明民族的天文學》和《論羅馬語言的形成》發表後，有人甚至認為，這兩本書只有出自德國那些博學多才的專家之手，

世人才不會感到驚奇，然而，路易斯卻用自己的勤勞鑽研和聰明智慧譜寫了這一文學史上的傳奇。

　　毫無疑問，路易斯能取得譽滿天下的成就，其中一個重要的原因是他有著良好的興趣和愛好。有人說，倘若他適當地離開自己喜愛的書本，或許就不會那麼勞心費神，他的生命也許就能持續得長久一些。但是，路易斯無論是在辦公室還是在閒餘時間裡，他總是在看書、思考和研究。就在他剛剛辭掉《愛丁堡之窗》雜誌總編輯的職務後，他就被政府任命為財政大臣。在擔任財政大臣後，他不是在忙於財政預算，就是在大英博物館中謄抄古希臘名家的手稿。有一個頗為奇怪的問題，路易斯常常對書作裡記載的那些古代有名人物往往都長壽感到疑惑不解。西元 1852 年，路易斯在赫裡福德郡為自己拉選票。有一天，他正在向一位選民尋求支援，但這位選民卻明確表示不支持他。路易斯便遊說道：「你不投我的票，我感到很遺憾，但你能不能告訴我，在你生活的這個區域內，你是否見到過特別高壽的老人呢？如果你很少看到，那麼，我相信你知道了我的年齡後，你就能掂量你手中的選票了。」

　　儘管政治生涯不會綠水長青，終有結束的一天，然而文學之門卻對這些有著文學愛好的政治家們永遠敞開著。與路易斯同時代的政治家中，許多政治家在政見上劍拔弩張、勢不兩立，但在文學愛好方面卻有著驚人的一致，且都在政務之餘饒有興趣地從事著文學創作。德比郡郡長在告別政壇以後，創作出了著名的《伊利亞特》改編本，雖然郡長的許多講演早已為人們所淡忘，但這本改編本卻仍為人們津津樂道。曾四次出任英國首相的自由黨領袖威廉‧尤爾特‧格萊斯頓（William Ewart Gladstone），利用閒餘時間寫出了著名的《荷馬和荷馬時代研究》一書，據說有一次，他在辦公室等待南蘭開郡的聯合投資者，投資者遲遲不來，於是他就拿出這本即將出版的書，一邊耐心等待，一邊認真校對。

　　除了英國首相格萊斯頓喜歡文學外，還有曾任英國首相、保守黨領袖迪斯雷利，他在離休後，寫出了名揚天下的《洛泰爾一世》一書；再就是曾任英國首相的羅素（John Russell, 1st Earl Russell），其本人就是一位非常有名的

歷史學家。此外，諾曼第侯爵是一位資深小說家；利頓伯爵（Edward Robert Lytton Bulwer-Lytton, 1st Earl of Lytton）只拿政治當作娛樂和消遣，而文學創作卻是他的真正職業。

總而言之，適量的工作和活動，對於促進個人身心健康發展，有百利而無一害。人是由各種各樣的身體器官有機結合而成的，因此，人體裡的各個器官之間的協調運動，無疑會促進自身的身心健康。眾所周知，運動是物質存在的一種基本形式，而工作也是人類存在的基礎。適量的運動非但不會對身體有害，反而能協調身體各個器官有機地運行。當然，倘若一個人長期過度勞累，就會打破身體的內在平衡，會影響到個人的身心健康。不僅如此，一般的工作雖然有益於個人的身心健康，但是由於每個人自身的體質不同，加上所從事的工作性質、條件不同，工作對於一個人的身體和精神的影響也各有不同。比如，那些單調乏味、並不能給人帶來希望的工作，自然對於人的身心發展危害無窮，只有那些積極的、向上的、給人希望和使人振奮的工作，才能如春風化雨滋潤人的心田，從而有益於他們的身心健康。

有的人稱那種給人希望、催人上進的工作，就是打開幸福之門的鑰匙，因此，一個人能否得到幸福，就看這個人能否擁有那樣的工作了。因此，我們每個人為了獲得幸福，就要適量地工作和活動。有人說腦力活動比其他活動對人體的損耗性更大。其實，適量的腦力活動，不僅不比其他活動更容易使人感到疲倦，反而還會有益於人體的身心健康。但腦力活動也不能過量，因為過度的腦力活動容易使人精力衰竭，從而打破正常的平衡狀態，使身體失調，這無疑對人的身體極為有害。正如運動員企圖超過身體條件的自然限制去完成一套動作，必然會使肌肉過度緊張，從而傷筋動骨一樣，過度的腦力活動只會使人的精力早日衰竭，以至精神失常。

在這裡，我要強調一點：我們每一個人，都要根據自身的身體狀況和承受程度來選擇工作和活動的強度，萬萬不能超過身體所能承受的極限而過度勞累，這樣做的話，無疑會損傷我們的身體。但是，倘若一天只知道吃飯睡覺、無所事事，而不做任何工作的話，也會有損自身的身心健康。其實，人

不可能長生不老，人體的機能也有退化的一天，但是相比活動對身體的損耗而言，懶惰對身體的損耗更為嚴重一些。

　　其實，從長遠來看，過度勞累是一種偏激的、急功近利的做法，它對於人類的弊遠遠要超過利。眾所周知，憂愁和煩惱是人體機能的腐蝕劑，倘若過度勞累與憂愁和煩惱結合起來，就會產生非常可怕的威力，從而摧毀任何強壯的身體。沒有沙粒的摩擦作用，汽車就無法前進，但倘若沙粒摩擦作用加劇到一定程度，輪胎就會磨破，更為甚者還會爆炸；一臺機器，如果維修保養得好，可以運轉多年；如果只讓它運轉，不讓它休息，機器的壽命就會大大縮短。人何嘗不是這樣呢？人身為一個生命的有機體，自身的精力和體力都相當有限，倘若能適當地休息，適當地工作，人的身心就會健康；倘若過度勞累，就會加快生命的終結。因此，我們不僅要防止過於勞累，而且要警惕勞累與憂心狼狽為奸，對我們展開身心進攻。

第五章

非凡的勇氣成就非凡的人生

　　人們要想養成獨立自主、自力更生的品格，就必須要有堅定的理智。一個人若不想成為別人的影子或者傳聲筒，就必須要有獨立自主的勇氣，從而獨立自主地行動和思考，獨立自主地說出自己的感受和意見，這樣才能形成自己的信念和做事方法。

暴風雨並不能證明海員的勇氣，唯有與暴風雨搏鬥才能鑄就、磨練海員的勇氣，也唯有在人們最危險的時刻，我們才能真正了解他們是什麼樣的人。

—— 丹尼爾

如果你想從事一項崇高的事業，絕不要半途而廢。在奮鬥的征程中，前途也許遍布荊棘，但是一定要勇往直前！真正的勇士，在他們辛勞的汗水即將凝聚成勝利成果的時刻，他們也就獲得了豐收，也就成功地抵達了勝利的彼岸。

—— C・麥凱

在很大程度上，各個時代的英雄人物都是由各個時代的勇氣鑄就的。因為極富挑戰性的事業背後都結滿了誘人的果實，這些果實也就時常刺激人們堅定地、義無反顧地去追求它們。

—— 荷爾普斯

我們內心都富有勇士精神，只不過隨著時間的推移和不幸的命運，使得其中一些人逐漸失去了勇士的精神，但是，意志堅強的人卻絕不會屈從命運和天數的安排，他們會一如既往地奮鬥、求索！

—— 丁尼生

世界上的很多成就，都歸因於男人和女人的勇氣。但是，這種勇氣絕非指男人或女人的匹夫之勇，匹夫之勇與粗暴型的喇叭狗所表現出「勇氣」大相徑庭，不值得歌功頌德。真正的勇氣，遠非那種「重賞之下，必有勇夫」的匹夫之勇可以相提並論，也同樣不是那種殺人越貨的「勇氣」可以企及，而是來源於人類默默地努力和辛勤地耕耘當中，體現在他們為了真理和道義，勇於忍受和勇於承擔一切痛苦。

唯有那樣正義的或道德的勇氣，才能鑄就男人和女人崇高的英雄氣概。這種勇氣，是一種探求和堅持真理的勇氣，是一種維護正義的勇氣，是一種

誠實無欺的勇氣，是一種抑制誘惑的勇氣，是一種恪盡職守的勇氣。如果男人和女人不具備這種勇氣，那麼，就根本不可能保障其他人的安全，也就不可能造就英雄氣概。

人類歷史的每一次翻新和進步，都是人類透過戰勝各種艱難險阻，從而累積所獲取的寶貴的成功經驗，慢慢總結而成的。人類歷史的每一次進步，與人類英勇無畏的勇氣息息相關，也與那些思想的先驅、偉大的發現者和愛國者以及各行各業的偉大人物密不可分。在社會進步中，先驅者們所堅持的每一個真理或創立的每一種學說，都無一例外地要經過鋪天蓋地的貶損、誹謗和迫害，最後，先驅者們便要被迫衝開一條血路，從而最終獲得人們普遍的認同。因此，海涅曾說：「偉人們必須有這樣的勇氣，那就是在他們發表偉大的思想後，就要準備為偉大的思想而殉道。」

詹姆斯・拉塞爾・洛厄爾（James Russell Lowell）說：「在真理面前，許多人在浩瀚的典籍中耗盡畢生的精力，苦苦尋覓真理，經過拋頭顱灑熱血，付出一生的辛勞和汗水，才如願以償地沐浴在真理的光輝中。許多懦弱的人找尋真理，許多不幸的人渴望真理，但是，唯有真正的勇士為了探求真理，一次又一次英勇地進行著戰鬥！即使在生命的危急關頭，這些勇士仍在為獲得真理而鬥爭！他們為什麼要這樣做？因為他們熱愛真理，在他們心中，能夠捍衛神聖的真理，既是一種對幸福的真切體驗，又是一種幸福的收穫。」

因為時代的偏見和派性作祟，蘇格拉底的崇高學說違背了當政者的意願。他的學說因激勵年輕人蔑視國家的監護神，而被指控犯有敗壞雅典年輕人的罪行，因此，他不得不在七十二歲時飲鴆自盡。然而，蘇格拉底有著非凡的道德勇氣去面對那些群氓或暴民，他想到了用死來證明自己的觀點，於是，他在臨死前發表了流芳千古的演說，他對法官們說：「現在是我們分離的時候了，我將從容赴死，去面見擁有真理的上帝，而那些不能理解我的人就要留在人世間受罪。但是，除了上帝知曉外，沒人有能預見，我和你們究竟誰會名揚千古？」

在真理面前，蘇格拉底選擇了以死來證明自己的觀點。與蘇格拉底一

樣，在社會進步中，有許許多多的偉人和偉大的思想家在宗教的迫害下，失去了寶貴的生命。焦爾達諾‧布魯諾（Giordano Bruno）因揭露他那個時代風行但錯誤的學說，便被活活地燒死在羅馬。當宗教法庭宣判布魯諾死刑時，他卻驕傲地說：「與我慷慨地接受你們的死刑宣判相比，你們在宣判我的死刑時，心裡會感到更加害怕和畏懼！」

布魯諾之後，伽利略也慘遭迫害。伽利略是一位科學巨人，但是他在科學上的名聲與他身為一個殉道者的影響相比，也要黯然失色。伽利略教授因為地球運轉的觀點，受到了教會的強烈譴責，終於，在伽利略七十歲高齡的時候，教會實在不能忍受他的「異端邪說」對民眾的影響，於是，將他羈押到羅馬。儘管伽利略沒有遭到嚴刑拷打，但他要被終身監禁在宗教的牢獄中。不但如此，邪魔般的教皇做出了一個萬惡的決定，那就是在伽利略死後，他的屍體不能安放在墳墓之中。

方濟各會的修道士羅傑‧培根（Roger Bacon），因其在自然哲學方面的研究而慘遭迫害，而且，他在化學方面的突出貢獻，也被陰險之人指控為兜售巫術。因此，他的著作遭到了譴責，他本人也遭到了長達十年的監禁，最後死於獄中。英國早期的思辨哲學家奧卡姆，因其「異端學說」對民眾「蠱惑」極大，最後被教皇開除了教籍，流放到了慕尼克，並在慕尼克憂鬱染疾而辭世。

與布魯諾和伽利略揭示了「天國」的本來面目一樣，安德烈亞斯‧維薩留斯（Andreas Vesalius）因揭示了人的本來面目而被宗教法庭視作「異端分子」加以迫害。在當時，屍體解剖是被禁止的，而維薩留斯勇於透過實際的屍體解剖來研究人體構造，雖然維薩留斯為研究一門學科打下了堅實的基礎，但是他也因此付出了生命的代價。當宗教法庭宣判維薩留斯死刑時，由於西班牙國王站出來為維薩留斯說情，維薩留斯便躲過了死刑的劫難，但是宗教法庭堅持讓維薩留斯遠赴千里迢迢的聖地去朝觀。由於「死罪可免，活罪難逃」，維薩留斯終究沒有逃脫厄運，在他從聖地返回的途中，因貧困，發燒無錢醫治，最後在一個叫桑德的地方，死神奪走了他的生命。由此，正處於

生命盛年期的維薩留斯成了他所熱愛科學的殉道者，他的死讓無數人涕泣惋惜，也讓無數人了解他所堅持的真理。

西元 1620 年，英國著名哲學家法蘭西斯・培根的《新工具》發表時，因其帶有「危險的革命」的傾向，在統治階級內部掀起了一陣雷霆震怒的反對聲。針對培根的《新工具》一書，有個名叫亨利・斯塔布斯（Henry Stubbs）的博士刻意寫了一本書，藉以反對培根的新哲學，他甚至武斷地將所有的經驗主義哲學家痛斥為「親培根的一代」。《新工具》一書，在社會上引起了強烈的反響，甚至連英國的皇家協會都反對它，認為它是「經驗哲學的顛覆，藉以動搖基督教的信仰」。於是，培根自己憂鬱地寫道：「我寧願信仰傳說中的信念、猶太教法典和《古蘭經》，也不願信仰這一沒有科學思想的偽教條。」

尼古拉・哥白尼（Nicolaus Copernicus）學說發表後，不僅其本人遭到了宗教的迫害，就連其擁護者也被宗教法庭指控為異教徒而加以打擊和迫害，於是，開普勒便被宗教法庭貼上了異教徒的標籤。開普勒被宗教法庭指控時，在別人詢問原因時，他開玩笑地說：「他們說我有罪的原因，就是我總是攻擊與上帝命令一致的地方。」雖然伯奈特主教認為牛頓是他所知道的「最聰明的人」，但是在牛頓發現萬有引力定律後，也被指控為有「推翻上帝」的罪行。同樣，佛蘭克林也因為揭示了雷電之謎，而遭到了與牛頓同樣的指控。

這些因堅持了真理而被宗教打擊迫害的偉大人物，簡直舉不勝舉。笛卡兒的哲學被宗教斥責為「敵對邪說」；洛克的學說也被宗教定性為「背叛了的唯物主義」；猶太教認為巴魯赫・史賓諾沙（Baruch de Spinoza）的哲學觀點違背了宗教教義，而將他開除了猶太教籍。此後，史賓諾沙便被人跟蹤和追殺。但是，史賓諾沙為了堅持自己的真理，一直保留著與邪惡抗爭到底的勇氣。正因為有了這份勇氣，他便完全自力更生、自食其力，直到他去世時，雖然家裡一貧如洗，慘澹淒涼，但他卻告誡後人：人一輩子只要堅持自己認為正確的真理，才能活得坦蕩和踏實。

在我們生活的這個時代，弗朗西斯・布坎南 - 漢密爾頓（Francis Buchanan-Hamilton）博士、亞當・塞奇威克（Adam Sedgwick）先生以及其他資深的

地理學家，都被指控為企圖推翻《永示錄》中有關地球形成及其歷史啟示的「背叛學說」。縱觀歷史，在天文學領域、自然歷史領域以及物理學領域，偉大的發現無一例外地受到了偏執和心胸狹窄的人的踐踏和攻擊，並被他們痛斥為「異端邪說」。

與那些遭受打擊和迫害的偉大人物相比，還有一些擁有偉大發現的人，雖未被指責為敵視宗教，但是也受到了同行的嫉妒和大眾的強烈譴責。威廉‧哈維（William Harvey）博士發表他的血液循環理論後，整個醫學界都認為他是一個十足的傻瓜，並封鎖他所從事的醫療事業。後來，他的朋友也只得透過含蓄或者其他不公開的方式，為他打抱不平，這其中具有代表性的人物就是奧布裡。奧布裡在其所著的《威爾郡的自然歷史》發表後，對周圍的人間接地提到了哈維，他說：「哈維親口告訴我，自從發表了《血液循環理論》一書後，他的醫療事業就遭到了同行的排擠，他的業務也遭到了不明原因的銳減。」與哈維一樣，喬治‧弗雷德里克‧韓德爾（George Frideric Handel）常常對身邊的人說：「我所做的幾件好事，無不伴隨著艱難險阻，無不要遭遇到巨大的打擊。」查爾斯‧貝爾先生從事神經系統研究，他也經常受到或明或暗的排擠，於是，他便寫信給自己的朋友說：「如果我不是被打擊得這麼貧困，如果我不遭遇這麼多的煩惱，我現在該是多麼的幸福啊！」查爾斯‧貝爾在神經系統方面發現了生理學上最偉大的規律，但是他慢慢發現，自從他的發現發表後，他的業務就明顯地「縮水」了。

偉人們在各個時代所投入的熱情、專注、自我犧牲精神以及巨大的勇氣，才創造了一個個具有劃時代意義的發現，也因此使得人類現有的知識領域不斷向前擴展，使得人類能夠更加豐富地了解地球和人類自身。在發現並堅持這一真理的過程中，無論與偉人們同時代的人們怎麼謾罵和反對他們，也阻止不了他們成為極具榮譽的開明人士，同時也阻礙不了他們的真理得到昭雪的一天。

在人類歷史發展的長河裡，每一次偏狹地、不公正地對待歷史上的科學巨人，都給我們人類帶來了無數深刻的教訓。這一教訓啟示我們，真理的

發現都經過了偉大人物的誠實思考、認真總結，以及客觀地論證之後才產生出來的，因此我們在面對他們自由自在地說出自己的信念時，就應該保持克制，萬萬不能以勢壓人。先賢柏拉圖曾說過：「世界就是造物主交給人類的書信。」因此，我們人類既然要研讀造物主的書信、詮釋造物主書信裡面的真正意義，就要使人類更深刻地感受上帝的力量，就要使人類更加真切地感受上帝的智慧，就要使人類更加感恩戴德於造物主的恩賜。

正如光榮是信仰的勇氣一樣，堅持科學的真理也是殉道者的勇氣。那些發現真理的男人或女人，為了問心無愧，為了消除世人的偏見，他們在與世隔絕的環境中，甚至在沒有絲毫鼓勵和同情的環境中，也能溫馴地忍受一切不公正的遭遇。從這些堅持真理的人身上，我們看到了一種勇氣，這種勇氣遠遠高於那些在炮火連天、殺聲震天的戰場上所表現出來的勇氣。因為在戰場上，那些懦弱的人，在受到戰友們熱切的同情與鼓勵後，或者受到軍中楷模的激勵時，也會深受感染和啟發，從而變得充滿鬥志。

時間或許會逐漸淡忘那些殉道者的名字，但是這些殉道者即使在面臨艱難險阻、慘遭不幸和身陷絕境之時，仍然會在世界的道德戰場上堅守正義；他們也會英勇無畏地坦然面對一切阻力；他們也會為了堅持所信仰的真理而心甘情願地獻出自己最為寶貴的生命，但絕不會背棄自己對真理的虔誠和信仰。在歷史上，那些具有高度責任感的人，無不表現出極其達觀的勇氣，從而繼續為人類做一些極富睿智的歷史預測。有時，堅持真理的人不乏一些溫文爾雅、貞淑嫻靜的女性，他們和英勇無畏的男人一樣，為了堅持真理和正義，也都能表現出極其堅定、無所畏懼的勇氣。

在堅持真理和正義的女性當中，安娜·阿斯庫就是一位典型人物。她在被施以「脫肢」的殘酷刑罰後，骨關節當場脫臼，疼痛難忍，但是她卻沒有呻吟一聲，而是紋絲不動地靜靜地注視著劊子手的臉，同時，她也絕不妥協，絕不向神父懺悔，也絕不放棄她所認定的信仰。與安娜·阿斯庫一樣，拉迪米爾和里德利也表現出了這種英勇無畏的勇氣。她們既不哀嘆自己不幸的命運，也沒有在臨刑就義前表現出驚惶緊張，而是像新娘一般歡快地走向祭

壇，慷慨赴死。不但如此，她們還互相祝福，她們說：「我們要振作起來，因為我們今天將要沐浴造物主的恩賜，我們將要在英格蘭點燃永不熄滅的智慧之火，而這一智慧之火所折射出來的理性之光，將會恩澤到整個英國。」還有貴格會的教徒瑪麗·戴爾（Mary Dyer），當她在對民眾布道時，卻被新英格蘭的清教徒認定為「蠱惑人心」，要將她處以絞刑，而她卻面不改色心不跳地邁著堅定的步伐登上了絞刑架。就要赴死前，她還心平氣和地對周圍的人們發表了就義演說，演說完後，她便任由劊子手施刑，然後平靜而快樂地駕鶴仙去。

　　虔誠和善良的湯瑪斯·摩爾先生，絕不願背棄他對真理的信仰，於是他便心甘情願地走向斷頭臺，慨然就義。摩爾先生對他的侄兒羅波爾說：「孩子，要記住，勇於戰鬥就等同於你已經取得了勝利。」據說，諾福克公爵（Duke of Norfolk）告誡摩爾注意危險，他說：「總之，摩爾先生，與帝王抗爭是一件非常危險的事情。一旦帝王憤怒，他們便會使得整個國家屍橫遍野、血流千里。你現在的生命已經堪憂了，而你還選擇白白地犧牲，這樣做又有什麼價值呢？」摩爾斬釘截鐵地回答道：「勳爵先生，我真的白白地送命了嗎？即便如此，我和您的區別也不過就是我今天死去，而您則稍後死去，只不過我們死的時間順序不同罷了，但是我的價值就在這裡，或許我的死能名揚千古、萬古流芳。」摩爾先生堅信真理總有出頭的那一天，因此，他最終決定堅守自己的節操，那就是勇於用生命的代價換取真理的復甦，他不覺得死亡有多麼可怕，只是覺得死亡讓他贏得了光榮的勝利。

　　許多偉人在艱難和危險的時刻，能得到妻子在背後的堅定支持，然而，湯瑪斯·摩爾的妻子卻沒有給予過他這種安慰。摩爾的原配妻子珍·柯爾特（Jane Colt），是一個沒受過教育的農村女孩，摩爾曾親自教她讀書，並努力使她的行為舉止符合禮儀規範，但是柯爾特卻過早地離開了人世。在柯爾特給摩爾所生的四個孩子中，只有高貴典雅的瑪格麗特·羅珀（Margaret Roper）最像他的父親摩爾那樣充滿正義和道義。再談到摩爾沒有得到妻子支持這一說法時，我們不得不提到摩爾的第二個妻子愛麗絲·米德頓（Alice Middleton）。

愛麗絲在沒有與摩爾結成伉儷前是一個寡婦，而且年長摩爾七歲，容貌一點也不美，然而，她卻是一個精明圓滑的婦人。摩爾在談到自己的妻子時，也曾說過愛麗絲「既不漂亮，也無美德」。這樣一個沒有美德的妻子，無論如何也不會為了支持丈夫所擁護的真理，而放棄安逸舒適的生活。

在摩爾被羈押在倫敦期間，愛麗絲沒有給予摩爾絲毫的安慰。其實，摩爾只要按照國王的要求去做，便能立即獲得自由，也能重新擁有他在切爾西的那套精緻漂亮的住宅，以及果園、藏書室和畫廊，也能重新與妻兒共用天倫之樂。然而，令愛麗絲不可思議的是，她的丈夫摩爾面對這一切卻無動於衷。一天，愛麗絲對摩爾說：「摩爾，我真的無法想像你還有什麼理由繼續監禁在那裡，你完全可以自由地回來，自由自在地享受這一美好的生活。我真的感到不可思議，迄今為止，你一直被世人當作最明智的人，然而你現在卻傻到被監禁在這間封閉、骯髒的監獄裡，你竟然甘願與老鼠為伴，也不願意重獲你的自由。其實，你完全可以按照主教們的要求去做，這樣你便能得到重生。」然而，摩爾卻說：「我的義務不僅僅是為了拯救我自己，而是為了拯救全人類。你所談到的那些精緻漂亮的住宅，能和我熱愛並堅持的真理相提並論嗎？」聽完摩爾的話後，愛麗絲變得惱羞成怒，她輕蔑地譏諷道：「你真是無可救藥，你真是愚不可及！我沒有見過像你這樣傻得不可理喻的人！你是個十足的傻瓜！」

與其繼母不一樣，在摩爾身陷囹圄時，摩爾的女兒瑪格麗特·羅珀卻義無反顧地鼓勵並支持父親堅守節操。摩爾在獄中得到羅波爾的支持，他沒有筆和墨，於是只得用一塊炭給女兒寫信說：「你對我的關愛，讓我感到十分欣慰，若如將這欣慰之情全部寫在紙上的話，那麼，一塊炭根本不夠用。」最終，摩爾不願虛偽地逢迎主教，也不願意為了苟活而有辱真理，他毅然地選擇了死亡，成了維護真理的殉道者。摩爾慘遭殺戮後，他的頭顱被砍了下來，懸掛在倫敦橋上。她的女兒羅波爾卻勇敢地請求人們取下懸掛在橋上的父親的頭顱，並小心翼翼地拿回家。不但如此，她懷著對父親滿腔的愛，要

求自己的家人在她死後，將父親的頭顱與自己合葬在一起。許多年後，當人們打開羅波爾的墳墓時，摩爾的頭顱正擱放在羅波爾遺骸的胸部。

霍頓曾說：「在德國，沒有人比馬丁・路德更視死如歸。」我們可以毫不誇張地說，在人類對現代思想自由以及維護人權觀念所做的貢獻中，馬丁・路德的貢獻可謂最為巨大和影響深遠，而他堅持真理的勇氣也被永久地燒錄於人類歷史上最為輝煌的篇章中。

雖然馬丁・路德並沒有因為自己的信仰而獻出生命，但是，從他宣布反對教皇的那一天起，他就已經將生死置之度外。在馬丁・路德開始偉大的鬥爭之初，他幾乎是孤身一人在奮戰。當時的形勢對路德極為不利，支持路德的一方，只有威克利夫、洛倫佐・瓦拉・奧古斯丁等幾位朋友；而反對路德的一方，卻是受到大眾擁護的教士們，而這些教士無不被大眾視為博學、崇高、顯貴、神聖不可侵犯、極具才華，而且手中握有強權的人。當皇帝召路德到沃姆斯去答覆關於他的異端指控時，周圍的人紛紛勸導他說：「這擺明是鴻門宴，如果你去的話，很可能會就此失去寶貴的生命。因此，你還是逃走吧！逃得越遠越好。」路德卻仰天大笑道：「我不逃走，即使是龍潭虎穴，我也要隻身去闖一闖。或許我在那裡發現的魔鬼，要比這裡公開張牙舞爪的魔鬼還要多出數倍，但我仍然決定前去會會這群魔鬼。」當有人警告他當心喬治公爵的刻骨仇恨時，路德卻冷靜地說：「這沒有什麼好擔心的，相反，我如果前去，公爵會更加感到害怕。就讓公爵來審我吧！這樣能讓他發洩，也能讓他熄滅仇恨的火焰。」

言必信，行必果。路德立刻動身出發，開始了前往沃姆斯的一段危險的旅程。當路德經過沃姆斯的一座古老的鐘樓時，他立刻從馬車上站起來歌唱道：「偉大的城堡，就是我們的上帝。」路德所唱的這首歌的歌詞和曲子，是他在幾天前臨時創作的，讓他沒有想到的是，這首歌成了宗教改革運動期間的「馬賽曲」。在路德準備去會見迪埃特的時候，他遇到了一個名叫喬治・弗倫淡伯格的老軍人，這位老軍人拍了拍路德的肩膀，對他說：「虔誠和仁慈的僧侶呀！我勸你注意你的言行，因為你即將要面對一場鬥爭，這場鬥爭比我

們任何人遭遇過的更為艱苦卓絕的鬥爭還要慘烈和悲壯。」路德卻對老軍人友好地笑了笑，說：「就算粉身碎骨，我也決心誓死捍衛《聖經》和我自己的良心。」

關於路德在迪埃特面前所表現出來的非凡勇氣，歷史上有多個版本已經記載，這裡將不再一一贅述。沒有人有資格審判路德，也沒有人能改變路德堅持真理的信念，於是，皇帝只得親自出馬，勸說他放棄自己的信仰，然而路德卻堅定地說：「陛下，除非您有極其明顯的證據，或者《聖經》也指明我犯了錯，否則我絕對不會放棄我所堅持的信仰，我也絕對不會違背我自己的良心而屈從於任何權力之下。因為，我所堅持的信仰，有上帝的支持和幫助。國王的命令和上帝的命令相比，前者必須服從與後者，也只有這樣，這個國家才會有良知和道德。我的信仰既然得到上帝的協助，因此，我將不顧一切危險，也要躬行踐履上帝和我堅持的信念。」面對路德一番富有真理的言辭，皇帝也只得乾瞪眼，拿他束手無策。

後來，在敵人的多方刁難下，路德在奧格斯堡發表演說道：「若是我有五百顆頭顱，我也毫不吝惜地捨棄它們，但讓我宣布放棄自己所堅持的信仰，我便會像『鐵雞公』那樣吝嗇得一毛不拔。」如同所有大智大勇的人一樣，路德每遭遇到一次困難，他的勇氣便能漲一分，他遇到的困難愈大，他所具有的勇氣也就愈大。

我們還發現，那些具有高尚勇敢的人，在為正義付出生命時，他們絕不會忍辱偷生。據說，當斯特拉福德伯爵（Thomas Wentworth, 1st Earl of Strafford）昂首走向塔山的斷頭臺時，他絕對沒有像那些被宣判死刑並執行凌遲處決的人那樣撒潑般的喊叫，而是有如一位將軍奪取勝利後凱旋歸來般的喜悅。與斯特拉福德伯爵一樣，英國的約翰・伊利亞德（John Iliad）先生也在同一地點英勇就義。在伊利亞德先生英勇就義前，敵對派企圖勸說他「招供」，但他卻嘲笑敵對派，說道：「我將純潔的良心看得高於世上的任何一切，即使讓我面對一萬次死亡，也動搖不了我的良心。」伊利亞德說在選擇結束自己的生命時，曾在牢房裡寫下了《獄中隨想》，其中寫道：「死亡，無非就是一

個名詞罷了，然而從容赴死卻是一項偉大而光榮的工作。我並不害怕死亡，既然一個人有生的時光，便將有死的那一刻。倘若人活著，靈魂卻丟失了，那將生不如死；倘若人死了，靈魂卻活著，那將雖死猶生。聰明的人唯有認知到生比死更具有意義，他才會選擇生存下去；聰明的人如果意識到死比生更具有價值的話，他們也會坦然地面對死亡。」

　　然而，伊利亞德先生可以放棄自己的生命，他放不下也最為牽腸掛肚的便是他的妻子，但是為了不辱自己的良心，他還是決定毅然地面對死亡。當伊利亞德先生被拉往斷頭臺時，他看到了在塔樓的窗戶前黯然神傷、淚流滿面的妻子，於是，立刻從馬車上站了起來，揮舞著他的禮帽，朝妻子喊道：「親愛的，我要去天堂！我要前往天堂，卻要將你留在地獄，這才是我的罪過！」車隊繼續前行，這個時候，人群中有一人大聲叫喊道：「伊利亞德先生，您現在坐在車裡的座位，將是您一生中坐過的最為光榮的座位！」伊利亞德先生立即站起來，對其人行了一個紳士禮，說道：「的確如此，你說得對極了！我為我坐在這裡而感到驕傲！」說完之後，伊利亞德先生便高興地從容赴義。

　　雖然成功是對辛勤耕耘、不懈奮鬥的人最好的酬勞，但是，這些成功人士即便看不到任何成功的希望，仍在奮鬥不止，因為他們知道，成功是對羞辱或偏見最好的報復。他們為什麼具有這樣的勇氣？其實，他們靠的是一種堅持正義和擁護真理的勇氣。他們總是在生命的黑夜裡播下奮鬥的種子，同時懷著美好的憧憬，希冀有朝一日自己播下的種子能生根發芽，繼而根深葉茂、碩果累累。雖然崇高的事業要經過九九八十一難，要屢遭失敗才能達到勝利的彼岸，但是，有數以萬計的人卻在沒有到達勝利的彼岸時，就已經葬身於狂風巨浪之中。因此，我們不能用簡單的成功與否來衡量一個人的價值。同樣，在衡量一個人所表現出來的英雄氣概時，萬萬不可拿他們是否成功來作為度量標準，而要根據他們所遭遇的艱難險阻的多少，以及他們堅持不懈地與困難作鬥爭的勇氣來衡量。

　　那些屢敗屢戰的愛國者，那些在敵人得意揚揚的呼聲中慨然赴死的殉道者，那些堅持真理的偉大發現者，才是人類最為崇高的道德典範。他們的高

尚道德，甚至比那些最完美、最顯著的成功更讓人心潮澎湃。與這些高尚的勇敢相比，那些在狂歡的肉搏戰中表現出來的所謂勇敢，將是多麼的微不足道、多麼的卑微渺小。

但是，世界上所需要的勇氣，並非僅僅局限在英雄人物當中，而是廣泛地存在於人們日常生活當中。比如，在日常生活當中，我們就需要一種誠實、正直的勇氣，需要一種絕不貪慕虛榮、打腫臉充胖子的勇氣，也需要那些量入為出、不做作、不虛偽的勇氣。

世界上的許多不幸和邪惡，都是人們因意志薄弱和優柔寡斷所致，換句話說，也就是因人們缺乏勇氣所致。那些優柔寡斷的人，也許知道有些事情是自己不得不盡的義務，但是他們總是不能鼓起必要的勇氣躬行踐履。因此，那些意志薄弱和不守紀律的人，總是使得自己被一個又一個的誘惑所奴役和支配。他們在面對誘惑時，就連勇於說「不」的勇氣都沒有，從而總是奴性十足地拜倒在每一個誘惑的腳下。這個時候，若是他們身邊的同伴也拜倒在誘惑腳下，他們反倒鼓起「勇氣」跟從，從而誤入歧途，陷入萬劫不復的境地。

唯有透過精神飽滿的行動，才能錘鍊一個人堅強的性格。每個人必須訓練自己的意志，從而養成剛毅果斷的性格，否則，與生俱來的那點可憐的意志力，不但不能抵制邪惡，而且還會不遵守道德，以至在邪念的驅使下與善念背道而馳。當你臣服於善念時，你也就獲得了斬斷邪念的力量；當你屈服於邪念時，就有可能跌入墮落的深淵。

還有，一個人要時時刻刻培養自己獨立做出決定的意識，也必須養成在萬分緊急的時刻依靠自己的勇氣獨自做出決定的習慣。因此，我們一定要知道，倘若你請求別人幫助你做出決斷，那不僅對自己無益，反而對自己有害。普盧塔克曾講過一個故事，故事發生在一次戰鬥中，有個馬其頓國王以祭祀海格拉斯為名，便將軍隊撤退到鄰近的一個城鎮，設壇請求天神相助。但是，他的敵人伊米紐斯卻在這個國王請求神助的同時，將勝利之劍握在自己的手中，最終贏得了這場戰鬥。

　　我們一定要切記：一打宣言不如一個行動，「少說多做」比「多說不做」要明智得多。在我們生活當中，有許多人的勇氣僅僅停留在口頭上，他們表態了準備做的事情，到最後卻沒有動手去做；他們設計好了的計畫，到最後卻被束之高閣，沒有付諸實施。他們之所以會這樣信口雌黃，主要原因在於他們自己缺乏勇敢的決斷，缺乏生活的勇氣。無論是在日常生活中，還是在生意場上，抑或是戰場上，迅即行動要比長篇大論、紙上談兵強過數百倍。迪洛生曾說過：「對一些簡單的事情或做或不做，我們一定要盡可能快速而簡潔地表態；對一些關係重大的事情，若是情況相當明朗，就要當機立斷地取捨。但是，那些意志薄弱者、優柔寡斷者，卻在這兩件事情上仍舊沒有明確的觀點，同樣也不能做出果斷的決定。這就好比一心想過幸福的生活，卻不肯花時間去付諸實施，他們總會將事情一天又一天地往後拖延，結果使得自己挨餓，身體也會受到損害。因此，我們在生活當中，絕對不能像布穀鳥那樣懶惰，否則，就會今日復明日，明日何其多。」

　　對於有些社會形成的不良風氣，我們一定要用道德的勇氣去抵制它們。格蘭蒂夫人也許只是一個粗俗、平凡的個人，但是她對社會的影響卻是巨大的。她已經成為一個不好的示範，對這個社會的人，尤其是對女人，產生了極為深遠的影響。這些受到影響的男人或女人，逐漸淪落到他們所屬的那一階層的道德規範的奴隸。在他們中間，存在一種沒有意識到的、彼此反對的心態。因此，他們潛意識地覺得，每一個團體或階級，都有它各自的習慣和禮儀。你屬於哪一個圈子或者哪一個團體，就應該遵守那一個圈子或那一個集團的習慣和禮儀，而絕不能逾越和犯忌。於是，他們便開始分化和遵守了，也就出現了一些人甘於禁閉在風尚的圍城裡，而另一些人則甘於禁閉在墮落的圍城裡。這樣一來，便很少有人能有真正的勇氣，跳出他們既定的模式去進行思考；也很少有人能有真正的勇氣，置身於黨派之外去行動，即使他們負債了、破產了，他們也仍然注重吃和穿，仍然要去追趕流行。其實，他們並沒有按照自己的方式在自由自在地生活，而是按照不同的階級或階層

所信奉的禮儀和習慣奴性地活著。他們固執地追求著畸形化了的流行，卻沒有一個人能有勇氣去反對這種奴性的習慣，或是去改變這種不良的生活狀態。

　　隨著人們在日常私生活當中表現出的道德懦弱逐漸增多，由個人元素構建起來的公共生活，也變得烏煙瘴氣。現在，不僅生活富裕的人存在偏狹和勢利，就連一些還在貧困線上苦苦掙扎的人們，也開始陸陸續續地戴上了有色眼鏡。以前，人們不敢對地位較高的人直言勸諫，而變著法子對他們溜鬚拍馬、阿諛奉承，但是現在的人們，也不敢對地位低下的人講實話了。因為「人民群眾」可以行使政治權力，對「人民群眾」阿諛奉承，對「人民群眾」只說討好的話，就能換得社會的苟安。因此，「人民群眾」就被賦予了很多就連他們自己也不知道的各種美德，於是，那些不受「人民群眾」歡迎、不能公開闡明的一些法則便被刻意隱藏起來，從而為了討好「人民群眾」的喜歡，為了獲得「人民群眾」的擁護，社會就經常出現一些同情「人民群眾」的觀點，甚至出現一些在實踐中根本無望貫徹執行的所謂的同情。若是任由這種趨勢發展下去，這個民族將會倒退，將會走向衰敗。

　　約翰‧斯圖爾特‧密爾在其所著的《論自由》一書中寫道：「一切充滿智慧和一切高尚的事情，都通常發端於某一具體的個人，而那些普通人卻能本能地回應和支持這些充滿智慧和極其高尚的事情，從而開始模仿，這樣一來，社會才會向著積極向上、欣欣繁榮的快車道上馳騁。在這個時代，若能對流行和風尚做到不隨波逐流、不卑躬屈膝，這本身就是一個貢獻。因此，為了打破輿論的偏見，人們就需要有偏執的勇氣。如果一個民族擁有了偏執的勇氣，個人的品格堅強了，那麼這個社會就進步了；反之，這個社會就會落伍，就會被時代的潮流淹沒。威脅民族生死存亡的關鍵原因，是因為在一個民族裡極少有人勇於偏執。因此，一個民族，她所孕育的天才數量愈多、精神的魄力愈大、道德的勇氣愈強，那麼，這個民族的偏執程度就會愈來愈深，這個民族也將越來越優秀。」

　　現在，那些想要從他人手中賺得選票、贏得支援的人，不僅需要得到有著崇高品德、極富教養、能約束自我的人的支援，而且還需要尋求那些品格

低下、缺乏教養、自由散漫的人的支持。即使是那些顯貴、富裕、極富教養的人，要想得到大多數選票的支持，也必須去迎合那些愚昧無知的人，唯有這樣，才能博得他們的好感，才能拿到他們手中的選票。正如搏擊洶湧澎湃的激流需要力量和勇氣那樣，現在的人們已經不願意逆流競爭，而是願意卑躬屈膝、阿諛奉承，選擇做一條能隨波逐流的「死魚」。與那些勇敢、堅定和高尚的人相比，人們更容易彎腰、屈膝，也更容易從屬於偏見，而不是費力不討好地去抵制偏見。因此，他們寧願厚顏無恥，寧願拋棄正義，也不願不受人們歡迎。

倘若一個民族的人們將偽善視為一種司空見慣的事，或者將偽善當作一種安身立命的本能，那麼，這個民族的素養就會下滑，就會走向衰落。然而，近些年來，那些奴性十足的迎合大眾的勢頭，卻在迅速地滋生蔓延。這種趨勢，將使得人們的良心變得越來越具有伸縮性，同時也在很大的程度上說明公務員的品格也受到了不良的感染。現在的人們經常出現這種情況，就是自己私底下持一種態度，而在公共場合時又持另外一種截然相反的態度。這樣的人雖然能在公共場合下迎合大眾，但是在私底下會受到人們的蔑視和鄙視。在黨派之間為了利益鬥爭時，不可避免地要出現虛偽地轉變立場，來換取自身的官位或者贏得他人的支持，但是，現在這種虛偽卻波及人們生活的各個角落，成了一種「時尚」，人們不再因戴著「虛偽」的帽子而感到臉紅，反倒會感到沾沾自喜和自鳴得意。如果社會上的人都變得虛偽和狡猾，那麼，這個社會將會到處充滿仇恨和爾虞我詐。

同樣，道德上的懦弱，也由社會上層擴展到了社會下層的人民群眾當中。正所謂「上梁不正下梁歪」。倘若社會上層偽善、隨波逐流和趨炎附勢，那麼，這樣的風氣也必然會導致社會下層也跟著偽善、隨波逐流和趨炎附勢。這樣的惡性循環，對一個國家而言是百害而無一利的。但是，那些高高在上的社會上層人物，尚且沒有勇氣說出他們自己的意見，又怎麼能寄希望於社會下層群眾勇敢地說出他們自己的意見呢？然而，社會下層群眾僅僅只會跟隨社會上層所建立的榜樣來模仿，因此，如果遇到這樣不良的行為習慣

後，他們也只會推諉、搪塞和閃爍其詞，於是，他們便會模仿那些社會上層人物那樣，說一套做一套，從而安然地享受他們的「自由」。

那麼，一個人在到處充滿趨炎附勢的社會裡所獲得的名望，絕對不能使得有良知的人去擁護或者支持他，相反，這些有良知的人會誓死反對和孤立他。有句俄羅斯格言不得不讓我們警醒：「若是處在一個隨波逐流的社會，即便是那些脊梁筆直的人，也不可能真正從榮譽中站立起來。」這句格言啟示我們，若是處在名利社會，那些追名逐利的人，他們的脊梁也都是由軟骨構成的，也就根本不可能筆直地挺起他們道德的脊梁。然而，這些人雖然不能筆直地挺起脊梁，但是為了獲得人們歡迎的掌聲，他們卻能在任何方向彎腰屈膝，而不感到絲毫的困難。

如果一個人所獲得的名望，僅僅是靠阿諛奉承人民群眾，向人民群眾隱瞞事實真相，說和寫一些低級趣味的東西蠱惑人民群眾，甚至散布階級仇恨以求滿足自己的私欲，那麼，這個人所獲得的名望在一切誠實、正直的人眼中，只不過是一堆厚顏無恥、卑鄙齷齪的代名詞。英國著名的哲學家、法學家、經濟學家傑勒米・邊沁就曾這樣評價一個著名的公眾人物：「他的政治綱領，不是緣於他對大多數人的愛，而是緣於他對少數人的恨。不但如此，他的政治綱領還受到了其自身自私自利和偏激的反社會情感的影響。」在我們生活的這個時代，又有多少人不與邊沁所評價的這個人沾點邊呢？

西元 1845 年，亞瑟・荷爾普斯在其出版的一部思想著作中，提出了一些中肯的意見，這些意見即使在今天也頗具典型性。荷爾普斯說：「讓我們感到不幸的是，現在鼓吹階級仇視的這種不良風氣卻如此甚囂塵上。更為可悲的是，文學也助紂為虐地鼓吹階級仇視，成為不良風氣的幫凶。記得有位偉人概括法國小說的本質為『絕望的文學』，而我所反對的那些作品也可以稱之為『妒忌的文學』。有些作者甚至大發厥詞，他們居然厚顏無恥地說自己喜歡給懦弱的人群施加影響。其實，這樣的作者並沒有找到真正觀察問題的正確方法，只要他們能回想起文學是要引導這個社會的人們共同進步，他們就能明白自己的舉動具有偏狹性，從而放棄自己一貫堅持的偏狹的舉動。然而如

今，文學也被誘惑沖昏了頭腦，也變得勢利眼了。如果這些作者真正關心懦弱的人群，他們便會關心這類人群的吃穿住行，而且還會勸導他們放棄不合理的奢望，引導他們不要變得忘恩負義或貪得無厭。那麼，身為作者，我們如何才能使得懦弱的人群變得堅強呢？首先，我們一定要注意培養他們自力更生的信念；其次，我們還要設法讓他們意識到，要想改善自己的生活條件，必須要靠自己的勤勞和努力。因為任何幸福都要透過工作才能換得，若是我們幻想著他們不透過自己的努力工作，就能改善他們的生活條件，那我們的道德情感就出軌了。最後，我們要勇於放棄那些不能讓懦弱的人變得堅強，卻能讓我們自己暫時獲得利益的作品。這一方法，也是我們作者能最大限度地將自己的聰明才智奉獻給人類的最佳途徑，若是踐行了這一行之有效的方法，我們就敢直言不諱地將事實真相坦然地說給社會上層和下層的人們聽，也只有這樣，我們才能成為一個真正富有良知的作者。」

即使有些實話不為人們所歡迎，但是，那些品格優秀的人也能奮不顧身地勇敢地說出實話。在《哈金森上校回憶錄》一書中，記載了哈金森上校的妻子關於自己丈夫的評價：「他絕不沽名釣譽，絕不刻意追求大眾的掌聲，也從來沒有因大眾的掌聲而感到沾沾自喜。在他的一生中，與做好一件事情受到表揚相比，他更關心做好事情本身的意義。因此，他絕不會為了獲得世俗的稱讚或表揚，而做出一些違背自己良心的事；他也絕對不會克制自己去做那些應該做的好事，甚至那些任何人都不喜歡去做的有益的事，他也會奮不顧身地完成。他為什麼嚴格地要求自己？因為他總是按照事物本身的是非曲直來對待一切事物，而絕不是懷著世俗的眼光籠統地估計或推測事物本身。」

西元 1867 年，在伍斯特舉行的一次大眾集會上，約翰‧帕金頓先生以擔任了二十四年地方法庭主審法官的身分出席了集會，並演講道：「我在公共生活中所取得的一切成就，得益於我將誠實的想法、堅定的目標、穩健的行為與適度的能力有機地結合了起來。經常有一些想要在公共生活中有所建樹的年輕人，向我尋求取得成功的經驗，於是，我將自己多年來總結的經驗簡短地羅列成三條，借這個大眾集會的機會說出來，與大家一起分享。其實，我

所堅持的這些原則說起來極其簡明，任何人都能理解，而且這些原則也相當容易堅持，並具有可操作性。那麼，究竟是哪三條原則呢？其一，如果人們斷定你能為自己的鄰居或國家有所貢獻的話，你一定要鞠躬盡瘁、死而後已；其二，一旦你同意承擔公共義務，就要兢兢業業、竭盡所能地履行好你的義務，至於你的義務和你的地位，留待其他人去評判；其三，在決定你所負責的公共事務時，一定要在深思熟慮、確信其正確的基礎上做出你的決定，而不能以時髦或流行為根據來決定你的決策。」

帕金頓先生的一番告誡年輕人的話，相當中肯和公正，且極具價值、發人深省。正如帕金頓先生所說，只要我們盡了最大的努力專注於本職工作，便能問心無愧，那麼，那些人們所給予的名望，也會紛紛踏進我們的家門。

當理察・洛弗爾・埃奇沃思（Richard Lovell Edgeworth）在風燭殘年、行將就木時，受到了左鄰右舍的歡迎，然而他卻並不因此而樂觀。有一天，他對女兒瑪利亞・埃奇沃思（Maria Edgeworth）說：「瑪利亞，我越來越受到人們歡迎，但我也越來越感到害怕和不自在，恐怕我將什麼也不值了。我想，那些很受歡迎的人，肯定什麼也不值。」

人們要想養成獨立自主、自力更生的品格，就必須要有堅定的理智。一個人若不想成為別人的影子或者傳聲筒，就必須要有獨立自主的勇氣，從而獨立自主地行動和思考，獨立自主地說出自己的感受和意見，這樣才能形成自己的信念和處事方法。我們一定要知曉，如果一個人沒有形成自己的意見和觀點，他必定是一個懶漢；如果一個人不敢形成自己的意見和觀點，他必定是一個懦夫；如果一個人不能形成自己的意見和觀點，他必定是一個笨蛋。

在我們身邊有許多頭腦聰明的人，往往就缺少堅定的勇氣，因而也就辜負了親友們對他們的殷切期望。其實，他們也偶爾為了理想付諸行動，但是每前進一步，他們的勇氣就要消弭幾分。他們失敗的真正原因，就在於缺乏必要的果斷、勇氣和毅力。當風險來臨時常常斤斤計較、權衡再三，從而失去了寶貴的成功機會。

比姆曾說：「人們就應該勇於說實話。我寧願說實話而被處死，也不願因

為自己的沉默而湮滅真理。」只要我們對一件事深思熟慮後，形成了自己公正和誠實的觀點，就要透過正當的手段將其付諸行動。在應該說出事實真相的時候，在應該對一些事情提出反對意見的時候，如果我們仍舊隨波逐流，不敢發出異樣的聲音，就不僅意味著我們自己怯弱，而且意味著我們正在走向罪惡的深淵。因此，在某些情形下，哭泣根本不能化解深重的罪惡，唯有堅強地戰鬥才能消滅罪惡。

誠實正直的人，天生厭惡陰謀詭計；表裡如一的人，天生厭惡欺騙和謊言；熱愛正義的人，生性厭惡壓迫和剝削；心地純潔的人，生性厭惡邪惡和墮落。擁有這些品格的人，他們代表了各個時代的道德力量，他們必定會與不良的道德作鬥爭，也必定會想方設法地克服這些陋習和罪惡。這些人是社會的中流砥柱，因為他們身上具有仁慈博愛的美德、歷久彌堅的勇氣，注定了他們將成為社會革新和社會進步的重要推動者。如果不是他們堅持不懈地與各種邪惡作鬥爭，那麼，這個世界在很大程度上就會到處彌漫著自私和邪惡。一切偉大的改革家和殉道者都堅定地反對謬誤和惡行，他們總是敵視那些反社會分子、懶散自私和迷信惑亂的人。在我們生活的這個時代，諸如克拉克森、格蘭維爾·夏普、馬修神父和理查德·科布登等，他們為了專一的目標和理想獻出了寶貴的生命，同時用他們堅持真理時視死如歸的勇氣，對社會產生了積極的影響。

唯有勇敢和堅強的人，才能領導和主宰這個世界，也唯有擁有這樣品格的人，才能得到人們的尊敬和愛戴，才能讓人們信服。那些膽怯、懦弱的人，生前不受人歡迎，死後也不會留下任何痕跡；而那些正直和勇敢的人，生前用堅強的信念鼓舞人，死後也能光輝萬丈。人們將永遠懷念和感激那些正直和勇敢的人，將他們的英雄事蹟永遠銘記在心裡，將他們的精神和思想化成前進的動力。

任何事物沒有量的累積，就不可能有質的變化，這是自然發展規律。同樣，對於意志力而言，堅強引起了其質的變化，而旺盛的精力卻是其量的累積。因此，一個人要想養成堅強的意志力，必須有足夠旺盛的精力。也正是

因為人們具備了旺盛的精力，才產生了各個時代的物質文明和精神文明。此外，旺盛的精力是一切性格力量的主要源泉，是一切偉大行動的不竭動力。為了正義的事業，那些意志堅定的人，往往能堅如磐石般堅持自己的勇氣。

人們往往因為具有了戰勝艱難險阻的勇氣，而最終戰勝了一切艱難險阻。當凱撒遠洋航行時突遇風暴，霎時間狂風怒吼、巨浪滔天，船上的全體船員驚慌不知所措。在此危機關頭，凱撒站出來說：「你們到底害怕什麼？你們別忘了，這個船上有我凱撒在！」凱撒的勇氣極富感染力，深深地感染了全體船員，於是，那些懦弱驚慌的人慢慢安頓下來，不再大喊大叫。後來，凱撒用自己堅強的意志號召全體船員與他一同守住陣地，並井然有序地安排了各個船員的工作，最終戰勝了風暴。

擁有頑強毅力的人，絕不會在艱難險阻面前畏縮、退卻。第歐根尼非常仰慕大儒學派的代表人物忒修斯（Theseus），於是，特別渴望能成為忒修斯的信徒。然而，當第歐根尼前去拜會這位仰慕者時，忒修斯卻拒絕將其收為門下。第歐根尼卻不願放棄，便接二連三地去拜訪忒修斯，並讓其收自己為徒，卻遭到了忒修斯的警告和威脅。忒修斯甚至拿起棍棒警告第歐根尼說：「你若再執意下去，小心我用棍棒伺候你！」然而，第歐根尼堅持道：「您打吧！但是，無論您的棍棒多麼堅硬，也動搖不了我追隨您的決心，同樣也不能使我放棄了這一決定的想法。」忒修斯被眼前這位年輕人的執著精神所感動，便欣然將其收為門徒。

與光有才智而沒有精力相比，適度的精力往往會使得人們變得堅強，也能使得人們百尺竿頭更進一步。適度的精力能讓人們充滿活力、力量和動力，同時，它也是一切品格的不竭動力。同樣，如果一個人的精力能與智慧、自制有效地結合起來，那麼，這個人在做任何事情時無疑會充滿鬥志。因此，那些能力一般的人，因為具有了非凡的精力，往往也能取得輝煌的業績。為什麼有些人能成為對世界有積極影響的人？為什麼有些人能被人們稱為天才人物？為什麼有些人能信仰堅定、孜孜不倦地辛勤工作？就是因為他們身上擁有不可遏止的精力和戰無不勝的堅強品格。這些人，諸如穆罕默

德、路德、諾克斯、喀爾文、洛雅納、威斯利等，都是具備了這些優秀品格的人。

　　勇氣若能與精力和毅力結合，就會使得一個人變得剛毅和堅強，從而在困難面前絕不畏懼和退縮。丁達爾在評價法拉第時說：「法拉第在激動、興奮的時刻，形成了自己的決心；在沉著、冷靜的時刻，則更堅定了決心。」一個人若是一味地依賴於別人的幫助，他就永遠也不會鼓起勇氣去堅持自己的原則。若是人們能將不屈不撓的頑強毅力完全用在刀刃上的話，即使那些極其卑微的人，也能獲得豐厚的報酬。米開朗基羅（Michelangelo）就曾說過：「我終於明白，世界上那些所謂的諾言，絕大部分都是一些虛無縹緲的東西；我也終於明白，一個人只有相信自我，從而力爭做一個有價值的人，才是安身立命的最佳途徑。」

　　或許有人會認為勇氣和柔和會水火不容，但是恰恰相反，那些纖柔卻極其勇敢的女人，就用她們非凡的勇氣做出了很多光輝的事蹟；而那些有所成就的男人，他們身上的柔和也絕不比這些女人要遜色。對一些蠢笨的人，查理斯‧納皮爾（Charles Napier）先生絕不願傷害他們，也絕不戲謔和嘲弄他們。他的兄弟、著有《半島戰爭》的歷史學家威廉先生，也同樣具有柔和的性格特徵。此外，納皮爾先生還認為詹姆斯‧歐南（James Outram）也具備這樣的品格，他說：「歐南是『印度的貝爾德』，是最勇敢卻也是最柔和的人之一。他尊重婦女、善待老幼、幫助弱者、抵制邪惡，對人誠實、正直、尊敬，永遠懷有滿腔熱情，也永遠擁有一顆赤子之心。我可以毫不誇張地說，他是高尚的真正典範，也是真正的征服者、改革者和開拓者，他的任何行動都是最偉大、最勇敢的行動。然而，他的最主要目標，就是要剷除一切邪惡，為周遭的人帶來幸福，為他的國家鞠躬盡瘁、死而後已。」

　　有一則關於威廉先生的逸聞趣事，我們在這裡一同分享。一天，威廉先生在福來希福德附近做長途步行，他在四處觀望時，看見一個五歲的小女孩正在路邊嚶嚶哭泣。於是，威廉先生便詢問原因，原來小女孩在給田間工作的父親送完晚餐後回來時，不慎將碗掉在了地上摔得粉碎，小女孩害怕回家

遭到父親的打罵，就在路邊暗自傷心。小女孩說完後，用她那一張天真無邪的臉打量了威廉先生和善的臉，便產生了希望，於是，她對威廉先生說：「先生，您能幫我補碗，對吧？」

威廉先生自然不會補碗，於是他想到，何不花六便士為小女孩買一隻碗，幫她度過難關呢？於是，威廉先生翻了翻自己的口袋，可他卻連一分錢也沒找到。怎麼辦呢？如果不幫助小女孩，她回去肯定要挨罵，自己也不希望這位純潔的小女孩受到一點傷害。

後來，威廉先生對小女孩說：「這樣吧！我明天還會在這個時候來到這裡，並給你六便士，你就可以買一個新碗了。因此，你回家後，就告訴你的父親，說你碰見了一位紳士，這位紳士明天將買一個新碗送給你。好不？」小女孩連連點頭，笑著蹦著回家了。

威廉先生回家後，在桌上看到一張請束，邀請他明晚在巴斯赴宴。這是個很重要的宴會，威廉先生將有幸見到他非常渴望見到的人。但是，威廉先生卻猶豫了片刻，他發現自己要是如約與小女孩見面的話，就不能趕回來參加在巴斯舉行的晚宴，於是，他立即讓助理取消了晚宴的邀請。助理十分不解，疑惑地問道：「先生，您不是一直想去拜謁您心目中的聖人嗎？這是千載難逢的機會呀！您可是等待了很久才等到這個機會的呀！」威廉先生笑了笑說：「小女孩信任我，我不能讓她失望。況且，如果聖人知道我為了與他見上一面，而對一個小女孩棄之不顧，他也會不高興的。」助理羞紅了臉，沉默不語。

愛德華王子有句座右銘：「要想贏得他人的尊重，就要有崇高的精神和虔誠待人的品格。」這一被愛德華王子奉行為信條的座右銘，充分體現了他傑出的品格以及對他人深遠的影響。比如，在愛德華王子贏得了波伊克爾戰爭勝利後，他卻在晚宴上盛情招待被他俘虜的法國國王和王子，並親自在餐桌旁服侍他們。正是愛德華王子的騎士風度和勇敢品格，以及在宴會上的謙恭舉止，使得他化敵為友，成功俘獲了法國國王和王子的心。愛德華王子這一待敵為友的勇氣，與他在戰場上勇敢地俘獲敵人一樣，贏得了世人的敬重和

欽佩。所以，愛德華王子儘管年紀輕輕，但他卻靠自己的勇氣成了時代的楷模，成了勇敢騎士的崇高典範。

　　真正勇敢的人，也往往是最為寬宏大量的人。在納斯比戰役中，費爾法克斯所在的部隊取得了勝利，當他從一個投降的海軍少尉手中繳獲了敵人的軍旗後，便交給了身旁的一個普通士兵保管。這位普通士兵拿到了敵人的軍旗後，就在戰友們面前自我吹噓。後來，這件事傳到了費爾法克斯耳中，他卻並不因此而感到惱火，反而十分輕描淡寫地說：「讓他得到這份榮譽吧！我已經有足夠的榮譽了。」

　　在榮譽面前，道格拉斯與費爾法克斯一樣平靜。在班洛戈本戰役中，藍道爾爵士所率領的軍隊數量遠遠少於敵軍，身為戰友的道格拉斯當即親自帶兵支援藍道爾爵士。道格拉斯所率領的救兵日夜兼程，就快趕到藍道爾爵士所在的前線，這時先頭部隊來報：「藍道爾爵士已經戰勝了敵人，我們是否還要前進？」道格拉斯斬釘截鐵地說：「我們來得太遲了，已經幫不上他們的忙了。他們經過了一番艱苦卓絕的鬥爭，而贏來了得之不易的勝利，我們絕對不能前去分享他們勝利的果實！因此，傳我將令，所有軍士立即停止前進！」

　　許多事情的成功，都取決於行之有效的方法。如果我們能慷慨無私地做一件事情，那麼，世人就認為我們的行為友善可信；如果我們牢騷滿腹地做一件事情，那麼，世人就認為我們吝嗇和小氣，甚至說出一些刺耳譏諷的話。詩人班·強生（Ben Jonson）在貧病交加時，吝嗇的國王派人送來微不足道的祝福以及一筆碎銀子。但是，堅強而直率的強生卻拒絕了國王的禮物，他便對來人說：「因為我住在偏僻狹窄的胡同裡，他才吝嗇地送給我這些東西。你回去告訴他，他的靈魂生活在胡同小巷裡。」

　　持久的勇氣對於品格的形成極為重要，它不僅是生活的力量之源，而且是生活的幸福之源。相反，那些擁有膽怯和懦弱性格的人，就是這個世界上極其不幸的人。聰明的人教育子女的主要目標之一，便是訓練他們養成勇敢

的習慣。因為勇敢的習慣與細心的習慣、勤奮的習慣、快樂的習慣一樣，只有透過人們後天的訓練才能培養形成。

正因為有些人缺少了勇氣的力量，因此他們便滋生恐懼、膽怯，甚至腦海深處總有妖魔鬼怪作祟，然而在現實生活中那些可怕的事情卻並不時時環繞著他們。許多本來可以鼓起勇氣與困難作鬥爭，並能戰勝實際困難的人，便因為常常產生各種自我欺騙的假想，而一蹶不振或驚恐萬分。因此，除非我們自己能嚴格控制這種惡習，否則，那些因我們自己想像所「創造」出來的負擔，就必須由我們自己「埋單」。

不管是在課堂裡還是在課堂外，女子們必須要接受勇氣這門課的教育。在一個成熟女人所獲得的教育中，勇氣教育比音樂、美術、母語或外語以及其他一切技能的教育更為重要。理查·斯爾曾說：「我認為應該教育女子學會堅強和勇敢，以便使得她們更有益於社會，更有益於自力更生，也更有益於她們能真正地幸福和快樂。」

不管是對個人的身心發展，還是對周圍人的引導，我們都要在心理上拒絕膽怯和恐懼。因為一切軟弱，無論是精神上的軟弱，還是肉體上的軟弱，都是邪惡的化身，都會使得自己的心理出現畸形，也勢必會阻礙自己興趣的發展。有時，那些極其文雅和溫和也是一種勇氣，勇氣往往使得一個人顯得優雅和崇高。然而，任何形式的恐懼都會使人們變得平庸、卑鄙，甚至可憎。格羅特夫人在其所寫的《阿里·謝弗傳》一書中，曾記載了一則關於藝術家阿里·謝弗（Ary Scheffer）的一段至為經典的言論。有一次，謝弗特意在信中囑咐女兒說：「親愛的女兒，你一定要努力做一個有良好勇氣的人，也一定要努力做一個古道熱腸的人。你要知道，只有這樣才能成為一個真正優秀的人。有時，在我們的成長過程中，會遇到很多荊棘，但是我們都應該正確對待，以舉止端莊、勇氣十足的方式去挑戰那些困難。不管未來的我們是幸福還是被困難罩住，我們絕對不能捨棄自己的勇氣，否則，不但對我們自己的成長不利，而且就是對我們身邊的親人也會帶來災難性的影響。因此，我要告訴你，只有堅持不懈地奮鬥才能幸福，而且也要勇敢地與命運作鬥爭。

幸福既不是掌握在上帝手裡，也不是掌握在別人手裡，而是握在你自己的手中。」

無論男人和女人，在疾病纏身和突遭不幸時，唯有積極應對、堅持勇敢的品格，才能真正挽救一個人。無數經驗證明，當痛苦和不幸降臨之際，女子也能像男子一樣表現出非凡的勇氣。但是，在現實生活中，女子們會經常遭遇一些很細微的痛苦，以及一些瑣屑的煩惱，甚至碰到一些細微的恐怖事件。雖然她們有時能堅強、剛毅地挺過去，但是時間久了，便會使得她們產生不健康的情感狀態，更為甚者還會奪走她們的生命。於是，針對這種情感狀態的矯正方法，便是讓女子們獲得健康的道德和心理訓練。如同精神力量對男子品格的發展必不可少一樣，在女子品格的發展過程中，精神力量的作用也萬萬不可缺少。因為精神力量能使得女子在情勢危急時，像男子一樣大刀闊斧地行動，以便她們能捍衛美德、捍衛信仰、扭轉乾坤。人們常說「紅顏易老，青春易逝」，但隨著年代愈來愈久遠，這種因勇氣而折射出來的心靈之美和品格之美卻歷久彌香。

班・強生在自己的詩句中，就曾生動形象地刻畫了一個高貴女子的形象 —— 我心中的她應該禮貌、柔順、溫和，絕無自高自大之惡習；我心中的她喜愛善德、古道熱腸並能遵守美德；我心中的她應該博學、勇敢和富於魅力；我心中的她應該會紡紗織布以及針線活，並能主宰自己的命運，主宰自己的全部自由時間。

女子在忍耐上所表現出來的勇氣，有時並不遜色於男子。魯德・馮・德・沃特女士的勇氣，在歷史上曾書寫了極為輝煌的一頁。在她的丈夫被指控謀殺亞伯特皇帝而被處以車裂時，她卻深信自己的丈夫是清白無辜的。於是，她便不顧皇帝的憤怒，不顧嚴寒的天氣，整整兩天兩夜忠誠地守候在丈夫身邊。不畏權貴、不懼身死，她的這一堅持，只因一個動力，那就是希冀能幫助丈夫減輕臨死前的痛苦。後來，這位高尚的女人將難得的勇氣透過書信告知給她的一位女性朋友。很快，這封題為《格特魯德・馮・德・沃特：忠

誠到死》的書信，便在哈勒姆出版，引起了社會上的強烈反響，赫門茲夫人更是在其《婦女檔案》中寫了一首充滿同情和讚美的詩，以紀念這悲傷的故事。

不但如此，女子不僅以因愛而生的柔和勇氣著稱，有時她們也會表現得異常英勇。當一群企圖置詹姆斯二世（James II of England and Ireland）於死地的陰謀者衝進他在珀斯的住所時，他便緊急徵召睡在臥室之外的夫人們，要求她們盡可能地守住房門，以便他有時間得以避禍。於是，這群將生死置之度外的夫人們便爽快地答應了下來，而且決心誓死守住房門。當陰謀者衝進夫人們的房間時，發現柵欄已經移走，便開始嘲笑這些貪生怕死的夫人。但是，當陰謀者逼近房門時，勇敢的卡瑟琳‧道格拉斯便以其非凡的勇敢，死命地用手臂而不是用柵欄抵擋住大門，直到這些陰謀者亂刀砍掉她的手臂為止。後來，由於反叛軍人數眾多，這些夫人實在抵擋不住一次次瘋狂的進攻，房門也被反叛軍衝開了。反叛軍衝進房間後，卻找不到詹姆斯二世，便將憤怒全部發洩在這些夫人身上，他們撥出利劍和匕首肆意凌辱這些手無寸鐵的夫人，然而，這些夫人卻沒有一刻停止過反抗。

英雄般的勇敢氣概並不完全屬於男人們，它還屬於寇里奇海軍元帥的後代、名叫夏洛特‧德‧特里莫莉的女人，她曾用自己的勇氣捍衛了萊瑟姆家族。當時，議會與王室發生衝突，議會的軍隊包圍了萊瑟姆家族所在的庭院，並逼迫特裡莫莉投降，然而她卻答覆說：「我受到丈夫的委託，誓死捍衛我們的家族。因此，除非有我丈夫的親筆書函，否則，我寧死絕不投降。」不但如此，她還動員全族老少說：「我相信上帝永遠會站在正義這一邊，並且也會保護堅持正義的人。」後來，在特裡莫莉安排防禦期間，她的家曾遭到了議會軍隊猛烈的進攻，但她還是咬牙守住了陣地，於是，族中年長者這樣評價她：「她勇於與邪惡作鬥爭，在她的領導下，整個家族的人心聚斂了起來，都願意與她同生死、共患難。並且，在她集結反抗期間，她本來堅韌的勇氣不但沒有缺失，反而增添了剛毅的品格。」後來，這位勇敢的夫人在家中英勇抵抗，並與敵人整整對峙了一年後，王室軍隊終於在戰場上勢如破竹、旗開得勝，特裡莫莉和她的家族才因此而得到解救。

　　同樣，歷史也永遠不能磨滅約翰・佛蘭克林爵士夫人的勇氣。在尋找由英國少將、北極探險家佛蘭克林所率領的探險隊時，有的人望而卻步，有的人淺嘗輒止，有的人半途而廢，有的人無功而返，唯獨佛蘭克林夫人堅持到尋找丈夫的最後一刻，並最終成功。鑑於佛蘭克林夫人對英國探險事業所做出的傑出貢獻，英國皇家地理學會授予她「發現者獎章」。佛蘭克林夫人的朋友羅德里克・麥奇生（Roderick Murchison）說：「身為她多年的朋友，我經常覺得她有著令人欽佩的優秀品格。雖然她也曾遭遇到一次又一次的失敗，然而她卻毫不氣餒，且能懷著無人能比的專一目標和虔誠信念，將事情做到有始有終，並在度過了漫長的十二個春秋後，最終咬牙堅持了下來。正是因為她堅定地在麥金托克先生的領導下，完成了最後一次探險，才發現了兩件能載入史冊的事實：第一件，她的丈夫約翰・佛蘭克林爵士，橫越了任何航海家未曾橫越過的廣闊海洋；第二件，她的丈夫在探索一條西北通道時，不幸葬身在茫茫大海中。因此，現在皇家地理學會將這枚偉大的獎章授予給佛蘭克林夫人，確實是她理所應得的一份殊榮。」

　　在我們身邊，有誰沒有聽過著名的監獄探訪者和改革家弗賴夫人和卡彭特夫人的大名？有誰不知道移民事業的促進者奇澤姆夫人和賴伊夫人的大名呢？有誰沒聞過醫護事業的著名宣導者南丁格爾小姐和加賴特小姐的大名呢？自然，大家對她們的名字耳熟能詳，對她們為人類所做出的事業歷歷在目。因此，女子們在做一些仁慈道義方面的事情時，她們身上往往表現出那種盡職盡責的勇敢品格。雖然這些事蹟絕大部分游離於大眾視線之外，也鮮為人知，但是女子們卻甘願默默奉獻，甘於僅僅因為愛而潛心堅守。因為這些女子知道，只要自己在所從事的領域裡一分耕耘一分收穫，就對得起自己的良心，若是因此而得到了名聲，反而會成為她們的一種精神負擔。

　　這些本應該將生活的重心落在家庭生活中的女子，卻成了慈善事業的領袖，而這一事實也在很大程度上體現了她們的道德勇氣。對於女子而言，那些文靜、悠閒、不拋頭不露面的習性，似乎才符合她們的天性。正因為這樣，很少有女子願意為了更廣闊、更有意義的事業，走出家庭生活圈之外。

但是，一旦這些女子認定了她們的選擇，她們便義無反顧，克服一切困難，甚至比有些男子做得還要成功和輝煌。無論男子還是女子，幫助左鄰右舍的方法不計其數，然而真正的幫助還是要靠古道熱腸的心和甘於奉獻的援助之手。儘管這樣，在我們生活中，很少聽到某個成功的慈善事業者當初從事慈善事業時，經過了權衡或選擇。因為在她們心中，慈善不僅是她們的義務，而且還是她們最先要盡的義務，她們行慈善之事，並不渴求聲名，也不渴求報酬，僅僅是出於她們的良心。

在眾多慈善事業的成功者當中，薩拉·馬丁不如弗賴夫人著名，但是她被引導從事這一事業的過程，更加充分地說明了女子的忠誠和誠摯的勇氣。

薩拉·馬丁出生在一戶貧苦人家，出生後不久，她的父母便離世了，她便由其祖母撫養成人。成年後，為了自謀生路，她不得不以每天一先令的報酬，在雅茅斯附近的卡斯特幫忙替人家做衣服。她幾乎每天都要經過一座監獄，然而每次路過監獄的圍牆時，她就特別渴望能獲得監獄當局的許可，以便能探訪獄中的犯人，給他們讀《聖經》，藉以感化他們，使得他們能浪子回頭重新做人。日子一天天地過去，她想探訪監獄、感化犯人的理想始終沒有放棄。終於到了西元 1819 年的一天，有一位婦女因毒打和虐待自己的孩子而受到審判，並被關在雅茅斯監獄，她的罪行成了全鎮公民茶餘飯後的談資。這件事情的審判報導，觸動了女裁縫馬丁的道義靈魂，於是，她便產生了去探訪獄中的女犯人並試圖感化她的願望。

每每經過監獄的圍牆，馬丁都會陷入沉思的痛苦中，她抑制不了去探訪這位母親的衝動。於是，她鼓起勇氣叩響了監獄的大門，並向看守人員提出了自己的請求。然而，她的請求卻遭到了監獄當局的拒絕，但是她卻沒有放棄，反而更加執著地堅持。一次請求不成功，她便回到家，想出更為可行的請求方式，終於，她的誠心幫助她踏進了監獄的門檻。不久，馬丁便與這位朝思暮想的罪犯母親見了面，當馬丁說出探訪的動機後，不想這位罪犯母親卻熱淚盈眶、連聲道謝。後來，馬丁與這位罪犯母親結成了深厚的友誼。

從此，可憐的女裁縫馬丁一邊做針線活維持生計，一邊抽出時間探訪獄

中的犯人們，向她們宣讀《聖經》，以減輕他們的痛苦。因為小鎮上沒有牧師和女教師，馬丁便成了犯人們的牧師和女教師，她總是不厭其煩地向他們宣讀《聖經》中的詞句，並一遍遍地教授他們如何書寫。有時為了完成一項目標，她不得不拿出全部的閒暇時間，以便讓犯人們沐浴德化，從而使得他們從自我罪惡的深淵中救贖自己。不但如此，她還教女犯們編織、縫紉和裁剪；教男犯們編織草帽、男士便帽、灰棉襯衫。她幾乎每天都在引導犯人們工作，並向他們講授知識，以便使得他們不至於無所事事。當犯人們的產品出來後，她就拿到集市上換材料，以供他們接著做下一份有意義的工作。有時買完材料還會多出一些錢，她便將這些錢存起來，形成了一筆基金，待犯人們出獄後，她便運用這筆基金幫助他們安排工作，幫助他們開始重新生活。

但是，由於馬丁太專注於獄中的工作，她的裁縫業務便下降了。如果恢復裁縫業務，她便能維持更好的生計，但也因此要放棄獄中的工作。周圍的人對馬丁的行為感到大惑不解，然而她卻說：「我在做出決定之前，已經權衡了利害得失。誠然，倘若我一味地給獄中的犯人傳播真知，那麼我勢必會陷入暫時的貧困中。但是，個人的貧困與大眾的苦難比，卻顯得異常渺小。我願意遵從上帝的旨意，幫助那些比我更痛苦的人擺脫苦海。」於是，她仍然每天花上六七個小時做獄中犯人的思想工作，在她的堅持不懈下，那些原本無所事事、遊手好閒的犯人，轉而心情愉悅地從事自己力所能及的工作。有時，那些獄中的新犯會桀驁不馴，對她的教化置若罔聞。每每遇到這種情況，她便以春風化雨般的柔聲細語征服他們，贏得他們的尊敬和合作。他們當中有許多人，因為得到了馬丁的幫助，有生以來第一次學會拿筆寫字，第一次坐在書桌前識字讀書，馬丁也因此而得到了犯人們的信任。馬丁經常為犯人們祈禱、禱告，幫助他們堅定自新的決心，幫助他們從絕望中振奮精神，並努力引導他們走上正確的悔過自新之路。在她的教化下，那些多年來屢教不改的慣犯、衣冠楚楚的倫敦扒手、失足的少年、遊手好閒的水手、荒淫放蕩的女子、走私者、偷獵者以及其他關在海港或鄉村小鎮監獄中的各種

各樣的罪犯，都受到了馬丁誠摯善良和仁慈勇敢的品格的感化，以她為師、以她為友，並且心甘情願地服從她的監督。

這位擁有古道熱腸、誠摯善良、敢作敢為的高貴品格的偉大女性，耗其一生撲在慈善事業上，足足經歷了默默無聞的二十個春秋。在這二十年當中，她很少得到鼓勵，也很少得到支援，支撐她堅持下去的不過是一年十鎊或十二鎊制衣收入，然而她卻歷經苦難渾然不怕，久經生活折磨卻屹立不倒，硬是憑著自己的勇氣，竭力維持了自己所堅持的崇高的慈善事業。

按照法律規定，雅茅斯監獄應該配備一名教師和牧師，然而正是馬丁心甘情願、自覺自願地工作，為這所監獄節省了配備教師和牧師的花銷。後來，在馬丁從事監獄探訪工作的最後兩年，監獄當局派人通知馬丁，他們將支付給馬丁十二英鎊的年薪。但是，馬丁得到消息後，卻異常憤怒，她覺得監獄當局的這種粗俗行為傷害了她無私奉獻的感情。馬丁不願意將自己的服務、仁愛之舉用作交易，於是堅持回絕了正式成為雅茅斯監獄的管理人員。監獄當局便找來馬丁，粗暴地警告她：「如果你想繼續探訪監獄，你就必須接受我們的條件，否則，我們將禁止你繼續探訪監獄！」無奈之下，馬丁只得接受了監獄當局提供的十二英鎊的年薪。

然而，當時的馬丁已經年老體弱，加上一些不利於健康的監獄環境，使得她力不從心，身子一天天垮了下去。就在馬丁行將就木期間，她開始用閒暇的時間創作詩作。在當時，雖然她的詩作稱不上上乘之作，但她卻在詩中注入了真摯的情感和虔誠的愛，因此很難有任何別的詩作比她的詩作更加富含真情。正如馬丁自己所說的那樣：「強烈渴望其他人都能得到上帝的關愛。」因此，在她壯麗的人生詩篇中，總是到處充滿了真正的勇氣、頑強的毅力以及慈愛和智慧。馬丁的一生，其本身就是一首極為完美的詩篇，她的生活和她對人們的教化，遠比她自己寫的具體的詩篇還要恢宏和精彩。

第六章
自律自制是一切美德的基石

　　一個人一旦養成了自我克制的良好習慣，就會使得生活的道路變得平坦，並能開闢許多道路，否則，不但不能開闢新的求生之路，而且自己賴以生存的道路也會被狹隘、貪婪的惡行所堵塞。與自我克制一樣，一個人不僅要養成尊重別人的習慣，而且也要養成尊重自己的習慣……

榮譽和利益，往往不能二者兼得。

—— 喬治‧赫伯特

唯有自我控制，才能獲得真正的個人自由。

—— 弗雷德里克‧佩斯

男人和女人的許多優秀品格，都體現在寬容、忍耐和克制的基礎之上。

—— 亞瑟‧荷爾普斯

自我克制能夠抵制各種痛苦；勤奮向上乃是時代的動力；嚴格的自我克制，能使人們擺脫那些可怕的陰影；寬宏大量的情感，總能使人充滿活力和心情愉悅；自我克制、真正的寬容以及堅強的決心，完全能摒除無知和愚蠢。所有這一切至善的品格，無一例外地受到人們的歡迎。

—— 沃茲沃斯

自我克制被認為是品格的精髓，其實，它只不過是勇氣的另外一種表現形式而已。莎士比亞正是基於人類品格中的這一自我克制的美德，而將人類界定為「瞻前顧後的動物」。因此，人類與純粹動物的根本區別，就是人類能自我克制。事實上，人類若是不能進行自我控制，那就永遠也不會有真正的人。

自我克制是人類一切美德的根本。倘若一個人的行動任由衝動支配的話，那麼，從那一刻起，他將失去了完整的道德自由，便會隨波逐流，成為一味地追趕時代潮流、一味地追求強烈欲望的奴隸。

人類正因為擁有了道德約束，才能抵制本能的衝動。人類之所以能抵制本能的衝動，僅僅是因為人類具有了良好的自制能力。正是人類的這種自制能力，才真正區分了物質生活和精神生活，也才構成了品格的主要基礎。

在《聖經》中，那些攻城掠地的強者並不能享有讚譽之詞，而那些能「主

宰自己靈魂」的十分堅強的人，便會有各種美譽。因為十分堅強的人，能自覺地對其思想、言論和行為加以有效地控制，從而造福於人類。不僅如此，在嚴格的自律、自尊和自制面前，那些使社會墮落、使人淪為可恥罪犯的邪惡欲望，十有八九都能得到有效的遏制。因此，一個人若能時時檢點自己的行為，時刻注意淨化自己的心靈，就會日漸成為一個聖潔的、有道德的、懂得自我節制的人。

　　一個人的品格往往由習慣決定，而且由於每個人意志力的強弱不同，習慣既能成為天使，引導人們走向成功之路，也能成為惡魔，導致人們滑向萬惡深淵。我們在生活中發現，很多良好的習慣都能經過系統的、認真的、嚴格的訓練而養成。無數生活經驗證明，即便是街上的流氓、無賴，只要給予他們嚴格的訓練，他們也可以不容置疑地成為勇敢、堅強和富於自我犧牲精神的人。還比如在戰場上，甚至在航海時非常危急的關頭，諸如「沙拉‧桑茲」號起火或「伯克哈德」號遭到嚴重損壞時，那些訓練有素的人，往往能臨危不亂，向世人展示其真正的勇敢和英雄的品格。

　　我們說習慣的訓練在一個人的品格形成過程中發揮著至關重要的作用，但也不能說道德的訓練在品格的形成過程中就無足輕重，因為沒有道德約束，也就不可能有正常的生活秩序。一般來說，正常的生活秩序往往取決於自尊意識的培育，取決於服從習慣的教育，取決於責任意識的增強。道德訓練有素的人，他們的道德品格也會越高尚，他們的自力更生和自制能力也就越出色，他們遵紀守法的意識也就越強。一個人要想成為一個真正對社會有益的人，他必須自我克制欲望，必須服從道德律令和良心，否則，他就會成為愛好的奴隸，成為情感衝動的犧牲品。

　　在《社會學研究》中，赫伯特‧史賓賽說：「富於理想的人類所孜孜以求的偉大目標之一，便是極其嚴格的自我控制。」然而，道德教育所要努力達到的目標，不單單只憑一個接一個的欲望刺激，使得人們碰壁而返，而是透過自我克制、自我平衡以及那種類似於議會合議式的自我管理，從而使得人們在付諸行動之前，仔細思想，權衡再三，從而做出最精準、恰當的抉擇。

　　道德教育的發源地，最好的地方是家庭，其次是學校，再次才是社會。在一個人所接受的道德教育中，家庭為學校的道德教育做了準備，學校也為社會的道德教育做了準備。然而，一個人現在是一個什麼樣的人，在很大程度上取決於他過去是一個什麼樣的人，或者說取決於他過去的道德教育怎麼樣。如果一個人既沒有受到良好的家庭教育，又沒有受到良好的學校教育，那麼，這個人就會面臨諸多不幸，從而給社會帶來災難。

　　一個健全的、管理有方的家庭，它對家庭成員的道德訓練總是極其完善的。我們身為家庭成員，很難明顯地感覺到自我受到了道德訓練，因為道德訓練總是無處不在，又悄無聲息地進行。然而，道德教育總是與法律力量相輔相成、並行不悖，共同致力於維繫社會秩序、安全和正義，那些管理有素的家庭往往能意識到這一點，也因此會讓家庭成員在潛移默化中接受道德教育。儘管人們的道德訓練奠定了品格的基礎，但是，道德訓練只有在形成習慣之後，才會在生活中定型。因此，在很大程度上來說，一個人接受道德訓練的黃金時期，應該被安排在成年之前。

　　西摩本尼克夫人在其回憶錄中所提到的一件事例，充分地證明了嚴格的家庭道德訓練的重要性。西摩本尼克夫人寫道：有一位女士，隨同丈夫一道參觀了英國和歐洲大陸的許多精神病院後，她發現那裡的絕大多數精神病人幾乎都是一些「長不大」的孩子，而這些孩子之所以會出現心理不健康，主要是因為在他們童年時代很少受到家庭的反對和約束。而那些在管理有素的家庭中成長的孩子，他們從小就受到了良好的自我約束訓練，因此很少成為這種「疾病」的犧牲品。

　　道德品格在很大程度上依賴於人們的性格、身體健康、家庭的早期道德訓練，以及同儕的影響，但是，道德品格也取決於單一個體的自我控制、調節和接受訓練的能力。有位優秀教師曾這樣評價習慣，他說：「習慣對幸福而言必不可少，而且可以像拉丁語和希臘語那樣可教可學。」

　　雖然詹森博士曾經歷過不幸的童年生活，而且他自己的性格也傾向於憂鬱型，他也經常因此而深感苦惱，但是他深信，一個人的性格好壞，在很大

程度上取決於他自己的意志。對於個體而言，我們可以有所選擇地訓練自己容忍和滿足的習慣，另一方面，我們也可以訓練自己抱怨和不滿的習慣。每個人都有這樣的天性，那就是喜好別人恭維自己，不喜歡別人言談自己的不是；喜好對一些不良行為誇大其詞、大肆渲染，不喜歡對一些成功或幸福的事情小題大做。即便如此，我們完全可以透過個人的自制能力，排擠和避免這些不良的習慣，但是，只要我們自我克制的能力出了軌，我們就會屈服於這些細微的痛苦之事，並且極有可能成為這些細微的痛苦事情的陪葬品。然而，一旦我們克制住了這些細微的痛苦，我們就有可能保持開朗的氣質，否則，我們就會變成病態，甚至走向萬劫不復的深淵。

與任何其他良好的習慣一樣，我們若是養成了樂觀地看待事物的習慣，以及對生活充滿希望的習慣，那麼，我們就會在這些良好習慣的引導下健康地成長。詹森博士曾對習慣做過財富估計，他說：「對任何事情盡量往最好的方面想的習慣，是一種無形的財富，它遠遠高過我們一年賺得一千鎊的金錢。」在《道義學》著作裡，傑勒米‧邊沁說：「一旦意志力能施加於思想之上，那麼，意志力就會使思想走向幸福。」意志力會迫使人們思考，迫使人們注意事情積極良好的一面，迫使人們摒棄邪惡、嚮往光明。對於個體而言，大部分時間都是在不活動中度過的。比如白天開會的時候，時間就在等待中白白地流失了；到了夜晚，興奮的人們總會不停地想那些愉快的事；在外出步行時，或在家休息時，大腦也沒有一刻停止過思考。因此，思想若是服從意志力的控制，它就會變得對人體有益；若是思想不服從意志力的控制，它就會氾濫成災。儘管如此，一個人的意志力還要控制思想的導向，也就是務必讓思想成為自己正義的、有益的摯友，這樣思想才會造福於我們自己。

細心嚴謹的人總能清醒地對邪惡保持警惕，從而養成嚴格自律和自我克制的習慣。在邪惡的時代，他們能義無反顧地行善積德，也能順從死神、承受一些非正義的打擊。等到劫難一過，他們便能勇敢地站起來，反對靈魂的邪惡，反對黑暗世界的統治者，這個時候，他們的信念往往堅如磐石，孜孜不倦地樂善好施。一旦光明和正義的時代來臨，他們便能收穫幸福。

　　商人必須嚴格服從管理制度，因為做生意也像生活一樣，需要道德力量的影響才能成功。生意人如果養成了控制情緒和嚴格自律的良好習慣，不但能有效地控制自己的欲望，而且也能使得他人心甘情願地聽從自己的支配。一個人一旦養成了自我克制的良好習慣，就會使得生活的道路變得平坦，並能開闢許多道路。否則，不但不能開闢新的求生之路，而且自己賴以生存的道路也會被狹隘、貪婪的惡行所堵塞。與自我克制一樣，一個人不僅要養成尊重別人的習慣，而且也要養成尊重自己的習慣，試想，連自己都不尊重的人，又怎能希望他們尊重別人、服務於社會？

　　生意需要道德力量的引導，同樣，政治也需要道德力量的指引。在政治上，那些春風得意的成功者，並非仰仗其特有的天賦，而是依賴於他們各自的性情；並非取決於他們的天才，而是個人性格使然。如果一個人沒有自我控制能力，他就會缺乏忍耐的精神，就會缺乏處理事情時的圓滑能力，這樣的人，不但不能管理好自己，而且也不能駕馭別人。有一次，皮特先生出席了以「首相最需要什麼素養」為主題的座談會。有人說首相最需要的素養是雄辯，有人說首相需要有學問，有人說首相首先要辛勞。然而，皮特先生卻說：「我不敢苟同諸位的意見，我認為身為一名首相，他最需要的素養是忍耐。因為忍耐就意味著自我克制，首先只有擁有了自我克制的習慣，他才不會動輒苛責別人，才不會衝冠一怒為紅顏，而會克制自己的個人喜好，才會造福於人類。」皮特先生本人也有這種極其良好的自我克制的素養，他的朋友喬治·羅斯經常對周圍的人說：「我從來沒有看到皮特發過脾氣。」不但如此，皮特先生將「緩慢」的道德即忍耐，與最敏捷的思考、最輝煌的魄力以及快速有效的行動有機地結合起來，才成就了他的輝煌人生路。

　　厄爾·斯坦霍伯在他的《雜記》中記載了波伊德先生的一封信，他寫道：多年來一直在英格蘭銀行擔任要職的克裡斯馬斯先生，早期曾在財政部擔任祕書，後來有一段時間，曾擔任過皮特先生的臨時私人祕書和私人祕書。在我所認識的人當中，克裡斯馬斯是最為彬彬有禮的人，從他擔任職務的那天起，他就連續不斷地遭人打擾，但我從未看到過他因此而動怒和發脾氣。有

一天，他本來公務纏身，還要去一家法院準備大量的帳目，但他卻如往常一樣沉著冷靜，並能泰然處之。於是，我實在忍不住，便向老先生討教祕密。他說：「嗯，波伊德先生，其實你也知道，皮特先生曾對我言傳身教了一個讓我終身受益的習慣，那就是在任何時候都不要發脾氣，尤其在上班的時候更不要發脾氣。因此，英格蘭銀行的所有員工，他們都能保證上午 9 點上班，下午 3 點下班，而且也能遵照這位傑出的政治家的建議從事，在上班的時候絕對不發脾氣。」

真正的英雄品格，只有注入了忍耐和自我控制的元素，才臻於完美。偉大的漢普登就具有這種最傑出的忍耐和自我控制的素養，他的這些高尚的品格甚至獲得了政敵的認同。克拉倫登曾是漢普登的政敵，然而他說：「漢普登是一個很少發怒和極其能克制的人，他生性樂觀開朗，而且總是溫文爾雅、彬彬有禮。因為他內心深處洋溢著對所有人的愛，因此他與別人談話時總是和聲細語，使人如沐春風。他善於言談，但絕不是一個隻會誇誇其談的人，並且因其具有無可挑剔的品格，所以他說的每一句話都特別有分量。」與克拉倫登一樣，菲利普‧沃里克爵士（Sir Philip Warwick）也與漢普登政見相左，然而沃里克也說：「我毫不誇張地說，沒有一個人的魅力能與漢普登先生相提並論。在議會中，漢普登具有非常能自我克制的品格，他總是能極好地控制自己的熱情和情感，因此，他比任何人都具有人格魅力。如果不是漢普登的幾句極具洞察力而又特別溫和的話語，平息了我們之間的非理智的爭辯，或許我們現在毫無意義的爭辯，至少會持續到第二天天明，也或許我們會死命地抓住對方的頭髮，然後彼此用利劍刺透對方的心臟。」

強硬的性情並非就是壞的品格，因為一個人的性情越強硬，就越需要他能自律和自我控制。詹森博士就曾說：「隨著一個人的年齡和閱歷的增加，他會越來越成熟，經驗也會越來越豐富，然而，他的能力品格卻取決於自己寬容性格的廣度和深度。」有時候，人們會因為犯了錯誤而一步步滑向墮落，然而，與其說是人們的錯誤使自己墮落，不如說是人們對待錯誤的態度導致自己墮落。因為，明智的人總能從痛苦中總結經驗和教訓，以便避免將來再犯

類似的錯誤。然而，對某些人而言，如果他們沒有改正錯誤的勇氣和決心，或者在認知錯誤的態度上出現偏差，那麼，他們的經歷不但不能使得他們走向成熟，反而會使得他們的心胸變得越來越狹窄、越來越自私，他們也會越來越痛苦，從而走向墮落的深淵。

　　在年輕的一代人身上，有些所謂的強硬性格，經常表現為許多不成熟的熱情，如果引導得當，他們的熱情將會傾注在一些有益的工作上。史蒂芬・吉拉德（Stephen Girard）在美國取得了輝煌的成就，他說：「我一旦聽說部門有脾氣大的職員，就會立刻提拔他，並為他單獨調撥一間辦公室，讓他獨自辦公。我為什麼要這樣做？因為我覺得這些脾氣大的員工，其實是最好的員工，只要想法避免他們與其他人爭吵，那麼，他們的熱情便會全部傾注在工作上。」然而，性情強硬的人，很有可能僅僅源自容易激動的熱情，如果他們對這種熱情不加控制，就會形同毒液一陣接一陣地強力噴發，最終傷害他們自己；如果他們能自己控制這份熱情，這難得的特質就會為他們所用，造福人類。這就好比將蒸汽控制在蒸汽機內一樣，如果不加以控制運用，它們便無所用處；倘若能用閥門和控制杆調整和控制使用，就能成為一種有益的能量資源。因此，歷史上的一些最偉大人物，往往都是一些性格堅強的人，並能將他們的動力置於嚴格的管理和自我克制之下。

　　聲名赫赫的斯特拉福德伯爵，不但是一個滿懷熱情的人，而且也是一位動輒發怒的人，為了控制自己暴躁的脾氣，他一直在努力和自己作鬥爭。斯特拉福德有一位年長的朋友叫斯克利特里・庫克，經常極其誠懇地給斯特拉福德提建議，並指出他的不足之處，並提醒他不要沉溺在脾氣暴躁之中而不能自拔。為此，斯特拉福德深有體會地對庫克說：「您給我上了一堂非常好的忍耐課，誠然，像我這樣的年紀和天性，太容易發怒了。但是我相信，隨著人生閱歷的增加，我將會慢慢改變我自己的脾氣，並且，只要我能及時地檢點自己，我也相信自己能完全克服這種脾氣暴躁的惡習。在此期間，我的這種急躁脾氣還能為人們所諒解，因為我的熱情是為了榮譽、正義和利益，而並非總是在無端地生氣和憤怒。其實，這種熱情卻被我濫用了，而濫用熱情

是應該受到譴責的惡習，正是這種濫用熱情才導致了情緒常常失控，有時甚至會氾濫成災，危害自己，影響他人。」

年輕時的克倫威爾是一個性格倔強、容易憤怒、極不溫馴且濫發脾氣的人，不但如此，他還富有青春活力，只不過這種青春活力沒有得到良好的自制，從而催化了他的惡習，使得他釀造出了許多惡作劇。在當地的鎮上，人們都知道他是一個喜歡惹是生非的人，便疏遠和冷落他，他自己卻不反省和加以節制，反而快速地滑向墮落。然而，就在此時，喀爾文派《基督教》的鐵的紀律抑制了他的倔強性格，並且為他的青春活力和蓬勃熱情指明了一個嶄新的方向，使得他得以將其洶湧澎湃的熱情投入到公共生活中去，並最終使他在短短二十年時間之內成為英國最有影響的人物。

拿索王朝的巨頭們都極富自我克制的品格。威廉因為能極度自我控制，才被人們認為是沉默的人，然而，他並非一個沉默寡言的人。威廉是一位雄辯的演說家，他在辯論時常常能口若懸河、妙語連珠、舌燦蓮花，輕鬆制服對手。然而，他在不宜說話的時候，往往能管好自己的嘴巴，緘口不言，並且有時在國家的自由出現危險的時候，他能小心謹慎地將自己的意見封存心裡，輕易不與人言。不但如此，他總是能控制自己，以溫和文雅與息事寧人的一面對人，因此有不少政敵大放厥詞說他卑怯、膽小，但是，只要時機到來，他便表現得非常神勇，他的決心將不可戰勝。因此，荷蘭歷史學家莫特利在評價威廉時曾說：「大洋裡的岩石，在波濤洶湧的大海裡卻穩如泰山，這句格言也常常被威廉的朋友用來象徵他的堅定不移。」

與沉默的威廉一樣，華盛頓也因其莊嚴、勇敢、清白和優秀的人格，在歷史上久負盛名。即使在最困難和最危險的時刻，華盛頓對自我情感的克制能力遠遠超乎常人的想像。華盛頓的自我控制的能力，以致使得不了解他的人都產生了神話般的遐想，他們認為華盛頓天生就是一個心平氣和、鎮定自若的人。然而，華盛頓天生卻是一個急性子，他之所以能做到待人溫和、文雅、禮貌，以及處處為人著想的品格，是因為他在後天的努力中不斷地克制自己，不斷地控制自己，不斷地自嚴自律，久而久之，便養成了這種優秀

的品格。在傑瑞德‧斯帕克斯所著《華盛頓傳》中，這位傳記作家寫道：「在華盛頓還是一個孩子的時候，他便開始自我控制和自律品格的訓練。他總是熱情奔放，在他所經歷的許多充滿誘惑和激動人心的時刻，正是他堅持不懈的自我控制，使他最終控制了誘惑、克制了激動。有的時候，他的熱情會特別強烈，以至於會情不自禁地在心裡爆發出來，但是他卻能在瞬間內克制這種強烈的情緒。他自我控制的性格特徵，是他最為優秀的品格之一。然而，即便他的這種品格也是經過後天的鍛鍊培養出來的，但是我可以毫不誇張地說，他的這種品性也與他與生俱來的天性有關，因此他才能擁有其他人所不具備的人格魅力。」

　　布萊蒙特在其所著的《威靈頓傳》一書中寫道：「威靈頓公爵也像拿破崙一樣，脾氣暴躁，極易發怒，但是他能自我控制和節制，因此他才慢慢地摒除了發脾氣的壞習慣。特別是到了危險時刻，威靈頓像任何印度首領一樣，表現得鎮靜沉著、頭腦冷靜、處變不驚。甚至滑鐵盧戰役打響後，在戰爭出現極為關鍵的時刻，他卻沒有一絲一毫的激動情緒，而是心平氣和地公布命令，並且語調甚至能做到比以往更為柔和。」

　　詩人沃茲沃斯在孩提時代時就是一個冥頑倔強、喜怒無常和脾氣暴躁的人，不但如此，他還對懲罰滿不在乎，依就堅持自我、我行我素，絲毫沒有悔改的意願。然而，一旦他經過生活的錘鍊後，脾氣秉性便發生了質的變化，他學會了運用自我控制的能力。與此同時，他在孩提時代曾表現出的那些傑出品格，諸如勇敢、堅強等，在他以後的歲月裡，使得他對敵人的攻擊能坦然漠視。正因為如此，沃茲沃斯在其一生當中，養成了自尊、自主、自覺和自制的良好品格，被世人所愛戴和尊敬。

　　另一個典型的例子，便是亨利‧馬丁教士。馬丁教士在他還是個孩子時，就不能容忍一些事情，他總是易怒、任性。後來，他認知到自己不成熟的衝動是個錯誤後，便自覺自發地與自己剛愎自用、固執己見的壞習慣長年累月、堅持不懈地作鬥爭，他也因此逐漸克服了自己暴躁衝動的脾氣，並最終養成了忍耐的好品格。

當一個人地位低微，難免會人微言輕，但是，如果他擁有了一種快樂的性情，那麼，他的心靈也會變得偉大、積極、高貴和崇高。丁達爾教授曾為法拉第畫了一幅特別精緻的畫，從畫中我們能一睹法拉第的性格特徵。究竟是一幅怎樣精緻的畫，能讓一些素未與法拉第謀面的人也能了解他的性格呢？丁達爾為了將法拉第的性格特徵畫在紙上，特意選取了法拉第在科學事業上自我克制、辛勤耕耘的品格作為模型，恰到好處地描繪在畫紙上。在丁達爾的畫筆中，法拉第表現得性格倔強、脾氣古怪甚至有點暴躁敏感，但也不乏溫和與熱情。大作完成後，丁達爾在其《發現者法拉第》一書中寫道：「法拉第有如火山般熾烈的熱情，總是容易激動和脾氣暴躁，但其高度自律的能力，竟然將火一般的熱情化為一束束『光芒』，成了他奮鬥不止的不竭動力，以至於沒有使自己火熱的熱情白白地浪費掉。」

在法拉第所有性格當中，有一種特別值得人稱道的品格，就是他能高度地進行自我克制。正因為他能堅決抵制一切誘惑，從而全身心地投入到分析化學的事業當中，很快便取得了驕人的成就。丁達爾深深地了解法拉第，他說：「縱觀法拉第的一生，這位鐵匠的兒子、裝訂工的學徒，曾拒絕了十五萬英鎊的巨額財產，而選擇了他所熱愛的科學事業。直到他去世時仍舊一貧如洗，但是他卻義無反顧地追求科學之路。他拋棄了一切物質享受，摒棄了一切私欲，因此，他的名字才能在四十年裡，一直名列在英國科學名人錄的榜首。」

還有一個極度自制的法國人，那就是歷史學家安格迪爾。他雖然極端貧困，僅靠麵包和牛奶維生，一天的花費還不到三便士，但是卻拒絕屈服於拿破崙政權。他的朋友實在看不下去了，便勸誡他說：「如果你病倒了，你將需要政府的救濟金救助。你怎麼不像其他人那樣呢？你得向皇帝獻殷勤，你必須仰仗他才能生活。否則，你只有餓死！」、「那我寧願現在就去見上帝！」安格迪爾擲地有聲地說。直到最後，安格迪爾也並沒有死於貧困，到了他九十四歲病入膏肓時，他對朋友說：「我雖然行將就木，油盡燈枯，但我仍然

充滿著活力。我並沒有屈膝於政府，但我活得非常踏實和自由，活得非常灑脫和知足。」

　　與上面幾位能自我克制的人所不同的是，詹姆斯‧歐南先生在一種完全不同的生活環境中，同樣具有這種傑出的高尚的自我克制的品格。歐南的性格和偉大的亞瑟國王一樣，特別能自我克制，從而創造有利的生活條件。在歐南的一生當中，他的高尚的寬容精神尤為突出。就他個人而言，他有時不贊同政府制定的某項政策時，他也會在自己的義務範圍內，盡力貫徹執行它，從未有過動搖和畏縮。在國家征服欣德地區的戰役中，他的部隊被納皮爾將軍（Robert Napier）認為是最為出色的部隊，但是，到了戰爭結束後，征服者們開始大肆掠奪欣德地區，歐南卻說：「我從未對這一侵略戰爭懷有好感，我也從而贊成政府的這一政策，我更會準備分享這樣形式的『獎賞』！」當政府派給歐南一支強大的部隊，去援助正在攻打勒克瑙的亨利‧哈夫洛克爵士（Sir Henry Havelock）時，他的這種自我克制能力得到了充分的體現。當時，勒克瑙戰役的形勢十分明顯，只要派出一支軍隊繼續攻下去，就能結束這場戰爭，成為整場戰爭的首要功臣。身為高級軍官的歐南，完全有權擔任主要指揮官，但是，他還是極其無私地把結束戰鬥的光榮任務交給了自己的部下哈夫洛克。不僅如此，他還自願為哈夫洛克提供幫助。戰爭結束後，克萊德勳爵說：「歐南大將在名利面前自我克制的品格，使得他深得人心，他能夠讓其他人和自己一道分享光榮和榮譽，就榮譽本身而言，他的價值並沒有因為無私慷慨而有所折損，反而贏得了世人的交口稱讚。」

　　如果一個人想問心無愧、平平安安地度過一生的話，不僅要在小事上進行自我克制，而且在大事上也要如此。人們必須要能理性地容忍和克制，也必須盡量避免滋生壞的心情、壞的脾氣、尖酸刻薄和挖苦人的習慣。因為一旦人們的思想鬆懈，對大是大非的事情畏首畏尾，那麼，一些不好的醃臢的靈魂便會乘虛而入，從而在人們的心裡建立永久的根據地，慢慢盤踞我們的心靈，從而毒害侵蝕我們，使得我們陷入萬劫不復的境地無法自拔。

　　在生活中，我們要時刻檢點自己的言行，只有這樣才能獲得幸福的生

活。正所謂「良言一句三冬暖，惡語傷人六月寒」。在日常生活中，有些惡毒的話語會傷害一個人的心，它們往往比攻擊一個人的身體還要讓人感到畏懼。惡語本身不是匕首，但惡語對一個人的傷害卻要比匕首更為可怕。有一則法國諺語說明了惡語的威力，那就是「惡語的傷害比刺刀的傷害更為可怕」。有時，那些溜到嘴邊的刺人的反駁，一旦我們說出來，可能會使對方窘迫不已。但是，溜到嘴邊的這些刺耳的話，非常容易脫口而出，這就需要我們養成自我克制的良好習慣。布雷默夫人在其《家》一書中說：「上帝禁止我們說那些使人傷心痛肺的話，它們甚至比鋒利的刀劍更傷人心；它們就像一顆毒瘤一樣存留在人們身上，影響人們一輩子。」

那些傑出的人物在說話方面總是能做到自我克制。聰明和懂得自我克制的人，總是避免心直口快、直言無忌，它們絕不以傷人感情為代價而逞一時的口舌之快；然而那些不甚明智的人，說話時總是口無遮攔，從來不顧及別人的感受，也從來不管不問出口後的影響。因而，這些輕薄言談的人，常常會失去朋友，為自己惹來不必要的麻煩。所羅門曾說：「明智之人的嘴，在於他們的心靈；愚昧之人的心靈，卻在他們的嘴上。」

有的人因為缺乏自我克制和節制的耐心，他們說話時往往就會很輕率。有的人思考敏捷，容易衝動，他們往往談鋒尖銳，容易被各種歡呼、喝彩聲所迷惑，因而容易大放厥詞，以致為自己帶來無窮的後患和傷害。甚至有一些被提名的政客，因為不能抵制誘惑，常常以損害政敵為代價而惡語相向。傑瑞米‧邊沁說：「一句話的措辭，往往決定許多友誼的命運，有時也決定許多國家的命運。」因此，一個人不該試圖寫一些含沙射影的尖銳批評的文章來過過嘴癮，抒發胸中的悶氣。最為理智和明智的做法就是，千萬不要邁出這一步，即便產生了這樣的想法，也要將它扼殺在搖籃裡。正如西班牙的格言所說：「一支鵝毛筆，往往比獅子的爪子還要鋒利。」

據說，從長遠的觀點來看，整個世界都在圍繞或支持那些明智的人，因為他們知道該在何時或該怎樣保持沉默。在談到奧立佛‧克倫威爾時，卡萊爾說：「雖然克倫威爾有著天才的能力，但是他卻藏不住祕密，因此，他也就

不可能做成任何重大的事情。」、「沉默」的威廉，在他最主要的政敵眼中是這樣一個人：他的嘴巴裡絕不會迸出一句自高自大、輕率魯莽的話。與威廉一樣，華盛頓在措辭上也極為慎重，即使在爭辯異常白熱化的辯論中，華盛頓也絕不會惡毒攻擊別人或尋求短暫的勝利。

　　一些富有經驗的人，經常為他們所說過的一些話而後悔不已，但是，他們卻從不因為自己沒有藏好舌頭或者沒有保持沉默而感到後悔。正如畢達哥拉斯所說：「或者沉默，或者說得恰到好處。」喬治‧赫伯特也說：「或者恰當地說，或者明智地沉默。」曾被利‧亨特（Leigh Hunt）稱為「紳士聖人」的聖弗朗西斯（Saint Francis）也說：「保持沉默要比疾言厲色地說出真相要明智得多，否則，這些疾言厲色的話就如同不好的調味品，敗壞了一道精美的菜餚。」法國人拉科德爾在演講時，總是先說兩句，然後保持沉默。正因為這樣，他的演講往往能給人以巨大的鼓舞。有人對此十分不解，便向他請教其中的奧祕。拉科德爾這樣解釋道：「在演說以後，最能讓聽眾產生力量的方式，就是保持沉默。」但是，在談話或演講當中，有時哪怕是一個恰如其分的詞，也能在適當的時候產生巨大的力量。正如威爾士的一句諺語所說：「黃金般的舌頭長在有福之人的口中。」這位有福之人，無非是在最恰當的時機、最恰當的場合，對恰當的對象說出了最恰當的話，因而才產生了無窮無盡的力量。

　　16世紀的西班牙傑出詩人德‧萊昂，可謂自我控制能力超強的人。萊昂曾將《聖經》翻譯成本國語言，卻被宗教法庭監禁在一個黑暗陰森的地牢裡，長達整整五個春秋。當萊昂從牢獄中釋放出來後，當政者為了安撫他，便恢復了他的教授職務。在萊昂出獄後的第一次演講中，聽眾人山人海，將整個演講會場圍得水泄不通，而他們這樣做的唯一目的，就是要聽聽萊昂在遭到監禁時監獄裡所發生的奇聞逸事。萊昂本來可以滿足聽眾的期望，振臂一呼，應者雲集，然而他很明智，他並沒有藉此而猛烈地攻擊宗教法庭，而是用人們所熟悉的開場白直奔演講的主題，續接他在五年前被人中斷了的演講。

　　當然，一味地克制自己的話語，並非談話本身的目的。對一些謬誤、自

私和殘忍，我們就應該在適當的時機，選擇適當的場合，對準適當的對象，表達我們的憤慨。即便沒有義務要對卑鄙的行徑大加痛斥，一個有真情實感的人也會對任何形式的無恥行為憤怒不已。佩斯曾說：「我不是那種不知憤慨的人，因為世上的好人要多於壞人，而壞人之所以能得勢，僅僅因為他們比較大膽。我們總是很欣賞那些堅定地使用自己力量的人，我們支持他們的原因，不是有別的難以名狀的苦衷，而是他們能堅定地使用自己的力量。試想，一個人能鼓起勇氣做事，不管對大眾有益或無益，其本身的勇氣就值得我們敬畏。當然，我也經常後悔自己說過的愚蠢的話，但我也經常為保持沉默而後悔。」

那些喜愛正確的人或者堅持正義的人，絕對不會漠視那些錯誤和錯事。如果他們滿懷熱情，他們也會充滿熱情地發表演講。正如高貴的伊莉莎白‧卡盧夫人所說：「一個人若是有了高貴的心靈，他就會對邪惡的人不屑，對長期賒欠債務的人不屑，對厚顏無恥地追求利益的人不屑，對經常撒謊、做錯事的人不屑，他也不會讓純潔的心靈受到絲毫的傷害，不會讓自由自在的心靈像奴隸一般受到束縛。」

傑出人物總是具有善於容忍和寬大為懷的品格，因此，我們必須要對氣量狹小、睚眥必報的人產生警惕。在弗朗西斯‧霍納（Francis Horner）的《通信集》中，他說：「你總能在那些直率、冒失的朋友中間找到輕率的最好標本。遇事喜歡持不同意見、偏狹的人，總是那種愛嚼舌頭、搬弄是非、心胸狹窄的人，即便在政治事務方面，他們也總愛對局外人說三道四。」朱麗亞‧韋奇伍德夫人也說：「在所有精神禮物當中，最珍貴的禮物便是理性的寬容。我們一定要相信那些自己無法預見的困難，並對它們寬容和理解，這就是道德的真諦。」

增加豐富的生活經驗和訓練明智的判斷能力，往往能讓我們遠離不能容忍和脾性偏狹的糾纏；同樣，培育良好的修養，也往往能讓我們擺脫無謂的糾纏。良好的修養大量表現在具有生活閱歷和充滿智慧的人身上，他們往往能公正、理智、慎重和仁慈地對待和處理生活中的實際問題；同時，他們

也能很好地自我克制、寬厚待人。而那些缺少生活經驗而又愚昧無知、心胸狹窄的人，就會將容忍和寬厚待人拋在腦後。無數經驗證明，具有寬厚品格的人，他們的寬厚性格與其實際智慧往往成正比，他們總是能原諒別人的缺點，同情別人的生理缺陷，寬恕別人因環境影響而形成的偏激，理解別人不能抵制誘惑和犯下的錯誤。歌德就曾說：「我從不擔心犯錯誤，一個人一生不可能不犯錯誤，關鍵是要正視錯誤、改正錯誤。」當喬納森‧布拉德福（Jonathan Bradford）被押送到刑場時，那些明智的具有高尚品德的人紛紛為他祈禱：「布拉德福走了，他是帶著上帝的恩典去見上帝的。祝福他吧！上帝！」

可以毫不誇張地說，我們每個人的人生都是自己書寫的，開朗快樂的人，擁有快樂幸福的人生；抑鬱憂愁的人，則擁有鬱鬱寡歡的人生。我們常常發現，倘若我們帶著積極的情緒生活，我們身邊的人也會帶著積極的情緒生活；我們若是將消極的情緒傳染給他人，他們也會變得消極。正如一位交際家告誡我們的那樣，切莫將消極的情緒傳染給他人。因此，我們的性情往往能折射出我們周圍的現實。如果我們自己總愛發牢騷，我們通常也會覺得別人也愛發牢騷；如果我們不能原諒和容忍別人，不能寬厚待人，別人也會以同樣的態度對待我們。這就好比一面「交際的平面鏡」，你若對鏡前的人友好地微笑，他就會友好地朝你微笑；你若是對他扮鬼臉，他也會朝你扮鬼臉。前不久，有個誣告他人的醉漢被關進了監獄。據說這個人在晚宴上多貪了幾杯酒，回家時走到一處陰森的小巷裡，他便懷疑身後有個圖謀不軌的人跟蹤他。於是，他疾步跑出巷子，將擔憂向巡邏的員警投訴，結果根本就是子虛烏有的事，其實是他自己心裡作祟罷了。自然，他也當場被人控訴，被員警逮捕。這個事件雖然並不起眼，但是它卻向我們折射出一則人生感悟：我們每個人的人生，在很大程度上取決於我們自己的心態。

如果我們想與人和睦相處並得到他人的尊重，那麼，我們就應該尊重他人的人格。每個人都有自己為人處世的方式和性格特徵，因此，我們在與他人打交道時，就應該容忍和尊重他人的行為方式。有時，就連我們自己也不清楚自己的怪癖或者一些特立獨行的習慣，但它們卻真實地存在著，或許這

一切會讓周圍的人感到厭煩，然而明智的人總是旁敲側擊，指引我們改正。南美有一個閉塞的小山村，那裡的人們普遍都有大脖子病，也就是醫學上說的甲狀腺腫大。然而，這個村子裡的人若是發現哪個人沒有這種病，就認為這個人是畸形人或醜八怪，便將他強行驅逐出山村。一天，有一群探險的英國人來到小山村，村裡的人便競相出來瞧熱鬧，他們開始嘲笑這群「畸形人」，有的甚至大喊大叫道：「瞧！瞧瞧這些怪胎，他們沒有大脖子！」在場的英國人聽了，差點沒笑掉大牙。

我們身邊不乏這樣的人，那就是一旦發現別人對自己的個人喜好或者某種怪癖有不同看法時，他們便會坐立不安，如芒刺在背。還有一些動不動就濫發脾氣的人，他們總是喜歡根據自身來評判一切道德標準，不能正視自己的缺陷，對異己實行打擊報復。然而，不能寬厚待人的人，往往會平白無故地擔憂，會根據自己的主觀臆斷衡量周圍的事物，也因此而做出一些極端、偏激的蠢事。其實，只要稍有頭腦的人都知道，即便周圍的人對自己不懷好意，自己也犯不著與他們針鋒相對，因為我們沒有絲毫必要將自己陷入他們的惡意攻擊中而不能自拔。因此，喬治·赫伯特才說：「從我們嘴裡吐出的那些流言蜚語，經常會讓我們自食其果。」

英國著名的物理學家、化學家法拉第，是一位偉大而極富教養的人，他曾多次透過書信與他的朋友丁達爾教授交流心得體會，而這些心得體會，往往是他豐富的人生經驗的總結，並且充滿智慧、令人欽佩。法拉第曾寫道：「多年來，我從自己的人生經歷中獲益匪淺，現在我已步入老年，因此我特別想談談自己的心得體會。在我年輕的時候，對於別人向我說的話，我經常想當然地理解，也因此經常誤解別人。等到我年老後，我才知道其實對那些話中帶刺的話，我們最好是裝聾作啞，而不是刨根問底；對那些親切友好的話，我們要仔細品味，而不要當作耳旁風。關於黨派之爭，我想說明的是，無論政敵對我們進行何種惡語攻擊，隨著時間的沉澱，真相終歸會大白於天下。如果反對派本身所說的觀點錯誤，我們只要克制自己，使自己杜絕以勢壓人、警惕一言堂的『麥霸』行為，只有這樣，才能使人信服，甚至化敵為

友。但是，對於黨派人士的好心好意，我們一定要目光敏銳；對於黨派人士的偏見，我們一定要視而不見。正所謂『百花齊放、言論自由』，因為我們不能封堵來自不同意見的觀點，只能廣開言路，聽取意見時也要吸取精華、剔除糟粕。因此，一個人如果能努力做到與人和睦相處，那麼，他的一生就會順風順水，收穫生活的幸福。你肯定也想像不出，當我遭人反對時，其實我的內心深處也經常懊惱不已，而且我還有不能正視別人的意見、目空一切的惡習，但是我總是十分努力地克制自己，總是盡量避免與別人針尖對麥芒地針鋒相對，我這樣做了之後，我發現自己並未因此而受到損失。」

　　畫家雅各布・德巴爾巴里（Jacopo de' Barbari）有個癖好，就是在自己所從事的領域裡習慣與人爭論。他在羅馬時，就油畫和繪畫作品的經營問題，與羅馬的藝術家及藝術愛好者展開了激烈的爭論。巴里的朋友、同鄉艾德蒙・伯克是一位寬宏大量的人，他在得知巴里與人爭論的事情後，就熱情洋溢地給巴里寫了一封信。伯克在信中勸導道：「親愛的巴里，請相信我並非要對你施壓。誠然，我們可以用武力反對世界上一切邪惡和不公平的事情。但是，我們若能想法與人和解，那又將是一種什麼樣的局面呢？在面對爭執時，明智的人總是能克制、溫和、寬容他人，並能及時地反省自己。要知道避免爭執，這本身就是一種難能可貴的品格。有些人或許認為不敢爭執的人，是因為其墮落和虛偽，其實並非如此，那些真正堅持真理的人，往往能沉著鎮靜、處變不驚，而那些持有謬誤觀點的人一旦露出馬腳，自然也會自慚形穢、敗下陣來。當面對流言蜚語、爾虞我詐、充滿暴力的世界時，我們更應該保持一顆溫和平靜的心，與人和睦相處，即便不是為了別人，就算為了我們自己，我們也要學會自我克制，不與人交惡，而與人為善，這樣我們不僅會化敵為友，而且會成就自己的一番事業。」

　　讓我們大跌眼鏡的是，伯克雖然向巴里提出了「避免與人爭論」的良好建議，但是一旦「爭論」的浪潮湧來時，伯克自己也被捲進了爭論的旋渦裡。伯克在伯根菲爾德染病欺期間，就對法國革命頗有微詞。與伯克的政見分道揚鑣的福克斯，聽到伯克身染疾病後，特意專程來看望伯克，而伯克卻堅持

不肯與福克斯見面，並言辭粗魯地回絕了福克斯的好意。福克斯吃了閉門羹後，回到城裡，將伯克不肯與他相見的事情告訴給了自己的朋友科克。科克為伯克的頑固感到悲哀和震驚，科克說：「伯克怎麼能這樣呢！他也太無理了！」福克斯並沒有記恨於心，而是輕描淡寫地說：「不要介意，伯克只是一時頭腦不是很清醒，一旦他醒悟過來，他將會改正自己的錯誤。」後來，當福克斯聽到伯克臨終的消息時，他仍然像往常一樣寬宏大量，並親自給伯克夫人寫了一封極其親切友善和充滿誠摯情意的信，以表達他的悲傷和同情。伯克死後，福克斯第一個站出來說：「伯克先生一生功不可沒，我們應該按照他所獲得的榮譽，將他安葬在西敏寺。」其實，這一要求卻是伯克自己在生前提出來的，伯克還揚言，如若不能實現這一願望，自己也必須要葬在伯根摩爾德。福克斯卻力排眾議，滿足了政敵伯克生前的願望。

詩人勞勃·伯恩斯（Robert Burns）深知自我控制的價值，而且在他對別人講學時，總會教育別人要學會自我控制的品格。但是伯恩斯並非一個言傳身教的人，一旦他不講學時，他便會掙脫道德約束的韁繩，不能很好地控制自我。在生活中，他總是情不自禁地說出一些尖酸刻薄的話挖苦、諷刺別人。伯恩斯的傳記作家這樣評價他：「伯恩斯一生中，寫了許多精美的詩篇，但是他不能很好地克制自己，而去創作那些僅僅為了滿足於酒吧的庸俗的下流的樂曲，這些往往會汙染人們的視聽，而且會毒害青少年。伯恩斯並不因此而有所收斂，反而為了自己所得的利益，更加肆無忌憚地一意孤行地譜寫這些垃圾樂曲。伯恩斯在詩壇上創作了不少流傳於世的作品，但其所寫的那些不道德的樂曲，卻對人們產生了深深的毒害，若是要將伯恩斯的作品全部付之一炬的話，我們一定要先燒掉那些猥褻下流的樂曲。不僅如此，在生活中，只要伯恩斯每開十個玩笑，就會增加一百位敵人。可憐的伯恩斯對自己的欲望從來不加以節制，而是任其氾濫，正是他一味地放蕩自己、墮落自己，以致玷汙了自己的名聲，而且樹敵太多，與人結怨結仇，最後憂傷地死去。」

不可否認，伯恩斯的確是一位天才，在他二十八歲時，寫了一篇〈一位

詩人的墓誌銘〉的詩作，並被世人評價為伯恩斯最好的詩篇。當時就有人猜想，這或許就是詩人本身對自己人生經歷的描述。沃茲沃斯曾這樣評價這首詩：「這篇詩作是伯恩斯自己嚴肅的、徹底的自供，這不僅是他遺囑的公開聲明，而且也是他虔誠、理性和充滿人性的一次懺悔。這篇詩作，恰恰以預言的形式，寫進了他的個人歷史。」因此，我們根據〈一位詩人的墓誌銘〉得出了如下結論：請注意，無論你的靈魂是自由翱翔於幻想的天際，還是附著於黑暗沉寂的大地，請你一定要記住：謹慎小心的自我控制乃是智慧之根。

　　據說，伯恩斯沾染的主要惡習便是酗酒，在酗酒的不良心態下，衍生了許多其他的惡習。伯恩斯沾染惡習的原因，並非因為他是一個酒鬼，而是因其不能抵制酒的誘惑，他的克制力才慢慢退化，從而導致了品性的墮落。西元 1810 年，愛爾蘭律師卡南前去拜訪伯恩斯，到了伯恩斯的住所，卡南發現伯恩斯簡陋的家就形如一個小酒館，主人伯恩斯往往醉得如同一灘爛泥。卡南見過伯恩斯後，絕望地毅然返程，回去後，他對身邊的人說：「伯恩斯的天才和命運，一次次地撞擊著我的心靈，我對他無比佩服和仰慕。但是，當我見他喝得東倒西歪後，還對我一臉醉笑時，他在我心中的形象完全翻天覆地地變化了，我的整個心都碎了，我實在無法接受這一切，因此我總是禁不住熱淚盈眶。」在伯恩斯所有的惡習當中，唯有這種不可遏制的酗酒欲望一直伴其終生，也因其不能克制酗酒的惡習，他的一生都被罩在了悲劇的影子裡。應該說，世人能從伯恩斯的悲劇中有所感悟和警醒，但是酗酒卻依然在當今社會最為盛行，若如我們不改掉酗酒的惡習，我們的心靈也遲早會墮落和頹廢，到了那個時候，恐怕我們自己也像福克斯那樣，一切幸福將不再與我們有緣。

　　被稱為「法國的伯恩斯」的伯納德·薩雷特（Bernard Sarrette），也是一個鋒芒畢露的音樂天才，他也同樣喜歡擁有自由散漫的心情，同樣渴望獲得最豐厚的名利。因此，他便盡其所能地大肆吹捧法國的浮華虛榮，用自己手中的筆極力粉飾邪惡，深得當局者的寵倖。當時，在法國有三件事情對民眾產生了極為惡劣的影響：第一件就是重建拿破崙王朝，第二件就是梯也爾的

歷史著作，第三件便是伯納德的歌曲。但是，與伯納德的許多歌曲所產生的道德敗壞相比，重建拿破崙王朝只不過是一個小小的罪惡而已，因為這些歌曲在法國自由流傳，所帶來的骯髒齷齪和邪惡的影響，足以敗壞一個民族的道德。

如果存在這樣一位暴君，他逼迫人們交給他三分之一或更多的財產，而且同時要求人們消費會使人變得殘忍和墮落的商品，甚至強行要求人們破壞家庭的和睦與溫馨，那麼，社會上就會出現憤怒的集會和可怕的遊行，就會出現反對荒謬的、邪惡的專制主義的強烈呼聲。然而，在我們中間，就存在這樣一位暴君，即不自我克制，而任其氾濫的「欲望暴君」。人們一旦在內心深處對欲望暴君俯首貼耳，心甘情願地做它們的奴隸，那麼，它們就會蔓延到人們生活的每一個角落，左右人們的思想和行動，讓人們陷入邪惡的深淵而不能自拔。

我們如果要反對欲望暴君，只有透過自律、自尊和自制的道德手段來克服。除此之外，沒有任何其他方法能有效地抵制各種形式的欲望暴君。因此，要想改變那些執迷於感官刺激、縱情於聲色犬馬之中的人們，透過體制改革、擴大選舉權、改善政府組織形式、開展學校教育，都只能是治標而不能治本。一旦人們被低級趣味的東西套牢的話，就會迷失道德、消弭熱情。對個人而言，則會與追求幸福之路背道而馳；對民族而言，則會腐蝕一個民族積極進取的精神。

一個人自我控制的勇氣，可以體現在諸多方面，但是，唯有在現實生活中體現得最真切、分明。那些不能自我控制的人，總是使自己屈從於自私的欲望，不但如此，他們往往毫無主見、人云亦云地聽從其他人的奴役。缺乏自我控制意識的人，必定會按照自己所屬的那一階層虛假的生活標準來生活，像他們一樣消費，而且從來不顧及後果。與此同時，他們也會拚命追求一種高於平均水準的生活標準。正因為這樣，很多欲望和邪惡也就俘虜了他們，以致他們喪失勇氣去克制自己的欲望。一旦他們不能抵制自己享受高水準生活的誘惑，他們就會以犧牲他人利益為代價，踩著他人的身體為自己牟

取私利。有時，為了滿足自己的虛榮，這些不能自我克制的人還會對債務不屑一顧，並且深深地陷在債務當中。債務當然要還清，於是，他們也就只能被債權人奴役和擺布。無數社會實踐證明，這些人之所以會毫無原則地屈服於別人的奴役，是因為他們無一例外地存在著道德懦弱和卑怯，以及缺乏獨立自主的性格。

一個正直的人絕不會粉飾自己，也絕不會打腫臉充胖子假裝闊佬，更絕不會去奢求那種海市蜃樓般的生活方式。正直的人往往會坦然地過那種量入為出的生活，而不會去奴顏婢膝地乞求他人的接濟，也不會採用不正當的手段過上殷實的生活。因為對他們來說，那種借債以維持入不敷出的生活，就如同公開扒竊人家錢包的行為一樣可恥。對許多人來說，這也許是一種偏激的觀點，但是，這種觀點卻承受得住現實的檢驗。借他人之手苟活於世的營生，不僅在道德上被人唾罵，而且也是一種極不正常的虛偽的生活方式。這種生活方式就好比一個人經常撒謊，當人們被騙了後，就會認為他不正直，也不會再相信他，他自己也會變得形單影隻，成為喪家之犬。喬治·赫伯特說：「欠債者，就是撒謊者。」沙夫茨伯裡也曾說：「不滿足於自己能力所限的東西，如同不滿於自己人格的卑微一樣，是一切不道德行為的根源。」

霍斯莫格·拉南是一所監獄的牧師，他曾對眾多罪犯不誠實的原因進行了認真深入的研究，於是，他在提交給蘇雷法庭的年度報告中說道：「多年來，我常與一些犯有掠奪罪的人交流，從他們身上我總結了一些結論，即他們之所以養成了不誠實和虛偽的習慣，並非因為他們無知、醉酒、貧困、城市擁擠不堪、富裕生活環境的誘惑，而主要是因為他們總想不勞而獲，總想靠著不正當的手段去搶奪或者訛詐他人的錢財。」米拉波曾說：「那些認為道德不足掛齒的習慣，是人類最致命的敵人。」因此，與人相處，要想取信於人、立足於社會，就要對自己的欲望加以克制，就要遵守哪怕是細枝末節的道德，這才是一個人安身立命的基石。

正直明智的人，往往注意厲行節約、細水長流，不會大手大腳、胡亂花銷，即便生活拮据了，他們也會自我克制，而絕對不會淪落到打腫臉充胖子

或借債度日的地步。因此，能節制自己欲望的人，即便收入再少，他們也會量入為出，生活得滿足而踏實；對自己的欲望不能加以控制的人，即便揮金如土，也填不滿自己日益增加的貪欲。於是，我們就得出一個結論：收入雖少，但能控制自己欲望的人，就是精神上的富翁；有的富人，即便擁有萬貫家財，然而貪欲之心不減，也只能稱得上精神上的窮鬼。有一次，蘇格拉底目睹大量的財富、珠寶以及一些價值連城的傢俱，被蔚為壯觀地運抵雅典城時，他卻輕描淡寫地對弟子說：「此時此刻，我看到了許多我並不奢求的東西。財富這東西，關鍵是你自己怎麼看待，正視財富你會收穫到幸福，貪求財富則會葬送幸福。」與蘇格拉底一樣，柏修斯（Perseus）就曾說：「對於那些自私自利的貪欲，我完全能諒解，有時，在我們所生活的環境當中，不是經常有人說『你的』和『我的』財富嗎？那些貧窮的人，總是惦記日常生活中的柴米油鹽，這一點其實再正常不過了，但是，若是他們能量入為出，小心謹慎地安排好自己的飲食起居，完全可以過上充實而幸福的生活。」

　　如果一個人有了更高的追求，他就不會終日想著錢財。法拉第就是一個淡泊名利的人，他因為追求科學而犧牲了巨額的財富，但他絲毫不感到可惜和後悔。試想，如果法拉第是一個喜愛用錢財去購買歡樂生活的話，他一定能過上富足的生活，然而他並沒有像那些慣於借債度日而無力償還的人那樣向他人搖尾乞憐。唐納德‧霍爾（Donald Hall）在其《回憶錄》中寫道：「當別人問起已負債累累的馬金將怎麼支付酒錢時，他回答說：『你們看著辦吧！反正我現在已經拿不出錢來了，你們就在我的老帳本上再添一筆吧！』」無奈！十足的無奈！可憐！十足的可憐！一個負債累累的人，已然是沒有資格再揮霍下去，然而他們卻對虛有其表的生活置若罔聞，以致陷入到惡性循環的債務陰影下。

　　賒欠生活使得許多意志薄弱者開始墮落，對於一些目前無力支付的商品，又不能抵制誘惑，於是，他們就突破心裡的道德防線，採用記帳的方式換取，帳目越多，生活也就被打亂得雜亂無章，從而滋生了各種消極或不健康的情緒，最後深陷其中不能自拔。經濟發展的動力之一就是鼓勵民眾消

費。此外，在商業競爭中，總是鼓勵人們借債以刺激消費，而那些債權人也總是指望透過放債來謀取最大限度地獲利。有一次，席尼·史密斯從報紙上看到了很多關於他的一位新鄰居的報導，報導稱這位新鄰居是一位「貿易往來頻繁」的人。於是，史密斯就懷著好奇去拜訪他。到了門口，史密斯對鄰居說：「聽新聞上說，您是一位大人物，因此我特意前來走一遭。」鄰居聽後，連忙笑道：「史密斯先生，像我這樣的人與您的名聲比較起來，簡直就是小巫見大巫了。我哪裡是什麼大人物喲，無非是一個欠債還錢的普通人罷了。」

　　儘管黑茲利特不是一個相當節儉的人，但他卻是一個相當誠實、正直的人。他曾評論過兩種完全不同類型的人：第一種是守不住自己錢財和今朝有酒今朝醉的人，第二種是有一分錢花一分錢的人和伸手向人借錢的人。前者總是缺錢花，因為他們總是將大把大把的金錢消耗在自己「一時衝動」的物品上，他們的貪欲無法滿足，也因此滋生自私自利的惡習；後者消費完自己的錢財後，總是不停地向那些願意借錢給他們的人伸手借錢，最後導致自己的墮落。

　　謝立丹就是一個花錢無所節制的人，他喜歡瘋狂地消費，當收不抵支時就向人借錢，幾乎欠下了所有信任他的人的錢。謝立丹在競選議員時，因為欠債太多，幾乎沒有一個人願意支援他。帕默斯頓勳爵曾說道：「這些債權人群集在謝立丹的演講臺周圍，要求他還清自己的債務。謝立丹卻裝得跟沒事人似的，竟然大肆取笑他的債權人。」謝立丹為何如此故作輕鬆？因為謝立丹從未索取過一絲一毫的公款，與那些靠著貪汙公款發家致富的人相比，他還算得上一個誠實、正直的人。

　　摩爾在所著的《拜倫傳》一書中寫道：「有一次，拜倫勳爵出席晚宴，碰巧趕上了謝立丹的演講。謝立丹演講道：『先生們，想要擁有一年成千上萬的收入，對於勳爵們來說，是一件不費吹灰之力的事情。這些勳爵們極易容易從公款中獲得成千上萬的財富，或者從一些掛名職務中得到成千上萬的收入，他們能夠誇耀自己的愛國精神，也能高踞於財富的誘惑之外。但是，他們並不了解那些收入慘澹，卻能同樣驕傲地置身於誘惑之外的人，他們也不

了解在自己的生活中，擁有一先令究竟意味著什麼。』演講進行到這裡時，謝立丹的眼裡噙滿了淚水。那些曾借給他財物的人們，紛紛站起來為他鼓掌、為他吶喊。」

在謝立丹所處的時代，社會上關於講公德的調子非常低，有人甚至認為挪用公款也是一件無可厚非的事情。一些政黨的頭頭，也毫不忌諱地保護自己衷心耿耿的追隨者肆無忌憚地挪用公款，他們是一群「寬宏大量」的人，只不過損害了別人的利益。在這些「寬宏大量」的頭頭們的庇護下，那些五湖四海的「達官貴人」，出於自己極度的「慷慨」，以犧牲當地利益為代價，對手下一些擠占、挪用公款的人，頻繁地亮起了一次次的「綠燈」。

然而，儘管講公德的調子被人們所不屑，但是有正義的人還是會克制自己的欲望、堅持自己的原則。康沃利斯被任命為愛爾蘭總督時，他任命了納皮爾上校為軍隊帳目的審計師，並對納皮爾說：「我為什麼任用您呢？因為您是一個誠實、正直的人。多年來，我從周圍的小人身上獲得了一些經驗教訓，因此，我太需要一個能節制自己的欲望，並能貫徹下去的正義之人了。」

卡沁勳爵是一位坦蕩蕩的正人君子，他對非法侵占公家財產毫無興趣。他在任時，沒有侵吞過一分錢的公款，成為世人稱道的榜樣。據說，曾有數百萬的錢財經過卡沁的手，但他卻從未有過私吞的念頭。卡沁一生為官清廉，直到他去世時仍舊兩袖清風、一貧如洗。甚至連那些惡毒誹謗他的政敵，也從來沒有一個人對他的誠實和正直提出過質疑。

奧德雷是 16 世紀著名的官職買賣者，當有人問他所買的法官官價時，他毫不忌諱地說道：「在我們身邊，可能有成千上萬的人希望立即升入天堂，但卻有更多的人不在乎下地獄。在金錢面前，無數的人對魔鬼都無所畏懼了。因此，與政府官員極其豐厚的薪俸相比，官職買賣的這點錢還不夠他們塞牙縫。」

眾所周知，華特·司各特是一個徹頭徹尾的誠實、正直的正人君子。在他的傳記中，我們注意到，他看得最莊嚴的事情，便是竭盡全力地償還自己的債務，即便那些與自己有牽連的公司債務，他也要盡力還清。當司各特債

務纏身，加上自己的書稿不能付梓出版時，眼看就要傾家蕩產，一些朋友好心地主動提出，願意向他提供足夠的錢幫他度過難關，他卻驕傲地說：「用借錢來償還自己所欠的債務，其形式與拆了東牆補西牆無異，因此我不需要你們的施捨。我還有勤勞的雙手，我要用這雙手去償還自己所欠下的債務。」當有位朋友願意無償地支付給他財物，幫助他償還所欠的債務時，司各特特意寫給了這位朋友一封信，他寫道：「我們可以失去其他任何東西，哪怕是以犧牲健康為代價，我們也不能玷汙自己清白的名聲。」

霍爾上尉（William Hutcheon Hall）在其《航行和旅遊散記》中，記載了自己與司各特的談話——

我說：「我認為，人們遭到財產損失時，不應該煩躁，因為損失財產不過是人生諸多不幸中最為微不足道的事。因此，人們應該將損失財產的事情看得開一些。」

司各特問道：「你把財產損失的事情看作微不足道的不幸？」

我確信無疑地說：「是的。」

「我也認為，損失財產遠沒有失去朋友那樣更令人痛苦。」司各特接著說，「損失財產與失去道德、失去健康相比，哪一個更令人痛苦呢？」

我說：「自然是後者。」

司各特又問：「那麼，損失財產與失去平和的心境相比，哪一個更令人痛苦呢？」

我回答道：「還是後者。」

司各特笑了笑，說：「即便一個人終日被債務困擾，只要他能自我克制，也能排除干擾和危害。在生活和工作中，當我們遇到問題時，要思前想後尋找問題出現的原因，想方法去補救。因此，如果正直的人遭受痛苦的話，我衷心希望他能堅強起來，勇敢地正視問題，也希望他能圓滿地解決問題。」

雖然司各特的健康曾因勞累過度而受損，但是他仍然繼續像頭老黃牛那樣辛勤地寫作，正如他自己所說的，要靠自己的雙手還清債務，他的一生筆

耕不輟，直至生命凋亡。但是，我們不得不承認，司各特以生命健康為代價極力還清他的債務，為自己保全了名聲和自尊。

司各特所寫的《伍德斯托克》和《拿破崙傳》流傳甚廣，幾乎無人不知，然而司各特在寫下《拿破崙傳》時，在日記中記載道：「拿破崙挑起的戰鬥，致使許多人無辜地死亡，數以萬計的人國破家亡、妻離子散、流離失所，我深深地感到這些戰爭的可怕行徑，如若可能的話，我希望自己能代替那些無辜的人去死。」除了這兩部作品外，司各特在最為痛苦和悲傷、家庭生活捉襟見肘時，寫了無數的季刊文章，還創作了《修士門編年史》、《雜文集》和《祖父的故事》等一些作品，而這些作品所賺得的稿酬，除了極少部分補貼家用外，絕大部分都被用於還債。司各特在回憶中這樣寫道：「那時的我，睡得十分安穩和暢快，因為只要我聽到債權人感謝的話語後，就備感輕鬆和愜意。每當我履行了自己身為一個誠實、正直、講求信譽的人的義務後，我就會感到如釋重負、倍感自豪和驕傲。以前，有一條悠長的、使人倍感壓抑的黑暗的道路橫亙在我面前，我也曾因為這條黑暗的道路感到過痛苦和絕望，但是它又為我指引了一條光明的道路，即為我自己保全清白名聲的路。如果讓我選擇死亡，我想說，與其痛苦地挨過灰暗的時光，不如讓我光榮地坦然面對死亡。對我而言，當我償清了所欠的全部債務後，我將受到所有債權人的讚揚，那個時候，我的良心才會安穩，我才會了無牽掛地與死神見面。」

接下來，司各特寫了越來越多的文章，包括《伯斯麗人》、《迷霧的少女》，以及更多類似於《祖父的故事》之類的作品，直到他突然癱瘓為止。但是，當司各特從癱瘓中恢復時，他又開始握筆伏案，寫下了《惡魔和巫術之研究》和蘇格蘭史《拉德勒百科全書》，還有四輯《祖父的故事》。看到司各特如此賣命地寫作後，他的醫生十分心疼地警告道：「司各特先生，我想提醒您，您現在的身體尚未完全恢復，是不能將全部精力撲在工作上的。」然而，醫生的勸導終究只是徒勞，他不可能勸阻司各特放棄寫作。司各特對艾伯克倫比醫生說道：「您讓我減少工作量，就如同將水壺放到火爐上，然後囑咐我說，千萬別讓水壺煮沸。因此，如果我無所事事的話，我肯定會發瘋的。」

　　司各特極其努力地寫稿，所欠的債款也在日益減少。他對身邊的朋友說：「我相信，再過幾年，我就能還清欠債，重新成為一個自由人。但是，現在我還做不到，因此，我必須比以前更為努力。」於是，司各特又創作了一部著作《巴黎羅伯特伯爵》。在創作這部書稿時，司各特寫得相當費力，直到自己再一次陷入癱瘓。據司各特自己所說，在當時，他感到有一種「犁到了農田盡頭」的力不從心。即便如此，他的勇氣和毅力卻沒有因此而消沉下去。他在日記中這樣寫道：「我真是痛苦極了，但這只是肉體之痛，而非心靈之痛。我常常希望自己能從此躺下來長眠不醒，但是每當我想到自己還有未償還的債務，我就要挺上一口氣，繼續堅持奮鬥。」

　　於是，司各特又從癱瘓的身體中恢復，但是他靈巧的手已然不能動彈。即便如此，司各特還是靠著自己的毅力和勇氣，用顫抖的手握起筆桿，寫出了傳世之作《危險城堡》。書稿完成後，他疲倦的身心再也不能繼續創作，於是，他就前往義大利，完成此生最後一次的旅行。在旅行期間，司各特寫作的欲望再次被點燃，他不顧他人的規勸，仍舊每天堅持花上數小時創作一部新構思的小說。但是頗為遺憾的是，司各特在返回阿波福德不久後便與世長辭了，他的這部小說最終也無法完成。

　　在司各特返回阿波福德的路上，當他神智清醒時，對侄兒洛克哈特說：「我參觀了許多風景名勝，但是，比起自己的家給予我的輕鬆和快樂，這些風景名勝遠不足萬分之一。我可以毫不誇張地說，我肯定是這個時代最為多產的作家，為什麼我能寫這麼多的作品？就是因為每當我想起自己若是不寫點東西的話，就會熄滅生命之火，於是我鼓起百倍的決心和勇氣，要毫不動搖地寫下去，往往這個時候，我就會感到相當輕鬆和愜意，心裡也特別安慰和幸福。我現在還想告誡你，親愛的孩子，你一定要努力使自己成為一個有道德、十分虔誠的人。當你垂垂老矣時，若回首往事，你就會發現，沒有任何東西能趕得上道德帶給你的輕鬆、愜意和安慰。」

　　洛克哈特的虔誠品格，能與其偉大的叔叔司各特相媲美。洛克哈特花了幾年的時間，寫成了相當成功的著作《司各特傳》，然而，他卻沒有從中索要

一分錢，而是將著作所得的全部報酬，給了一個叫瓦特的債權人。更讓人頗不理解的是，洛克哈特償還的債務與自己卻毫不相干，他之所以做出如此決定，源於司各特講信譽的精神深深地感染了他，他寫這部傳記並非為了賺得報酬，而純粹是為了紀念傑出的逝者、他的叔叔司各特先生。

第七章

恪盡職守塑造卓越的人生

　　我們每個人應該具備持久而良好的職責觀念，這是一個人最基本的品德準則，也是一個人的最高榮譽。因為在我們身邊，那些高姿態的人也必須靠這種持久的職責觀念來支撐他們的榮譽，倘若沒有持久的職責觀念，人們就會在逆境中倒下去，在各種各樣的引誘面前把持不住自己。

我躺在床上，夢想著生活是多麼的甜美，當我猛然醒來，才發現生活就是責任和義務。責任和義務，這是多麼奇妙的字眼，在它面前，任何阿諛奉承都是多餘的，任何威逼利誘都是可笑的。任何人只要能保持自己內心原本率直的天性，即便這種率直的天性有時並不那麼順從和馴服，但只要他能童心未泯、盡職盡責，都會得到人們由衷的尊敬。在職責和義務面前，其他一切欲求都會最終低下頭來，而且在此之前，不論其他各種欲求曾多麼不安地騷動過，它們也會卸下虛偽的面紗。

　　　　　　　　　　　　　　　　　　　　　　　　—— 康得

生命多麼幸福，教育多麼令人陶醉，生命的意志屬於自己。誠實的品格，是每個人最堅強的武器，本真自然，是最高的人生境界。狂熱和貪欲，並非人類的真正主人，它們時刻都有凋亡的危險。在這個世界上，我珍愛自己的榮譽和生命。人們最為可貴的地方，在於他們能掙脫奴隸般的鎖鏈，拋棄一切猶疑和恐懼，奮起直追生命的希望，做自己命運的主人，從而不為世俗的念頭所困。因此，什麼都不曾擁有的人，也就擁有了一切。

　　　　　　　　　　　　　　　　　　　　　　　　—— 沃頓

他說不對就是不對，他說對那就必須是對的。他從不輕易做出判斷，他總是要深思熟慮自己的思想和言行。他的言行、誓約、每一項保證，都如山岳般挺立。

　　　　　　　　　　　　　　　　　—— 斯泰恩男爵的墓誌銘

　　職責是每一個人應盡的義務，任何不願意敗壞自己的聲譽、不願意最終破產的人，都必須認真履行自己的職責。職責是一項不可推卸的義務，每個人都應該終其一生地透過自覺的努力和絕對的行動履行自己的義務。

　　對個人而言，職責貫穿於一個人的一生。在家中，一方面父母對其子女有撫養、教育的職責和義務，另一方面子女對其父母有贍養的職責和義務。

同樣，在夫妻之間、主僕之間都有各自應盡的職責和義務；在社會生活中，在朋友之間、鄰里之間、雇主和雇工之間、統治者和被統治者之間，都有各自應盡的職責和義務。

聖·保羅曾說：「在家庭生活和社會生活當中，每個人都應該各盡其責：向應該給予幫助的人提供幫助；向應該尊重的人給予尊重；向應該提供勞役的人提供勞役；讓感到畏懼的人感到害怕；向不值得尊敬的人表示不尊敬。我們要想立足於社會，就不要拖欠人家的東西，要償還本不該自己所有的東西；在與人相處中，要學會用摯愛、真心與人交往，真正獲得幸福的真諦。」

職責伴隨著每個人生命的開始和生命的結束。從我們赤裸裸地來到這個世界，再到我們孑然一身地離開人世，我們每時每刻都要履行自己的職責和義務：對上司的職責和義務，對下級的職責和義務以及對同事的職責和義務，凡是有人生存和活動的地方，都有我們人類應盡的職責和義務。從我們生下來，職責和義務就與我們的生活息息相關、不可分離。我們每一個人，不論尊卑貴賤、男女老少，都只是一名普通的服務生，服務於我們自己，也同樣服務於他人，我們應該充分利用自己的職責和義務造福於人類，造福於我們自己。

我們每個人應該具備持久而良好的職責觀念，這是一個人最基本的品德準則，也是一個人的最高榮譽。因為在我們身邊，那些高姿態的人也必須靠這種持久的職責觀念來支撐他們的榮譽，倘若沒有持久的職責觀念，人們就會在逆境中倒下去，在各種各樣的引誘面前把持不住自己。一旦人們真正具有了牢固而持久的職責觀念，即便是最為軟弱的人，也會變得堅強，從而在逆境中勇氣倍增，在引誘面前不為名利所動。傑邁遜夫人說：「職責是將整座人類道德大廈連接起來的黏合劑。如果沒有這種黏合劑，人們的能力、善良、智慧、正直、自愛和追求，都將缺乏最根本的道德根基而無法維持。不但如此，人類的生存結構就會土崩瓦解，人們就只能無可奈何地站在一片廢墟之中獨自哀嘆。」

如果一層層地剖析開去的話，職責感根源於人們的正義感；正義感源於

人類自愛的品格；自愛又取決於人類的善良和仁慈。職責並非人們的一種簡單的思想或情感，而是維繫人類生命的主導原則。這一原則貫穿在人類的全部行為和活動之中，受制於每一個人的道德良心和自由意志。

　　一個人的道德良心，體現在他所履行的職責之中。如果一個人缺失了道德良心，他的行為舉止就得不到應有的規範，那麼，即便是擁有天才能力的人，也完全可能被邪惡導入歧途，變得一無是處。因此，只有道德良心才能匡正一個人的行為，也只有這樣，人們才能變得誠實和正直。道德良心是心靈聖殿中的道德統治者，它會使得人們的行為更加端正、思想更加高尚、信仰更加正確、生活更加美好。在它的引導之下，人們崇高而正直的品德才能發揚光大。

　　一個人光有道德良心還遠遠不夠，還需要有堅強的意志力去貫徹執行。任何人都可以在正道與邪道之間自由選擇，但如果缺失了意志力去執行，任何選擇都是表面的，不會產生現實的效果。因此，在生活當中，一個人的意志力若是能與道德良心配合行動的話，往往會相得益彰，取得強烈的現實效果。如果一個人的職責觀念很強，行為過程又十分明晰，而且其頑強的意志力又能得到道德良心的指引，那麼，他就會沿著既定的方向勇往直前，百折不撓地去達到自己的目的。哪怕最後失敗了，人們也會因為自己盡了自己的職責而問心無愧。

　　海恩澤曼曾告誡年輕人說：「繼續努力吧！可憐的年輕人！當你周圍的人們透過種種欺詐手段和不忠行為而暴富的時候，你要心如止水地正視這浮華的一切；當有人搖尾乞憐、一心向上爬的時候，你要保持自己的尊嚴和清白，不要同流合汙；當有人靠阿諛奉承換來一個又一個『成就』的時候，你要善於保持內心的寧靜，不要因他人的這些成就而痛苦；當有人為了名利苟延殘喘的時候，你要能頂住世俗的壓力，勇於特立獨行，出汙泥而不染。若想成為一個品德高尚的人，就一定要專心致志、持之以恆。同時，你應該與志同道合的朋友們生活在一起，憑自己的汗水和雙手去賺得麵包。在此期間，歲月會慢慢地染白你的頭髮，但你的品德卻在幾十年的風塵歲月中一塵不染，

若你到了風燭殘年行將就木時，面對上帝的召喚，你便可以坦然地向上帝禱告，然後心地清白地駕鶴仙去。」

那些具有高尚道義原則的人，有時為了不失職，往往寧願犧牲自己所愛的一切。遠古時期的英國人，他們就有崇高的獻身精神，這一切可以從一些痴迷於愛情的詩歌中窺見一斑。比如一首詩這樣寫道：「親愛的，我如此執著地愛著你，以至於我不再喜愛其他任何東西。」

塞多留曾經說過：「那些品德高尚的人，應該憑藉自己的道義和氣節去制勝，有時寧可獻出自己的生命，也不屑於採用任何卑劣的手段。」正是在職責和信仰的鼓舞下，聖·保羅公開宣稱：「我隨時隨地都準備著被捕下獄，而且我也時刻準備著在耶路撒冷獻身。」

帕斯卡納侯爵鍾情於西班牙事業，當義大利國王迫使他放棄自己所摯愛的事業時，侯爵的妻子維多利亞·科倫納寫信給丈夫，叮囑他千萬不要忘卻自己的職責。她寫道：「親愛的帕斯卡納，你千萬不要喪失自己的氣節，因為崇高的氣節勝過萬貫家財，勝過國王的王冠，重於山岳河川，而顯赫的名號不過是過眼雲煙。因此，夫君，你千萬不要為浮名利誘所動，你一定不能玷汙自己所摯愛的事業。你記住，你的凜然氣節將是我一生最大的榮耀，也將是你留給子孫萬代最珍貴的財富。」在義大利國王的威逼利誘下，侯爵夫人的見解卻非同一般，她重氣節輕浮名的崇高品格，給自己的丈夫以信念的鼓舞，以至於帕斯卡納在死神面前表現得臨危不懼，並在巴維亞從容就義。帕斯卡納侯爵被迫害時，科倫納仍是一位妙齡女子，她的美貌遠近聞名，慕名前來追求她的人絡繹不絕，然而她卻不為所動。在她心中，丈夫的凜然氣節深深地感染和鼓舞著她，除了丈夫之外，她的心裡再也容納不下其他任何人，因此，她心甘情願地忍受著失去丈夫後的所有孤寂和失落，並以此來悼念心中的侯爵，以此來紀念侯爵的偉大人格。

一個人要生存下去，就必須精神飽滿地努力奮鬥。人生就是一場勇敢的戰鬥，因此，每一個人都必須有高昂的鬥志和堅不可摧的決心，每一個人也必須堅守自己的位置，甚至在必要的時候可以犧牲自己的生命。關於這一

點，古代的丹麥英雄們可以說是表現得淋漓盡致，他們具有堅強的意志，勇於當機立斷、大膽嘗試，在履行自己職責的過程中毫不動搖。其實，潛藏在每一個人身上的意志力有大有小，但無論大小，都是每個人與生俱來的品格，我們絕對不能在使用的過程中讓它日漸凋謝，也不能為了達到某一目的而濫用踐踏它。布里奇頓的羅伯遜曾十分中肯地說：「一個人真正偉大之處，並不在於僅僅追求自己的幸福快樂、名譽和進步，而在於他們能造福於人類。因此，一個人千萬不能只求滿足自己的私欲，也不能一門心思地沽名釣譽，而應該恪盡職守、盡職盡責，為人類的幸福謀福祉。」

　　一個人若是遇事遲疑不決，而且意志軟弱和優柔寡斷，那麼，這些不好的習慣便會成為阻礙自己忠實地履行職責的攔路虎。我們每一個人都是一個矛盾體：一方面，我們每個人都有道德良心、慈善之心；另一方面，我們每個人的人性中，都有好逸惡勞、自私自利和貪圖享樂、放縱情欲的一面。在我們每個人身上，這種人性矛盾有這樣一層關係，它們雙方既互相滲透又相互對立。因此，意志軟弱、自律性不強的人，往往在這種矛盾對立中徘徊不定、無所適從，於是，潛藏於每個人身上的意志力能否轉化成現實的行動，在很大程度上依賴於這對矛盾天平兩邊的重量。在我們每個人心裡，若是天平的重量傾向於前者，那麼我們就會積極面對人生；若是天平的重量傾向於後者，那麼我們的生活也就會被消極的心態所困擾。而這兩種人生取向，就在於我們自己的取捨和抉擇。身為有生命力的個體，每個人的天平傾向不是偏向這一方，就會傾向於那一方。因此，那些意志力薄弱、容易受消極心態影響的人，只要他們的心裡會出現一點自私自利或者邪念欲望的苗頭，也就極有可能慢慢膨脹起來，以至在他們心裡占據主導地位。久而久之，這些人的大丈夫氣概就會消失殆盡，善良的個性也隨之泯滅，個人的高尚品德就會被墮落的情欲慢慢取代，於是，他們只得成為自己感官的奴隸而難以自拔。

　　因此，一個人若能遵循內心道德的律令，立即將道德良心付諸行動，並能同時做到抵禦各種本能欲求的襲擊，那麼，他就會慢慢養成恪盡職守、道德自律的良好品格。有一點，我們每個人必須要心裡有數，那就是要養成

積善修德的習性，戰勝邪惡欲望的引誘，擺脫肉體感官的誘惑，除去與生俱來的自私自利，需要我們耗盡很長的時間，有時甚至要花費一生的時間。因此，一個人如果沒有持久的精神，沒有頑強的毅力，卻奢望達到這一願望，是萬萬做不到的。但是，一旦人們養成了自覺地履行自己的職責、做任何事情都依據道德良心的習慣，那麼，他們就會擁有一筆取之不盡、用之不竭的財富。

勇敢和優秀的人，會在意志力的作用下嚴格要求自己，即便經過人世間各種風雨的洗禮，他們仍然能自覺自發地、不屈不撓地堅持奮鬥，最後培養了自己高尚的品德。與此相反，那些行為敗壞、道德墮落的人，總是將道德良心棄之於腦後，卻時常放縱自己的私欲，並聽之任之，年深月久，他們心裡的道德防線也被這些惡習所攻破和占領，成為眾矢之的、千夫所指的品格低劣的人。因此，我們每個人都要遠離這些惡劣的習性，要知道，它們往往就如同一根鎖鏈，一旦將我們套進去，就會牢牢地捆住我們的心靈。

一個人到底是成為一個道德高尚、純潔自由的人，還是成為一個道德敗壞、卑鄙無恥的齷齪小人，在很大程度上取決於自己。如果我們不是一個有頑強意志力的人，那麼，我們就無法獲得足夠的力量，從而也就難以成就一番自己的事業。因此，一個人要行得正、立得穩，必須靠自己的努力，否則，就算仰仗其他人的幫助，也難以挺立如松。在現實生活中，我們每一個人都是自己的主人，沒有人能代替我們自己，我們自己要自律自強，不說虛妄之語，不睚眥必報，以誠信取信立足。因而我們要控制自己不為酒色所迷惑，要做到對為非作歹之事避而遠之，扛起慈善救人的道義之舉，還要時時刻刻為人著想、善待他人，勇於寬容異己，處處體諒理解他人，才能聚斂人脈，從而成就我們自己的輝煌之路。

愛比克泰德是古羅馬奴隸出身的自由民，也是新斯多葛派哲學家。他宣揚宿命論，認為只有意志屬於個人，在其《語錄》和《手冊》中，有無數充滿智慧的學說，其中有這樣一段話：「我們無法選擇自己在生活中的角色，對此，我們確實也無能為力，我們唯一的職責是把自己扮演的這個角色演

好。如果這樣的話，奴隸與執政官就沒有什麼區別。因為奴隸與執政官都有同樣的自由，而自由乃是人類一切幸福的源頭，與自由相比，任何其他東西都顯得微不足道了。我們必須要認清一件事，那就是一旦人們沒了自由，人們所擁有的一切東西都不復存在。自由和其他任何東西，好比前者是動物身上的皮，後者是動物身上的毛，因此，皮之不存，毛將焉附？現在，我必須要告訴眾人，幸福並不存在於醉生夢死之中，也並不依存於苦難之中。什麼謂之幸福呢？對於擁有自尊和人格、堅持正義的人，幸福並不等價於財富；對於執政官們而言，權勢也並不意味著幸福。任何權勢、財富，對尼祿、薩丹納帕路斯和阿伽門農而言，都不意味著一絲一毫的幸福。面對無力回天的情勢，他們無可奈何，只得捶胸頓足，仰天長嘯，浩浩蒼天之下，他們披頭散髮，只覺得自己成了一個受人擺布的傀儡。那麼，究竟什麼樣的心境才叫幸福呢？幸福源於我們自己平靜而自由的心，幸福的獲得靠的是我們真正的自由，而這些自由也必須在無拘無束的蔚藍天空下才能翱翔。要知道幸福與可恥的恐懼和憂慮，有著不共戴天的仇恨，一個人只有戰勝了所有可恥的恐懼，棄絕一切卑劣的念頭，才能真正知道什麼叫幸福。幸福源於我們內心深處至善至美的自治；幸福源於我們內心深處的滿足與祥和；有時，即便有生之年要經過貧苦、淒荒、疾病和死亡，但只要人們的心靈得到了平安和滿足，那麼，他們也就擁有了真正的幸福。」

　　對於勇敢者而言，職責觀是一種不可或缺的強大支撐力量，這種力量往往使得這些勇敢者們更加堅強和挺拔。當世所罕見的暴風雨降臨時，龐貝毅然決定率領人馬乘船前往羅馬。這時，他的一位很要好的朋友勸導他說：「我勸你別冒這個巨大的危險，因為在這樣強烈的風暴中行進，是要冒生命危險的。」龐貝卻信心堅定地說：「任何成功者都是在險象環生中披荊斬棘。因此，今天雖然天有不測之風雲，但是我必須立即出發，即便因此而付出生命的代價，我也在所不辭。」後來，這位朋友對身邊的人說：「只要龐貝認為應該做的正確的事情，他就是赴湯蹈火也在所不惜。在他心裡，區區狂風暴雨和生命危險又算得了什麼呢？」

斯巴克斯所著的《華盛頓的一生》中，寫到了華盛頓恪盡職守的品格。華盛頓一生的主要動力之源，源於他恪盡職守的品格。華盛頓身為「美國國父」，他的一生心繫著美國榮辱的使命，正是這份莊嚴的使命，使得他堅定異常、不屈不撓。當華盛頓意識到自己的職責時，他就不顧一切艱難險阻，咬牙堅持完成自己崇高的使命，他不顧一切地奮鬥，既不是為了榮譽，也不是為了獎賞，而僅僅是為了堅持自己應盡的正義的事業，為此，他總是心甘情願、竭盡所能地將一件又一件事做得滴水不漏。

　　儘管華盛頓有著豐功偉績，但是他自己卻有相當謙虛的評價。當人們推舉華盛頓擔任愛國軍隊的最高統帥時，他卻唯恐自己不能勝任而再三辭謝，直到最後被逼無奈時，他才就任了總司令一職。當大陸會議把這麼重要的擔子託付給他、把整個國家的命運託付給他、把整個民族的前途託付給他時，華盛頓沒有感到絲毫的驕傲，而是深知這種託付有如千鈞之重，自己無論如何也不能辜負人民的信賴。華盛頓在就職時說道：「我希望自己永遠記住身上的擔子，今後無論發生什麼不幸的事，我也不能隨便卸下擔子，更不能隨便甩開這份職責。今天，我誠摯地向大家宣布，我並不認為我有足夠的才智來擔任統帥一職，但是，既然我承擔了這副重擔，我將付出自己所有的力量，哪怕是獻出自己的生命，也要恪盡職守，努力挑起這副擔子。」

　　華盛頓在給自己的妻子寫的一封信中，在談到自己被任命為大陸軍統帥一事時說：「我已盡了最大的努力來推卸這副擔子，這不僅僅是因為我不願意離開你我共同建築的溫馨的家，而是我深深地意識到自己實在難以堪此大任。如果我真的不得不在外面度過幾年漫長的歲月的話，我真的十分樂意與你待在一起，享受屬於我們自己的幸福生活。然而，命運已經在召喚我，使命已經在呼喚我，我就不得不舍小家為大家，要知道，只有大家庭得到了安穩和幸福，你我的小家庭才能得到真正意義上的幸福哇！為了不使自己丟臉，為了不給朋友們帶來失望和痛苦，我已然不能拒絕此項任命。如此一來，我就不能夠日夜陪伴在你的身邊，給你高興，使你平安。為此，我從內

心深處感到十分不安和自責，但是，為了民族大義、為了國家的未來，我想你也不願看到我懷念苟活於世，而降低你對我的尊重吧！」

華盛頓的一生都在致力於自己的正義事業，首先他擔任大陸軍總司令，後來又擔任美利堅合眾國總統，但是無論擔任什麼職務，他在履行自己的職責時，都是那樣的言行一致、堅定不移。他總是執著於自己所從事的事業，總是兢兢業業地撲在工作上，從來不計較個人得失，也從來不計較他人的評論，更不在乎自己的聲望，甚至有時為了事業，寧願豁出生命身先士卒地擔起巨大的風險。有一次，關於到底批不批准傑伊先生與英國協定的條約問題，議會展開了激烈的爭論，絕大多數議員都希望華盛頓能拒絕在條約上簽字。然而，當華盛頓考慮到個人的名利與國家的榮譽孰輕孰重時，他毅然力排眾議，拒絕苟同於大多數人的意見。為此，社會上掀起了反對該條約的抗議運動，人們把怒火傾瀉在華盛頓身上，一些抗議者竟然公然向華盛頓身上猛扔石塊，藉以抒發自己的憤慨。儘管到處都是抗議示威的遊行，但是華盛頓仍舊忠於自己的職責，簽署了條約，最後，這一條約還是得以貫徹、執行。於是，華盛頓冒著生命危險站出來，對那些抗議者發表演說道：「我之所以不顧大家的反對，而毅然簽署了與英國人的條約，是因為出於我自己對祖國的忠誠，同時也出於我自己內心的道德律令。」

與華盛頓一樣，威靈頓的人生信條便是恪盡職守。為了忠於自己的事業，威靈頓喪失了自己的「名譽」，並不得不承受各種接踵而至的苦難。有一次，恰逢威靈頓的妻子過世，然而威靈頓還是沒能逃過敵對者的攻擊，他們在大街上圍攻威靈頓，有的暴民甚至拿起石塊敲碎窗子，向威靈頓妻子的屍體上扔去。威靈頓曾說：「在人的一生中，恪盡職守是我們唯一的精神支柱，除此之外，幾乎沒有什麼東西值得追求。」威靈頓在忠於職責方面是最為虔誠的一個人，在外界不解時，他還是心甘情願地為眾人真心實意地提供服務。與威靈頓一樣，華特·司各特先生也在民眾的吼聲中，遭了到石塊的攻擊，有人甚至心懷叵測地喊道：「處死司各特爵士！」然而，司各特心繫民眾、恪盡職守的品格，並沒有在民眾不解的呼聲中淹沒。從威靈頓和司各特身上，

我們可以看出，如果一個人自己不能忠於職守的話，那麼，他也就無法要求其他人恪盡職守。正如艾希・迪安所說：「只要我自己履行了職責，那些觀望的人也會自發自覺地履行他們的職責。」

曾經有一位軍官因為所得的軍銜比自己的實際成就低了些，便感到十分羞愧，滋生抱怨的情緒。威靈頓聽了這件事後，便說：「在我的軍旅生涯中，我曾經由一個旅的指揮官降去擔任一個團的指揮官，後來被任命擔任一個小分隊的指揮官，但是對於這些任命，我從未感到過絲毫的羞愧。工作雖有大小、輕重之分，但是只要我們能恪盡職守，盡心盡力地完成自己的使命，那麼，在我們心裡也就會淡化名利的困擾，也就無所謂高貴與卑賤、無所謂利大與利小了。」

威靈頓在葡萄牙忙於指揮聯盟軍隊作戰時，他思考到本國人民在戰時的行為方式和生活方式很不適宜，也就是失職行為。於是，威靈頓說：「我們有無限的熱情、鬥志昂揚的戰鬥熱情，因此到處都洋溢著歡呼聲，到處都是張燈結綵、凱歌高奏，到處都舉行著盛大的慶祝會。但是，我們今天迫切需要的是什麼呢？我們需要各個國家的人民都應該時刻忠於自己的職守，絕對服從法律的權威，而不能做出超越自己職守的事情，也不能做出逾越法律權威的事。」

在威靈頓所有的性格當中，有一個重要的性格是他能堅持不懈地追求自己的職責。他關心公共事務，而且職責在他心目中占據著最重要的地位，不但如此，他的這些特點也傳染給了自己的手下，在他的率領下，每一名士兵也像他們的將軍那樣忠於職守、關心公務。有一次，在滑鐵盧戰役中，威靈頓正騎著馬前往一處步兵操練場。當威靈頓看到經過整編後的部隊，正嚴陣以待地迎接法國騎兵的衝鋒時，他對身邊的一位士兵說：「年輕人，請告訴我，你認為英國人會怎樣看我們呢？」士兵斬釘截鐵地回答道：「一定會覺得我們有英勇無畏的精神。先生，我們絕不害怕，我們明白自己的職責！」

在納爾遜的心中，盡職的思想高於一切，這一思想也充分體現在他為祖國服役的全過程中。納爾遜有一句名言，即大英帝國希望她的每一位公民都

恪盡職守。在納爾遜率領艦隊要在特拉法爾加海角採取行動時，艦隊的全體
官兵都聽到了統帥的這句名言。後來，納爾遜以自己的行動完整地踐行了自
己的諾言。戰爭時，有顆子彈穿透了納爾遜的左肺，射入了他的脊椎，他實
在無力撐起身子去指揮戰鬥，便被下屬強留在「勝利」號的船艙內。船艙內血
流滿地，納爾遜已經奄奄一息了，但是當他聽到自己贏得了偉大海戰的勝利
後，他醞釀出最後一口氣說道：「我已經盡了我的職責！謝謝上帝！」然後，
他安詳地閉上了雙眼。

　　納爾遜有一位朋友名叫科林伍德，是一位勇敢而單純的人。當科林伍德
所乘坐的戰艦在海戰中被擊沉之際，他對旗艦艦長說道：「此時此刻，我們
的妻兒將要到英國的教堂去，為我們禱告。」科林伍德是一位熱情盡職的獻
身者，他總是盡自己最大的努力去履行自己的職責。有時，看見剛剛開始海
員生涯的年輕水手們時，科林伍德總是用自己恪盡職守的品格向他們言傳身
教。有一次，科林伍德曾對一位見習船員推心置腹地說出了這些高尚而又切
合實際的見解。他說：「你若想獲得進步，得到心靈的安寧，那麼，你就只能
靠自己，靠自己比靠其他任何人都更為行之有效。因此，你在對待自己的工
作時，一定要做到一絲不苟、精益求精，在行為上一定要謙恭有禮，無論是
對你的上級，還是對你的平級，一定不能趾高氣揚，也不能人前一套、人後
一套。有時，你取得了成績，也不要過於張揚和驕傲；若是一時不得志，也
切莫灰心喪氣。在你的人生信條上，一定要牢牢記住『滿招損，謙受益』的
金玉良言。無論是誰，只要我們既能忠於職守、精於業務，又能平等、友善
地善待別人，別人自然也會尊重我們，主管也自然會器重我們。只有這樣，
主管才會喜歡我們，那些獎賞和提拔自然也就蜂擁而至。但是，如果我們不
願意這樣去嚴格要求自己，在工作上不求甚解、馬馬虎虎，而又傲氣十足，
那麼，我們勢必會遭遇接二連三的苦惱，那個時候，我們的心情也會一天比
一天變壞，最終不但自己的工作不能按時完成，而且也會傷害同事之間的感
情。因此，我們定要提防自己走到這一步，如果真的走到了這一步，只會使
得我們的親戚朋友倍感失望和痛苦，然而你的競爭對手就會彈冠相慶。因

此，我們就要朝自己最好的目標去努力，即便沒能達到最好的目的，但是我們的精神卻能永遠立於不敗之地，有朝一日東山再起，定能『力拔山兮氣蓋世』。與此同時，我們要為自己制定一個切合當前實際的最高奮鬥目標，有了這個奮鬥目標後，我們就不要總盯著眼前的一點蠅頭小利，而要著眼於大局；不要總關注提拔和升遷的次序，而要坦然地面對一切榮辱，那麼，只要你的上司們不是一群糊塗蟲的話，你勢必會得到提拔和重用。」

據說，大不列顛民族在忠於自己的職守方面表現得特別突出，可以說是偉大的英國國民的一種民族特性。翻開歷史，我們再也找不到其他任何一個民族的將軍能和納爾遜相提並論。他在特拉法爾加海角戰鬥打響前對士兵們提出的戰鬥口號，並不是「為了崇高的榮譽」，也不是為了「正義」和「勝利」，而僅僅只是為了「忠於職責」。「忠於職責」，納爾遜將軍以這種戰鬥口號來動員將士，在這個民族之林中恐怕是獨樹一幟、世所罕見。

「伯克哈德」號巨輪在航行到非洲海岸時，突然遇難，船舶開始漸漸下沉，這個時候，船上的官兵們把所有的婦女和兒童送上了救生船，然後向天空一邊鳴槍致禮，一邊慢慢地隨同巨輪沉到了海底。希賴頓市的羅伯遜曾在他的一封信中提到了這一情形，他說：「英國人極為尊貴的品德，便是仁慈、職責和犧牲。大不列顛這個民族應該如何形容才更為貼切呢？她就好比一個不時地打著哈欠，東張張、西望望，就像一個笨手笨腳的農夫看到鐵路、電燈和其他雜七雜八的零亂物一樣，表現得異常緊張和莫名其妙，有時甚至不知就裡。即便這樣，仍舊不足以打亂她那顆堅定不移的心，她的心往往充滿著正義感和道義感。她總是把圍巾亂七八糟地披在身上，即使在音樂廳裡，她也不會刻意去修飾，與整個大廳裡的格調和氣氛總是顯得不是那麼的協調和雅觀，有人甚至會嘲笑她根本辨別不出寒鴉的叫聲和喜鵲婉轉動聽的歌聲，但是她卻是百鳥之中最能歌唱的百靈鳥。她知道告訴自己的孩子怎樣面對鯊魚的襲擊，如何指導孩子在大風大浪中搏鬥，而且在教育孩子具備生存能力時，她沒有半點炫耀和得意之感。她深深地知道，教育孩子不僅是自己

必須要盡的義務，而且是自己神聖而光榮的職責。此外，她絕對不會長久地把一位演員當成頂禮膜拜的英雄，同樣也不會把一位真正的英雄當成演員。」

　　恪盡職守是一個民族偉大的精神財富，也是一個民族引以為傲的品格。只要這種恪盡職守的精神永存下去，這個民族就不會衰落，人們的生活便會充滿著無限的希望；但是一旦這種精神消失了、減弱了，或者被貪圖享受、自私自利和虛榮之心所取代，那麼災難就會降臨在這個民族的頭上，不但如此，這個民族離衰敗、滅亡的日子也就不遠了。

　　法蘭西民族最近為什麼會走向崩潰？許多明智的觀察家經過考察後，不禁為法蘭西民族出現令人嘆惋的結局而傷感。這些觀察家幾乎持有驚人的相同見解，他們覺得法蘭西民族已經完全喪失了道德責任感，無論是普通市民還是高級官員，都喪失了發自內心的忠誠。這一現象，引起了法國駐柏林的斯多菲爾上校的憂慮，他在大戰前夕曾給法國皇帝寫了一封信。後來，人們在杜樂麗宮（Palais des Tuileries）發現了斯多菲爾上校於西元 1869 年 8 月寫的這封信，信裡寫道──

　　德國人民崇尚勤勞、勇敢的獻身精神，他們受過嚴格的教育，具有嚴明的紀律，身上往往具有崇高的敬業精神，為了振興自己的民族，他們可以不惜一切代價，在任何事情上都做到恪盡職守。一個民族能像普魯士如此崇尚敬業的精神，真是世所罕見。然而，與普魯士民族相反的是，法蘭西民族到處彌漫著一股浮華之氣，到處滋長著令人沮喪的東西。我們法蘭西人民蔑視一切東西、貶斥道德和正義、無視家庭生活、缺乏熱情、不屑勤勞與奮鬥，更談不上擁有敬業精神。不但如此，他們無視宗教信仰，愚昧地嘲笑、譏諷一切，盡然恬不知恥地高唱邪惡的曲調，他們真是浮華輕薄的一代啊！

　　凡是在柏林住過的人都知道，普魯士人生機勃勃，充滿著青春活力，到處洋溢著誠摯的愛國主義。普魯士人體格強壯，信仰堅定，崇尚高貴、勇敢和勤勞，從不沉溺於花天酒地之中，肉欲也無法使這個民族墮落。然而，可憐的法蘭西人卻與普魯士人形成了鮮明的對比：法蘭西人嘲弄世間的一切，他們無視創業精神，蔑視艱苦工作，嘲諷一切道德、正義、勇敢、愛國主義

和宗教信仰。因此，在法國，劇院成了傳播淫穢、下流和無恥的公共場所，所有的墮落和淫穢，都在這裡彙集。他們自己奢華無知地享樂於其中，卻不知道這些侵害靈魂的毒藥，正一點一滴地腐蝕著這個愚昧而又衰弱的民族。法蘭西民族已經缺乏自我恢復和振作的智慧和力量，當局者深陷其中而難以自拔，自然也很難跳脫舒適圈，甚至而採取有效的方法使得自己的民眾變得明智、更有道德一些，然而引導一個民族走向道德和正義之路，卻是多麼的重要啊！法蘭西這個民族，曾經有過的高尚的思想、忠誠的品德、勇敢的精神以及純潔的靈魂，現在都消亡殆盡了，如果長期任由其發展下去的話，那麼，法蘭西這個曾經高貴的種族，將只會留下一大堆精神垃圾。更讓人痛心疾首的是，法國人並沒有意識到自己的民族正在逐漸衰退，也沒意識到自己正在日趨墮落之際，許多有進取心的民族正在悄悄地躋身於世界優秀民族之林。這些有進取心的民族，正在奮起直追，而法蘭西民族卻不思進取，自然而然將被優秀的民族拋在後面。

我深深地知道，自己的這些憂慮並不受法國人的歡迎，儘管我的這些見解已經是入木三分，但是卻無法使法國人民清醒、覺悟，從而堅強地站起來。因為法國人所持有的觀點與我所主張的見解，兩者背道而馳，但是，我誠懇地希望那些富有遠見卓識且又不懷偏見的法國人，能親自到普魯士做一番實地考察。我相信，只要他們到了普魯士，能親眼看看普魯士人民的生活狀態，再聯想一下自己民族的生存危機，他們就會發現，普魯士的確是一個值得效仿的極其勤勞而又充滿智慧的民族。此外，他們也會深刻體會到，這裡的確缺乏花天酒地、歌舞昇平，而且這個民族爆發出了一種震人心魄的道德靈魂。普魯士民族永遠不知疲倦地尊重社會秩序、厲行節約，同時，在他們每個人身上都有一種無法抗拒的職責感和義務感，講究個人的尊嚴和愛國主義，而且民族的生活幾乎與每個人的切身利益緊密相連。因此，當這些優秀的品德集中到這個民族身上時，人們自然就會越來越尊重專業、尊重法律。我要告訴全法蘭西民族的是，你們將在這裡看到一個健康、公正、鞏固、有序的社會，而且在這個社會裡，具有高深的知識修養、文明的社會道

德、執著的敬業精神和強烈的愛國主義熱情，他們時刻注意著自己的身分，從不做有損於自己榮譽的事情。並且，你們還能看到，這個國家的政府機構是極為優秀的，他們的政府機構之間總是有效地配合、協調地運行，而且社會結構異常協調、鞏固和團結。在這個民族，沒有什麼東西可以使得人們縱情耳目，也沒有什麼妖豔浮華讓人們棲身留戀。普魯士民族就如同一幢堅不可摧的牢固大廈，而這一切將會使得法蘭西人民驚詫不已、感慨良多。

相形之下，最近的法國究竟是什麼樣子呢？人們可以反思一下，我們這裡到處充滿著抱怨、混亂、喧譁和嘈雜。人人都企圖占據最高的位置，而很少有人能想到自己應該恪盡職守，做好自己的本職工作。不僅如此，人們對道德嗤之以鼻，沒有人願意去了解世界，沒有人願意開動腦筋鑽研知識。在法國，有許多愚昧無知的人占據著高位，他們自認為天下第一，只知道誇誇其談、紙上談兵，並且習慣於察言觀色、見風轉舵、反覆無常，而這些恰恰是一個民族走向衰亡的內在誘因。當各種一事無成的庸人充斥社會，並且占據高位時，就出現了「上梁不正下梁歪」。上有所好時，下必甚焉，法蘭西人不再熱愛工作、創造，終日無所事事，到處惹是生非，而那些埋頭苦幹的人就會心生怨恨。

很現實的一個問題就擺在法蘭西人眼前。這個民族既沒有提供一個為大眾所接受的徵用、分配制度，卻又不願意考慮這些事情，因此他們一個個都自高自大、自私自利，反對任何形式的改革和創新。除此之外，他們無法理解什麼叫激勵機制；什麼謂之自我克制、自我犧牲、恪盡職守；什麼稱作為了祖國的利益犧牲個人的私利；等等。因為所有這些道德領域都無法滲進法蘭西人的品格裡，所以他們就會失去基本的道德原則，也就根本無法在社會生活中貫徹實行。因此，除非有一次慘痛的教訓才能喚醒麻木的法蘭西民族，除此之外，任何嚴厲的懲罰措施也難以改革這個制度。若是他們不覺醒，還是一意孤行地蔑視真理和職責，災難終會降臨到這個民族的頭上！

追溯法國的歷史，我們能看到有一些曾經為職責獻身的人，但是現在確乎已經成為遙遠的過去了。諸如傑拉勒‧拜亞爾（Celal Bayar）、貝特

朗‧杜‧蓋克蘭（Bertrand du Guesclin）、加斯帕爾‧德‧科利尼（Gaspard de Coligny）、亞伯拉罕‧迪凱納（Abraham Duquesne）、蒂雷納子爵（Henri de La Tour d'Auvergne, Viscount of Turenne）、尚 - 巴蒂斯特‧柯爾貝（Jean-Baptiste Colbert）和敘利公爵等，他們為了自己的職責鞠躬盡瘁、死而後已。這些英雄確實是法蘭西民族的菁英，但是而今，像他們這樣的人已經很難在法蘭西尋覓到了。那麼，難道他們就沒有留下繼承自己優秀品格的遺脈？當然是有的，但也只是偶爾有一到兩個為職責大聲疾呼的人。然而，他們的這種正義的呼聲卻被其他一些非正義的嘈雜聲所湮沒，他們的呼聲就形同茫茫荒原上的一聲嬰兒的啼哭，其聲音之微弱，幾乎無人能聽到。德‧托克維爾就是一個擁有恪盡職守的品格的人，然而他卻擺脫不了遭監禁、被放逐、被剝奪公民權的悲慘命運。托克維爾給一個名叫克爾格雷的朋友寫了一封信，他寫道：「我與您一樣，既然我選擇了要完成自己的職責和使命，我就會無怨無悔，絕對不會被逆境所壓倒，相反，我會越來越充滿生機和活力。我相信，在我們這個民族，很難找出像我們這樣為了自己的職責如此痴迷、執著的人，在這個世界上，只有一個目標值得我們付出生命的代價，那就是堅持為了全人類的利益而奮鬥！」

然而，即使像托克維爾這樣仁慈寬厚、恪盡職守的人，也有許多自己看不順眼的東西。就在托克維爾寫給克爾格雷的信中，還有一段這樣的話：「在我們身邊，有一類人儘管看不起一般的俗人，但他們仍然樂意為這些俗人服務；還有一類人因為愛自己的同類，才盡力去為同類服務。第一類人，儘管每天在盡職盡責地做好事，但他們總是心懷粗暴和鄙棄的秉性，因而他們的行動總不是那麼徹底，因此，人們也並不感激他們，同時也不信任他們。我想把自己歸為第二類人，但我又無法做到。我確實深愛著同溫層的人，但我身上也的確存有卑劣、粗鄙和無知的惡習，雖然這些不良習性時常讓我自己頓生反感和厭煩，但我自己也難以將它們驅逐乾淨。因此，我每天都在內心深處與自己蔑視同類的行為做艱苦的思想鬥爭。」

自從路易十四統治後，法國一直戰火不斷、紛爭不息。整個法蘭西民族

騷亂和好戰的精神日趨高漲且從未收斂。即便如此，法蘭西仍然不時湧現出一些誠實和充滿責任感的人物，他們振臂疾呼，反對戰爭，抵抗騷亂，他們還四處奔走呼號，並且親自踐履自己的教義。在這些人當中，最為勇敢的人當屬聖皮耶牧師（Charles-Irénée Castel de Saint-Pierre），他甚至冒著生命的危險，公開斥責路易十四發動的戰爭，並且堅決駁斥將君主等同於「偉大」的謬論。因為這樣，聖皮耶被學院驅逐出去。

當約瑟夫・斯特奇（Joseph Sturge）前往聖彼德堡，說服俄國皇帝相信自己的觀點時，聖皮耶則來到烏德勒支，參加了神職人員的定期大會，並在會上宣講自己的和平主張。杜蓬主教將聖皮耶的計畫稱為「一個誠實的人的夢想」。聖皮耶是一位忠實而富有熱情的和平主義者，然而，聖皮耶卻只能在福音書中實現自己的夢想，他想不出一種更好的方式，使得耶穌基督的這種仁愛精神發揚光大，也無法使得這種精神成為減少人類恐懼和消除可惡戰爭的武器。因為神職人員定期大會只是基督教國家的一種定期集會，牧師們只能呼籲大家實行自己所宣揚的信仰。然而，這又有什麼作用呢？那些有權有勢的君主們以及貴族階級，根本就對牧師們的呼籲充耳不聞。

為了不使自己的思想消失在歷史的塵跡中，聖皮耶牧師在西元 1713 年公開發表了自己的「永久和平」計畫。在這項計畫中，聖皮耶提出成立一個歐洲議會或歐洲參議院，並且呼籲該組織應該由各國代表共同組成，而且各個國家的國王都必須受制於該組織。計畫發表後，大家在這個組織中能陳述自己的建議，並且酌情給予妥善解決。然而，在這一計畫發表八十年後，威爾・雷（Will Ray）說：「什麼叫民族？整個社會的全體公民就是一個民族。戰爭是什麼？兩個人之間的爭鬥或決鬥就是戰爭。當這個社會中的任何兩個人發生爭執的時候，這個社會應該怎麼辦？毫無疑問，社會應該站出來干涉、制止和調解。但是，在聖皮耶牧師的時代，這些想法僅僅只是一種夢想。然而，聖皮耶所領導的組織，卻竭盡所能地將這些想法，變成了現實。」威爾・雷的這些美好的預言卻成了泡影。二十五年後，一次又一次的災難已經將法國帶進了苦海的深淵，這些慘痛的災難讓威爾・雷始料不及。

即便如此，聖皮耶牧師卻並非一個空想家，而是一位熱心於公益事業的慈善家。聖皮耶提出了許多改革對策，後來這些對策都得以逐步實現。聖皮耶還是一個技工學校的最初創立者，這所學校主要招收一些窮苦家庭出身的孩子。這些孩子在這裡不僅受到了良好的教育，而且也學到了一些十分有用的貿易知識。這樣一來，這些窮苦的孩子長大成人以後，就可以憑藉自己的技藝謀生。不但如此，聖皮耶還建議修訂和簡化現行的法典，這一中肯的建議後來被拿破崙一世採納。此外，聖皮耶還堅決反對決鬥、反對奢侈、反對賭博、反對隱修生活，他的這些反對意見也被當政者所吸納。

聖皮耶反對隱修的生活方式，他曾借用塞格雷的格言教化教民們：「一個人若是對隱修生活痴迷的話，那就表示他的內心已經趨向於心理病態。」雖然他從不對弱勢族群給予施捨，但是他卻將自己的全部收入捐贈給那些急需幫助的窮苦孩子，他用這些收入幫助他們擺脫貧苦生活的煎熬，幫助他們實行自救自產，並且定下了目標要讓他所說明的人終身受益。聖皮耶終其一生，都對真理充滿著誠摯的愛，對自由充滿著極度的熱愛。在聖皮耶八十歲高齡之際，他說道：「如果人生的幸福，好比抽彩券一樣，那麼，我的命運就算得上相當不錯的了。」在聖皮耶彌留之際，伏爾泰問他有何感想時，聖皮耶回答道：「我的一生，就像做了一次長途旅行一樣。有過苦惱，也有過興奮，但終究還是如曇花一現、過往雲煙。」聖皮耶生前曾猛烈抨擊社會的各種醜惡現象，因而樹敵甚眾，導致人們不允許他的繼承人、學院派首領莫泊修為他致辭哀悼。不僅如此，就在聖皮耶死後的第三十二個年頭，人們不但不允許達隆巴特來紀念聖皮耶，更不准他贈予聖皮耶應得的榮譽。聖皮耶熱愛真理、敢說真話，然而生前遭人打擊，死後遭人唾罵，極盡悲涼和淒慘。不僅如此，就連他的墓碑上也只是草草地留下了不到一行字，慘澹地寫著「他知道愛」。

盡職盡責與誠實的品德密不可分。對於那些恪盡職守的人來說，最重要的品德就是誠實，他們常常言行一致、說一不二，而且總是在正當的時間以正當的方式做正義的事情。

切斯特菲爾德伯爵（Philip Dormer Stanhope, 4th Earl of Chesterfield）說：「誠實是最高尚的品德，我之所以會成功，其奧妙就在這裡。」賈斯特菲爾德一生身體力行地貫徹著這一人生信條，他的「誠實高於一切」的座右銘，給世人留下了極為深刻的印象。克拉倫登在談及與自己同時代的最高尚、最純潔的紳士福克蘭時說：「福克蘭先生是一位十分誠實的人，他從來不說假話，哪怕有時將一句違心的話說漏了嘴，他也會像自己偷了人家的東西那樣，心神極為不寧。」

哈金森夫人曾這樣評價自己的丈夫：「他是一位完全誠實可靠的人：對於自己不想做的事情，他從來不表態；對於能力之外的事情，他從不輕易承諾；對於力所能及的事情，他從不推託，而且一經答應，絕不食言。」

威靈頓公爵是一位極為誠實的人，他絕不說一句謊話，也從來不在行動上弄虛作假。有一次，威靈頓正受到耳鳴的折磨，於是，他便請了一位著名的耳科專家前來為自己醫治。這位專家用盡了所有的辦法，但仍未見效，於是，他便決定在威靈頓的耳內注射強劑量的苛性鈉，但是苛性鈉注射後，使得威靈頓無比劇烈的疼痛。然而，威靈頓對專家的「非友好」行為不惱不火，仍舊像往常一樣鎮定自若、舉止安詳。直到有一天，威靈頓的家庭醫生偶爾過來看望，發現威靈頓兩腮紅腫，眼裡布滿了血絲，並且他還發現當威靈頓從病床上爬起來時，跌跌撞撞的像位喝了酒的醉漢，於是，他便請求檢查威靈頓的耳朵。檢查過後，家庭醫生發現威靈頓的耳膜炎症已經相當嚴重，如果不立即加以治療的話，炎症會侵入威靈頓的大腦，從而危及生命。後來，在家庭醫生迅速採取有效對策後，威靈頓的耳膜炎症得到了控制，但是他再也聽不到任何聲音了。耳科專家聽到自己的病人經歷危險後，內心感到十分恐慌，他認為一定是自己急功近利地為病人注射了大量苛性鈉的緣故，才導致了病人的耳膜炎急速惡化，於是，他揣著十分恐懼的心情，匆匆感到了威靈頓的家中。耳科專家一進門便滿面羞愧，連連向威靈頓道歉，乞求他的原諒。然而，威靈頓卻十分平靜地說：「我知道你已經盡了自己最大的努力，我並不怪你，因此，你也不要再多說什麼了。」耳科專家看到威靈頓不但沒有

生自己的氣，反而對自己寬宏大量，於是，他便鼓起勇氣坦承自己的擔憂，說道：「如果其他患者知道我造成了這麼嚴重的醫療事故，給您帶來了這麼深重的痛苦，那麼，還會有誰到我那裡看病啊？如果沒有患者，我將會面臨破產、失業。」威靈頓好言安慰道：「你放心吧！沒有人必須知道這件事，我也不會向任何人談起這件事。」耳科專家卻得寸進尺，厚顏無恥地乞求道：「公爵的意思是，您仍然允許我像往常一樣給您看病，以示您一如既往地相信我，是嗎？」、「不是！而且堅決不行！」威靈頓堅定地推辭道，「我的良心告訴我，我絕對不能這樣做，因為我從來不做昧著良心的事。實事求是一向是我的原則，請原諒我不能聽從您非道德、無正義的安排。」

　　大丈夫一諾千金，一言既出，駟馬難追，絕無反悔之理！普魯士陸軍元帥格布哈德‧萊貝雷希特‧馮‧布呂歇爾（Gebhard Leberecht von Blücher），就是一個極為誠實、信守承諾的人。西元 1815 年 6 月 18 日，布呂歇爾得到威靈頓的求救信號，親率大軍在崎嶇的山路上急急忙忙地行軍。雖然戰時一刻值千金，但在此時，士兵們因為日夜兼程，已經疲憊不堪，加上道路泥濘，實在難以快速行進。於是，布呂歇爾從戰馬上下來，與士兵們一起趕路，但是泥濘的道路確實難以急速行軍，他便動員士兵們：「士兵們，努力向前，再快一點。」早已汗流浹背的士兵們喊道：「我們已經盡力了，實在不能再快了。」布呂歇爾便誠實地說道：「士兵們！我們必須火速前進啊！雖然我們無法完成任務，但我們現在只有一個選擇，那就是必須準時達到目的地。因為我已經答應了我的戰友威靈頓，必須要快速支援他，因此，你們要是體恤我的話，千萬不可讓我失信於人哪！」在布呂歇爾的感召下，士兵們一鼓作氣，終於如期到達了目的地。

　　維繫整個社會健康、穩定地發展，需要依靠誠實守信這根紐帶。一旦這根紐帶腐爛了，那麼，整個社會就會人心渙散，陷入一片混亂。一個家庭不能依靠謊言和虛偽來維繫，同樣，一個社會也不能仰仗著虛偽和不守信用來維持。有人曾經問湯瑪斯‧布倫納先生：「你真的從不撒謊？」、「絕不！」布倫納斬釘截鐵地回答道。其人繼續追問道：「為什麼呢？」布倫納解釋道：「因

為誠信乃是一個人立身之本。一個人沒有任何藉口編造虛偽的合理性，人類活動的關係總和便構成了整個社會，然而，維繫整個社會關係的紐帶，便是源於道德的誠實守信。」

在人類所有的不良習氣中，撒謊是最為卑劣、無恥的行為。撒謊是一切道德敗壞的始作俑者，是輔助邪惡為虎作倀的幫凶，是怯懦和心虛的寄生蟲。然而，在我們身邊，有許多人並不以撒謊為恥，他們為了自己的既得利益，甚至可以對撒謊這種惡行置之不理，並且縱容和唆使自己的傭人們去撒謊。正所謂：「有什麼樣的主子，便有什麼樣的奴才。」當用人們公開對自己的主人撒謊時，主人也就不應感到大驚小怪、義憤填膺，因為這一現象正是主人自己長期「言傳身教」的結果。所謂「種善念，得信果；施惡行，得惡果」，說的便是這個道理。

哈裡·沃頓先生曾在一部諷刺文學作品裡描述了這樣一件事：有一位誠實的大使被派往國外，為了國家的利益，他不得不在各種公開場合撒謊。儘管這只是一部諷刺性的文學作品，但這部作品發表之後，大使先生便被詹姆斯一世嚴加怒斥，並在皇帝面前失了寵。大使先生的一位競爭對手在聞聽大使先生的齟齬事蹟後，便給他扣屎盆子，強說大使先生的這種不誠實的行為違背了國王的崇高信仰，更上疏國王將其治罪。沃頓先生聞聽此事後，不禁仰天長嘆，他原本只是想借機諷刺一下那些誠實的人，在權貴面前、在國與國之間的交往面前，所表現出的那種忍辱負重的職責觀念，並非有意影射這位大使先生。我們從沃頓先生的這部作品的開頭，可以看出作家對主人翁誠摯的喜愛。他寫道：「誠實守信是大使先生游刃官場的最好武器，他的人生之道，便是從不玩任何花招，有時雖然說了違心的話，那不過只是官場的權謀之術、應急應變罷了。」

撒謊，總是以外交手腕、人生策略、權宜之計等各種不同的形式表現出來，在不同的社會階層有不同的表現形式，而且表現的程度也各不相同。在一個人撒謊時，有些謊言並不是赤裸裸的，而是以含糊其詞、躲躲閃閃的話

語表現出來，這種話往往上不著天、下不著地，給人以虛實相間、似是而非的幻覺。這也就是法國人經常說的「圍著真理繞圈」，從來不曾講明真相。

有些心胸狹隘、天性不誠實的人，他們說話時，總是含含糊糊、閃爍其詞，聽話者卻無法抓住其真實含義。不僅如此，他們似乎天生就有說謊的天賦，他們說出來的話，往往逃避真理、繞開道德，遇事總是隱瞞自己的真實意圖，害怕承擔實質性的後果。然而更為可悲的事，這種人將撒謊看作做人處世的一門大學問，不但不覺得羞恥，反而自認為高明。他們就像一條狡猾的蛇一樣，在荊棘叢生的社會中穿梭前進，自以為左右逢源、八面玲瓏，卻走進了邪念的圈套，落入了惡念的牢籠。無論是一個人，還是一個家庭，或是一個團隊，抑或是一個社會，如果都根據這種世故圓滑來規範人們的行為的話，勢必不會取得什麼好的結果。因為淺薄為人、倒行逆施，終究有違天道，也終將被正義、明智的人所不齒。喬治‧赫伯特就曾說：「再美麗的謊言，終究也有被識破的那一天。」然而，與徹頭徹尾的謊言相比，那些閃爍其詞、模棱兩可的「誠實話」，更令人作嘔和厭惡。

邪惡在正義面前，終將站不住腳，任何不顯山不露水的偽裝和狡猾詭詐的欺騙，終將無法掩飾內心的虛偽和不誠實，遲早有一天會浮出水面，顯露在人們面前。這些謊言，有時從沉默寡言中表露出來，有時又從誇誇其談中滲透出來；有時，假裝同意他人的意見是一種虛偽；有時，在贊同的態度下可能也會暴露虛偽的一面；有時，許下種種動聽的諾言，卻從未打算去踐行，這些謊言終將經不起時間的考驗，從而接受人們正義的審判。在我們身邊，有一些兩面派、牆頭草，有時說的是一回事，做的卻是另一回事；還有一些懷揣事實真相卻膽怯如鼠的人，時常金口不開、一言不發，這些自以為高明的人，其實並沒有欺騙別人，而僅僅是欺騙了他們自己。這種天性虛偽而又擅長撒謊的人，在任何場合下都不可能得到別人的信任，他們總是在拿自己的人格視同兒戲，拿自己脆弱的謊言往道德的岩石上撞擊，每每卻碰得頭破血流。

有些人或許是虛榮心使然，總是愛炫耀自己的業績，然而，他們卻並沒

意識到：誠信會助人馳騁萬里，而虛偽卻滯人在方寸之地。這些不誠實的人，總是把一些根本不屬於自己的業績據為己有，加以大肆虛誇，卻從來沒有感到一絲慚愧和羞恥；而那些真正誠實的人，從來不會吹噓或炫耀自己的業績。因此，虛偽的人往往說他們很誠實，然而他們卻一點也不誠實；而誠實的人卻不顯山不露水，他們卻是真正的誠實。皮特在彌留之際，聽到威靈頓在印度創下了輝煌的業績時，油然而生地感嘆道：「我聽到威靈頓輝煌事蹟的消息越多，我就越發欽佩他誠實而謙虛的品格。儘管威靈頓完全有理由炫耀自己的功績，但是他卻是唯一不為自己的功勞炫耀的人，正因為如此，他才是無愧於自己榮譽的人。」

亨利‧福克斯‧塔爾博特（Henry Fox Talbot）教授曾這樣評價法拉第：「無論是在現實生活中，還是在哲學領域裡的種種虛偽，都令他十分討厭。」馬歇爾‧霍爾博士也是一個極為誠實、守職和高尚的人，他的一位最親密的朋友曾這樣評價他：「無論他在哪裡，只要碰上虛偽和陰險的動機，他就要公開揭露，他曾告訴我說：『我既不願意也不能夠撒謊。』他對虛偽絕不姑息養奸，也絕不含糊和妥協。無論他碰到多大的困難，無論他要為此付出多大的犧牲，他總是竭力反對虛偽，堅持主持公道。」

阿諾德博士將誠實看作是各種高尚品德的基石，他認為誠實是一面道德鏡子，任何人在這面鏡子面前，都會顯出自己的本來面目。阿諾德把誠實看得高於一切，他總是諄諄教育年輕人，一定要以誠待人、以誠行事、以誠立信、以誠為本。在他身邊，只要他發現有誰撒謊時，他總是從內心深處感到極不舒服，並認為自己若是不當眾揭開他偽裝的畫皮，就等於是共犯。當一個學生做出一項承諾時，阿諾德總是相信自己的學生，並說：「你能夠做出承諾，我非常欣慰，而且我會完全相信你會踐行自己的承諾。」阿諾德充分相信自己的學生，並給這些學生以極大的信任，在他的教育生涯中，他時常以這種特有的方式教育自己的學生一定要以誠為上、以誠立信。後來，他的學生成年後，在一起追憶阿諾德時，他們說：「與阿諾德先生相處，萬萬不可撒謊，因為恩師最反感一切虛偽和做作的人。」

愛丁堡大學的技術教授喬治・威爾遜，是一位盡職盡責、誠實守信、極具勇氣、樂觀豁達，而且勤勞努力、拚命工作的人。威爾遜的一生極為坎坷，但他樂觀豁達、勤奮工作，他所表現出來的驚人的藐視困難的勇氣，以及罕見的樂觀精神，值得我們每一個人效仿。他的這種精神，正如捕鯨隊長對卡納博士所說的：「上帝保佑你！先生，人的精神力量是異常偉大的，它能幫助我們戰勝一切困難。」

　　幼年的威爾遜是一個聰明活潑的小男孩，但是他疾病纏身，身子骨十分虛弱。早在威爾遜十七歲那年，他就痛惜自己患上了精神憂鬱和失眠症。威爾遜曾對自己的一位朋友說：「我想，我的壽命肯定會很短暫。因為我的元氣已經衰竭，身體自然也會很快由此垮下來。」一個風華正茂的年輕人居然說出這樣「自尋短見」的話，不禁讓聞者掉淚、見者傷心。即便如此，威爾遜卻從來沒有給自己的身體以較好的休養機會，取而代之的是更加刻苦學習、踴躍參加各種競賽，常常用腦過度，而且還要進行大量的體育鍛鍊，結果他發現，這樣做反而無益於自己的身心健康發展。正當青春年少的年輕人說出這樣的話，真是令人心痛欲絕。但他從來沒有給身體以較好的休養機會。有幾次，威爾遜到高原地區進行長足跋涉時，他感到自己明顯體力不支、精疲力竭、氣喘吁吁，於是，只好放棄體育鍛鍊，從而又將全部的精力投入到腦力活動當中。

　　有一次，威爾遜在斯特林附近進行了二十四英里（1 英里＝ 1.609344 公里）的強化步行，不小心摔傷了一條腿。當他拖著疲乏的身子，一瘸一拐地回到家後，便病倒了。威爾遜的病情極度惡化，他的踝關節極度膿腫，痛苦異常。後來在萬不得已的情況下，他便選擇做了截肢手術。手術後，威爾遜失去了靈便的右腿，然而面對這一飛來橫禍，他並沒有由此而懊惱、一蹶不振，而是一如往常地投入到工作當中，除了在學校教授化學課外，他還堅持不停地寫作和演講。此後不久，威爾遜又經歷了人生的一大劫難，他患上了嚴重的風濕病，而且雙眼紅腫異常。在醫生的叮囑下，威爾遜堅持吃秋水仙的種子散寒，在酷熱的環境中咬牙接受治療，這些他都很難忍受，但是他還

是憑藉自己的意志力堅持了下來。當威爾遜不能寫作時，他就一遍又一遍地在沒面前練習演講。即便如此，他每日每夜因痛苦難耐而不得安寧，於是，他便給自己注入嗎啡，以求使自己安然睡去。但是，痛苦卻並沒有由此離他而去，當他處於衰竭狀態時，他的肺部又出現了毛病。但是，威爾遜並沒有被病魔制服，仍然堅持每週給愛丁堡大學的學生演講。儘管對於威爾遜來說，給學生們做大型的演講，是一件非常費力傷神的事，但是，他卻從未缺席過一次。每次演講結束後，威爾遜總會自言自語道：「好啦，要命的事情又來了。」威爾遜知道，等到自己回到家後，又是一個不眠之夜等著他。

在威爾遜二十七歲的時候，他每週演講的時間都長達十幾個小時。有時，在他演講的時候，身上還掛著輸液管，而且身上的水泡傷口歷歷可見，然而他卻十分淡然而幽默地與學生們開玩笑說：「我的這些水泡，其實就是我的知心朋友。」死亡的幽靈時時在他心中徘徊，他深深地感到自己的有生之年已經不多，剩下的日子已屈指可數。然而，他在給一位朋友的信中說道：「如果在哪一天早上突然聽到我去世了，你千萬不要感到奇怪。」儘管威爾遜這樣調侃自己，但他卻並沒有絲毫的傷感和痛苦之情，他仍然像往常一樣充滿活力、充滿希望、愉快地工作。威爾遜對學生們演講道：「那些對死亡失去恐懼的人，將比其他一切畏懼死亡的人生活得更加甜美。」

除非在肺部嚴重缺血、身體極度衰弱的情況下，威爾遜才不得不終止工作。但是，經過了一個星期的身體恢復之後，他便立即回到自己的工作職位上來，他總是笑著調侃道：「枯井裡又湧出了新鮮的井水。」往往這個時候，威爾遜的肺病已經相當嚴重，時常胸悶得不停地咳嗽，他卻依然站在三尺講臺上繼續堅持演講。由於斷了右腿，威爾遜行動起來極不方便，有一次他摔了一跤，當他努力掙扎著爬起來時，由於手臂用力過猛，肩膀的骨頭也折斷了。然而，這一連串的摧殘，非但沒有使威爾遜倒下去，反而使他愈加堅強。

蘆葦稈被壓彎了，但並沒有折斷，狂風暴雨過去後，小小蘆葦又重新挺立如初。威爾遜奇蹟般的從這些不可思議的痛苦和疾病中恢復了過來。而今，他已然沒有了憂愁，沒有了苦惱，也不再持續發燒了，他的工作充滿了

愉快和無窮無盡的熱情。經過了千難萬苦之後，威爾遜心如止水，他仍舊每天精神抖擻地工作，他勇敢堅強的毅力和賣命工作的品格，感染了學校裡的老師和學生，他也贏得了很好的口碑。但是，威爾遜自己心裡很明白，他的大限來了，歸期就在眼前，他最大的痛苦莫過於要在家人和熟人面前隱瞞自己的病情。他曾演講道：「在陌生人面前，我感到十分愉快，因為我是一個名副其實的入土之人，我的來日只能以天計算。但是，我的家人和朋友要是知道我行將就木，他們肯定傷心透了，我實在不忍心將自己的病情告訴他們。」

威爾遜知道自己不久於人世後，他的腦海裡時常浮現起一位婦女。這位婦女是他的一位同鄉，當她得知自己患了乳腺癌後，卻對自己的父母隱瞞了病情，她深深地知道，父母得知自己的病情後，只會讓他們感到痛苦和擔憂。然而，她的病情已經相當嚴重，必須馬上進行手術治療。在醫生們提出一個「隱蔽」的治療方案後，這位身患絕症的年輕婦女打開了自己的房門，把醫生們引進自己的房間，而將自己的父母拒之門外。一切進行得井然有序，她滿面笑容地躺在床上，靜靜地接受開刀手術，而她的父母直到手術後才知道了這一切。十分不幸的是，這位婦女身上的癌細胞已經擴散，死神已經慢慢向她的靈魂靠近，但是，她卻沒有任何怨言，而是憑藉頑強的毅力和非凡的意志力掙扎，勸導自己的父母要珍惜身體，切莫過度悲傷。然後，她便又重新躺在床上，不發一聲呻吟，便從容地離開了人世。

休頓在其《濟慈的一生》中寫道：有一天晚上，在 11 點鐘左右，英國浪漫主義詩人約翰・濟慈（John Keats）相當興奮地回到了住所，便對朋友說：「我乘馬車回來時，受了點風寒，感到有些發燒，但是我回到家裡後，感覺舒服多了。」朋友就勸他早點休息，濟慈也很聽勸，便順從地鑽進了冰冷的被子裡，但是沒等他的頭接觸到枕頭，他便輕微地咳嗽了幾聲。他感到空氣裡彌漫著一股莫名的腥味，便吩咐朋友道：「我應該是咳出血了，將蠟燭拿過來，讓我自己看看。」這個時候，朋友看到被褥裡染得通紅的幾攤血跡，便黯然流下了淚。濟慈卻異常平靜地對朋友說：「你不要哭，也不要傷心，人不可能

長命百歲，在死亡面前，每個人注定要走一遭。我的死亡證明書下來了，因此，我得走了。」說完，便駕鶴仙去。

後來，威爾遜讀了《蘭姆和濟慈的一生》一書後，深有同感地說：「我讀完此書後，內心感到十分沉重。他們這種兄弟般的情誼，時常讓人感動，使人崇高，使人忘卻自身的痛楚。但這種情誼，無法感動死神。濟慈的死，就像半夜裡的黑暗一樣，沒有一絲亮光，他是在無限的痛苦中去世的。」

雖然威爾遜對這兩則事例爛熟於心，而且深知自己面見上帝的方式，也可能和他們如出一轍。但是，他仍然像往常一樣去給建築系和藝術系的學生們講課。有一天，他在給藝術系的學生們上完課後，身體實在困乏，便躺下來休息了一下，突然，他的血管破裂了，使得他猛地顫抖著醒了過來。儘管威爾遜深深地知道自己的歸期指日可待，死神隨時有可能召喚他，但他卻像什麼也沒發生一樣，依舊忍受著無窮的絕望和痛苦，照常回到了講臺前。第二天，他又以驚人的毅力上完了兩次課，準時完成了自己的職責。然而，這一天，因其過度勞累，又引發了第二次出血。每一次大出血，都使人感到無限的傷感和蒼涼，但是他卻能極快地恢復平靜，然後掙扎著爬起來，微笑著面對臺下的學生。但是，這一天與以往不同的是，這次大出血使他的身體極度衰竭了，但是他的頭腦十分清醒，於是，他想到這一天的夜晚，便是死神奪走自己軀殼的時候了。然而，他卻再一次機器般的活了下來。在他恢復期間，他還被政府委任了一個重要的公共職務，那就是擔任蘇格蘭工業博物館館長。擔任這一職務，意味著威爾遜將要比在課堂上付出更多的努力。

威爾遜上任後不久，這個博物館就耗盡了他全部的剩餘精力。在威爾遜致力於收集各種模型和標本的同時，他還利用自己的業餘時間給貧民兒童免費學校、教堂和醫學界傳教協會上課和演講。「為工作而死」是威爾遜在社會生活中的真實寫照。因此，自從上任博物館館長以後，無論是從精神上，還是從身體上，他都沒有得到應有的休息。然而，儘管他的精神頑強不屈，但他的身體實在無法支撐下去了。威爾遜的肺部和胃部同時大出血，他便不得不被迫停下來休息。停下來後，他在寄給一位友人的信中寫道：「四十多

天來，讓我感到真正恐怖的日子終於來臨了，因為寒風已經從寒冷的阿拉伯半島陣陣襲來，而且溫度急劇下降，不但如此，令人詛咒的冰島，卻是如此的寒氣逼人，我成了這場冷戰的囚徒。我的肺部像插著一根冰柱子一樣，忽冷忽熱。在這最令人留戀的時刻，我連咳嗽的力氣都沒有了，而且每次咳嗽都要咳出血來。我此刻已是身寒如冰、面白如紙。但是，熬過之後，我現在有點感覺不錯，明天我將要作最後一次關於藝術技術方面的演講。因此，我感到很激動，因為明天是藝術系的最後一課，而我也將要如期完成自己的使命。」

當威爾遜第一次出血的時候，前來看病的醫生把胃出血誤診為肺出血。於是，他寫道：「在這位可憐的人的墓碑上，也許應該寫上這樣慰藉的話：這裡躺著的是喬治‧威爾遜，他並非死於咳血，而是死於吐血。」

威爾遜剩下的日子到底還有多久呢？其實，他早就感到自己的身體已是油盡燈枯。長期以來，威爾遜一直感到衰弱無力和精疲力竭，他已經無法勝任一切工作了。當他感到自己即便是寫一封信也是十分困難了，於是，他便想躺下來做一次真正的休息。但是，他還是咬牙在蠟燭前寫下了《論知識入門五條途徑》的演講稿，在花費了巨大的精力後，他又把這個演講稿擴展成了一本書。然而不久，他的身體似乎有所好轉，於是，他又開始在自己的學院裡講課，同時從事著其他工作。他在給自己兄弟的信中寫道：「有人可能把我看成一個精神失常的人，因為我曾草率地貼出了一個通知，說是要給哲學系的學生們作一次『關於光的偏振問題』的演講。當然，我的這次演講並沒有『完成』，但是我真的希望我能繼續工作，堅持完成我的演講。勤奮努力、賣命工作，也許是我們家庭的通病。」

無法入睡的漫漫長夜，日復一日的痛苦，長時間的咳血，這些都一點一滴地耗費著威爾遜原本衰竭的身體，他已經感到身體極度虛弱、心神不寧。他自己也說道：「唯一沒有痛苦的時候，便是我在熱情演講的時候。」正是在這種病魔纏身、心神不寧的情況下，威爾遜以其令常人驚訝的毅力，開始寫作《愛德華‧福布斯的一生》這本書稿。寫這部書稿時，和他從事其他任何事

情一樣，他是那樣的投入，那樣的一絲不苟，認認真真地寫下了這部催人淚下的著作。不但如此，他仍舊堅持像往常一樣去講課和作演講。

　　威爾遜在生命的最後時光裡，給一個教師協會做了一次關於「技術科學的教育價值」的演講。他在講了一個小時之後，便饒有興致地問聽眾是否願意繼續聽下去。聽眾席上便響起了熱烈的掌聲，歡迎他繼續講下去。後來，他自己寫道：「每當我的演講有了聽眾，我的精神鬥志便會成倍數成長，正如我手中有了黏土一樣，我可以在一段時間裡隨心所欲地加以塑造。不得不相信的是，在演講中，那種噴薄而出的責任心，確定能產生巨大的力量。我並非不在意聽眾的好評，相反，在演講時，我總是盡自己最大的努力去贏得聽眾的好感，至少不讓聽眾失望。我從不奢求不該擁有的名譽和稱讚，但我時刻在努力使得自己的講演能讓聽眾滿意。在我看來，職責是一個有千鈞之重的字眼，它在我心裡勢必高於一切。」

　　在逝世前四個月，他說：「我的生命不可能用一年一年來計算，因此我必須一個星期一個星期地編織好自己的生命。」當威爾遜不停地咳血，從而引起自己一陣陣揪心的痛苦後，他殘存的一點點氣力也行將枯竭，但他仍然堅持著授課和演講。當威爾遜聽到自己的朋友要招人照顧他的身體時，他卻忍不住笑了起來，並說道：「我只要一息尚存，就無法停止自己的工作。像我這樣一個嗜職責如命的人，又怎麼會要人來照顧自己呢？」

　　到了西元 1859 年的一天，威爾遜像往常一樣從愛丁堡大學作完演講後，正待他動身準備回家時，他明顯地感到胸部一陣難以忍受的痛苦。當匆匆趕來的醫生手忙腳亂地給威爾遜檢查身體時，威爾遜的肺部已經發炎，而且加上胸膜炎發作，他那早已衰竭的身軀根本無力抵抗這麼嚴重的疾病的侵襲，最終安靜地倒了下來。威爾遜從沒真正休息過，他實在太疲乏了，也實在太需要休息了，而威爾遜的這一願望也在這一天終於如願以償。但是，到了生命的彌留之際，威爾遜含著最後一口氣，在紙上寫道：「痛苦而又痛苦的一生，終於結束了。但是死亡和淚水卻無緣，明天終將又是光明燦爛的一天。」

　　在威爾遜的妹妹飽含深情寫下的《喬治‧威爾遜的一生》一書中，寫盡了

威爾遜飽受病痛的折磨，而又不屈不撓地與病魔抗爭的傳奇經歷。威爾遜是一位不斷與病魔戰鬥的勇士，這位勇士以其非凡的意志和令人欽佩的責任感感動了千千萬萬的人。這樣飽含深情的作品，在世界文學史上都不多見。威爾遜的一生，實際上就是他那已故的、與他志趣相投的朋友約翰・雷德博士的重複和延續，他們都是在與病魔的鬥爭中建造了自己的一座生命的豐碑。在寫約翰・雷德的回憶錄中，威爾遜曾寫下了這樣一段話：「你的勇敢、樂觀和誠實的品格，是我生活中的楷模。這是你的精神，我們為你感到驕傲。你雖然離我們而去，但揮之不去的是我們對你的永久思念。你總是那麼謙恭忠厚，因此人們由衷地尊敬你。雖然你承受著常人無法想像的痛苦，但你卻意志堅強地走完了你的一生，而且走得那樣從容和安詳。」

第八章
溫和的性情孕育無窮的力量

　　對於一個人來說，性格在其生活中扮演著極其重要的角色。性格好的人，總能看到生活中積極向上的一面，他們根本就不會在乎令人傷心欲絕的痛苦。即使他們遭遇災難、深陷痛苦之中，他們也能找到心靈的慰藉，就如同在黑暗的天空中，心靈純潔而美好的人，總能或多或少地看到一絲亮光一樣。

性情溫和、與人為善、沉穩冷靜，這是基督教教義的精髓。

—— 威爾遜主教

天堂並非指哪一個具體的地方，而是氣性平和、心靜如水的人能去的地方。同時，它也是一種超脫罪惡並與上帝的意念相和諧的精神狀態。

—— 查爾默斯博士

我們知道年輕人聰明靈活，但總是年輕氣盛、鋒芒畢露的話，隨著歲月的流逝，他們那暴躁的脾氣終究會慢慢地改變，也最終會變得心氣平和，就如那冬青樹頂端那常綠的葉子一樣。

—— 索塞

溫和的性情，是一種無窮的力量。

—— 利·亨特

　　人們常說，才華和性格對於一個人的成功有決定性的影響。確實，一個善於寬容、體諒他人的人，一個心地善良、心氣平和的人，一個具有克制力、忍耐力的人，總能在生活中找到幸福。因此，我們完全可以這樣說，一個人的幸福在很大程度上取決於他是否擁有善良、寬容和體貼他人的品格。正如柏拉圖所說：「使別人幸福的人，他自己也一定能得到幸福。」

　　對於一個人來說，性格在其生活中扮演著極其重要的角色。性格好的人，總能看到生活中積極向上的一面，他們根本就不會在乎令人傷心欲絕的痛苦。即使他們遭遇災難、深陷痛苦之中，他們也能找到心靈的慰藉，就如同在黑暗的天空中，心靈純潔而美好的人，總能或多或少地看到一絲亮光一樣。對於他們而言，即便烏雲布滿了天空，太陽露不出笑臉，但是在他們心裡，太陽永遠在烏雲之上，溫暖的陽光也終究會普照大地。

　　一個人若是擁有這種使人愉悅的性格，他就不會妒忌別人，也不會遭人妒忌。具有這種性格的人，他們的眼裡往往閃爍著愉快的光芒，在生活中，

他們的心中充滿了陽光，他們也似乎總是那麼的歡快、達觀、朝氣蓬勃和充滿活力。誠然，每個人都有心情煩躁、精神痛苦的時候，他們自然也不例外，但是他們不同於其他人的關鍵一點，便是他們總是愉快地接受這些痛苦和折磨，從不抱怨、從不憂傷，更不會為此而浪費自己寶貴的精力，而是拾起生命道路上的花朵，勇敢面對、奮勇前行。

　　這些天性愉快、樂觀、友善的人，遠不是我們理解的那種缺乏理智、意志薄弱的人，他們最為顯著的性格特點便是對前途充滿希望，也同時值得人們信賴。這些人往往見識非凡、目光敏銳，他們是一群最先扒開厚厚的烏雲，捕獲到一束亮光的人；同時，他們也是一群善於從當前的災禍中看到未來希望的人。每當疾病纏身的時候，他們總是依靠自己的努力，使得身體慢慢恢復，不但如此，他們往往能在艱苦生活的磨練中，學會遵守紀律、善於改正錯誤、總結經驗教訓；在痛苦和挫折面前，他們總是鼓起勇氣、毫不退卻。正是在與困難和挫折作鬥爭的過程中，他們學到了許多知識，也懂得了生活的艱辛，更懂得了幸福的生活來之不易。

　　當傑里米·泰勒（Jeremy Taylor）的房屋遭人侵占、莊園被人沒收，他和家人被趕出家門、流離失所時，他卻在自己所著的《聖潔生活的規則與操練》一書中這樣寫道：「我落到了財產徵收員的手中，他們毫不客氣地剝奪了我所有的財產。那麼，現在我剩下了什麼呢？讓我仔細搜尋一下：他們留給了我可愛的太陽和月亮；溫良賢淑的妻子，仍在我的身邊；那些為我排憂解難的患難朋友，仍然對我不離不棄。除此之外，我還擁有愉快的心和歡快的笑臉。同時，他們無法剝奪我對上帝的敬仰，無法剝奪我對美好生活的嚮往，無法干涉我對他們的罪惡之舉的仁慈和寬厚。我現在仍然照常吃飯、喝酒，照例睡覺和消化，像往常一樣讀書和思考，而這些恰恰是我夢寐以求的願望。」泰勒在遭到意外的打擊和災難時，仍然感到自己有足夠的理由高興和歡樂。他根本不在乎痛苦和災難，或者說，他在這種常人難以擺脫的痛苦和怨恨中，仍然能夠知足常樂，真可謂不以常人之憂為憂，卻以常人之憂為樂。

　　泰勒之所以能做到這一點，是因為他勇於藐視困難，視災禍為普通的一點荊棘，而他自己卻坐在這些小小的荊棘上面，從未感到憂慮和痛苦。

　　一個人的愉快性格，主要是與生俱來的，但是儘管這樣，這些性格也和其他生活習慣一樣，可以透過後天的訓練和培養來獲得和加強。我們每個人都可以自由自在地、充分地享受生活，也可以毫不懂得生活的樂趣而囫圇吞棗地、糊裡糊塗地生活，這在很大程度上取決於我們從生活中提煉出來的是快樂還是痛苦。同時，我們究竟是經常看到生活中光明的一面，還是經常看到黑暗的一面，在很大程度上決定著我們對生活的態度。要知道，任何生活都是辯證統一的，問題就在於我們自己怎樣去審視生活。對此，我們完全可以運用自己的意志力做出正確的選擇，養成樂觀、豁達的性格。因為樂觀、豁達的性格，有助於讓我們看到生活中光明的一面、積極健康的一面。所以，擁有這樣性格的人，即使在人生最為灰暗的時候，他們也能看到幸福生活的曙光，從而為之奮鬥和努力。

　　具有樂觀、豁達性格的人，無論在什麼時候，他們都感到光明、美麗和快樂的生活就在自己身邊。從這些人的眼睛裡時常流露出來的光彩，足以讓整個世界都流光溢彩。在這種光彩之下，人世間的寒冷也會變得溫暖，痛苦也會變得舒適。同時，擁有這種性格的人，他們的智慧將更加熠熠生輝，他們的美麗也更加魅力四射。然而，那些生性憂鬱和悲觀的人，卻永遠也看不到生活中的七彩陽光，在他們的眼裡，即便是春日裡爭奇鬥豔的鮮花，也頓時失去了嬌豔；黎明的鳥鳴，也變成了令人煩躁的噪音；蔚藍清澈的天空、五彩紛呈的大地，也都布滿了灰色。在他們眼裡，所有的一切都顯得蒼白無力、了無生機。

　　樂觀和豁達的性格，不僅是一個人獲得快樂和幸福的源泉，而且也是培養一個人具有良好品德的忠實捍衛者。那麼，人類怎樣才能戰勝各種誘惑，獲得樂觀和豁達的性格呢？對於這個問題，一位忠誠的作家回答道：「第一是歡樂愉快，第二是歡樂愉快，第三還是歡樂愉快。」歡快樂觀的性格，往往使心靈的沃土滋生善良、仁慈和正直的品格，它是仁慈友善的忠實朋友，是耐

心和堅韌的忠誠衛士，是智慧之母、聰明之父，同時也是一切道德良知的保護神。馬歇爾博士對自己的一位病人說：「醫治人類疾病的最好藥物，就是愉快的心情。一份美好的心情，要勝過十帖良藥。」

在邁克雷所著的《路德的一生》一書中，記載了路德曾致力於研究治療精神憂鬱症所獲得的「偏方」。路德說：「無論是對於年輕人而言，還是對於老年人而言，發自內心深處的歡樂和擁有理性誠實的勇氣，都是治癒精神憂鬱症的首選良藥。其次便是美妙的音樂，因為高雅的音樂能使人心曠神怡、精神振奮，喜愛孩子們、喜愛鮮花，也能使人倍感歡快和精神大振。其實，那些脾氣暴躁的男子漢，與意志薄弱的女人們一樣，他們的心往往脆弱不堪。這個時候，想要救治他們的心理疾病，就需要培養他們發自內心的歡樂和擁有理性誠實的勇氣，或者為他們高唱令人心曠神怡的音樂，藉以陶冶他們的情操。」

有人將快樂的心情比作一股永不枯竭的清泉；有人將快樂的心情比作蔚藍的天空；有人將快樂的心情比作沒有歌詞卻永無止境的歡歌。它能使人的靈魂得以安寧，使人的精力得以恢復，使人的美德更加芬芳沁香。就是一首沒有歌詞的永無止境的歡歌，它使人的靈魂得以寧靜，使人的精力得以恢復，使美德更加芬芳。儘管人們的煩勞和不安，總在時時吞噬著人們的美好心情，各種挫折和磨難也會一點一滴地消耗他們的意志，但是人們也能從積極向上的精神裡，從堅持正義的靈魂裡，從培養良好品格的美德裡，得到心情的愉悅，得到清泉甘露的滋潤，而且這種美好的心情將永遠不會枯竭，而會歷久彌堅、歷久彌香。

帕默斯頓勳爵的一生，歷經坎坷、屢遭挫折，但他卻百折不撓，與艱難困苦做著頑強的抗爭。那麼，我們從帕默斯頓身上能學到什麼樣的品格呢？帕默斯頓性情平和，永遠保持著一顆快樂的童心，正因為這樣，他養成了寬容的品格，具有豁達大度的胸懷。同時，他也極善於忍耐，極善於自我克制，即使在面對種種不公正的待遇和莫名其妙的打擊下，他也不會沉溺於愚昧的抱怨和苦惱之中，他總是善於駕馭自己的情緒，去超脫逆境，從而在內

心深處保有寧靜和平和的心態，從來不會因他人的陷害和攻擊而自我摧殘、自我折磨。當內閣正在處理有關阿富汗的災難問題時，帕默斯頓的對手們卻採取企圖作偽證、有意篡改公文和製造各種謊言等卑劣的手段來控告和誣陷他，然而，他卻對這些不白之冤無動於衷，也從來不因為這樣的打擊和迫害而憂慮和痛苦，總是一如既往地樂觀豁達地生活著。帕默斯頓的一位密友，在連續觀察了他二十年之後說：「我從來沒有看到帕默斯頓因什麼事情而勃然大怒，也從來沒有看見他自我消沉過。」

從許多人物的傳記中，我們可以了解到，許多傑出人物都是樂觀、豁達、胸懷坦蕩的人。他們蔑視權貴，淡泊名利，善於享受真正的生活，也善於發掘蘊藏在生活中的無窮快樂。比如荷馬、賀拉斯、維吉爾（Publius Vergilius Maro）、莫雷拉、莎士比亞、塞凡提斯等，都是樂觀豁達的人，他們總是在偉大的事業中，時常洋溢著健康、寧靜的快樂。像這樣心地善良、本性寬厚的人，還有路德、摩爾、培根、李奧納多‧達文西（Leonardo da Vinci）、拉法葉（Marquis de La Fayette）、米開朗基羅等。這些人之所以總是充滿著幸福和快樂，或許是因為他們總是忙於各種最快樂的工作，而這種快樂的工作使得他們心靈富有，而且充滿創造的活力。

米爾頓一生歷盡無數的艱難困苦，但他始終樂觀、爽朗。有一次，他的眼睛意外地瞎了，於是，他的朋友背棄了他，但米爾頓卻並沒有因此而失去希望和信心，反而更加振作起來，勇敢地面對生活。他勸導自己道：「米爾頓，你前面一片黑暗，時不時還有令人毛骨悚然的聲音在前面吼叫，但你一定要樂觀豁達起來，將這些恐怖的聲音化為你前進的『進行曲』。」

亨利‧菲爾丁（Henry Fielding）一生極為貧困，經常債臺高築，而且各種磨難接踵而至，病魔也總是樂於光顧他。但是，瑪麗‧沃特利‧蒙塔古夫人（Lady Mary Wortley Montagu）曾這樣評價菲爾丁：「由於他天生是個樂天派，因此，在面對災難時，他總是比任何人都懂得去尋找幸福和快樂。」

詹森博士一生經歷了無數的艱難困苦，與命運進行了不屈不撓的鬥爭，但他總是心情愉快、神勇異常。每次在困難面前，他都能樂觀地面對生活，

充分地享受生活的快樂。有一次，一個牧師在鄉下抱怨社會生活的單調和乏味。這位牧師說：「他們總是無聊地談論小乳牛。」然而，詹森博士卻喜歡談論小乳牛，因為他善於調整自己，不管環境如何惡劣如何變化，他總是樂觀而積極地面對生活。詹森認為，一個人隨著年歲的增大會越來越成熟，而且他的性情也會越來越溫和。與詹森持有不同觀點的切斯特菲爾德伯爵，卻是一個憤世嫉俗的人，他認為隨著歲月的流逝，一個人的心不但不會變得越來越好，相反會變得越來越冷酷。當然，這只是兩個人看問題的方式、方法不同而已。由於人們生性的氣質不同、閱歷不同，甚至還有可能對同樣的生活產生截然相反的看法。即便如此，那些善於吸取經驗教訓、善於自律自制的善良人，對生活的理解總會變得越來越現實和客觀，他們的生活也總會變得越來越完美；而那些品性不好、脾氣倔強的人，總是不願意吸取經驗教訓，對生活的理解也會越來越偏激，他們的生活不但不能變好，而只能變壞。

心地善良的人不僅在待人接物上表現得寬容和大度，而且在對待寵物時也會懷有惻隱之心。華特·司各特先生便是一個心地極為仁慈的人，不僅他身邊的人都喜歡他，而且他所飼養的寵物也對他表示友好。司各特就與霍爾上尉講述了一個關於自己孩提時代的故事：有一天，一條狗朝司各特搖頭擺尾地跑過來。情急之下的司各特，撿起地上的一塊石頭朝這條狗猛扔過去，正好打中了狗腿。可是，令人驚奇的一幕發生了：儘管狗的腿已經斷了，但牠仍然忍著疼痛向司各特爬過來，並不顧一切溫馴地舔著司各特的腳。司各特對霍爾說：「這是我有生之年做的最愚蠢的一件事，也是我一生最大的遺憾。這件事對我教育很大，它影響了我的一生。」

有人問司各特幸福快樂的奧祕是什麼？司各特總是故作深沉地說：「那就請您開懷大笑吧！」司各特在與人交往中，總是發自內心地與人微笑，而且總是和顏悅色、以誠待人。司各特的朗朗笑聲感染了他身邊的每一個人，每當有人在他面前表現得拘謹和敬畏時，他總是極盡所能地逗對方開心，然後使得對方爽朗地笑出聲來，緊張和尷尬也隨之煙消雲散。梅爾羅斯修道院的廢墟管理員說：「他常常到我們這裡來，每次來的時候，他都和一大群人同行，

而且在大老遠處就開始叫我道：『杰里！杰里‧鮑威！』而每當我循聲望去，走到外面後，他肯定又要說笑話、開玩笑。然後，我們就會在一起閒聊，並且像老友相見那樣隨意、無拘無束。我從來沒有想到，常跟我在一起說笑話而又十分隨和的人，竟然就是大名鼎鼎的歷史學家司各特。」

阿諾德博士也是一位極為誠摯友好而富有同情心的人，在他身上沒有絲毫的矯揉造作，沒有一點的傲慢之情。賴爾曼教區的神職人員說：「我從來沒有見過如此謙恭的人，他快速地走過來，主動伸出手等著與我友好地握手，讓我感覺自己就像和一位自己的朋友握手那樣親切。」、「他親切地走過來，很友好地與我握手，就像他是我們中的一員一樣。」住在福克斯附近的一位老婦人說：「阿諾德先生過去常常到我的家中來，他和我交談時，就像尊敬一位貴婦人那樣尊敬我，讓我感到無比親切。」

席尼‧史密斯先生也是一個樂天派，他總是看到生活中美好的一面。在史密斯眼裡，最黑暗的烏雲也擋不住太陽的光輝，最漫長的長夜總會被來日的黎明所替代，因此，無論他是在鄉村當牧師，還是任教區長，他總是那麼友好、善良和不辭勞苦地工作。不僅如此，史密斯的耐心和寬容形如一條大江大河，永遠望不到盡頭。他身上凝聚著基督教的精神，體現著誠摯的善意和友愛，同時，他的言行具有紳士的崇高美德，無論從哪個方面看，他都是世人學習的楷模和典範。他提倡社會要重視教育，並且在閒暇之餘仍舊不停地奮筆疾書，歌頌正義，主張信仰自由和人性解放。史密斯的文筆幽默而且明快，經常鐵肩擔道義，妙手著文章；同時，他也從不逢迎世俗的卑劣，更不逢迎世俗的偏見。史密斯天性豁達，而且精力旺盛，始終洋溢著樂觀向上的精神。史密斯晚年疾病纏身，於是他寫信給朋友說：「我出現中風症狀、氣喘病和其他多種疾病，但我自己的感覺良好，我相信我會戰勝疾病的。」後來，他在最後寫給卡利斯勒夫人的信中，這樣調侃自己道：「如果你聽說有誰丟了十六或十八磅肉，那麼，這個失主不會是別人，正是我自己。我現在的身子，看起來就像自己的牧師職務被人強行奪走了那樣，我無法工作，無法用德化去感化人民，因此我不得不成天掉肉。」

許多偉大的科學家，諸如伽利略、笛卡兒、牛頓和拉普拉斯等，都是十分勤勞、富有耐心而又樂觀豁達的人。再比如世界上最偉大的自然哲學家歐勒，他晚年時雙目完全失明了，但他仍如往常那樣堅持愉快地創作。歐勒雖然雙目失明，但是他憑藉長期訓練出來的驚人記憶力，創作出了大量的富有開創性的機械設計圖紙。而且，在緊張的研究之餘，他以教育子孫們為己任，並長期與他們快樂而幸福地生活在一起。

　　《大不列顛百科全書》的主編魯賓遜教授，也是一個極其樂觀開朗的人。當他因疾病纏身而無法勝任工作時，他便只得與自己的孫子玩耍。但是，他在給詹姆士・瓦特（James Watt）的信中說：「我看到小生命一天天地長大，尤其看到自己的乖孫子繞膝歡樂時，我便感到心曠神怡、喜不自勝。此前，在工作繁忙時，我很少注意到小孩子身上能蘊藏著這麼多的快樂。我真的十分感謝法國的理論家們，因為他們我才能將注意力轉移到小孫子身上，每當我看到小孫子笨拙可愛的一舉一動，每當他的每一個異想天開的念頭表現出來時，我就常常感到十分快樂和如醉如痴。小孫子種種天真可愛的舉動和想法，都是他自己幼小生命的保護神，也是他自己力量和能力的展現。我和小孫子待在一起時，自己唯一感到遺憾的是，我已經沒有機會對幼兒能力的形成發展過程再做出詳盡而系統的研究了。」

　　對一個人的耐心和忍耐力的最痛苦的考驗，曾經降臨在自然哲學家阿那克西曼德的頭上。阿那克西曼德所遭受的考驗和災難，在很多方面與牛頓的遭遇有著驚人的相似。當時，阿那克西曼德住在日內瓦，他經常要面對各種打擊和考驗，他無法避開和選擇，只得無可奈何地默默忍受，真是所謂的「啞巴吃黃連 —— 有苦說不出」。除了從事其他研究之外，阿那克西曼德專心致力於研究氣壓及其變化，他想從中引出支配大氣壓力變化的一般性規律。阿那克西曼德耗盡二十七年的時間潛心研究氣壓的變化，在此期間，他數十年如一日地堅持每天觀察，並將觀察的結果認真記錄下來，以備研究之用。有一天，一位新助理正式在阿那克西曼德的實驗室任職，為了表示她的熱心和誠意，這位細心的女助理將實驗室徹底清掃了一遍。女助理比較了一下其

他的實驗室，發現自己清理後的實驗室顯得相當整潔和井然有序，於是，她非常滿意地笑了，並侍立在門口等候阿那克西曼德。當阿那克西曼德進來後，看到實驗室「面貌一新」，然而，他並不感到任何欣喜，而是擔心地問：「我放在氣壓表旁邊的那些紙，現在被搬到哪裡去了？」、「啊？」女助理先是一愣住，既而輕鬆地笑道：「先生，我看那些紙髒兮兮的，於是，我把它們收攏到一起，一把火燒了，然後，我又重新放了一些新的紙在那裡。」阿那克西曼德無可奈何地又著兩手，內心矛盾極了、痛苦極了。稍許，他還是平靜而溫和地說：「小姐，你把我二十七年來辛辛苦苦累積起來的努力成果，頃刻間付之一炬。雖然我極度傷心，但是不知者不怪罪，請你以後再也不要碰這所房子裡的任何東西，好嗎？」

　　研究自然歷史比研究其他任何一門科學更需要耐心和毅力，急功近利、淺嘗輒止，或是缺乏非凡的毅力和耐心的人，不可能在這個領域裡有任何突破性的進展。而且，一項調查結果顯示，自然科學家的壽命比其他科學家的壽命要更長一些。英國出版博物期刊的倫敦林奈學會（Linnean Society of London）的一位成員說：「在西元 1870 年去世的十四位林奈學會的會員中，有兩位年逾九十歲，五位年過八十歲，還有兩位年過七十歲。我們統計了一下那年去世的人，他們的平均壽命為七十五歲。」

　　法國的植物學家米歇爾・阿丹森（Michel Adanson），在法國大革命爆發時，他已經年逾七十高齡了。在這場社會大動盪中，阿丹森失去了自己的財產、住所和花園。但是，他沒有失去耐心和毅力，在面對失去的一切時，他的勇氣不減當年，而且在他陷入最為窘迫的境地，已經食不果腹、衣不蔽體時，他還能對任何事情都泰然處之。阿丹森是學會的元老，有一次，學會盛情邀請他出席會議。阿丹森卻無可奈何地回答道：「實在很抱歉，我沒有鞋子穿。」據知情人居維葉所說：「當時的這種情景真的十分讓我感動。我看著這位可憐的老人，在一堆篝火前佝僂著脊背，用一雙微微顫抖的雙手在一張小紙上描繪著植物的特徵。老人將生活中的一切痛苦，都消融在對自然歷史的無窮無盡的樂趣之中。然而，這種常人難以享受的樂趣，對於這位孤獨的老

人來說，就如同一位善良的仙女心有靈犀地陪伴著他。於是，學會決定給這位衣食無著的老人一點點撫恤金，後來，拿破崙知道後便大筆一揮，將撫恤金翻了一番，也算給予了老人的一點安慰吧！」在阿那克西曼德七十九歲那年，這位飽經風霜的老人平靜地離開了人世，他的靈魂飛到另一個極樂世界中去了。在阿那克西曼德的遺囑中，他規定了葬禮的舉行方式：「在我一生中，已經確證的植物有五十八種，我要用這些植物織成一個花環，藉以告慰我的靈魂。除此之外，在我的葬禮上，不要花費任何其他的錢物，以免鋪張浪費。」根據阿那克西曼德老人的遺囑，在他的葬禮上，這個花環成了他靈柩上唯一的裝飾物。如此成績斐然的老人，卻以如此微不足道的葬禮羽化登仙而去，他的這種精神讓無數後人為之感動；同時，他的這種精神為自己建立了一座無形的紀念碑，這座紀念碑正如他耗盡畢生心血所著的作品那樣持久而永恆。

在歷史上，像以上那些心胸豁達的偉人真是舉不勝舉。人們只要受到胸襟開闊、生性樂觀的人感染，就會精神為之一振，靈魂受到了鼓舞，意志更加堅定，希望也倍感增加。在約翰‧凱耶所著的《印度官兵的生活》一書中記載道：在令人精神憂鬱的印度軍營裡，當約翰‧瑪律科姆爵士出現時，就像帶來了一束炫目的陽光，每一個人見到他時都是滿面笑容、心情愉悅。此時，瑪律科姆自己也還是那個爽朗樂觀的人，人們無法抵禦從他身上散發出來的令人快慰的魅力。

艾德蒙‧伯克也是一個洋溢著快樂和幸福的人。有一次，他在約書亞‧雷諾茲爵士先生的家中用餐，兩個人突然饒有興致地談起了「什麼樣的性格和氣質的人適宜喝什麼酒」這個問題。雷諾茲笑著說：「男孩子適宜喝紅葡萄酒，成年男子適宜喝白葡萄酒，白蘭地則是英雄喜愛的杯中物。」、「很好，」伯克說道，「那就讓我喝紅葡萄酒吧！我喜歡成為一個乳臭未乾的小男孩，因為兒時的童趣出乎自然，總能讓自己和周圍的人都感到高興。」在我們身邊，有些人雖然年事已高，但是心態十分年輕；而有些人雖然年紀輕輕，但是心卻已蒼老。有些白髮蒼蒼的老人仍保有一顆快樂的童心，而有些還是一個乳臭未

乾的孩子，卻有一顆圓滑世故、看破紅塵的蒼涼之心。如此看來，一個人擁有好心態並不取決於他自己的年齡大小，而是與樂觀豁達、心胸開闊的性格有關，即使是那些年邁的老人，他們身上也會有一顆快樂、活潑的心。

每當看到自己身邊的一些未老先衰、一本正經的年輕老頭，一位年事已高但心情豁達的老人慨嘆道：「唉！這個世界只會剩下一些年老的孩子了。」一個人的快樂要依靠豪爽、豁達的勇氣；一個人的幸福要仰仗寬宏大量、與人為善的品格；一個人的精神享受要依賴於童心常駐、精神快慰的性格。然而，這些快樂、幸福和精神享受，並不是那些一本正經、過分拘謹的年輕人所能享受得到的。因為一本正經的年輕人，往往缺乏精神活力，缺乏創造性，雖然他們徒有年輕人的外表，然而他們年輕的心已經蒼老不堪，失去了原本的活力和熱情。歌德在談到年輕老頭時，驚訝道：「唉，真苦了這些年輕人，他們能裝出這種古板的樣子，真是不易呀！然而，他們卻並不知道，他們的行為舉止是多麼的荒唐和愚蠢哪！」身為歌德本人，他是多麼的希望看到那些精神煥發、本性自然、朝氣蓬勃的年輕人哪！然而，每當他看到社會生活中那些一本正經、過分拘泥、矯揉造作的年輕人時，他就憤然地說道：「你們真是一些俊俏亮麗的『美』少年哪！」說完後，歌德便憤然地拂袖而去。

愛、希望和耐心是一切幸福之源。與人交往時，我們對別人的愛；能換來他人對我們的愛，愛能讓希望添上翅膀，使內心永遠充滿活力。愛即仁慈、寬厚，愛即坦率、真誠，一切美好的東西都源於愛。愛是光明的使者，是人類幸福的基石，是照耀在茫茫草原上的一輪紅日，是百花叢中的絢麗陽光。無數歡快的念頭都從愛的呼喚中翩翩而來；而暖意融融的歡快幸福之中，總會藏有愛的精魂。愛是無價的，它並不奢求人類花費任何東西，便自覺自發地來到人類門前，同時，它還為擁有者祈神賜福。愛與幸福是無法隔離開的，因此，一個心中擁有愛的人，幸福總會時常伴隨著他。正是因為有了愛，人類的痛苦才會化為幸福，傷心的淚水也會化作甘泉，滋潤人們的心田。

英國著名的哲學家和法學家邊沁，在《義務論》中寫道：「一個人給予別人的幸福和快樂越多，他自己得到的幸福和快樂也就越多，反之就會越少。

正所謂『種豆得豆，種瓜得瓜』，如果一個人待人友善，別人必定會以友善回報他。因此，那些仁慈的懂得生活的人，總是會給別人創造越來越多的幸福和歡樂，同時，他自己也將收穫越來越多的幸福和歡樂。俗話說：『良言一句三冬暖。』在生活中，我們的善言不僅會影響自己的善行，而且也會影響到他人的善行。也就是說，我們所說的那些具有高尚、正義的話，不僅聽到這句話的人會潛移默化地受到影響，而且那些在你身邊的人也會擇善而從、積善行德。千萬不要鼠目寸光地想著這是少數的現象，善言影響善行是一種普遍的現象。試想，我們與周圍的人接觸，周圍的人與他們周圍的人接觸，我們的每一次善言或者善行，都會『一傳十、十傳百』地波及開去。因此，我們的每一次善言和善行，不僅對我們自己，而且對我們身邊的人都顯得十分重要。當然，仁慈、善良的行為有時並不能使對方從中受到教益或得到啟發，但是只要我們的方式、方法適當，我們的仁慈善良之舉，一定會使對方深受感動。有時，友好的行為也許會換來誤解，一腔熱血可能換來一盆冷水，但是，別人的冷水卻無法澆滅我熱心助人的善心，同時，我們在樂善行德時，也並不在於求一時一地的回報。因此，我心向善當以至誠，我們應該盡力把友誼和文明的種子撒播人間，這些種子總會找到適合自己生長的沃土，並在他人的心中生根、發芽、開花和結果。每當看到幸福之花在人們的胸中開放，仁愛之心像星星一樣遍布人間，我們才知道人們對我們的回報何其豐厚！才更加明白愛的力量是多麼的偉大！我們要堅信：春播秋收，春華秋實，一分耕耘一分收穫。那麼，讓我們都來耕耘這些美好的品德吧！我們也將得到雙倍甚至數倍的收穫！」

　　詩人羅傑斯曾常常談起一個小女孩的故事：凡是認識這位小女孩的人，都從內心深處喜歡她。當有人問小女孩：「為什麼大家都這樣喜愛你？」小女孩答道：「我想，是因為我愛每一個人的緣故。」這則小故事，對我們每一個人都非常具有啟發意義。一般而言，一個人到底擁有多少幸福和快樂，取決於這個人到底付出了多少愛，同時又有多少愛回報給這個人。確實，不論一個人取得了多麼大的物質成就，如果這些成就不能有助於自己和他人的仁

慈、善良與和平，那麼，這些巨大的物質成就最終不會給人類帶來幸福，他自己也毫無幸福可言。

利‧亨特曾深刻地指出：「因為人受到情感的支配，所以善良是一種巨大的力量，任何其他力量都抵不上善良的力量。」有一條法國諺語說：「人類總是貪圖安逸和享樂。」還有一句很粗俗的英國諺語：「惡狗服蠻棍！」因此，邊沁說道：「人們每一個善良的舉動都來源於自己身上的力量，而且每一份善行都會為人們累積友誼。那麼，我們人類為什麼不把用來造孽的力量用來行善呢？」

一個人的仁慈和善意，並不體現在他送給別人的禮物上，而在於他是否擁有一顆善良而誠摯的心。有的人雖然也能從錢包裡拿出錢來給別人，但是他們的心卻是冰冷漠然的，難道說這就是所謂的仁慈和善意嗎？當然不是。因此，一個人用錢財表現出來的好心不僅不可靠，而且會為自己和他人帶來災禍。而那些善意的幫助、真正的關心，往往於己於人都會產生良好的結果。

我們一定要認清，一個人體現在善意之中的溫良品性，與那些愚昧和懦弱的性格完全是「冰火兩重天」：前者使人樂觀快樂，養成良好的品德；後者使人消極鬱悶，走向邪惡的深淵。一個人對人謙恭，並不意味著他十分膽怯，同樣，心平氣和也絕不是怯懦的代名詞。一個真正善良和仁慈的人，在處理任何事情時都不會消極和被動，而會十分積極和主動。一個善良、仁愛的人，必定是一個極富同情心的人；而那些心冷如鐵、麻木不仁的人，在生活中也絕不可能做到與人為善、關愛他人。如果一個社會的人們都是彼此友愛、互相關心的話，那麼，這個社會絕不是胡亂攪在一起的一團糨糊，而必定是一個有機組成的系統。如果一個社會踐行至真至善的仁愛，那麼，它就會極大地促進人們運用各種合情合理的手段，竭盡所能地積善行德。正是在這種仁愛之力的推動下，人與人之間才彼此關愛，民族與民族之間才能親如一家；正是在這種仁愛之力的推動下，一代又一代的人才舉心向善，人們的精神得以提高，品格得以完善，幸福也自然有了保障。

那些心地善良、仁慈的人，都是積極工作、吃苦耐勞的人；而那些自私

自利的狂妄之徒，都是一些無所事事的懶漢。法國博物學家布豐常常說：「我向來不願將自己的知識傳授給那些缺乏熱心且自私自利的年輕人。」從這一點看，在生活中，儘管不是人人都可能具備高尚和美好的品德，但是在布豐心裡，總是希望自己的身邊能多聚斂一些具有高尚和美好品德的人。

自私自利是人性中最為可恥的行為，自私自利者往往都是一些最為貪婪的狂熱分子。他們一門心思為自己謀私利，而無視他人的利益，個人的小我常常吞沒了大我，在他們心中，甚至認為上帝就是他們自己，或者上帝就是為他們服務的。正所謂「人心不足蛇吞象」，這些私欲極度惡性膨脹的人，永遠無法滿足自己的貪欲，從而最終會被自己惡性膨脹的貪欲所吞噬。

在生活中，我們要警惕一些隻知道發牢騷的人，他們認為一切事情都是錯誤和不正常的。然而，他們懶得動手去改變周圍的一切，卻總是抱怨一切都是那麼的沉悶無聊、死氣沉沉，總是認為自己的人生路上得不到貴人的幫助。「最壞的輪子，總是在不停地咯吱咯吱作響」，正如那些最差的工人總是最喜歡罷工一樣，社會生活中的那些最懶惰的人，往往是最喜歡抱怨的人。

如果一個人總是牢騷滿腹，久而久之就會心生病態。那些心懷妒忌的人，總是將一切美好的東西都看成灰暗色；那些品性不好的人，總認為這個世上的一切都是東倒西歪、乾坤顛倒、黑白混淆，而這些人無一例外地都是內心齷齪、心靈極度空虛的人。英國傳統滑稽木偶劇《潘奇和裘蒂》中的小女孩，自從發現自己的各種各樣的玩具裡裝滿了麥麩後，她便覺得一切都太沒有價值和意義了，於是，她想到了奔走尼姑庵，要在現實生活中找到自己對應的角色。許多成年人總是樂此不疲說身體不佳，來推託各種工作；再比如他們的口頭禪「我頭痛」、「我背痛」、「我腰酸」，然而隨著時間的流逝，這種病態會日愈頑固。從另一個側面來說，這也許是這種人獲取他人同情和憐憫的一種手段和方式吧！在他們心裡，倘若不這樣做的話，那麼，他們就會覺得自己在這個世界上太沒有分量了。

面對生活中的各種小麻煩，我們要認真對待、妥善處理，千萬不可任其肆意發展。小問題不處理就會成為大問題；小麻煩處理得不好，就會衍變成

大麻煩。其實，生活中的許多煩惱和憂愁，就像神靈鬼怪那樣，在現實生活中並非真正存在，都是人們在主觀臆想中捏造出來的。一旦人們遭遇更大的痛苦，那麼，這些細小的煩惱就會在人們心裡自行消散。但是，有許多大的痛苦，往往就是這些細小的煩惱積少成多、由量變到質變而導致的。因此，在我們生活中，有時我們並沒有將這些細小的痛苦加以比較，從而應該被我們所拋棄的痛苦，我們反倒珍愛地藏在心中，從而自尋煩惱，滋生許多莫須有的消極情緒，以致產生病態的心理。許多父母對待自己的子女時，因為方式、方法不當，本來伸手可及的幸福卻被自己過分的溺愛糟蹋了。他們總是縱容子女的不良習慣，久而久之，這些不良習慣便會滋生成惡習，直到有一天，這些父母再也無法教育和控制自己的子女了，相反，這些寵壞了的孩子反倒要控制自己的父母了。所謂「冰凍三尺，非一日之寒」，一個人心境的好壞，並非朝夕就能形成的，它需要經歷一個很長的過程，因此，人世間許多罪大惡極的行為，就是在這樣長年累月中慢慢「修煉而成」。一個人若總是心情憂鬱、消極墮落、缺乏同情心，那麼，他的心房就裝不進希望、快樂、幸福。一個人的不健康心境一旦養成，那麼，他就會對世界上的一切都充滿沮喪和絕望，他總是鬱鬱寡歡，沒有同情心；總是吹毛求疵、愛發牢騷；總是抱怨天道不公、人生太苦；總是斜著眼睛看人、看到別人也是渾身不舒服。這樣的人往往自己孤僻成性，在心中裝滿了各種痛苦和煩惱，他們也總是認為周圍的人不好打交道，因此，他們不僅與周圍的人作對，還與自己為難。那麼，這樣的人怎樣改變自己，從而得到幸福和快樂呢？「羊毛出在羊身上」，「解鈴還須繫鈴人」，因此，只有人們自己不與自己為敵，不在心裡自尋煩惱，保持樂觀豁達的心境，與人為善、關愛他人，那麼，久而久之，就會撥開雲霧見天日，收穫到友情、親情、愛情，得到真正的幸福。

一個人若是自私自利的話，就會助長自己斤斤計較的性格，同時也會助長自己的壞心情。自私自利是人的一種意識活動，如果一個人染上這種壞的習性，那麼，他就會朝一個錯誤的方向一直走下去。對於一個人來說，儘

管那些自私自利的習性會比較頑固、執拗，但並非不可制止，透過後天的訓練，完全可以改變這種壞的習性。

每一個人都有自己的意識自由和行動自由。有時，我們在意識支配下行動，會給自己帶來榮耀，同時也會帶來恥辱。到底是走成功之路讓自己榮耀，還是走失敗之路讓自己身獲恥辱，都取決於我們的思考和行動的方式。如果我們心情豁達、樂觀，我們就能夠看到生活中光明的一面，即使在漆黑的夜晚，我們也知道星星仍在閃爍。因此，一個心境健康的人，就能自覺地摒棄那些骯髒的想法，不與邪惡者為伍，從而思想高潔、行為正派。我們自己也可能堅持真理、崇尚道義，也可能堅持錯誤、執迷不悟，這些都取決於我們自己。社會是人類自己創造的，它就屬於我們每一個人，那些真正信奉真理、熱愛生活、擁有快樂的人，才是這個社會真正的主宰者。

有一次，一位心情極為陰鬱的人，到一位著名醫生那裡看病。病人將自己的病歷放到了醫生桌上，醫生看完後，拊掌大笑建議道：「你得的是心病，只要你爽快地開懷大笑，就可以將自己的病治好。我給你提供一個建議，你去看看英國著名丑角格里馬爾迪（Grimaldi）的表演。」病人十分痛苦地說：「可是，我就是格里馬爾迪本人啊！」看完這則故事後，我們不得不承認，有些事情就連道德家都無能為力，還得靠自身去調劑。

如果一個人總是煩躁不安、焦慮不已，胸口時常積壓著抱怨的情緒，那麼他的這種不良習慣，就會遷怒到周圍其他人身上，自然得不到別人的好感，幸福也就不會向他靠近。我們也時常能看到一些渾身帶刺的人，與他們交往自己也會「惹得一身腥」，久而久之，便沒有人敢靠近他們。這些渾身帶刺的人，他們從來不控制自己的脾氣，往往對一件芝麻大小的事，也總是唇槍舌劍、不肯相讓，甚至有時會拔刀相見，弄得身邊的人下不來臺。如此這樣下去，他們就會覺得生活沒有意思，心裡總是產生各種莫名的擔憂和恐懼，本來充滿陽光般的生活，在他們心裡，也會像光著腳走在荊棘叢中一樣，時時擔驚受怕、戰戰兢兢、如臨深淵、如履薄冰。理查·夏普在其《書信與散文》中說道：「有的時候，儘管是一些雞毛蒜皮的小事，在有些人心裡，

也會像心裡滋生了蟲子一樣，能給他們帶來巨大的痛苦。『一根頭髮，也能使一部大型的機器停止運轉』，因此，快樂的祕密，就在於我們自己能有意識地發現生活的樂趣，愉快地處理一些日常生活中的瑣碎小事，這樣一來，我們才能擁有一副好心情，同時才能抓住生活中的幸福。」

　　聖・弗朗西斯德塞勒斯（Francis de Sales）曾經從基督教的觀點與人討論了「樂觀豁達」的問題。塞勒斯說：「在基督耶穌面前，我們每一個人都要崇尚高貴的品德。」於是，有人問塞勒斯：「您具體指的是哪些高貴的品德呢？」塞勒斯回答道：「我指的是謙虛謹慎、耐心、仁慈寬厚、善良、為人排憂解難、平等待人、心地仁厚、心情暢快、樂觀、誠摯、友好、富有同情心、寬以待人、嚴於律己、樸素、單純、開朗、坦誠等這些高尚的品德。這些高尚的品德，總是像紫羅蘭那樣含蓄而不張揚，因此，一個人若是沒有高潔的心靈，那麼，高雅的品德又從何而來呢？美德是船，謙虛是櫓，一個不具備謙虛美德的人，就如同沒有芬芳的花朵一樣遭人討厭和唾棄。」

　　塞勒斯接著補充道：「當人們陷入極端煩惱、痛苦的時候，就有可能走極端，這個時候，就要往積極的一面、光明的一面去思考，想出解決問題的辦法來，從而使自己的心情快樂起來。同時，當我們想起一個人壞處的時候，也要想想他的好處。不但如此，當我們埋怨別人的過激行為或言論時，也要想想自己是不是時有不對或過分之處。放風箏的時候，需要緊一緊再鬆一鬆，這樣風箏才能飛得更高更遠。同樣，在生活中，凡事不能鑽牛角尖，要跳出圈外思考。正如水可以滅火一樣，容人之心、自我反省的品格，往往能消解心頭的怒火。有的時候，一句良言、一句貼心的話、一張真誠的笑臉，都能化解我們生活中的恩恩怨怨。」正所謂「伸手不打笑臉人」，只要我們常懷仁厚之心，就能結出豐碩甜美的果實；只要我們的內心出於真誠，就會讓別人和自己通身爽快、笑口常開。出乎內心的真誠總會讓人通身爽快，笑口常開。有時，我們與人為敵後，若是「敵人」是位心地坦然、寬厚仁慈的人，那麼，我們還有什麼辦法制勝呢？

　　若是煩惱和痛苦出現在我們的意識裡，我們尚且能戰勝它們，但是這些

沉重的精神負擔要是落在我們心上，我們自己總有一天會被這副重擔壓倒。因此，在我們生活中無論出現什麼麻煩和痛苦，我們最好是勇敢面對、妥善處理。

有位年輕人總為一些瑣碎的煩惱而痛苦，於是，他便寫信向帕修斯求教。帕修斯在回信中這樣答覆道：「我身為一個飽經風霜的老人，給你一句忠告：滿懷希望和信心大膽地前進吧！在生活中，無論發生什麼事，你都要挺直腰板勇敢前進！面對七彩紛呈、瞬息萬變的生活，要知道『識時務者為俊傑』，同時還要勇於和善於調整自己。對於一些善變和反覆無常的人，你也許會認為他們很輕浮。是的，在某種意義上，你的這種看法是完全正確的，但是我希望你明白，兵無常勢，水無常形，乘勢而變乃是人的一種內在本性，也是我們適應社會的一種生存方式。如果一個人老是頑固不化，到了死角也不轉個彎，又怎能驅除心中的積怨呢？畢竟，我們要想活下去，就無法離開生養我們的土地，就總要和泥土打交道，總要看潮漲潮落、花開花謝、世道沉浮、人事代謝，環境在變，社會在變，我們又怎能拘泥不變，自己折磨自己呢？我們要追求高尚、崇尚高雅的道德情操，但也並不意味著我們不能愉悅地適應變化，相反，我們更應該順乎天道，隨著春夏秋冬的變化而變化。如若不然，當秋冬已去，我們仍然不知道春天已來，萬物已經復甦，自己的心卻仍然停留在冰封雪裏之中，又怎麼能重現生機、再生羽翼呢？」可以毫不誇張地說，帕修斯所說的這段話，對於那些精神苦惱無法自拔的人來說，無疑是一服不可多得的良藥。

一個人的快樂和幸福，總是與自己的耐心如影隨形，同時，擁有耐心是一個人取得成功、獲得幸福的先決條件。喬治·赫伯特說：「一個人只有具備了耐心和毅力，才能成為一個履行職責的人。」據說，阿爾弗雷德國王便是一位十分具有耐心的人，因此，很多好運和幸福的事就總會光顧他。英國將領瑪律伯勒說：「我之所以能取得成功，是因為我擁有樂觀向上、沉穩平和的性格。有的時候，我們在戰場上取勝的一個很重要的因素，取決於我們自己有多大的耐心。」當瑪律伯勒被自己的同盟者壓制時，他便給英國的財政大臣西

德尼・戈多爾芬（Sidney Godolphin）寫了一封信，說：「我們已經盡了最大的努力，但是現在更需要耐心地等待。」

　　即便在我們最為艱難困苦的時候，也要在內心裡充滿希望。哲學家泰利斯說：「即便是那些一無所有的人，他們也時常充滿著希望。」希望不僅是偉人們建功立業的支撐者，而且也是窮人的最好幫手。歷史記載了亞歷山大的一件這樣的故事：當偉大的亞歷山大成功地登上馬其頓王國的御座後，他便把父親遺留給他的大部分家產都贈送給了他的朋友。伯爾迪卡便問亞歷山大：「您把財產都分給了朋友，那您給自己留下了什麼呢？」亞歷山大笑著說：「我留下了最為珍貴的東西，便是希望。」

　　記憶屬於過去，而希望代表將來，因此，無論多麼甜美的回憶，與希望相比都是陳舊的過去。在希望之母的呵護下，人類成就了許多崇高的事業。世界之所以能滾滾向前發展，是因為有了道德這個火車頭的牽引，而希望卻是這個火車頭不可或缺的燃料。羅伯遜說：「即便在我們生命的盡頭，也站著偉大的希望。」拜倫說：「如果沒有希望，我們便不會有前途。我們大家都知道，過去已成為過去，過去只會存留在我們的記憶中，而只有希望才能引領我們的將來。因此，為了我們的希望，要勇於突破一切阻力。而且，只有希望才是推動我們努力向前的真正動力。」

第九章
豁達的風度折射出寬廣的胸懷

　　禮義廉恥無法用金錢去衡量，它雖然是所有精美藝術品中最為廉價的，但是對於一個有道德規範的人來說，它又顯得非常重要，因為它總是讓人歡快、使人愉悅，可以這樣說，禮義良知、道德良心，是所有人性中極為本質的品性，是人們手中的無價之寶。

既然我們是紳士，那就應該氣度宏大、善於容人，也應該舉止優雅、行為得體。

—— 莎士比亞

注重自己的儀表、風度，並非是沒有意義的行為，恰恰相反的是，一個人的風度儀表是反映他心靈的一面鏡子。

—— 丁尼生

優雅的舉止勝過優美的身材，高雅的舉止是最傑出的藝術，它比任何雕塑和名畫都更讓人賞心悅目、心曠神怡。

—— 愛默生

人們往往忽視了自己的儀表、禮貌和風度。無論對於男士還是女士來說，一個人的儀表、風度和禮貌，在生活中顯得尤為重要。儀表、禮貌乃是品德的影子，要養成好的生活習慣、克服壞的生活習慣並非一件容易的事。人生極其苦短，因此，每個人都必須注重自己的儀表、風度和禮貌。

—— 席尼・史密斯

　　一般而言，良好的行為舉止總會使人感到愉悅和暢快。一個人的行為舉止、風度儀表，是他展現個人外在魅力的主要方式之一。即使是那些最為普通的職員，只要他們行為得體、舉止規範，自然會使人肅然起敬。因此，一個人的一舉一動、言行舉止都與自身的風度儀表息息相關，倘若在生活中注意到這些小節，並能使之規範化，那麼，我們的生活就會增添無限的光彩。

　　有些人認為，一個人的行為舉止、外在儀表，在生活中無關緊要。在現實生活中，一個人的舉止是否優雅、言行是否得體，對於能否成功地辦成一件事有著直接的影響。優雅的行為舉止會使人風度翩翩，也會使得人際交往更加輕鬆和愉快，從而有利於事業的成功。米德爾頓大主教說：「高尚的品德，一旦與不雅的儀表舉止勾搭在一起，也會使人生厭。」

要想贏得別人的尊敬，那麼，我們就要時刻注意自己的行為舉止。在管理支配他人時，那些舉止得體的品格，往往比內在的、實質性的品性更具有舉足輕重的作用。熱情友好、彬彬有禮的言談舉止，無疑會使得人們通身舒暢，同時，人們在這種友好的交往中，各自的成功就會順利到來。換句話說就是，一個人要想獲得事業的成功，必須具備親切友好的行為舉止。那些舉止不當的人，那些言語粗魯庸俗的人，不但不能讓他人心生好感，而且也會影響到自己的事業。

　　洛克曾說道：「身為一個年輕人的教育工作者，他的修養比專業知識更重要。年輕人的教育工作者一定要注重自身的修養，並且要具有克制力。他不一定非得具有高深的知識，也不一定非得像古典主義者或科學家那樣知識淵博、學富五車，但他必須養成溫良謙恭、知書達理的好品行，因為他的言行舉止將會影響許多人。」彼得伯勒勳爵曾就兒子的教育問題特地寫了一封信向洛克請教，洛克在回信中說：「尊貴的彼得伯勒勳爵，您在信中一直強調，希望輔導自己兒子的家庭教師是一位學識淵博的大學者。但是，我倒認為家庭教師是否是一位大學者，這其實並不重要，重要的是他必須精通拉丁文，具備一般的科學知識，這就足以勝任家庭教師了。除此之外，您在為孩子遴選家庭教師時，盡量要求這位家庭教師具有良好的道德修養，而且還要性情溫和、善於自我克制。」

　　人與人交往時，對方給自己的第一印象特別重要。我們往往根據對方是否謙恭有禮來判斷一個人是否值得交往。因此，友善的言行、得體的舉止、優雅的風度，都是一個人成功地走進他人心靈的通行證。無論是老年人還是年輕人，他們都無一例外地喜歡和那些舉止得體、彬彬有禮的人打交道。那些態度生硬、舉止粗魯的人，只會讓人倍生厭惡、憎恨之情。在生活中，這種人必定也是到處碰壁，處處令人生厭，他們就像過街的老鼠一樣，使人通身不快。

　　「風格塑造人」，想必不少人對這句格言都有切身的體會。我們不能說那些粗魯無禮、缺乏修養的人都是一些十惡不赦、唯恐天下不亂的人。事實

上，有很多人可能顯得沒有修養，或者舉止粗魯，但是他們卻是一些心地善良、品德優秀的人。如果這些心地善良、品德優秀的人能夠舉止優雅、謙恭有禮的話，那麼，他們便會成為真正的紳士，成為對社會更加有益的人。這樣的話，他們自己不但能在現實生活中給予別人更多的快樂和幸福，而且他們自己的人生之路也會越走越寬，人脈也會越積越多，自然也就能成就自己的一番事業。

在哈金森夫人所著的《哈金森陸軍中校的回憶錄》一書裡，哈金森夫人對丈夫的謙和、坦率的品行做了詳盡的描述。她寫道：「哈金森為人寬容大度，十分坦率，他一點也不驕傲，從不矯揉造作。對於那些地位低下、身處貧寒的人，他從來也不敢有一絲一毫的怠慢；對那些出身顯貴、有權有勢的人，他也絕對不會曲意逢迎、阿諛奉承。他從心底裡尊重那些普通的士兵和最下層的人民，因此，一旦有了業餘時間，他便總是和那些最普通的士兵、最窮困的受薪階級在一起。」

我們常說：「言為心聲，文如其人。」對於行為舉止而言，它也能反映出一個人的內在品格，也就是說，一個人外在的行為舉止是其內在本性的表現。除了一些普通的、大眾化的禮儀習俗和生活交往方式與一個人本身內在的性格氣質關聯不大外，一個人其他的行為舉止，常常反映出其興趣、愛好、情感世界、性格性情等內在修養。人們經過長期的自我修養、自我教育而養成的個人行為方式，是人們本身性格、氣質、秉性的綜合反應，因此，與個人本性相關聯的儀表風度以及待人接物的方式和方法，就具有了不可忽視的意義。

一個人本身所具有的思想情感，對於他外在的優雅舉止有極大的激勵作用。對於有教養的、舉止優雅的人來說，高尚的情操往往是他們獲得快樂和愉悅的源泉。在一個品德高尚的人心中，高尚的情操與個人的天才和成就占有同等的分量。不但如此，高尚的情操也會對一個人的興趣愛好和品性具有更為直接的影響。眾所周知，同情心是打開他人心房的「萬能鑰匙」，它不僅

使人更加溫和有禮、謙恭待人，而且也使人心智洞開、富有遠見。我們完全可以這樣說，同情心乃是人類美好人性中的至尊至貴者。

在社會交往中，禮節和禮儀側重於擺姿作態、裝模作樣，明眼人一看就知道是怎麼一回事。從本質上來講，人為的禮節性規則，在人與人真誠的交往中，並無任何價值。因其本身虛偽而做作的「場面上的規則」，人們在接受時，往往木訥地你來我往，而並非真心實意地交心交友。因此，在「場面上」的交往中，許多美其名曰的禮節和禮儀性的東西，往往顯得並不禮貌、並不誠實的本質。極而言之，這種禮節和禮儀性的東西，只能是優雅舉止行為的一種替代品；質而言之，這些一套又一套的禮節和禮儀性的東西，完全就是充斥在人際交往中的「假冒偽劣商品」。

一個人優雅的行為舉止，根源於其本身所具有的謙恭有禮、善良友好的品格。從表面上看，禮貌是一種表現或交際形式，但從本質上講，禮貌反映著我們自己對他人的一種關愛之情。或許有人會說，我們沒有必要對他人表示關愛之情，但是，人家就必須應該對我們表示關愛之情嗎？尊重別人，就是尊重我們自己；傷害別人，就是傷害我們自己。人際交往往往是一面鏡子，你在鏡子外面對鏡子裡面的「你」微笑，鏡子裡面的「你」也會對鏡子外面的你微笑。有位畫家寫的一段話，值得我們深思──「漂亮的體型比漂亮的臉蛋更讓人喜悅；優雅的行為舉止，要勝過婀娜多姿的身段，同時也勝過任何著名的雕塑或名畫。」

一個人若是缺乏真誠的優雅，是難以取得他人信任的。因此，真正的禮貌必然源自忠誠，而且必須出自一個人的內心深處，如若不然，就不會對他人產生持久而深刻的印象。優雅的行為舉止是人性的一種自然流露，那些粗魯的言行、粗暴的性格，與優雅的行為舉止往往風馬牛不相及。聖‧弗朗西斯德塞勒斯認為，從最完美的形態上說，優雅的行為舉止就像水一樣清潔、單純和無色無味。由於個人的天賦、性格不同，人們表現出來的行為舉止往往千差萬別，不會像一副模子裡出來的一樣。或許有的人行為較為偏激、富

於個人特色，但這些都是合乎人性的正常的行為舉止。試想，一個人要是沒了創造性，要是沒了個人特色，人類的生活就會死氣沉沉、絲毫沒有變化。

　　一個人真正的謙恭有禮，出自他本身善良的天性。心地善良的人，必然樂於促成他人的幸福，而不願意落井下石、讓人生不如死。正如友好和善意一樣，那些謙恭有禮的人，會讓周圍的人感到既輕鬆又愉快。對於一個人而言，謙恭有禮的言行總是與友善的品格相輔相成、不可分割。斯貝克上尉曾說道：「即使生活在非洲腹地的內陸湖泊附近的烏干達民族，他們身上也具有這種高貴的謙恭有禮的品性。而且，烏干達人信奉一句諺語：『忘恩負義、恩將仇報的人，必然遭到上天的懲罰。』」

　　一個人真正的謙恭禮貌，總是表現在對他人人格的尊重這一點上。如果一個人希望別人尊重自己，他自己就要善於尊重他人的人格。而且，他應該注意關注別人的思想、觀點，即使別人的思想和觀點與自己的相左，也要善於容納。要知道，真正有禮貌的人，總是尊重他人的意見和看法，而且從來不強求他人的意見與自己的意見一致，並且，在必要的時候，他們還得控制自己的情緒，壓制自己的不同意見，從而虛心聽取他人的不同意見。這些真正謙恭有禮的人，往往能克制自己，寬容和忍耐他人，他們總是避免發表任何尖刻的評論、任何過激的言辭、任何辛辣的諷刺，因為這些都會招致別人對自己言行過激的批判和尖刻的批評。

　　那些本身沒有修養、舉止粗魯、容易衝動的人，根本就不懂得尊重別人，他們總是一味地放縱自己的言行，有時甚至寧可失去朋友，也絕不收斂自己放蕩的言行。這些人只知道自我滿足，從不顧及別人的人格，因而總是傷害自己的朋友，如此行徑，能說他們是聰明明智的人嗎？有位心地極為善良的工程師名叫布魯納爾，他就說過這樣一句話：「人生最為昂貴的奢侈品，就是惡毒的言行舉止。」詹森博士也曾說過：「任何人都無權說粗魯的話，更無權做粗魯愚昧的事情，要知道惡言惡語傷人，常常比將一個人重拳打倒在地更令人怨恨。」

　　那些明智的、有禮貌的人，從來不會誇誇其談地談論自己的工作，也不

會三句不離本行地炫耀自己的生活或工作經歷，更不會在自己的鄰居面前表示自己比他們更優越、更聰明、更富有。他們總是注意自己的言行舉止，從不向人誇耀自己高貴而顯赫的社會地位，也從不向人炫耀自己輕鬆而高貴的職業。不但如此，那些明智而有禮貌的人，總是溫和恭厚，總是特別謙虛謹慎，從不裝腔作勢、裝模作樣、誇誇其談、招搖過市，他們也總是透過行為而不是透過言語來證實自己的內在品性。與那些徒有虛名、譁眾取寵的人不一樣，這些真正有禮貌的人總是默默無聞、勤勤懇懇地工作，而事實證明，只有樸實無華、甘心奉獻的人才能得到社會的尊重。

　　那些不尊重他人感情的人，往往是由於自己內心深處的自私自利。一旦人們擁有了自私自利的惡習，就會滋生各種生硬、粗魯和令人厭惡的行為舉止。當然，令人厭惡的行為舉止並非一個人與生俱來的天性，而是由於他們缺乏必要的同情與體諒他人的心靈，他們往往忽視了日常生活中那些使人愉快歡樂或痛苦難堪的細微之處，總是自覺或不自覺地使人感到不愉快。一個人到底有沒有良好的修養，主要取決於這個人有沒有自我犧牲的精神，在日常生活中能不能真正體貼和關心他人。

　　在日常生活中，那些沒有絲毫自制力的人總是令人難以忍受。因為這種人總會給人帶來莫名其妙的煩惱和痛苦，因此與這種人交往，沒有一個人會感到由衷的暢快。由於缺乏自制力，許多人一輩子都在與自己製造的種種麻煩做著艱苦而絕望的鬥爭。任性、倔強和粗暴的人，總是與成功無緣，卻與苦惱和麻煩朝夕相伴、形影不離。然而，一些本身天賦不高的人，卻由於他們具有耐心和毅力、心平氣和的品格，而且善於自我克制，總是一帆風順、一馬平川，從而取得了事業上的非凡成就。

　　「性格決定命運」，一個人的性格，對於自身的成功有著非常重要的影響。我們可以毫不誇張地說，一個人的幸福取決於一個人的性格，尤其是那些生性樂觀和愉快的人，幸福總是時常叩開他們的心扉。這些幸福的人，無一例外地具有謙恭有禮和友善的交往方式，同時，他們身上也都具有樂於助人、尊重他人的品性。一個擁有幸福的人，在處理重大事情時，總是謙恭有

禮、舉止得體，而且在看待日常生活中細小末節的事情上，也能做到禮貌待人、樂觀豁達。

我們一定不能忽視那些不禮貌的行為，因為它們總在各種場合傷害和侮辱他人。比如，衣著不得體、邋邋遢遢，不修邊幅的人，總會使得周圍的人不順眼、不舒服。有些人不注重自己的儀表，他們的衣服長期不洗、鬍子長期不修，就會讓人心生厭煩，從而疏遠和排擠他們。還有一些人過於「豪俠」，卻從不注重自己的衣著，總是蓬頭垢面、邋裡邋遢，試想，你若見到這副尊容的人，你會發自內心深處地對他們表示好感嗎？而且，在禮儀上，這種不修邊幅的行為往往就是不尊重他人的表現，自然而然，他人也不會對其表示好感和敬意。

胡格諾派的傳教士大衛‧安西隆，是一個非常專心致志的人，他曾經相當細心地研究和整理了胡格諾派教義。他說：「在宗教節日裡，人們總是忽視自己的服飾和裝束，這其實是很不應該的，應該引起每一個有宗教信仰的人的關注。不可否認的是，那些在宗教節日裡總是戴著睡帽、身穿長袍的人，往往不會違背教規，也不會違背世俗的禮儀。」

我們強調一個人的穿著打扮，但並不主張人們為了自身的儀表而刻意去梳妝打扮。因為矯揉造作的行為與發自內心深處的坦誠舉止是背道而馳的。有道德修養的人，他們優雅的行為舉止是十分自然的行為，他們並不為了引起別人的注意而刻意去矯飾，他們總是穿戴整潔、順其自然。羅謝弗古爾德曾這樣說道：「任何東西都無法抑制我們的欲望，任何人的欲求，總要十分自然地表現出來。」因此，一個人的真誠和坦率，總是透過謙恭有禮、溫文爾雅、友善和體貼他人等外在行為表現出來。正如一個人的內在品性一樣，那些優雅的行為舉止總是促使人們成功的動力之一。在人與人交往中，那些優雅文明的行為舉止，總是能讓人興奮快樂、心悅誠服。

坎農‧金斯雷曾說：「席尼‧史密斯是一個真正勇敢和充滿愛心的人，正因為如此，他才贏得了人們對他真正的愛戴和欽佩。凡是與史密斯接觸過的人，無論貧富都很尊敬和喜歡他。因為史密斯本人善於尊重他人，所以他

才得到了人們的尊重和愛戴。在史密斯眼裡，不論窮人還是富人，不論自己的僕人還是高貴的客人，他都一視同仁、不分彼此，總是對他人同樣謙恭友好、體諒關心。史密斯本人無論走到哪裡，都會播下幸福的種子，因此，他也總是能收穫到幸福和快樂。」

有人認為，優雅的行為舉止是那些出身高貴的人所特有的，而且，上層社會的人所特有的優雅的行為舉止，往往比下層社會的人要高雅得多。從某種意義上來講，持有這樣觀點的人，他們說的也有一定的道理，因為上層人士的子女，從小就生活在一個比較好的文明環境中，他們時常耳濡目染，自然會受到薰陶。但是，這種觀點卻絕對不能成為窮苦人們的託辭和藉口，從而心安理得、自暴自棄地不想成為具有優雅舉止的人。

那些靠自己勤勞的雙手辛苦工作的人們，也應該和那些上層人士一樣，學會自我尊重和互相尊重。要知道，儀表風度並不是與生俱來的，而是透過後天的培養和鍛鍊獲得的。因此，無論窮人還是富人，都要透過自己的行為舉止影響自己和改變他人。在日常生活中，每個人每時每刻都應該警惕自己，優雅的行為舉止會給我們帶來無窮無盡的歡樂，無論是在工廠，還是在街道，甚至在高層人群當中，都要時刻留心自己的行為舉止。那些有教養、有禮貌的工人，必然能透過自己堅持不懈的努力，以自己文明優雅、親切友善的行為來感染周圍的人，從而營造談吐文明、舉止優雅的道德氛圍。本傑明・佛蘭克林並非天生就是科學家，在他還是一個工人的時候，他便以自己的高雅行為改變了整個工廠的工作風格。

有的人雖然不名一文，但卻謙恭有禮、溫文爾雅，從而不失紳士風度。因此，真正的君子往往是不患窮而患不義，窮且益堅，不墮青雲之志，這才是真正有品德的人。禮義廉恥無法用金錢去衡量，它雖然是所有精美藝術品中最為廉價的，但是對於一個有道德規範的人來說，又顯得非常重要，因為它總是讓人歡快、使人愉悅，可以這樣說，禮義良知、道德良心，是所有人性中極為本質的品性，是人們手中的無價之寶。

對於個人而言，我們要注意自己的行為舉止；同樣，對民族而言，每

一個民族都要善於學習其他民族的優點和長處，因為閉關自守的民族總是與落後、愚昧的字眼關聯在一起。那麼，對於英國的勞工階層來說，要向歐洲大陸的鄰居們學些什麼呢？英國人首先要向他們學習的便是文明禮貌。無論是在法國，還是在德國，即使那些地位最為卑賤的階層，也都舉止優雅、謙恭、熱誠和極富教養。他們在見面的時候會互相舉起帽子，很有禮貌地相互致敬和問好。他們從內心深處就認為，這並不有損男子漢的風度，反而是一種高雅而文明的舉動。即使是那些最為窮苦的工人們，也總是快快樂樂，從不怨天尤人、愁苦連天。他們的收入不及英國工人的一半，但他們並沒有沉淪於痛苦和悲慘之中，從而借酒消愁、怨天尤人，而是盡情地享受生活，盡情地尋找生活的快樂。毫無疑問，他們這種以苦為樂的精神，確實值得英國工人們借鑑和學習。

正如適當的休息可以使人消除疲勞、重新工作一樣，良好的興趣愛好總能使工作變成一種樂趣。而且，在人們所有要投資的品性當中，良好的興趣愛好是最為經濟和節儉的。良好的興趣愛好並不需要花費多少錢物，就能使得人們的工作變得輕鬆和愉快。此外，如果興趣愛好能與勤勞和忠於職守統一起來，就會使得人們的情趣更加高雅。一個人的興趣愛好貫穿於生活的各個方面，有的人身居陋室卻志趣高雅，雖然他們的家中並不富有，但卻乾淨整齊、井井有條，使人頓生爽快舒適之感。所謂「斯是陋室，唯吾德馨」，高雅的情趣，往往能蓬蓽生輝，同時，美好的舉止勝過任何高貴的衣衫。此外，一個人優雅的風度、美好的意願，都與他自身的情趣息息相關。要知道，美好的情趣能幫助我們創造美好的生活、創造愉快的氣氛，從而讓我們如坐春風、鵬程萬里。另外，高雅的情趣若是能與友好的行為、高度的理性和同情心「締結連理」，就會相得益彰，使人們的靈魂更加高潔、道德更加芬芳。

家庭生活對於一個人的行為舉止有著最重要的影響。一個人的品德習性受家庭生活的影響極大，同樣，一個人的行為舉止也深受家庭生活的影響。在家庭生活中，婦女們往往扮演著老師的角色，她的言行舉止都對孩子們有

著最直接最重要的影響。在很大程度上來說，一個人在社會上的舉止行為是好是壞，都受到他所生活的那個小家庭的行為舉止的影響，同時也是家庭生活的行為舉止的間接反映。有的人雖然家庭環境並不好，但是他們能從外界獲取知識，透過向優秀的人物學習，不斷地充實自己，不斷地自發自覺地進行自我修養，也能養成舉止優雅的行為習慣。當然，這類人要想養成舉止優雅的習慣，必須具備旺盛的精力和勇敢過人的膽識。

每個人一出生都如同一塊未經雕琢的寶石一樣，只有經過與那些舉止優雅的人頻繁接觸之後，才能不斷地修正自己的行為舉止，從而像那些經過雕琢的寶石那樣熠熠光輝、光芒四射。然而，有些寶石經過初步雕琢之後，卻還是在某些方面顯示出其內在的石紋、存有瑕疵，因此，只有經過不斷地打磨、不斷地雕琢，才能成為絕世精品。同樣，人們培養自己舉止優雅的行為，也要經過反覆地學習、修正和改造自己的言談舉止，不斷地向優秀人物學習、模仿，從而不斷地提高自己。因此，只有那些擁有耐力和信心的人，而且長時期堅持嚴格的訓練，才能做到舉止優雅、行為得體。

光靠埋頭學習也並不一定能養成舉止得體的行為習慣，還需要有機敏和伶俐的頭腦，才能真止地成為一個舉止優雅的人。從總體上來講，女性比男性更為機敏和精明，因此，在待人接物方面，女人們通常是男人們的老師。而且，因為女人們比男人們更善於自我克制，因此，在日常行為中，女人們總是比男人們更為優雅和更有禮貌。女人們富於直覺，而且行動敏捷，善於察言觀色，她們天生就具有較好的辨別能力和接人待物的技巧，因此，她們總是善於靈活地處理生活中的各種人際關係。因此，在生活當中，那些有知識、有修養的男人們，在與這些靈巧和機敏的女人們打交道的過程中，往往能學到許多處世之道。

機敏是人的一種直覺行為，也是人隨機應變的本領。機敏常常能助人順利地擺脫困境，這一點，連知識和天資都無法企及、難以匹敵。一位大眾作家這樣說道：「天才是才智，而機敏是技巧；天才是壓力，而機敏是動力；天

才在於知道要做什麼，而機敏卻知道應怎樣去做；天才使自己受人尊重，而機敏卻能使自己和他人都受到尊重；天才是資源，而機敏卻是現金。」

在生活中，那些反應敏捷與反應遲鈍的人見面後，他們的差別一下子就能表現出來。帕默斯頓勳爵和著名的雕塑家伯納斯先生之間的見面，就是頗為典型的例子。據說，二人見面彼此寒暄後，伯納斯等著帕默斯頓提起話題，但是帕默斯頓卻遲遲不開口。於是，伯納斯便主動打開話題，問道：「尊敬的勳爵，有法國方面的消息嗎？我們與夏爾 - 路易 - 拿破崙‧波拿巴（Charles-Louis-Napoléon Bonaparte）的關係怎麼樣？」這時，這位外交大臣略微抬起眉毛，立即回答道：「伯納斯先生，請您相信我，我真的什麼也不知道，因為這些天我也沒有看過報紙。」不可否認，伯納斯是一位品格優秀、才華出眾的人，但他卻缺乏應變之才，因而也就錯過了許多可以把握的機會。

有一點應該引起我們每個人注意，那就是優雅的行為方式一旦與機敏有機地結合起來，就會產生巨大的力量。威爾克斯是最醜的男人之一，但他經常這樣說：「在贏得美女的恩寵方面，我與英國最瀟灑漂亮的男人相比，最多不過三天的差別。」

我們談到威爾克斯的例子，並非說一個人的行為舉止具有無堅不摧的魅力。事實證明，行為舉止並不是測試一個人品性的準確尺度，因為一個人擁有了優雅的行為舉止，並不一定表示這個人內心相當高潔，因此我們應該辯證地看待一個人的行為舉止。對於像威爾克斯這樣的人來說，優雅的行為舉止只不過是用來達到某種不良目的的手段。其實，真正優雅的行為舉止，應該與其他藝術品一樣，給人以享受，使人感到愉快。但是，任何事物都是矛盾而複雜的，因此，有些人的優雅舉止、風度儀表，完全可能是偽裝或包裝出來的。正如「有的人品德敗壞，卻又道貌岸然」一樣，在我們身邊，常常有不少「金玉其外而敗絮其內」的人。因為一個人的行為舉止，只是一個人外在的表現，而這種外在的行為舉止，有可能遮蓋其本身的醜陋、猥褻、邪惡的靈魂，也有可能是其本身道德修養的反映和體現。因此，舉止極為優雅、言談相當得體的溫文爾雅之士，也完全有可能是一個品格惡劣、道德墮落之

徒。我們同時也應該清醒地知道，優雅的行為舉止，只不過是令人愉快的姿態和動聽的言辭，倘若一個人為了遮人耳目、譁眾取寵，而去矯飾、做作地偽裝出優雅的舉止，無疑是掩耳盜鈴、自欺欺人罷了，是絕對不會對其本身骯髒的靈魂有所幫助和改善，久而久之，總會「多行不義必自斃」。

另外，我們必須認知到，有些心地極為善良和仁慈的人，往往缺乏溫文爾雅的外表和優雅的舉止，正如有些外殼相當粗糙，而裡面包藏著最甜美的果實一樣，一個人的道德品格也不會過分地依賴於其外在的行為舉止。有些時候，許多舉止粗俗、外表並不顯眼的人，卻是心地善良、十分友好的人，這種人往往十分友善、忠誠、可靠。而許多儀表不凡、舉止講究、冠冕堂皇的人，背地裡卻行著苟且之事，做著見不得天日的事，常常也是心狠手辣、十分惡毒的人。

約翰‧諾克斯（John Knox）和馬丁‧路德絕不是那種謙恭有禮、溫文爾雅的人，但是他們卻都是心地極為善良的人。因為他們所從事的工作，要求他們必須當機立斷、雷厲風行，因此，人們才認為他們狂熱激烈、嚴酷無情。蘇格蘭女王瑪麗（Mary, Queen of Scots）對諾克斯說，「你是誰？你是學術王國裡最放肆的人！」、「夫人，」諾克斯回答道，「臣民生來如此。」據說諾克斯的大膽和粗魯，曾不止一次地讓瑪麗女王哭泣。但是，裡金特‧英頓聽到這些後卻說：「女人流點淚，總比鬚眉男子落淚要好。」

有一次，諾克斯正從瑪麗女王那裡出來，偶爾聽到一位侍衛對另一位侍衛說：「諾克斯這傢伙，什麼也不怕。」於是，諾克斯轉過身來對這些侍衛說：「你說我什麼也不怕，那麼，我為什麼對一些紳士們笑容可掬的臉感到恐懼呢？我曾經打量過許多勃然大怒的人的臉，我卻從沒因此而感到害怕。」當諾克斯這位改革家由於過分勞累和操心而精力衰竭後，終於長眠於地下。然而，當執政者路過這位改革家的墳墓時，卻嘆息道：「長眠於此的這個人，從來不畏懼任何憤怒和陰險的臉。」執政者以其機智的、真理的話，給世人留下了極為深刻的印象。

正如諾克斯生活的時代一樣，路德生活的時代也是動盪不安、充滿暴

力的時代，因此有人認為路德是一個相當嚴酷和殘暴的人。然而，路德的革命生涯與這個動盪不安的時代卻是緊緊地捆綁在一起的，他的工作決定了他不可能溫文爾雅、文質彬彬。為了把整個歐洲人從沉睡中喚醒過來，路德必須以筆為劍，熱烈而激昂地鼓舞歐洲人民起來鬥爭。儘管路德筆鋒犀利、字字如鐵，外表也並不文雅，但是他內心深處卻潛藏著一顆無比熾熱和熱情的心。在個人生活中，路德十分溫和、友愛，充滿感情，而且他十分樸素、單純，幾乎與普通人無異。同時，路德也是一個富於生活情趣的人，常常陶醉於生活中的許多快樂之中。他也是一個樸實無華的人，一個十分快活的人。在許多朋友心中，路德是一個非常熱誠友好、誠摯親切的人，也是一個使人振奮、使人快活的人，他是朋友當中最忠誠、最誠實、最熱心的好夥伴。即使在今天，德國人仍然認為路德是一位真正的英雄，對他十分敬仰和崇敬。

與路德一樣，許多人認為塞繆爾・詹森是一個行為舉止十分粗魯的人。詹森早年的貧困生活使他結交了許多「稀奇古怪」的朋友。當時，由於詹森賺不到錢，也因此無法買下一個鋪位，像正常人那樣生活，於是，在晚上的時候，他便與一位叫作沙萬奇的朋友一起，在街上到處遊蕩，挨到天明。後來，詹森憑藉自己頑強的毅力和非同尋常的勤奮，終於在社會上站穩了腳跟，但是，他早年經歷過的種種痛苦和磨難，卻在他心裡留下了永遠的創傷。從本性上講，詹森是一個十分堅定、意志超強的人。但是他早年獨特的經歷使得他不善於與人交流，而且他也養成了凡事自作主張的習慣。當有人問他：「先生，您為什麼不像大衛・加雷克（David Garrick）那樣，應邀去參加貴族們舉行的宴會呢？」詹森回答說：「我去了之後，肯定會狼吞虎嚥，而那些偉大的勳爵、貴夫人卻總不喜歡看到狼吞虎嚥的人。」雖然詹森確實是一個不注重個人行為舉止的人，但是他所說的話卻被很多人所信賴。

雖然詹森的朋友們稱他為「大熊星座」，但是，古德史密斯卻覺得他十分友善。古德史密斯說：「我總沒見過有人能像詹森那樣心地善良，十分和善，而且活得十分自然和灑脫。」有一次，有位太太步履蹣跚地正穿過英國倫敦的艦隊街，詹森看到後，立刻上去扶著她安穩地走過了大街，但是詹森卻並沒

注意到這位太太其實是因為醉酒才東倒西歪的。由此可見，詹森的善良是多麼的本真和樸實。還有一次，詹森前去書商那裡應聘，但是書商上下打量了一下詹森，便認為他是一個體格強壯卻缺乏修養的人，於是，書商建議道：「我勸你最好是去買一個搬運工的肩披，然後去幫人家扛木頭。」雖然這位書商的語調十分溫和，但是詹森卻覺得書商的行為實在讓人難以忍受，於是，詹森並沒在意書商所說的話，只是道謝一聲便抬腳走人。

在我們生活中，有些人總是喜歡吹毛求疵、雞蛋裡挑骨頭，無論什麼事情都要與人爭論不休，這種人時常讓人厭惡。然而，與此相反的還有一種人，即無論對什麼觀點、什麼情感，都一概嘻嘻哈哈，從不擺明自己的觀點和態度，這種人也時常令人不快。與吹毛求疵的人相比，這種到處「敷衍」的人，不但給人一種極不豪爽的感覺，而且給人一種不誠實的厭惡感。理查・夏普在其《書信和散文》一書中，明確地表達自己對這種「敷衍」的人的態度，他寫道：「到底是應該坦誠相待，還是要大智若愚，對任何事情都不表態？到底是給予名副其實的表揚，還是一概無節制地不加區別地阿諛奉承？這種複雜的為人處世之道，簡直叫人無所適從，也真讓人投鼠忌器啊！其實，我覺得其實再簡單不過了，那就是遇到事情時，我們要友善、單純和幽默一些，同時，只有各得其所才能各盡其宜。萬萬不可嘻嘻哈哈、油腔滑調，這對於解決事情不但毫無意義，而且也會在他人心中留下對付、不當回事的壞印象。」

而且，我們應該注意到，其實許多人看上去確實不太禮貌，但是有時她們的本意並非如此，而是因為他們天生比較笨拙，也不知道怎樣做才符合時宜。英國歷史學家吉本在出版了《羅馬帝國衰亡史》第二卷和第三卷以後，坎伯蘭公爵碰巧遇上吉本，就走上前去跟他搭話道：「吉本先生，你最近還好嗎？聽說你一直在忙於寫作那本大作，也就是整天在糊塗亂抹，對吧？」坎伯蘭的本意，其實是想向吉本先生表示好意，但是他不擅長用得體的言辭和方式來表達。因此，這種生硬乃至近乎粗魯的言語，在吉本聽來也肯定不會產生好感。

　　在生活中，還有一些人顯得十分拘謹、局促不安、緘默不言或者十分傲慢，其實這並不是他們不懂禮貌，只不過是他們比較害羞的緣故。日爾曼民族的民族特性便是害羞，也有人把它稱為「英國病」，其實這是北歐國家的主要民族特性，只是在不同國家程度有所不同而已。英國人在外出旅遊時，也不時地表現出這種害羞的特性來。他們的態度顯得生硬，舉止也顯得笨拙，動作也不那麼優雅，行為也十分拘謹，而且展現態度時常常緘默。即使是生活在本土的英國人，也可能顯得相當粗魯和不注重禮貌，這其實是他們的羞怯感並沒有被完全隱沒的緣故。對於那些舉止優雅、擅長交際的法國人來說，他們無法理解英國人的這種特性。因此，英國人的羞怯成了法國人的笑料，也成了那些最滑稽最有趣的漫畫素材。喬治‧桑德在其《旅行者書信》中說：「英格蘭民族之所以具有僵硬死板的本性，是因為他們受到了大不列顛氣質的影響。因此，在任何情形之下，英國人總是顯得十分木然、沒有感情。無論英國人走到哪裡，他們都不受周圍環境的影響，正如死老鼠不怕貓一樣。」

　　一般而言，在待人接物、為人處世方面，法國人和愛爾蘭人要超過英國人、德國人和美國人。對於法國人來說，待人接物的種種講究，都成了一種自然行為，他們善於社交，十分健談，而不習慣於沉默寡言。法國人雖然好社交、善辭令，但是自律性相比日爾曼民族要差出一大截。法國人在日常生活的交往中十分自然、隨便，但是德國人則顯得僵硬和呆板，也總是害羞、笨拙、不善言辭。我們也應該注意到，雖然有些人總是顯得相當自然、愉快、活潑，但是他們卻並不具有優秀的品格。因為在他們優雅的外表下面，隱藏著一顆殘酷無情、輕浮淺薄、自私自利的心。

　　一類人自然、優雅，而另一類人僵硬、笨拙，那麼，在日常生活中，到底該與哪類人交往呢？其實，到底哪一類人能成為最忠實可靠的朋友，到底哪一類人是最認真的職責履行者，並不能從人們表面的行為舉止中窺測、斷定。

　　那些面無表情、笨手笨腳的英國人，就像吞下了一把燙花鐵杆一樣一言

不發，因此，第一次與這樣的人交往，往往非常不好打交道。他們總是十分靦腆，使人難以接近；他們總是顯得態度僵硬，其實並非他們很傲慢，是因為他們害羞的緣故。這些人其實也想戰勝膽怯害羞的心理，但他們缺乏自我克制，無法擺脫羞怯。因此，當一些聰明的作家在繪聲繪色地描繪英國人菲利斯丁的笨拙可笑的行為舉止時，我們就不應該感到大驚小怪，因為有許多英國人都像「醜媳婦怕見公婆」那樣，十分害羞和靦腆。

舉止靦腆的人，就像寒氣逼人的冰柱一樣，使人難以靠近。因此，當兩個靦腆的人相遇在一起時，因為他們都缺乏熱情和表情，所以也就會目光呆滯、形同陌路。他們總是偷偷地側身而走，即使處在一間房子裡，他們也會背對著背一言不發；在旅行的時候，他們總是各自爬進火車和客車的不同角落。當靦腆的英國人坐火車外出旅行時，他們總是沿著火車向前走，然後找到一個空的分隔間，分開休息。一旦他們安頓下來後，這個時候若是有另外一個人突然冒失地進來，他們就會從內心深處感到不自在，同時流露出不高興的表情。此外，當他們一起走進餐廳用餐時，也總是分別找一個空位獨自進食。當每張桌子都被人占滿了後，他們就會囫圇吞棗後便匆匆離開。英國人的民族特徵就是這樣，他們出於羞怯和靦腆，常常拒絕與人交往，或者是不善於與人交往。

亞瑟‧荷爾普先生曾說：「當這些靦腆的人朝覲國王時，總是局促不安、手腳無措、神經兮兮。」在描繪英國人那種不善交際的行為時，恐怕再也找不到能比亞瑟‧荷爾普的這句話更為妥帖和精準的了。亨利‧泰勒在其所著的《政治家》一書中，寫道：「靦腆而拘謹的政治家們，即使在日常生活中，也顯得恭謹有餘、局促不安。到了會見的時候，他們總是讓部長們盡量離門近一些，卻又不讓部長們站到門外，因此，部長們與這些靦腆的政治家談話時，他們的分寸一定要掌握得非常精準。而且，靦腆的政治家在每一次與來訪者見面後，都要讓來訪者到隔壁的房間裡壓壓驚以示慰藉。那些膽小而局促不安的人，若是遇到了靦腆的政治家，那麼他們就會如坐針氈，只要他們想到出去時，將要經過嚴肅威嚴的長長通道，心裡就會發毛，兩腳也會自然

打戰，甚至連汗都不敢出了。往往來訪者們說出最後一句話後，發現門就在自己的身邊時，這樣的會見才能達到令雙方都十分滿意的效果。」

阿爾伯特一世是那種和藹可親、心平氣和的人，同時也是一位相當孤僻的人。雖然他自己也曾做過許多努力，試圖戰勝膽怯和靦腆，但最終也未能戰勝它們，同時也無法隱藏它們。阿爾伯特一世的傳記作家在解釋這些事情時說：「一個人過分拘謹的性格往往使得他們十分靦腆，若是他本人沒有必要的自信心和適度的自豪感，那麼，往往會使得他們自己看起來更加溫和。」

除了許多偉大的國王具有靦腆的性格外，許多著名的科學家身上也有這種靦腆的缺點。以撒·牛頓就是他那個時代最為羞怯和靦腆的人。牛頓為了不讓自己出名，他硬是將自己許多偉大的發現留在心裡，多年來都不曾對外公開。牛頓發現了「二項式原理」，該原理具有十分重要的應用價值，但是他卻等了許多年才將這一結果公布於眾。同時，他的「萬有引力定律」也是隔了多年之後才向外界公開。當牛頓已經解決了「月亮繞著地球旋轉」這個理論問題時，他卻不允許科林斯把自己的名字公布在《哲學會刊》上，他說：「你如果將我的名字公布於眾的話，很有可能會提高我的知名度，然而這卻是我非常厭惡的事情。」

莎士比亞是一位十分謙卑、靦腆的人。雖然莎士比亞的表演風格早已風靡全球，但他自己卻從未編輯、修訂或授權出版過任何一本劇本，他所流傳在國外的劇本，完全是他人臆想編造的，因此日期各不相同。他一向淡泊名利，更反對同時代的人們給他太多的榮譽，不但如此，他在自己所創作的劇本當中，也只是扮演二類或三類角色。在他四十歲時，他明顯意識到自己的創作熱情已經不再盛年，於是，他就從英國戲劇藝術表演中心的倫敦隱退下來。在隨後的歲月中，他在英國中部地區的一個小鎮上安頓了下來，過著默默無聞的生活。如此種種，都足以說明莎士比亞是一位十分謙卑、靦腆的人。

莎士比亞的靦腆與拜倫同出一轍，拜倫因為跛腿而更加靦腆；莎士比亞因為本身並不具備很高的天才，才過於靦腆害羞。關於莎士比亞的作品，我們讀者或許忽視了一點，那就是在他所有的作品當中，很少出現關於希望方

面的文字。在莎士比亞的寫作生涯當中，他的情感、道德等各方面天賦都得到了極為豐富的展示，但就是很少提及希望的文字，即便出現，他也是採用一種令人沮喪、使人絕望的語調。正如莎士比亞自己常說：「一個人真正的痛苦往往是無藥可救的，只有希望才能使得這些痛苦藥到病除。」

莎士比亞可謂「十四行詩」的能手，但是他的許多「十四行詩」都凝聚著使人悲傷憂鬱、頓生絕望的精神。比如，在第二十四首「十四行詩」——

我為自己的命運感到羞恥，

我孤獨一人，無家可歸，

蒼天啊！蒼天！

你為何給我這麼多痛苦！

蒼天無語，萬籟俱寂。

我顧影自憐，頓生絕意。

我向上天禱告，請求賜予我更多的希望，

讓我像常人一樣，朋友遍地。

他人的優雅舉止、淵博學識，

都令我如此傾心嚮往。

我的心也永遠不會滿足，

然而，

一切的一切，我都可以蔑視，

令我留戀的只有真正的幸福。

莎士比亞為自己的跛腳而心生抱怨、哀傷，為自己當演員的職業而痛苦、悲傷。他從不敢相信自己，以致絕望的痛苦時時襲擾著他，多愁善感的情緒也似乎錯置在他身上。他過早地預見自己無法逃避死亡幽谷，因此，他不得不發出悲憐的呼喊：「歸來吧！讓我寧靜地死去！」

人們完全有理由這樣去想，既然莎士比亞身為一個演員，他便能經常在觀眾面前拋頭露面，應該有助於自己戰勝羞怯的缺陷。然而事實並非如此，一個人若是經常在大眾面前露面，確實有助於自己戰勝膽怯之心，但是他們

與生俱來的那種害羞之感卻往往十分強烈，也常常難以輕易消除。加雷克是英國著名戲劇表演家，在他三十多年的藝術生涯裡，他一直善於在數千人面前扮演最沉著冷靜的大人物，但是當他因牽扯到巴拉迪一案而被傳喚到法庭作證時，他卻神智不清、困惑不解。法官看到他糟糕的表現後便說道：「當證人大腦呈現一片茫然的時候，我們很難從他身上取得任何有價值的證據。」法官說完便將加雷克從證人席上趕了下去。如果不是拜讀了馬修夫人所著的《查理斯‧馬修先生的一生及其書信》一書，誰又能相信查理斯‧馬修先生是一位極度靦腆的男人呢？馬修本人每天晚上都在大型的晚會上表演，然而他卻沒能戰勝自己害羞、靦腆的缺陷。儘管馬修的腳有點跛，但是為了避開熟人，他寧可沿著倫敦的小巷繞一個大圈才悄悄地回到家。在此期間，如果有人當場認出了他，他便會慌亂不安。即使在街上散步的時候，如果聽到有誰在低聲呼喊他的名字，他的臉上立刻會自然地流露出不安的神色來。

　　拜倫勳爵雖然不是人們一眼就能瞧出具有靦腆性格的人，但是他卻是靦腆膽怯的受害者。拜倫的傳記作家寫道：「拜倫在南威爾時，有一次去拜訪比戈特夫人，當他看到一些陌生人朝自己走過來時，他便立即從窗子裡跳了出去，貓到草坪中，藉以躲避那些陌生的人。」

　　還有一個最近的、更為突出的例子，便發生在大主教華特雷身上。早年時期的華特雷深受羞怯感的壓抑，他在牛津的時候就常常穿著白色粗糙的襯衫，戴著白色的帽子，於是，人們便給他取了個「白熊」的綽號。據他自己說，「白熊」這個綽號，與他自己的行為舉止完全相符。有人因此勸他在日常生活中注意模仿那些優雅人的行為舉止，便可以去掉自己身上的一些不文雅的動作。然而，每當他這樣做的時候，他的羞怯感反而增強了；每當他注意這樣做的時候，他總是想到自己，從未顧及別人，因此時常生硬地做出一些不自然的動作。後來，華特雷發現自己沒有絲毫進步後，便完全失去了信心。他自言自語地說：「我為什麼要莫名其妙地忍受這種折磨呢？如果有半點成功希望的話，我倒願意忍受這般折磨，既然沒有任何希望，那我也就不用再做任何努力了，還是隨遇而安吧！我總是盡力去修正自己的行為舉止，並

下定決心來忍受這塊無法治癒的心病，但是讓我感到失望的是，即便我已經盡了自己最大的努力，我卻仍然笨拙得像頭熊一樣。」

從此以後，華特雷便不再思考有關行為舉止的種種教導，也盡量不在乎別人對自己的評價和看法。於是，華特雷在其《札記簿》中寫道：「自從我採用這種做法之後，我卻出乎意料地成功了。此後，我不僅擺脫了多年來一直折磨著我的害羞之苦，而且也擺脫了有關行為舉止應遵循的種種教條的束縛，與此同時，我的行為舉止也自然了起來。事實上，我們的粗心大意，往往是對那些條條框框的一種不自覺的反抗。正因為有了太多的束縛，我才發自內心地反感自己的行為舉止。其實，許多粗暴、笨拙的話，都是從別人嘴裡說出來的。我總是認為性情平和、舉止優雅的品性並不在我的道德軌道上，而且，我還曾將這些品性看成是一些迂腐的行為。後來，當我不在乎自己的行為舉止後，我身上的一些特質便會潛意識地自然地流露出我的善意，久而久之，我便養成了一些舉止優雅的習慣。關於這一點我已經是完全相信，那就是一個人舉止優雅的行為全靠其本身自然地流露。」

從血統上來講，華盛頓的祖籍在英國，因此，他多多少少也會具有英國人的民族特性。事實上，華盛頓也的確有些靦腆羞怯的性格。據喬西亞‧昆西先生所講，華盛頓有些時候也不大自然，他的行為舉止也不大合乎美國的傳統習俗。當面對陌生人時，他總是感到渾身不自在，而且不太善於交際。儘管他待人十分有禮貌，但是他的言談舉止常常將他出賣，因為他的言談時有不溫和，行為也時有不優雅的地方。

追溯美國人的歷史，因為美國人大部分是歐洲大陸和英倫半島的移民，所以多多少少帶有靦腆、害羞的性格缺陷。但是，現代美國人卻不再是害羞和靦腆的人。據說美國著名小說家納撒尼爾‧霍桑（Nathaniel Hawthorne）就是一個十分羞怯和靦腆的人，而且這種缺陷幾乎使其陷入了病態。但是人們在仔細觀察他之後便改變了看法。當霍桑在房間裡獨處的時候，如果一個陌生人走了進來，他為了避免面對這個人，便將背轉了過去，但是一旦他害羞的樣子從臉上消失之後，他便會變得十分熱誠和親切。

　　在霍桑最近發表的《筆記》一書中，記敘了這樣一件事：有一次，在一個社交場合，霍桑碰見了荷爾普斯先生，他便發現荷爾普斯有些「面無表情」。與此同時，荷爾普斯也察覺到霍桑「不苟言笑」。於是，這兩個靦腆的人碰到了一處，彼此都覺得對方不大熱情，還沒來得及交流便又各自離去了。對於這件事，我們不能草率地發表自己的評論，還是要聽聽愛爾維修先生的名言，即「想要與他人深入地交流，就一定要摒棄靦腆害羞的缺陷」這句格言，被邊沁視為珍寶，常常警惕和鞭策自己。

　　美國著名思想家愛默生，在其《社會與孤獨》裡寫了下面一段話：「你對霍桑最好的敬意，就是當你在一間房子裡或是街道上遇到他時，千萬要假裝對他視而不見。霍桑總是因為別人在一些地方看到他而心生痛苦。為了讓別人不注意自己，霍桑便想出了一個非常有趣的、令常人難以想像的計謀。他要求私人裁縫在為自己做衣服時，顏色要盡量灰暗，樣式也要盡可能簡單，總之，衣服要盡量不惹人注意。霍桑總是深深地為自己的笨拙行為感到沮喪和絕望，常常得走上好幾英里，到了一個『天下無人能識君』的地方，他才能擺脫臉部的抽搐和痙攣，也才能使聳動和驚跳不已的肩膀和手臂平靜下來。他常常說：『無論是在天堂還是在地獄，一個笨手笨腳的人，實在難以得到別人的原諒。』」

　　關於羞怯靦腆的缺點，我們已經談得夠多了。如同任何事物都是矛盾的、對立的統一體，我們在看待羞怯和靦腆的性格缺點時，也要辯證地看待它們。因此，我們完全可以從另外一個角度看待羞怯和靦腆，即羞怯和靦腆也包含了有利的因素。對於那些比較羞怯的個人和民族而言，在社會生活中，他們不大善於交際，行為舉止不大優雅，感情也不顯露在外。由於他們總是逃避社交活動，而不是積極主動地參與，因此，他們不可能具有優雅的風度。而那些沒有大量社會交往的人，要想具備優雅得體的舉止，簡直就是天方夜譚。這種羞怯靦腆的人們，見了陌生人後往往局促不安、手足無措，更有甚者，即使在家庭生活中，也時常感到不自然。這些人的各種情感都隱沒在沉默寡言之中，即使他們要表露自己的情感，也僅僅局限在自己的內心

深處。然而，從心理學和社會交往學上來講，一個人若是長期將情感滯留在自己的心中，不找機會釋放或顯露出來，就會威脅到個人的身心健康，無疑也會影響一個人的社會交往。

古代的德國人很不善於交際，就連那些喜愛社交活動、情感外向的人們，若是與這些不擅長交際的人待在一起，他們也會覺得渾身不自在，從而阻礙了彼此之間的交流。因此，這些性格外向的人，便將那些交際木訥的德國人稱為「啞巴」。然而，這一稱呼同樣也適用於當代的英國人，與那些反應機敏、善於交際、喜歡暢所欲言的法國人和愛爾蘭人相比，這一「啞巴」的綽號太符合英國人的國民性格了。

英國人還有一個更為顯著的特點，便是對家庭生活充滿著強烈的愛。這一性格特點也同樣適用於那些主要發源於英格蘭民族的種族。英國人一旦有了家，他們的社交興趣便驟減。英國人有時為了獲得一塊屬於自己的土地，會不顧一切地漂洋過海，去占據茫茫大草原或大片原始森林，並以此為家。在英國人眼裡，即便是那些荒野而偏僻的地方，也並不使得他們感到害怕。對他們來說，能得到妻子的疼愛和擁有溫暖的家便已經相當滿足了。因此，直到今天，那些口爾曼民族的人們，以及發源於日爾曼血統的英國人和美國人，還在其殖民地那裡盡情地享受著「家」的溫暖和快樂，而且，身為移民者或殖民者，他們仍在積極地向這個地球上能居住的地方盡情地拓展。

身為殖民者，法國從來沒有取得什麼進步。法國人具有強烈的社交本能，也是他們富於風度的祕密，因此，他們無論走到哪裡，都沒忘記自己曾是法國人。於是，當法國人奪得一片土地之後，他們總是盡可能地聚集在一起進行社交來往，他們畏懼孤單，因此不願前往那些偏遠山區和森林裡去開墾新的殖民地。有一段時間，在法國人的能力範圍內，在北美洲廣大的疆域裡，沿下加拿大一直延伸到聖羅倫斯河，從方德湖延伸至蘇必利爾湖，沿聖‧克拉克斯河、順著密西西比河一直到新奧爾良州的河口，都是法國人所占據的城堡。但是，自從那些偉大的、自力更生的、勤勞的英國人，沿著海岸不斷向西延伸他們的殖民地邊界，並占據自己日漸擴大的殖民地後，法國

人原本在北美占領的殖民地，就漸漸只剩下在下加拿大的法屬阿卡迪亞這彈丸之地了。

　　從法國人在北美的生活中，我們也能發現他們民族的一個最為顯著的特徵，就是他們天性喜歡社交活動。正是法蘭西民族的這一特點，促使他們無法像日爾曼民族那樣不斷地擴大自己的領地，並鞏固地占據這些地方。在上加拿大，那些英格蘭和蘇格蘭血統的殖民者，總是盡最大的努力向森林和荒涼地帶滲透，在他們當中，即使是最近的鄰居，也彼此相距好幾英里。在下加拿大，那些法蘭西血統的殖民者，卻總是聚居在一個村莊裡。他們的房子成排地建在路旁，房子後面是狹長的農田。雖然他們的農田被分成細而又細的小塊，但是，他們卻心甘情願地忍受這種耕種方法所帶來的種種不便。他們唯一的目的，是怎樣方便地使得自己能更為有利地參與社會交際活動，而不願意到偏僻的邊遠蠻荒地方去開墾新的殖民地。英國人、德國人和美國人則與嗜交際如命的法國人恰恰相反。事實上，在邊遠蠻荒地區居住的美國人，不僅習慣這種偏僻、荒涼的生活，而且從心底裡喜歡這種離群索居的生活。因此，在美國西部各州，當殖民者們來到他們身邊時，他們發現整個村子顯得「很擁擠」，於是，他們趁著大量移民者或殖民者到來之前，就早早地收拾好自己的家用物品，然後駕著一輛四輪馬車，帶著自己的妻子和兒女們，愉快地向西進發，去尋找那些更遙遠的屬於自己的樂園。

　　正是由於條頓人害羞靦腆的本性，也使得其所繁衍的民族成了名副其實的殖民者。條頓人所繁衍的英格蘭人、蘇格蘭人、德國人和美國人，都善於忍受孤獨和寂寞，在他們心裡，只要能夠建立自己的家園並維持家人的生活，就心滿意足了。因此，他們這種不善交際的稟性，極大地促進了本民族野性的殖民擴張，因為只要有了土地，他們就會勤奮耕作、開墾。具有法蘭西血統的人們，儘管善於社會交際活動，而且舉止優雅，卻不善於拓展自己的殖民地，因此，雖然在他們的能力範圍之內占領了世界上許多國家的領土，但是他們卻常常被其他殖民者剝奪得只剩下一小塊駐地。比如法國人曾占領了阿爾及利亞，但是最後他們卻只剩下了阿爾及爾這塊彈丸之地。

愛爾蘭人也與法蘭西人一樣，具有強烈的社會交際本能，即使在美國，他們也很自然地聚居在一起，稱他們的聚居區叫「愛爾蘭人居住區」。當愛爾蘭人遠走他鄉時，他們往往比在家鄉時更富有本民族色彩，時刻不忘自己是愛交往的愛爾蘭人，在這一點上，愛爾蘭人與法國人有著驚人的相似之處。正是這種過於強烈的聚居特性，使得生活在美國的愛爾蘭人遠離了社會，過著勉強糊口的痛苦生活。馬於爾先生曾說：「我無法用語言來描述在美國生活的愛爾蘭人的種種不幸，但是我敢斷言，他們在生活上遭受的不幸和災難，完全是他們喜歡附庸在大城鎮的這一民族癖性所造成的。他們喜歡交際，不願過孤單的生活，因此，正是他們民族本身的生活習慣才給他們帶來了一切災難。」

　　除此之外，英國人這種不好交際的民族特性還產生了許多其他的優秀品格。正是英國人靦腆害羞的習性，才促使英國人更加善於培養自己獨立自主、自立自強的品格。對於英國人而言，社會交往並非一種本質的、內在的需求，於是他們便將更多的精力移植到埋頭讀書、潛心研究和發明創造中來。那些一心撲在工作上的人，往往就成為一名優秀的機械工；那些不懼大海、不怕大洋深處的孤獨和寂寞的人，勇於與大海、大洋交朋友，從而成為本領超凡的漁夫、海員、新大陸發現者。自從早期的北方人開始探索北海以來，他們不僅發現了美洲，而且他們的艦隊前往歐洲各海港，直抵地中海及世界各地，因此，日爾曼民族的航海技術在世界上一直占據著統治地位。

　　由於英國人不善於在社交中矯揉造作，因此他們就缺乏必要的藝術修養。英格蘭民族能產生偉大的殖民者、航海家和最優秀的機械工，但卻不能產生一流的歌唱家、舞蹈家、演員、各式藝人和著名的服裝設計師。英國人穿著並不講究，行動也不敏捷靈活，言談總是缺少風趣與幽默，文詞也不華美，總之，他們沒有風度，缺乏優雅的舉止。英國人想做什麼從來都是直截了當地去實踐，從來不會轉彎抹角、故作姿態。幾年前，在巴黎舉行了國際公牛展覽會，從中我們就能對英國人的特點窺見一斑。在展覽會行將閉幕之際，參賽選手牽著自己的公牛，前往獎臺上去領獎。首先出場的是一個衣著

華麗、十分歡快的西班牙人，這位裝扮得富麗堂皇的西班牙人所領取的是最低檔的獎品，然而他的行為舉止卻像接受最高獎賞的人那樣，神采飛揚、眉飛色舞。然後，走向領獎臺的是法國人和義大利人，他們舉止優雅、斯文有禮。法國人和義大利人不僅將所牽的公牛披紅掛彩，而且自己的裝扮也十分雅致，他們一步三搖地走向領獎臺。最後出來領取最高獎項的是一位無精打采、衣著隨便的人，他的扣眼上沒有別上一枝花，腳上也打著英式農民的綁腿。這時，觀眾們詫異地交頭接耳，有人問：「這人是誰？」旁邊的人便回答說：「這還用說，肯定是英國人。」於是，觀眾就站起來為領獎者歡呼道：「英國人！偉大國家的代表！」這位英國人並不想登上領獎臺展現自己的能耐，而是代表那頭取勝的公牛去領獎的，領完獎後，他便一言不發離開了獎臺。於是，這個國際公牛展覽會的最高獎項便被一個胸前沒有別花的英國人取走了。

英國人自己都不得不承認，他們沒有藝術品味，不大注意自己的行為舉止。為了克服這些缺點，英國有不少人創辦了一些學校，專門用來傳播優雅的藝術。於是，英國也開始擁有傳播美、教人怎樣更美的老師和傳道士了。在有些英國人眼裡，美是根據宗教而引申出來的，也才有了關於「美即是善」、「美即是真」、「美即是仁慈的使者」等說法，這些話開始頻繁地出現在英國教材當中，英國人透過學習藝術，從而提高了自己的興趣和愛好；注視、思考美德物體後，英國人變得更加純潔；禁絕肉體欲求後，英國人的品行也在不斷地完美、靈魂也在不斷地趨向於高潔。

儘管藝術教育對於提高一個人的興趣愛好可能有一點作用，但是我們也不能過高地估計了這種教育的萬能性。一個人優雅的風度舉止，只不過是人們日常生活中的一些點綴、裝飾和有美化作用的東西而已。雖然音樂、繪畫、舞蹈以及優美的藝術都是令人快樂和高興的東西，但這些東西也只不過是感覺方面的東西罷了，除此之外別無他用。培養人們對於美的形式、美的顏色的愛好，提高人們對悅耳的聲音的鑑賞能力，以及教人種種符合規格或模型的待人接物的方式、方法，對於一個靈魂純潔、道德高尚的人，沒有必然的影響。誠然，多看一些好的藝術作品，無疑會提高人們的興趣與愛好，

激發人們的羨慕之情，但人們能在日常生活中就能看到一個個活生生的高雅動作，難道他們非得跑到幾英里之外去看一個大的雕塑或一幅名畫，從而影響他們的心靈、增加模仿的行為嗎？捨近求遠、棄真求虛，我想沒有一個人或者一個民族能愚蠢到這個地步。因此，使得一個人真正偉大，並非興趣愛好和藝術能企及的，而是源自他們本身的精神、情操和勇氣。

藝術修養確實能激起人們對享受的追求，但是，是不是像有些人標榜的那樣，能促進人類社會進步，這一點也確實值得懷疑。因為藝術修養總是刺激人們的感官欲望，因此，有些排他性的藝術修養很可能不是使得人們更加堅強，而是使得男人更加趨向女性化。亨利・泰勒曾說：「正是藝術修養所造成的種種富於幻想的性格，使人們的勇氣逐漸衰竭，力量逐漸減弱，從而更加容易順從和臣服。」有一點必須在我們內心深處準確定位，那就是藝術家的作品與思想家的作品完全不同，藝術家的最高目的是用心去雕塑或鑄造自己的作品，無論是繪畫作品、音樂作品，還是文學作品，都無一例外地按照已有的意圖或本不深刻的思想，使得作品本身趨於一種比較完美的形式，從而使得自己的作品能成為完美或者不朽的傳世之作。

縱觀歷史，我們就能發現，在一個民族衰落時，藝術卻繁榮興旺起來。那是因為在一個時代的衰亡時期，財富就會讓出位置，讓藝術扮演奢侈的「先鋒大將」。無論是在古希臘時代，還是在古羅馬時代，精湛的藝術成就總是與墮落腐化緊密相連。當菲迪亞斯和伊克迪洛斯還沒來得及完成派特農神廟時，雅典的榮耀就一去不復返了，菲迪亞斯本人最終也慘死在獄中。斯巴達人為了紀念自己的輝煌勝利和雅典人光榮的失敗，於是在城裡建起了一座雄偉的紀念碑。在古羅馬藝術處於高峰期時，也正是羅馬最墮落腐化的時期。圖密善和尼祿都曾是羅馬皇帝，也都是有名望的大藝術家，他們深愛藝術卻十分凶殘。按照藝術的觀點，如果「美」就是「善」的話，那麼，羅馬皇帝康茂德一定是位最善良的人，但是據史料記載，康茂德是歷史上最為殘暴的君主之一。

當代羅馬藝術最為輝煌的時期，處在利奧十世教皇（Pope Leo X）在位之

時。然而，自從亞歷山大六世教皇以來，利奧十世在位時期乃是羅馬最為腐化墮落的時期。當時，無論是平民還是牧師，都肆意揮霍、荒淫無度，並且毫無節制。在荷蘭、比利時和盧森堡等北歐國家情形也是如此。正當這些國家的藝術達到光輝的頂點時，隨之而來的便是藝術和宗教自由的徹底毀滅，於是，西班牙便採用極端專制的政策壓迫這些國家，致使這些國家的國民迅速衰弱下去。如果藝術能使一個民族精神振奮、道德高尚，使得這個民族的人民看到美的東西，就能自發自覺地向善，那麼巴黎人就應該是全人類最高尚、最友善、最聰明的人了。事實卻恰恰相反，當巴黎人民沉溺在「美」的享受中時，法蘭西這個高貴的民族也就日漸衰落了。羅馬是世界上的藝術名城，當古羅馬那些赳赳武夫都墮落成了品味古董或小飾物的半通不通的藝術家時，這座藝術名城早已腐爛得臭不可聞、難以言喻。

霍桑在其所著的《法國和義大利的最初印象》一書中，曾談到了當代羅馬人十分不講衛生的惡習。他寫道：「或許羅馬人具有某種特殊的能力，可以將骯髒、醜陋、不堪入目的東西和崇高、美麗的東西區分開來，從而不讓自己的腳底沾染汙垢。但是一個不熟悉羅馬這座城市的人，若是有朝一日經過古羅馬廣場遺址時，若是不留心腳底，就會踩到一些令人無法忍受的東西。因為羅馬人在華貴的聖彼得鋪面路上任意吐痰，使得地面上痰跡斑斑，不堪入目。而且，無論他們到哪個地方，他們口中的痰都信口飛出。他們把不堪入目的木制告解室，安放在崇高的拱形門下，這些告解室的表面上裝飾著耶穌被釘死在十字架上的各色畫像；在富麗堂皇的神殿裡，裝飾著許多不值錢的小金屬條、各式金屬箔以及許多零星雜物；小教堂上鑲嵌著看似珍寶的大理石雕刻品以及其他石製品，他們把一些用硬紙板製成的神像放在富麗堂皇的萬神殿裡。總之，他們把高雅、崇高的東西和許多荒謬可笑的東西結合在一起，而且結合得如此天衣無縫、巧奪天工，並且心安理得，真是讓人啼笑皆非，而又厭惡至極。」

英國著名藝術評論家拉斯金先生說：「藝術這高雅的東西，有時會與又髒又臭的『垃圾』連繫在一起。」當拉斯金帶領一些人在威尼斯搜尋藝術作

品時，他們在勘探、尋找的時候，總不時會聞到一些臭味。當臭味實在不堪入鼻時，他們就會異口同聲地喊道：「我們又將發現一件十分古老的藝術作品！」

埃德文‧夏得威克在所著的《對經濟科學和統計欄目的講話》一書中寫道：「在西元 1862 年英國協會舉行的會議中，只要與會者有一點點的衛生常識，他們就會本著健康的需求，提高一點全民的衛生習慣。這些實用的條例如果頒發的話，就會比任何藝術教育更為有用，然而與會者們最終並沒有這樣做。這其實就像一個人的穿著打扮一樣，一味地褶褶飾邊，卻讓人看不到整個襯衫，這其實是一次並不成功的裝束。」

因此，優雅的行為舉止、禮貌的行為，以及所有使人們的生活更加美好和愉快的藝術，都無一例外地需要培養和教育。但是，為了獲得這些修養，卻絕不能以犧牲誠實、忠誠、真摯、正直、坦率這些更持久、更根本的品德為代價。一個人真正的美源自於他的內心，而並非來源於他的雙眼。如果美並不能帶來美好的生活、不能產生高尚的習俗，那麼這種美就沒有絲毫價值。同樣，禮貌如果僅僅停留在口頭上、禮節性的待人接物上，而不能真正與自己的行動統一起來，這種禮貌也不值得炫耀和提倡。

許多看似十分優雅的舉止、嫵媚的動作，完全可能是為了遮人耳目，內心實際上到處充滿著下流、無恥、卑鄙、齷齪、醜髒的惡習。其實，就藝術本身而言，它是一種並無任何害處的享受，而且對於提高一個人自身的修養也有一定的幫助。但是，如果它無助於提高一個人的修養，那麼，它就極有可能成為純粹感官上的奢侈品，絕不會使人的靈魂更加健康，使人的精神得以昇華，而必定會使人墮落下去，從而成為一個敗壞道德的人。

真正的勇氣，比任何優雅的外在風度都美；純潔的心靈，勝過任何優雅可人的動作；心正、身正、精神正，就比任何精湛的藝術或標準的舉止更加使人魅力四射。當然，我們絕不能忽視藝術的教育作用，同時我們更不能忘記還有許多更加崇高、更加寶貴的東西值得去追求，有比快樂、藝術、財富、權勢、知識、天才更為可貴的東西值得我們去追求，那就是真正珍貴的

優秀的純潔的品德。如果一個人沒有真正優秀的個人美德當作基礎或前提條件，那麼，所有的優雅舉止、標準動作和精湛的藝術都不可能挽救一個人，更不可能使人的精神得以昇華。

第十章
偉大的愛情造就偉大的人生

　　一帆風順的人生歷程、平淡如水的夫妻生活，無論是對男人而言還是對於女人而言，未必是件好事，只有在各種痛苦的考驗中，男女雙方才能顯現出自己本來的面目，也只有經過考驗的感情才能真正地靡堅不摧，牢固可靠。

對女人要仁慈、體貼，不能僅僅只喜歡她們那迷人的外表，這樣才能贏得真正的愛。

—— 莎士比亞

如果上帝把女人設計成男人的主人，那麼，男人的腦子裡就不應該有女人；如果上帝把女人當成男人的奴僕，那麼，男人就已經把女人一腳踢了出去；如果上帝認為女人與男人天生就是平等的、女人是男人的夥伴，那麼男人就會把女人當作花來侍養。

—— 聖奧古斯丁

誰能找到道德高尚的婦女呢？那些品性正直、有操守的女人，就像一塊巨大的紅寶石一樣，永遠無價可估、價值連城。活力和貞操是婦女們最為華貴的衣裳，她無時無刻不在盡情地歡樂，充滿了智慧和善良。善良、仁慈和貞節是高尚女人的代名詞。這些高尚的女人，對自己的丈夫總是體貼關心，她們也總是勤勞節儉。這些女人被孩子們尊敬、被丈夫所喜愛。

—— 所羅門箴言

　　無論是男人還是女人，在人生的各個不同階段都深受伴侶、友誼關係的巨大影響。關於母親對自己孩子的巨大而深刻的影響，尤其是母親對孩子性格方面潛移默化的影響，我們在前面已有所涉及。正如一個人要想生活下去，必須要有有形的物質環境一樣，一個人要想健康成長，良好的道德氛圍往往是他們獲取精神食糧的保障。因此，在家庭生活中，母親精心營造出來的良好道德氛圍，對於孩子們心靈和精神的發育具有非同一般的影響。身為母親，他們是嬰兒的撫育者，少年的指導者；身為姐姐，她們是弟弟們的人生嚮導和顧問；身為伴侶，她們是男人的知己和伴侶。總之，女人的影響，無論其大小如何，無論其好壞如何，都對男人一生的命運有著深刻的影響。

　　從人們一生下來，大自然就已經對男人和女人各自的社會職責和義務做了十分明確的規定。造物主創造了男人和女人，並要求他們各自做自己的

工作，各自扮演本身的社會角色，誰也不能侵占對方的位置，誰也無法取代對方的社會角色。不僅如此，因為男女雙方各自的才能、素養千差萬別，因此，他們各自的職業也有著迥然不同的區別。男人和女人既有分工，又有合作。一方面，女人靠自己的力量來生存、發展；男人也靠自己的力量來生存、發展。另一方面，男女之間又有著無法分割的內在的、親密的關係，男人離不開女人，女人也離不開男人。因此，為了全人類的生存和發展，為了人類自身的種種需求、目的和意義，男人和女人同時撐起了半邊天，為社會進步、繁衍後代做著不可替代的貢獻。

從一般的意義上講，男人和女人是平等的人、平等的伴侶關係，但從各自的能力來講，他們又是不平等的。男人往往更強壯、更剛毅，脾氣較為粗暴；女人則較為柔順、敏感，情緒往往不穩定、易波動；男人往往智力出眾，女人往往品性非凡。男人和女人就像維持一個人的正常生理功能的各個器官，它們之間無法互相替代，必須要協調運作。儘管頭腦能統治世界、主宰一切，但心靈卻也有著不可低估的作用。大腦和心臟各自有其不可替代的功能，因此，若是把女人的分內之事硬性地強加給男人，或者把男人的分內工作硬性地強加給女人，都是極為荒謬而且貽笑大方的事。當然，社會上確實有一些女性化的男人，也有少數男性化的女人，但這畢竟只是少數和特殊的現象，不具有普遍性。

「男人是頭腦，女人是心臟」，這僅僅只是說男人往往具有智慧、知識，而女人側重有溫情和柔順，但這並不是說男人們就可以忽視心靈、精神方面的修養，女人們則可以不加強對知識的學習。一個沒有心肝、殘酷無情的男子，與現代文明社會的要求是格格不入的；同樣，一個愚昧無知、愚不可及的婦女，自然也無法在文明社會中立足。培養具有良好道德修養和豐富知識這樣德才兼備的人，才是文明社會的必然要求，也只有這樣的男人或女人才是思想穩健、頭腦清醒的人。沒有同情體恤之心的男人，只是一些卑鄙、卑劣、貪婪自私、頭腦發達的動物而已；沒有知識、才能和修養的漂亮女人，也只不過是衣著華麗的玩物而已。

「女子無才便是德」，這是過去人們所堅持的一種觀點。人們認為那些懦弱、沒有主見、依賴性強的女人，才會討人喜愛；而那些富有主見、聰明、獨立性強的女人，往往使人畏懼和討厭。據此，英國散文家、評論家斯蒂爾說：「男人們要顯得尊貴，就應該具有智慧和勇氣，這是任何具有男子漢氣概的人不可或缺的條件。同樣，女人要顯得舉止得體、溫順可愛，就要學會順從、忍耐、溫柔、膽小，並且具有依附性。總之，若是非要將男人和女人區別開來，那麼女人的優美品德便是溫良、謙順，正是女人這種溫順、謙和、依附性以及她們天生的自卑感，才使得她們可愛、招人喜歡。」因此，女人要柔和，而不能具有力量；女人要謙恭，而不應該充滿智慧。因而女人並不需要有什麼主見，她只要能接受男人們的發號施令就可以了。男人們必須將女人培養成自己裝飾性的附屬物，而千萬不可將她們培養成獨立自主的人，一定要將她們訓練成完美的妻子、合格的母親、傾訴衷腸的知己、不離不棄的朋友，而絕對不能讓她們成為剛毅果斷的家庭掌門人、獨立自主的商人、乾坤獨斷的政治家。

18 世紀英國最偉大的詩人亞歷山大‧波普（Alexander Pope）在他的一篇〈道德散文〉中斷言：「大多數女人根本不存在什麼個性。正如那些形形色色的鬱金香一樣，女人之所以顯得嬌貴可人，是因為她們嬌羞、軟弱。」

波普的女管家馬沙‧伯蘭特，曾極為殘暴專橫地控制過波普，而且波普本人曾一度拜倒在這位夫人的石榴裙下，但卻被瑪麗‧沃特雷夫人輕蔑地拒絕了。但是，讓人感到驚奇的是，波普在寫給伯蘭特的親密信件中，曾心懷惡意地嘲笑沃特雷，可見波普自己並不是一位能對女人做出公正判斷的仲裁人，同時，他也不是一位對男人做出明智而寬容、客觀而公正的評判的人。

我們在上面所談到的一些對女人錯誤認知的觀點，至今仍有不少地方繼續實行。在他們眼中，一個真正優秀的女人，應該要有柔弱的性格，而且不能具有力量和勇氣。女人應該嫵媚動人，令人感興趣、招人喜歡和稀罕，而不應該具有自立、自強的品格；女人只能為其他人活著，包括言談舉止和生存之道；女人應該無條件地贊同、歸順男人。同時，女人的穿著打扮要吸

引人，她必須無條件地接受各種社會交往的有關規矩，以使自己顯得賢淑高貴。女人也應該柔弱如風、依附於人。這些成文的或不成文的禮儀習俗，讓許許多多的女人毫無自由可言，她們已經被壓得喘不過氣來。因此，處在「男子霸權主義」的社會裡，女人正應了一句印度諺語：「女人如此地恭順、善良、乖巧、出色，以至於她們處處無用、沒有價值，她們只是男人的依附品，只是男人行走社會的工具。」

不僅如此，有些民族要求女子具有善良、溫順的品格，而且要求男人養成自私自利的習慣。他們總是鼓勵男孩子依靠自己的能力去闖世界，而要求女孩子完全依附於他人；他們要求男孩子凡事自作主張，而要求女孩子凡事都聽從他人的意見；他們鼓勵男孩子自立、自強，卻要求女孩子百依百順；凡此種種，不一而足。這種做法往往導致的結果十分明顯，在過分強調對男孩子的智慧、思考方式、膽識膽量的培養的同時，卻忽視了對他們的愛心、善良等道德方面的教育；同樣，在過分突出對女孩子的謙讓、溫順等品德培養的同時，卻根本沒有顧及到對她們進行智慧、才能、素養的培養。

女人是造物者創造出來的人類保姆。女人身上最為優秀、最為高貴的品德，正是透過她們與其他人的交往中表現出來的。女人總是會發自內心地出於道義地救助一些無助的人，女人也總是會心甘情願地精心撫育她們所愛的人。女人是家庭的靈魂工程師，她們天生就是一位傑出的家庭管理天才。女人善於營造寧靜、溫暖、舒適的家庭氣氛，她們喜歡在這種家的氣氛中生育、撫養自己的兒女。女人們也常常富於同情心富於自我犧牲精神，雖然她們柔弱如水，但卻耐心驚人。在某種意義上來講，耐心是女人的一種天性，她們的內心充滿盈盈愛意，希望的火花總在她們的心中跳躍，她們富於信任感和責任感，她們明亮的眼睛裡總會流露出仁慈和幸福的光芒，而這種溫柔、同情的眼光常常使寒冷變溫暖，使痛苦得到緩解，使悲傷化為愉快和歡樂。有首詩歌便謳歌了女人的德行：「女人就像潔淨如水的月光緩緩流出，當痛苦來臨的時候，她們那溫柔的話語直滲入你的心頭。這恰恰是一份溫柔，是一口清澈的清泉，總是讓人感到香甜可口，而且不含一絲塵物。」

　　對於那些不幸的人們來說，女人是他們心中的天使。女人總是喜歡幫助、同情弱者，使那些墮落的人重新振作起來，她們總是用自己溫暖的雙手撫慰那些遭受痛苦的人。女人應該是第一個建起醫院並向醫院捐贈的人，而且女人無論在何處，只要聽到那些遭受痛苦的人的嘆息聲，便會自發自覺地表示同情，然後情不自禁地來到這些苦難人的身邊，安慰他們。有一天夜晚，馬戈‧派克被非洲一個村子裡的人們趕了出來，走在漆黑的草地裡，派克感到十分孤寂、無聊，一邊忍受著飢餓，一邊準備在一棵大樹下熬過天明。這個時候，忽然狂風大作、電閃雷鳴，緊接著就下起了傾盆大雨，此時的派克飢寒交迫，又要擔心時常出沒的野獸的襲擊，心情陷入到痛苦而絕望的境地。這時，派克看到了前方不遠有火光閃現，而且火光越來越靠近，他借著火光看清了一位黑人婦女的臉。這位心地善良的黑人婦女，從田間工作歸來，正好發現了蜷縮在大樹下的派克，當她看見派克愁眉不展、一臉絕望時，頓生憐憫之心。於是，這位好心的婦女便將派克帶進自己簡陋的小茅房裡，給派克做了吃的東西，而且給他提供了許多幫助。這一夜，派克在這位好心人家裡輾轉難眠，流著感激的淚挨到了天亮。後來，派克對自己身邊的人說：「在我旅行的過程中，這件小事深深地打動了我。這位好心的婦女在自家的小茅屋裡鋪上了草席，然後吩咐我睡在上面休息。因為我占了這個屋子裡其他人的安睡之地，於是，這位婦女則讓所有屋子裡的女人繼續紡線，直到天明。這些女人一邊唱歌，一邊輕鬆地工作。有一首即興唱出來的歌，我印象特別深刻，因為這首歌唱的就是我自己。我清楚地記得有位年輕的婦女帶頭唱起了這首歌，於是，大家便一起唱了起來，歌聲悅耳而哀傷。這首歌的字面意思為：『狂風在吼叫，暴雨傾盆而下。有位可憐的白種人，已經精疲力竭、幾欲昏厥。他絕望地倚在一棵樹下，孤零零地坐了下來，挨著時間以待天明。這個時候，母親不能給他端來熱乎乎的牛奶，妻子也不能幫他碾磨玉米。他是那樣的絕望啊！他是那樣的悲傷，又是那樣的令人憐憫，又是那樣的使人同情。』這首看起來不起眼的曲子，在這間小茅房中繚繞不絕，歌聲與風聲、雨聲交織在一起，使人難以分辨。面對此景此情，我的心被這首歌

深深地震撼著，一種前所未有的感激之情湧上心頭。這些婦女的善良和仁慈深深地感動著我，讓我無法入睡。」

許多最富有女性特色的品性，都是與同情心和仁慈心連繫在一起。但是儘管如此，女人身為社會上獨立的人，她們有絕對的權力透過有意識地培養自我獨立、自我控制、自我發展的特質，從而使得自己更具有力量和更富有個性，如此一來，無疑會有益於女人自己的幸福。在社會生活中，人為地關閉女性心靈的通道，既是可能的，也是不足取的。人類的同情心絕對不會與自立意識切割，它們總是相互扶持、相互影響，那種認為增強女人的自立意識就會削減她們的同情心的說法，在現實生活中，在文明社會裡，絕對無法站得住腳。

當然，自立意識也必須建立在良好的道德基礎之上。無論是男人還是女人，他們的幸福在很大程度上取決於自身的道德素養是否完善。一旦自立意識與充沛的精力、道德訓練結合起來，並具有良好的智力、知識作為基礎，就會使人女人更加幸福，從而對社會、對人類的貢獻也會越來越大。在此基礎之上的女人，也會更加聰明地改造人類的生活，從而更好地享受幸福的生活。所有這些人類社會的進步、人們生活的幸福，都取決於男女之間的互相信任和相互扶持。

整個社會要保持較高的道德標準，那麼，男女兩性的教育、道德修養水準應該和諧一致。一位道德高尚的女人，一定要有一位道德高尚的男人來陪伴；同樣，那些道德高尚的男人，必須要與那些道德高尚的女人結為伉儷。男人的道德標準應該和女人的道德標準一樣，換句話說，男人和女人應該適用於同一個道德標準，而萬萬不能雙重標準。如果有人仍然堅持因男女雙方性別的差異性，男人可以肆無忌憚地蔑視一切道德規範，可以不檢點、不道德，而且也將免除道德的懲罰；而同樣不道德、不檢點的行為，一旦發生在女人身上，整個社會便群起而攻之，認為她們有辱人格、玷汙貞潔、道德敗壞，那麼，整個社會的道德基石就會垮掉，不僅不能約束男人，而且也不能約束女人，最後會導致荒淫無度、混亂不堪。

一個道德風氣良好的社會，勢必要求這個社會中的男人和女人都應該嚴格地要求自己，自覺遵守道德規範，做一個純潔而高尚的人。因此，男人和女人都要自覺地避開種種玷汙心靈、名聲和道德良心的不良行為，就像避開毒藥一樣避開它們。任何人一旦染上了不良行為，就像身體中了毒一樣，很難完全清除，因而內心便會滋生或多或少的痛苦，從而影響到將來的幸福。

男女兩性問題，一直是一個非常令人棘手的話題。儘管兩性問題是一個十分普遍而又讓人感興趣的話題，但是人們卻視而不見、避而不談。這個話題會使得道德家們敬而遠之，教育家們唯恐避之不及，父母親更是視之為禁忌。人們幾乎一致地認為，公開談論男女之間的愛情，是一種粗野、不文雅的行為。然而，由於好奇心的驅使，眾多年輕讀者只好到那些流動書攤上尋找許多殘破不全的有關愛情方面的書籍，並從中得出許多光怪陸離、似是而非的結論。造物主有意將這種強烈和極富吸引力的感情賦予給女人，因此，許多感情往往影響了女人一生，並自始至終地貫穿於她們的一生。對男人而言，愛情只是漫長人生歷程中的一段小插曲，他們往往任其自然、不加控制；然而，在許多女人的生活當中，這種感情也是任其自然，未予任何約束和控制，也少有人給她們以關心和指導。因此，男人總是對性愛趨之若鶩，而女人總是懵懵懂懂、含苞待放。

在戀愛過程中，男女之間的生理需求往往會戰勝任何合乎禮儀習俗的規則。但是儘管如此，我們總應該讓年輕人知道如何甄別真正的愛情與虛偽的愛情，也應該使年輕人養成尊重高尚品德、遵守禮儀規範的道德準則。因為一旦人們沒有了高尚的品德，任何愛情都將只會是一場痛苦的、愚蠢的悲劇，婚姻也如同兒戲、灰飛煙滅。身為父母，我們可能自己也不知道如何教會年輕人明智地追求愛情，但是，我們十分有必要告訴自己的兒女，千萬要警惕許多盜用愛情的名義進行感情欺詐、行齷齪之事的卑鄙小人。有位先賢就曾說道：「從普遍的意義上來講，追求愛情是一件愚蠢至極的事。但是，從愛情的純潔性、崇高性和無私性這些方面來講，愛情不僅僅是結果，而且是對年輕男女本身優秀品德的考驗。愛情能夠使得男女雙方互相傾慕，彼此都

對自己的行為、道德格外敏感和重視，而且在互相傾慕中，男女雙方都忘卻了自我，從而關心他人、在乎他人，這一切都顯示了戀愛中的男女對自己提出了更高的道德要求。追求愛情能幫助人們摒棄人性中自私的惡習，從而養成尊重他人、愛護他人的好品格。」

　　愛情有著神聖不可侵犯的熱情，也正是這份熱情，使得整個世界永遠年輕、永遠充滿青春的活力。愛情是一首美妙而永恆的歌，它與人類歷史形影不離、不離不棄。愛情常常使得年輕人光輝燦爛、更加生機勃勃，愛情使人們眼前的一切都披上了金色的陽光，愛情使將來的一切更加滿懷憧憬、美好燦爛。愛情是男女雙方在互相尊重、互相羨慕、互相欽佩的基礎上共同結出的豐碩之果，因此，愛情總是使人們的心靈更加純潔，使人們的道德更加高尚，使人們的精神更加崇高。愛情常常是一團跳動著的自由之火，它把人們從自我奴役、自我壓抑中解放出來，而一切鎖鏈、束縛和抑制也將在這烈火般的愛情裡被熔化、被消滅。

　　斤斤計較、唯利是圖與高尚的愛情是水火不容的，真正的愛情如同高山白雪、冬日臘梅，其風骨和清香非同一般。愛情使人溫良、謙和。愛情使人互相信任、勇氣倍增。真正的愛情，必定使人更加熱愛和追求知識、崇尚智慧；真正的愛情也勢必將與美德和知識形影不離、永不分離。詩人伊莉莎白·巴雷特·白朗寧（Elizabeth Barrett Browning）說：「所有的愛情，在一定程度上都能產生智慧。」最富有天才的人，永遠是最誠實的戀人。一切真正的快樂，都能因為愛情而得到昇華，變得愈加神聖。愛情也能使得崇高的精神更加偉大，人們若是擁有了高尚的愛情，那些潛藏在他們身上的卑鄙、淫蕩、反覆無常等惡劣的品格，也終將被尊重、友善等良知所取代；高尚的愛情能使得人們胸懷大志、目光遠大、胸襟開闊，並能促進智力的開發。斯蒂爾在談及伊莉莎白·哈斯廷斯夫人時，說過一句對婦女們最美好的讚美詞。他說：「愛，應該是開明而大方的教育。因此，據『要為師先為人』的觀點，婦女們應該是最高意義上的教育者，因為，身為一個教育者，她首先要滿懷愛心，才能最為人道、最為鍾情地從事教育。」

　　人們一直認為，無論是男人還是女人，如果他們的仁愛之心沒有與世界連繫起來，那麼，他們的生活就不能說是完美無缺的。因為，不懂得什麼是愛的女人，就不能說是真正意義上的女人；同樣，不懂得什麼是愛的男人，也不是真正意義上的男人。男人和女人都是對方的有機組成部分，單個的男人或者單個的女人都是不完全的人，因此，男人是女人的一半，女人也是男人的一半。古希臘偉大的哲學家柏拉圖曾說：「情侶們總是在對方的身上尋找與自己相似的地方，因為愛情的緣故，常常能使得本來分開的人們，又重新結合成了一個整體。」關於這一點，柏拉圖的觀點也許有失偏頗，因為能使得人們彼此之間連繫在一起的因素，除了愛情之外，還有慈愛、父愛、母愛、手足之愛等。但是，即便柏拉圖的觀點有失偏頗，但是他卻談到了人類社會中關於愛情的重要性。

　　真正的婚姻必須建立在男女雙方互相尊重、互相友愛的基礎之上，真正的婚姻也必須是男女雙方心靈相通的完美結合，如若不然，婚姻也只能是愛情的墳墓，從而葬送了彼此之間純潔而美好的愛情。約翰·戈特利普·費希特（Johann Gottlieb Fichte）就曾說：「如果婚姻不是建立在互相尊重、互相敬重的基礎之上，那麼，男女雙方就不會存在真正而持久的愛情。男女雙方也只會從這種失敗的婚姻中品嘗到遺憾的苦果。而且，這種婚姻與任何崇高的人類精神都是背道而馳、水火不容的。」任何人都不可能真正去愛一個道德敗壞的人，而總是去愛那些受人尊重、令人羨慕的人。總之，真正的婚姻必須建立在良好的個人道德基礎之上，而且，這種優秀的個人品德應該既表現在家庭生活中，又表現在社會生活中。

　　當然，男女之間的愛情和婚姻，絕不僅僅在於男女之間的相互尊重和相互敬重，它們的存在，還具有更深刻、更微妙的感情，而這種感情並不存在於男人與男人之間或者女人與女人之間的情感交往中。美國小說家霍桑說：「談到慈愛之情，男人之間的感情與慈愛之情還有著天壤之別。一個男人從來或者絕不會緊緊地抓住另一個男人的手，更不會緊緊地將對方摟在懷中。因此，男人從來不能從那些好兄弟的身上，得到任何親密的幫助和精神上的慰

藉，而只能從女人身上得到這些最為真摯的情感。這些女人除了他的妻子，還包括他的母親、姐妹，甚至女兒。」

跨過愛情這道門檻，人們就會進入一個充滿快樂、同情和樂趣的新世界。這個新世界，與他以前所在的小家庭和童年時期生活過的家庭完全不同，在這個新世界裡，人們每天都能得到新的快樂、新的幸福和新的歡笑。從此，人們便由此步入了一個充滿種種新的考驗和磨練的世界。在這個新的生活空間裡，人們得一點一滴地注重自我修養、學會待人接物、遵守紀律等。法國文學評論家聖‧波伏說：「家庭生活總是充滿著各種各樣的憂慮和煩惱，但卻也是豐富多彩的，並且極富有成果。在家庭生活裡，人們的憂慮與歡樂、煩惱與歡笑，總是難捨難分地結合在一起。然而，在這無窮的歡樂與痛苦、歡笑與憂傷之中，卻又有著夫妻生活的情趣，這也讓其他任何情感感到望塵莫及。如果一個家庭，在很長的時間裡仍然沒有新的生命誕生，這個家就缺少了許多本來該擁有的歡樂和希望。這個家庭的歡樂和笑聲就會漸漸稀少，而且總是充滿了愚蠢的行動，充斥著種種道德敗壞的行為。」

整天忙於生意而不顧家的人，便會不自覺地變得心胸狹窄、滿腹疑慮，乃至麻木不仁、冷酷無情。因為他們整天忙於與生意人打交道，時時刻刻要算計、提防別人，每時每刻都要考慮自己的利益。長此以往，人們就會漸漸陷入利益的旋渦不能自拔。他們總是思考著下一步的進攻和防守，形成了計較利益得失的思考模式裡，便會扼殺掉原本溫情和善良的本性，滋生猜疑、卑鄙、下流、無恥、醃臢等不良惡習。那麼，這樣的人該怎麼挽救呢？治療這種病的良藥，就是想法讓他們回到家庭生活中來，透過歡樂和充滿希望的家庭生活，將他們從斤斤計較、患得患失的商人生活中解救出來。一旦解救出來後，他們便會沉浸在妻子溫情的撫愛中，在意孩子們天真無邪的一舉一動，得到從來沒有享受過的快樂和幸福，從而他們自己的精神也就會真正地爽快和健康起來。家庭是心靈的避風港，人們只有在家裡，才能真正做到什麼都想或者什麼都不想，才能從精神上完全歸屬於自己。

因此，泰勒說：「再溫暖、再真切的社會歡樂，也不敵家中的一縷燈光。

整天泡在生意場上的人，會變得感情麻木、心胸狹窄，感情通道也日漸萎縮。只有婚姻、家庭才能鎮守人類精神的港灣，人們真正的歡笑和幸福只有在這裡才能得以淋漓盡致地體現。」不管一個人的抱負如何遠大、生意如何興隆，如果這個人沒有一絲一毫的溫情，對受苦受難的人們沒有半點同情之心，對自己的妻子兒女沒有無限的眷戀之意，那麼，在外人看來，他也許是春風得意、富甲天下，但是，他卻永遠也不可能達到真正的成功，也永遠只是一個徹底的失敗者。

亞瑟‧荷爾普斯先生在他的一篇散文中曾一針見血地精闢地指出：「在我們身邊，常常能看到有些人一天又一天地富了起來，有些人一天一個臺階地向上爬，有些人在自己所從事的專業領域裡名氣越來越大。因此，有的人便認為自己『時運不濟，命途多舛』，認為這些人才是命運和上帝的寵兒，只有他們才是真正的成功者。但是，如果這些人的家庭生活是一塌糊塗、亂七八糟，或者殘缺不全；他們的家庭沒有溫情、沒有關愛、沒有歡樂和幸福；他們以前的僕人認為和他們待在一起簡直倒楣透頂；他們的親人認為他們滿嘴虛假仁義，內心卻殘酷無情，那麼，像這類所謂的『成功者』，卻是實實在在的失敗者。不管這種人的財富、仕途、名氣多麼令人嘆為觀止，也不管這類人的命運或運氣多麼令人眼饞，但是，我認為他們總是缺少一件最重要的東西，那便是無法安放自己漂泊而孤寂的心靈。這些人本身所具有的善良、仁慈之心，無法找到真正的歸宿。就像一艘行駛在大海中的漁船，勢必要在大風大浪中闖蕩，最後也要找到一處燈塔拋錨靠岸，人活一輩子，有許多許多的東西值得我們去追求，但是人們的心靈總要找到家庭這個溫馨的港灣來停靠。其實，那些看似平淡無奇的家，卻是所有善良和正直的人們一個安放心靈的歸宿，同時也是所有愛的基地。」

只有在家庭生活中，一個人內在的性格、品德才會更真實、更直接地顯露出來。一個人真正承受普通生活的能力，也只有透過家庭生活才能真正展示出來。許多人善於處理公共事務或生意場上的事，但在這種社會生活中，往往壓抑著自己的內心衝突，而屈從於現實生活中的壓力。但是，一旦

他們到了家庭生活中，由於失去了這種來自社會的壓力，往往被一些日常生活的麻煩事所困擾，反而日益被動。這些人的全部精力和心思都放在了生意上面，如果生拉硬拽地要他們尋回真正的幸福，他們也能將全部的心思搬回到家庭生活中來。當他們回歸到家庭生活中後，他們本身所具有的真正的誠實、坦率，以及心中之愛、同情之心、體恤之心、正直之心，才能不加掩飾地顯露出來。他們的品性如同山間的一股清泉，涓涓注入到家庭生活中去。然而，如果一個家庭缺乏慈愛之心，這個家庭裡裡外外都顯得寒冷如冰，那麼這個家庭勢必非常專制、冷漠，沒有絲毫樂趣可言。同樣，如果一個家庭缺乏正義，家庭成員之間也就不會有真正的愛，不會有真正的信任，不會有真正的互敬互愛。在家庭生活中，只有在那些愛意融融、充滿信任和互相尊重的家庭裡，家庭成員才會有享受不盡的快樂和幸福。

伊拉斯謨（Erasmus von Rotterdam）這樣稱讚湯瑪斯‧摩爾的家：「摩爾的家充滿了溫馨，到處洋溢著基督教的精神。在這個家裡，從來沒有爭吵和打架，甚至連惡言惡語也幾乎聽不到。這個家裡的每一個人都愉快地履行著自己的職責，而且勤奮努力，家裡到處充滿了祥和愉快的氣氛。」摩爾本人十分謙恭溫和，總是和和氣氣、與人為善，他的這種美好的品德，感染了家中的每一個人。因此，在這個家庭裡，每位家庭成員都嚴格要求自己，就是一些芝麻綠豆大的麻煩，他們也能心平氣和地解決。於是，他們這個家庭裡，總是充滿了禮讓、溫良、謙和的氣氛。摩爾自己也曾說道：「在家庭生活中，人們只有不斷地與家人交流、談心，彼此之間的心才會貼得更緊，才會更加互相關心和愛護。」在摩爾本人看來，家庭成員之間的這種經常性的情感交流，比任何嚴肅而重大的社會交往都顯得重要。因為這些看似很細微的交流和談話，卻如同演員出演一部戲裡戲分最多而且最重要的角色，同樣，這些細微之處在家庭生活中也有著舉足輕重的分量。

一個人心中的仁慈、善良、體恤之情，一旦被家庭生活所啟動，就不會僅僅圍於家庭這個狹小的範圍之內，他的愛心就會由家庭擴展到整個社會乃至全世界。愛默生說：「愛，就像『星星之火，可以燎原』，它往往透過家庭這

個媒介物點燃一個人的熱情、熱情和仁愛之心，然後又將這份愛心向周圍輻射，直至一傳十、十傳百……到最後，越來越多的男人和女人，都會沉浸在這人間的愛河之中，每個人的心中都跳動著一團仁愛之火。無數團仁愛之火又交織成愛的火海，從而使得整個世界都輝映著愛的光輝，每個人都聽到了愛神的呼喚。」

　　家庭生活是滋生溫和、慈愛之情的溫床。婦女們是這個家庭王國裡的主人，她們總是以其慈愛、善良、溫柔、和婉來統籌安排家中一切大小事務，而且以道德靈魂作為家庭生活的主要思想，對每一個家庭成員貫徹落實下去。在世界上，沒有任何東西能比女性的柔情婉語更能撫平一個人心中的煩惱，驅除一個人心中的苦悶，使得一個人重新點燃起生活的希望。男人若是娶到一個情操高尚、寬宏大量的妻子，就沒有擺脫不掉的苦悶和煩惱，同時，在妻子的影響下，他們便會時時感到輕鬆、舒適和幸福。有了這樣的妻子後，男人便知道何謂身心俱爽、何謂愛的真諦。同時，男人也會拿妻子當成最可信賴的顧問和參謀，凡事都諮詢聽取妻子們的合理化建議。當男人冥思苦想不得其解時，妻子的直覺往往一點即破，使他猛然醒悟。

　　誠實、可靠的妻子，往往是丈夫的精神支柱，男人們也會慢慢發覺，在人生的驚濤駭浪之中，在一次又一次的風風雨雨之中，只有忠實而可靠的妻子，才是自己唯一可靠的依恃者、安慰者、同行者。每當大難來臨、風雲突變的時候，妻子的目光仍是那樣地溫良、平和，也只有妻子的心才是跟著自己的心一起跳動。同時，堅定、勇敢、智慧、善良的妻子，即使在山雨欲來風滿樓的恐怖中，也會毫不動搖地給予丈夫平和、溫良而堅定的目光，從而使得丈夫能臨危不亂、化險為夷。身為丈夫最忠實的妻子，也只有她才能在血雨腥風的危難時刻，給予丈夫家庭的溫暖和心靈的慰藉，並讓丈夫重獲新的希望，煥發起新的鬥志。

　　人生就如在大海上航行的一隻小小帆船，時常遭到不測風雲，而這個時候的大海，隨時都有可能掀起驚濤駭浪。每當丈夫遇到旦夕禍福的時候，忠誠可靠的妻子總是以自己不盡的溫情，慰藉隨時都有可能墮落和消沉的丈

夫。年輕的時候，妻子是與丈夫結伴而行的窈窕少女；中年的時候，妻子是與丈夫共度風雨的人生伴侶；夕陽西下、殘陽漸息的時候，妻子不但能與丈夫老來相伴，而且又是一壇醞釀了多年的香醇。

每當伯克談起自己的家時，總是抑制不住內心的激動。他常常說：「每次我回到自己的家中後，從外面帶回來的所有煩惱和憂愁，便都能輕鬆地拋到九霄雲外。」路德是一位心地善良的人，每當談到自己的妻子時，他總是說：「我寧可與自己的妻子安於貧苦，也不願意為了換取富貴和榮華，而失去賢慧的妻子。」在談到婚姻時，路德評論道：「男人們最大的幸福，便是碰到一位善良而賢慧的妻子。男人們和這樣的妻子生活一輩子，才可以說是真正享受到了人世間最為美好的幸福。同時，男人們與這樣的妻子生活在一起，他們才會享受到真正的寧靜和平和，才能將心裡憋著的苦楚對妻子推心置腹。男人們甚至可以將自己擁有的全部財產向這樣的妻子吐露，更為甚者，男人們也可以將自己的生命都完全託付給這樣的妻子。」

一個人要在婚姻生活中享受到幸福，在家中得到心靈的憩息，就必須要擁有一個心心相印的伴侶。這樣的伴侶，並非只是丈夫本人灰色的複製品，也就是說，妻子的言行舉止、性格等，並非要和丈夫保持完全一致。任何男人都不希望自己的妻子是一個具有男子漢氣概的婦女，同樣，任何婦女也絕不希望自己的丈夫是一個柔弱如水的男人。女人最可貴、最令人喜愛的地方，並不在於她的才智而在於她的溫情。女人要想使得自己的丈夫心神爽快、去除疲勞、忘卻煩惱和憂傷，靠的不是自己淵博的知識，而是她豐富的情感以及同情心。

美國醫生、幽默作家霍姆斯曾說過：「那些頭腦發達的女人，總不如那些心地善良的女人使人感興趣。我們所做的一切，並非要使婦女們變成人們所要求的那樣。比方說，一個人火熱的心靈，總是將各種本能、直覺、衝動傳送給一片空白的大腦，大腦對此做出分析，使種種衝動漸漸平息，爾後又復歸於一片空白。這個道理再淺顯不過了，也就是說，女人是流水，流水的快樂就是自由自在地向前流淌，如果我們人為地加以阻隔、限制，則會有悖

於自然發展的規律。對女人而言，我們橫加阻隔，就是有悖於人性，有悖於造物主的本意。女人們往往具有善良、冷靜、敏感、細緻、文雅、富有耐心的天性，而且男人無法預料到女人如何變化，因為女人總是隨著心的變化而變化，她們的一言一語、一舉一動，都是透過心而不是透過大腦來進行的。正因為這樣，女人才顯得可愛、令人追求。而那些判斷力強、頭腦發達的女人，絕不會像這種用心思考處理問題的女人那樣令人神魂顛倒、茶飯不思。這也就是白色的玫瑰總不及紅色的玫瑰那樣迷人的原因。」

　　男人們往往對自己的生活和工作感到厭煩，他們總是對那些與自己生活不同的人產生興趣，比如他們的生活情趣、愛好、性格。荷爾普斯先生在其所著的《戰爭與普遍的修養》一書中這樣寫道：「如果有人要我列舉上帝的美德和仁慈，那麼，我會毫不猶豫地說：『上帝的美德和仁慈，就在於他在創造男人的同時，也創造了與男人相對應的另一半，即女人。男人和女人在聲音、性格、智力、愛好等各個方面的微妙差異性，使男女雙方互相吸引、互相補充，這種吸引和補充是如此的奧妙無窮、魅力四射，使人從生到死都回味無窮，這便是上帝最為偉大的地方。』男女雙方可以在性格上存在差異性，但雙方的精神和情操必須是一致的，即男女雙方都要有一顆仁愛、寬容的心，彼此都要道德高尚、心地純潔。」

　　而且，儘管人們並不會因女人具有了過人的判斷能力而愛她，但並不能因此而認為女人沒有必要去培育自己的才智。據此，人們往往喜愛那些修養較好的女性，而不大欣賞那些卓有成就的女人。有人甚至認為，男人們所追求的知識和文學修養，對於只處理日常生活瑣事的婦女而言，沒有任何意義。這是日常生活中，我們容易持有的一種常見的錯誤觀點。其實，我們可以看到，許多有教養、有知識的女人，她們都對家庭事務也十分熱心，而且總是盡職盡責地照料著家庭生活。我們一定要清楚地認知到，知識和修養是一個社會人自力更生的根據，不管是男人還是女人，若是缺乏知識和良好的修養，就不可能在社會上找到自己應有的地位。

　　當兩個相親相愛的人終於走到了一起，他們彼此心挨著心，共同面對這

紛繁複雜的世界，致力於追求自由和美好的生活。這個時候，他們的戀愛便結成了正果，也就昭示著他們此後就要進入婚姻生活。

愛情和婚姻是人類永恆的話題。關於婚姻這個話題，泰勒在談到幸福的婚姻能對一個有作為的政治家產生巨大的影響時，他用其充滿智慧並富有詩意的話語切入道：「一位真正的好妻子，應該具有賢淑、溫良的品格，而且應該讓家庭生活充滿無限的快樂。她們要使自己的丈夫能在家中得到真正的放鬆與休息，使得這個家庭成為丈夫心靈的歸宿。女人能不能使家庭充滿寧靜祥和與令人愉悅的氣氛，能不能使自己的丈夫在家中享受到真正的安寧和休息，這是判斷一個妻子有沒有真正履行義務的重要標準。為此，女人應該善持家務，應該精心地照料自己的孩子，應該使家中的一切都井井有條，從而使丈夫免除不必要的家庭瑣事的糾纏和各種不必要的煩惱。身為一個賢妻，她應該善於理財，應該善於精打細算、不亂花錢，從而使丈夫免於債務的糾纏。」

泰勒接著說道：「在家庭生活中，女人應該讓自己的丈夫感到愉快，讓丈夫從心裡感到高興，女人也應該要極力去符合丈夫的口味，用女人的溫婉柔情牢牢地抓住丈夫的心。女人們所做的這些，是每一個男人都十分憧憬和嚮往的，也是男人考慮將心放在家的港灣裡的動力之一。人生充滿著無盡的煩惱、苦悶和各種各樣的騷擾，家永遠是男人們心境平靜、修身養性的最佳處所。但是，一個沒有愛的家，絕對不可能成為男人歸心和留戀的地方，因為在沒有愛的家庭中，男人的心情會更加煩悶，他的內心會更加騷動不安。沒有融融愛意，沒有妻子溫情款款的家，本身就不是一個真正完整的家，在這個家裡，男人不但得不到休憩和樂趣，而且會平添更多的痛苦和煩惱。」

有什麼樣的妻子就有什麼樣的家。對於男人而言，他們選擇了適合於自己的事業，成功也才是「八」字畫了一撇，而男人在選對事業的同時，選擇了一個適合自己的妻子，才能真正地享受到幸福的生活。因此，男人找到一位什麼樣的妻子，對今後大半生的生活幸福有著至關重要的影響。那麼，男人到底應該尋找一位什麼樣的妻子呢？男人應該尋找一個具有敏銳判斷力、反

應敏捷、心靈手巧、令人愉快的女人身為自己的終生伴侶，而不應該過於注重女人的外表；男人應該注重女人溫柔的性格，而不應該過於注重女人身上那火一般的熱情。一般而言，性情溫和的女性是男人首要選擇的伴侶。對於一個身心疲憊的男人而言，才智過人的女子往往使人感到厭煩，熱情似火的女人也往往讓人心生不快，只有那些性情溫和的女性，才是男人首要選擇的幸福伴侶。

愛不應該過於纏綿，不應該過於冷漠，也不能有損於積極的事業，而應該是永保青春活力的源頭。當源頭枯竭了，愛就會自然而然地死去。善良、仁厚、寬恕、風度、魅力，會使愛永遠年輕、魅力四射，快樂總是產生快樂，悲傷總是產生悲傷，融融的愛意和沁人心脾的歡笑，總是會洗去遠行者的疲憊。只有這樣，男人煩亂的心才會漸漸平息下來，才不再飢腸轆轆，才不再口乾舌燥。男人在女人那裡獲得的愛，應該是既解渴又適度。下面這首詩歌，便蘊含了女人適度的愛對男人產生的影響。

　　我的遠行者呀！

　　請你停下來歇歇。

　　在這清爽宜人的林蔭道下，百花爭奇鬥豔、開得正歡。

　　我的遠行者呀！

　　當你走進鮮花叢中後，便不會再感到困惑，不會再感到束縛和壓抑。

　　我的遠行者呀！

　　當你經過短暫的歇息之後，你便又可以輕裝簡從、愉快地前行。

　　我的遠行者呀！

　　去迎接你的崇高使命吧！

　　我的遠行者呀！

　　請你記住，

　　這裡永遠是你停泊的港灣。

有些男人之所以總為婚姻而苦惱，是因為他們常常將婚姻想像得過於完美，期望越大失望也就越大；許多男人的婚姻之所以不幸，是因為他們沒有

與妻子共同享受愉快和歡樂。他們總是只顧自己的歡樂、享受，根本就不在乎妻子的存在；他們只要求妻子奉獻，卻不懂得自己也應該奉獻；他們總是高高在上、趾高氣揚，而不懂得溫和、體貼和尊重；他們常常缺乏克制和忍耐，而認為妻子就是丈夫的出氣筒、下飯菜。試想，一個不善於關心、體貼他人的人，怎麼可能得到他人的關心、體貼？一個不善於克制、忍耐的人，怎麼可能贏得自己妻子或丈夫的愛？因此，無論是男人還是女人，都應該學會尊重他人、關心他人、體貼他人、寬容他人。

有些人常常將婚姻生活想像得跟天堂那般美好，然而，一旦他們回到現實生活中，面對無窮的苦惱和憂愁，他們總是大夢初醒、不知所措，從而引起無限的失望和痛苦。有些人在選擇自己的伴侶時，總是把她們想像得近乎完美無瑕，一旦發現她們身上有各式各樣的缺點時，難免大失所望。人們往往忘記或忽視了這樣一句話，即「金無足赤，人無完人」，在這個世界上，沒有十全十美的人，因此也就沒有人能擁有完美無缺的道德。正因為每一個人都是不完善、不完美的人，人們才需要具有忍耐、寬容和同情等美德。如果一個人對什麼事情都求全責備，對什麼人都要求十全十美，那麼，他便是一個心胸狹窄、自私自利的人。要知道，最甜美的婚姻無不是與寬容、慈愛、克制等美德緊緊連繫在一起的。

在婚姻生活中，「忍耐、克制、寬容」是一條金科玉律。雖然婚姻只涉及到兩個人，但是如果兩個人都斤斤計較、睚眥必報，動輒惡語傷人、動手動腳，那麼，這樣的婚姻便會蒙上重重陰影。然而，夫妻之間如果能做到互敬互諒、彼此尊重，都寬容大度、忍耐、克制，兩個人的心才會越貼越緊，家庭生活也才能寧靜，充滿祥和與歡笑。任何一個和諧的政府，都是各種互相對立的社會力量互相妥協的產物，同樣，美滿的婚姻也是男女雙方相互妥協的產物。在婚姻中，身為家庭頂梁柱的男人，一定要善於寬容、體諒妻子，萬萬不可圖口舌之快、逞意氣之強。

俗話說：「良言一句三冬暖，惡語傷人六月寒。」因此，夫妻之間說話，

切莫「夾槍帶炮」；切莫吹毛求疵，說挑剔的話；切莫冷嘲熱諷，說諷刺的話；切莫小肚雞腸，說不體貼的話；切莫不屑一顧，說風涼話。

此外，在婚姻生活中，男女雙方都要講求一個「讓」字，要善於克制、忍讓，那麼，最大的怒氣、麻煩、衝突都能心平氣和地解決。如果夫妻之間動不動就意氣用事、拳腳相加，凡事互不忍讓，非要爭個輸贏，那就會引發家庭戰爭，最終幸福的婚姻生活也會成為泡影。一個人不可能無視或不在乎對方的缺點和弱點，這就要求我們在對待對方的缺點時，要能做到善意地寬容、真誠地忍讓，這樣才能大事化小、小事化無，從而皆大歡喜、夫妻恩愛。在婚姻生活中，真正做到「忍一忍，風平浪靜；退一步，海闊天空」，這樣的夫妻才會恩愛到白頭。

世界上沒有無缺點和無過失的妻子或丈夫，倘若一方心胸狹隘、目光短淺，對另一方求全責備、不能容人，只會遷怒對方，惹來不必要的麻煩和痛苦。在家庭生活中，好的脾氣是最經得起考驗和最具有力量的品格。一個人若是擁有溫和的脾氣，又能自我克制，就會事事存有耐心，一旦人們有了耐心，才會真正地克制自己、容忍他人，才會靜靜地傾聽對方的衷腸，而不會惡語相向、唇槍舌劍。同時，只有那些真正具有耐心的人，才會壓制心頭的無名怒火，直至漸漸平息，從而消災免難。

蘇格蘭詩人彭斯認為，一位好妻子必須具備十項優秀的條件，分別是好性格、好命運、善良、勇敢、賢慧、理智、謙讓、風趣、幽默、美麗動人。美麗動人包括甜甜的笑臉，富於生機眼睛，纖細、優美的身材，優雅得體的舉止。屬於女人的命運或者伴隨女人的運氣，都可以歸為「好命運」這一類，同時還包括女方的親戚以及他們所受到的良好教育和高貴血統。彭斯說道：「任何人都可以隨意將這十項優秀的條件進行分解，使之更加條理化。但是，一定要記住一個宗旨，那就是無論我們怎麼劃分得更加具體化或者更加條理化，它們中的每一條都只是一個很細小的部分，因此，我們也只能從這個細小的部分來理解它，因為任何一個細小的部分或幾個細小的部分，都不足以代替或代表全體。」

女人善於編織一張張羅網，用來捕捉男人，但是光會捕捉的女人也不能獲得真正的幸福，只有那些善於營造家庭和睦氛圍的女人，才能真正有希望守住已經捕獲到手的男人的心。男人也正如飛鳥一樣，女人可以輕易地捕捉到牠，但是很難將牠守住。如果女人不能營造一個幸福、快樂、祥和的家，如果女人不能將這個家侍弄得清潔、整齊、快樂而充滿生機，那麼，男人就不會消除勞累和辛苦，也不會忘卻外部世界的煩惱和痛苦，更不會在這裡真正安下心，從而變成一個名副其實的無家可歸者。一旦男人們的心不是駐紮在家裡，而是漂泊在外面，那麼，這個家庭就會出現糾紛、出現爭吵，直至名存實亡。

　　以下這些觀點，幾乎成了許多人尋找配偶時的金科玉律。最為理想的女人，應該是既能上得廳堂，又能下得廚房。有些漂亮的女人確實養眼，也惹人喜愛，但是，那些明智而富於理性的男人，卻絕不會選擇與她們結婚。因為這些理智的男人知道，起初，女人的漂亮很吸引人、令人心動，但久而久之，他們就會覺得單單只是漂亮的女人往往顯得太淺薄、太缺乏內容，也就日漸對她們疏遠。同樣，單單只是英俊瀟灑的男人，會缺乏修養、沒有深度，也很難俘獲少女的芳心。我們這樣講，絕沒有低估一個人的美貌價值，但是要知道，在其他許多方面，譬如溫和的性格、優雅的舉止、風趣幽默等，都與漂亮和美麗同等重要，甚至更為重要。女人好看的體形、美麗的臉龐，只是她們的外在美，而這些外在美如果不與高尚的情操、溫和的脾氣和良好的修養有機地統一起來，就是嬌豔動人的毒花。男人一旦與這樣的女人結婚成家，後果實在是慘不忍睹、不堪設想。正如那些極為漂亮的風景一樣，要是人們每天都去看，也會感到單調和乏味，以至無法忍受，而女人那一幅幅徒具形式沒有內容的漂亮臉蛋，也正如這極為優美的風景一樣，久而久之會使男人感到厭倦和無聊，乃至痛苦和憂愁。

　　今日的鮮花即是明天的枯草，現時的美麗並不代表將來依然嬌豔欲滴。有些女人雖然相貌平平、其貌不揚，但是她們身上展現出來的善良、仁慈、寬容、克制等美德，就會經久不衰、歷久彌香，使人倍感珍貴。而且，隨著

歲月的流逝，女人的美德也會日漸成熟，與這樣的女人在一起，男人會感到其味愈甜、其香愈久。如果說容貌方面的美，總是隨著時間的流逝而日漸衰竭的話，那麼道德、品性方面的美，則會隨著時光的流逝而愈加光豔照人。婚前，男女雙方可能很在意對方的相貌，但是婚後，男女雙方就很少再關注對方的相貌，然而，不管是婚前還是婚後，夫妻之間都會在意對方的脾氣、性格和修養。艾迪生說：「當我看到一個臉色陰鬱的男人時，我總會禁不住可憐他的妻子，我真的無法想像他的妻子每天與這樣一張陰鬱的臉朝夕相伴，會是一種什麼樣的心情。然而，每當我碰見某個男人一臉歡快和坦誠時，我就會想起這個人的家庭生活是多麼的幸福、多麼的歡快；他妻兒是多麼的幸福、多麼的歡快；他的親戚朋友也是多麼的幸福、多麼的歡快。」

　　彭斯先生就如何選擇一個好妻子的問題，已經給我們提供了很好的參考意見。提供建議後，彭斯曾補充道：「我想強調一下，男人在選擇妻子時，一定要注重女人的脾氣、性格和德性，而不能只注重外表。」具有豐富經驗的英明的政治家伯利男爵（William Cecil, 1st Baron Burghley），對於男人應該如何選擇自己的妻子也很有見地。有一次，伯利刻意跟自己的兒子談到了這個問題，他說：「你現在已經是一個成年的男人，在擇妻這件人生大事上，一定要小心謹慎，且富有遠見，萬萬不可草率行事、意氣用事。因為你的婚姻直接關係到你以後的生活是否美滿幸福，也直接關係到你的前途是否光明、你的後代是否繁榮昌盛。選擇妻子就跟指揮打仗一樣，有些決定性的戰役會影響整個歷史，而婚姻這一仗直接關係到你的一生，一旦出了差錯，後果就不堪設想。因此，對待婚姻大事，你一定要慎之又慎，你要仔細了解她的性格、品德、智力等情況，還要了解她父母雙方在青壯年時期的歷史，尤其要深入了解女孩母親的有關情況。因為英國傳教士、歷史學家富勒，在談到選擇妻子的時候，就曾十分深刻地指出：『要了解自己的女朋友，先了解她的母親。』所以，不管這個女人的出身多麼顯赫、高貴，不管她家多麼富有，如果這個女孩身體虛弱、能力低下、道德敗壞，你千萬不可錯乘她的賊船。因為自古以來，顯赫的出身並不能在市場上買到任何東西，無數貴族、紳士等上層人

物的子女都是一群廢物，千萬不可因為貪財而去追求那些素養低下、長相太差的富豪千金。如果這樣的話，人家會嘲弄你的新娘，會在你的背後指指點點，同時，你的厭惡和悔恨之情就自然會產生，然而，生米煮成熟飯後，你後悔和憎恨又有什麼用呢？因此，在排除找一個侏儒或傻瓜的前提下，在決定結婚前，你一定要想方設法地檢驗一下女人的智力，同時要仔細辨別，追根究柢，弄個水落石出。如果你執意要找一個矮小的妻子，那麼，你的後代就會像侏儒一樣；如果你執意要找一個智商極低的妻子，那麼，你的後代就會智力低下。這兩種情況，都是你不願意發生的，也都會使你產生莫大的恥辱和痛苦，而且影響到你的子孫後代。不但如此，你還會討厭這樣的妻子的講話，因為你總是面對一個傻里傻氣、顛三倒四的女人的嘮嘮叨叨，那麼，你的肺都會氣炸。如果是這樣的話，你還會與她繼續交流和談心，還會樂意和她生活在一起嗎？」

我們常常說：「一個成功男人的背後，必定有一個成功的女人。」因此，妻子的道德品格對自己的丈夫也有著十分重大的影響。如果一個女人道德敗壞、心胸狹窄、貪圖享受和自私自利的話，那麼，她們就會使得自己的丈夫目光短淺、自甘墮落；然而，那些品德高尚、心地善良的妻子，也會使得自己的丈夫目光遠大、品德高潔。我們可以毫不誇張地說，許多男人之所以變得冷酷無情、麻木不仁，一輩子渾渾噩噩、一事無成，在很大程度上都是因為娶了一個道德敗壞、自私自利而又蠻橫無比的妻子。賢淑的妻子總是用慈愛的心去撫慰勞累的丈夫，讓他在家中養精蓄銳，讓他的身心得到休息，且能增強他的道德修養、啟動他的進取之心、增加他的知識和才能。不僅如此，那些心地正直、聰穎過人的妻子，總是支持丈夫的正義追求，鼓勵丈夫為高尚的事業獻身；與此相反，那些只圖自己享受、缺乏道德的妻子，總是有意無意地促使丈夫墮落、自我毀滅。這一真理給法國政治學家、歷史學家托克維爾先生留下了極為深刻的印象。托克維爾曾說：「脾氣溫和、道德高尚的妻子，是男人一生最重要的精神支柱。在我的一生中，我曾耳聞目睹了許多身體虛弱、意志力薄弱的男人，卻展現出了驚人的公共道德。他們為什麼

能做到這樣讓人瞠目結舌的轉變？那是因為在這些男人身邊，都有一位品德高尚、通情達理的妻子，這些妻子們給男人們增添了無限的勇氣，鼓勵男人們做一番有益於公共的事業。就是因為這些妻子們擁有強烈的社會責任感、強烈的職業精神，從而或明或暗地給了自己丈夫巨大的精神支持。同樣，我也看到了許多原本豪爽、高潔、寬容大度的男子漢，因為找了一個心胸狹隘、自私自利、道德敗壞的妻子，漸漸變成了一個名副其實的庸俗懶惰之徒，失去了社會責任感，喪失了敬業精神。」

　　托克維爾的妻子瑪麗（Marie Mottley）是一位英國人，同時也是一位善良、賢慧的女人。每當托克維爾提及自己的妻子時，他總是對妻子由衷地讚美，而且自己樂得合不攏嘴。與托克維爾一樣，因娶得賢慧的英國女子為妻，而成就了自己一番事業的法國傑出人物，還有詩人西斯蒙迪，小說家維尼，浪漫派詩人、政治活動家拉馬丁等。托克維爾在其《自傳和遺稿》一書中寫道：「瑪麗溫和的性格、高貴的品格和過人的膽識，總是給我以巨大的支持，給我以無窮的撫慰。家庭的和睦，會對男人的品德產生巨大的影響。當我對現實世界和個人的生活經歷了解得越多，我就越發感覺到家庭的重要性。而且，婚姻生活對於一個男人的幸福有著不可低估的影響。許多人所共知的幸福我都有幸享受到了。為什麼我能享受到這些幸福？一個很關鍵的原因在於，我有一個舒適、祥和的家，而家卻是人生的幸福之本。我年輕的時候曾不懂得家庭生活的重要性，時常對家庭生活不屑一顧。但是，隨著年齡的增加，直到今天，我才感覺到人如果失去了家，就像那樹失去土一樣、鳥失去天空一樣、花失去陽光一樣，變得一無所有。現在看來，溫暖而舒適的家，足以彌補其他一切外界的損失。上帝賜予我所有的幸福當中，最重大的、最具有決定意義的幸福，便是讓我碰上了瑪麗。平時，她總是那樣的溫和、柔弱、和婉，而一旦遇到麻煩、痛苦和磨難，她就變得堅強有力、精神飽滿。遇到麻煩和痛苦時，我時常心神不寧、寢食不安；而她卻從來不在任何困難和痛苦面前低頭，她總是不為所動，心平如鏡，她也總是心平氣和地

勸慰我，使我鎮定，給我力量。每次她都顯得如此地寧靜、安祥、從容不迫，真叫我暗自佩服。她的這種精神也深深地感染了我。」

托克維爾在給一位摯友的信中寫道：「瑪麗是個心明眼亮的聰明人，我有什麼事決斷不下時，她總能給我指點迷津。每當我拿不定主意做一件事時，瑪麗的眼神和表情總能幫我甄別。從長遠的觀點來看，我真的無法向你描述，與這樣的妻子生活在一起，真的有多麼幸福，或許只有我自己知道，也或許是只可意會不可言傳。有時，當我要說或要做一件自認為完全正確的事情時，瑪麗的臉上總是露出讚許和驕傲的神色，她的這種表情使我情緒高漲、信心大增、堅定無比；同樣，當我要做虧心事時，我的表情就會將我出賣，然後瑪麗從我臉上獲知我的內心動態後，她的臉色就會顯得陰鬱和焦急，這個時候我便會責備自己，不去昧著良心做壞事。儘管我在她心目中有非同尋常的地位，但我還是很高興地看到她很敬畏我。同時，如果我總是這樣真心愛著她的話，我完全可以相信，自己絕對不會被人引誘著去做一件昧著良心的虧心事。因為在事發之前，瑪麗也會阻止我；即便我欺騙了瑪麗，或者瑪麗有事外出，等到事發之後，我也沒臉見她，不忍心傷害她。自然，有了這兩層因素，我相信自己絕對不會做虧心事。」

托克維爾生性剛正不阿、獨立不羈，身為一位專門從事寫作的文學工作者，生活與他早已無緣，再加上年事已高、身體衰弱，他的健康狀況已大不如從前，而且病魔時常光顧他。由於體弱多病，托克維爾變得心煩氣躁，有時也吹毛求疵、容易發怒。即便如此，托克維爾仍舊堅持寫作最後的著作《舊制度與大革命》。他寫道：「我在桌前坐了五六個小時，但再也無法寫作了，因為自己的這架身體機器已經失靈了。我需要大量的休息，需要長時間的休息。如果你能知道眼前這位氣息奄奄的作家，承受了多少困惑與茫然的話，你就可能想像得出他過著多麼悲慘的生活。原本我打算放棄自己的寫作，但是瑪麗這個老朋友給了我許多的安慰，我才鼓起勇氣堅持繼續我的工作。對於我這樣脾氣不好的人來說，要找到一位跟自己脾氣相合的妻子，恐怕不是十分容易。瑪麗的性情十分溫和，幾十年來，她一如既往，從未改

變，她的耐心和溫和一次又一次地使我重新打起精神，讓我消解了莫名的煩躁。她的溫情、善良和耐心，多少年來一直陪伴著我。而今，我已是日薄西山，也同時感到特別煩躁，但是她卻能給我心靈的慰藉，讓我重獲生命的希望。瑪麗無負於我，她是我一生的財富，也是我一生的驕傲。」

　　法國君主立憲派領袖、著名歷史學家基佐，一生經歷了無數的坎坷和挫折，但是無論是在血雨腥風的革命生涯中，還是在春風得意的仕途上，他都得到了妻子忠誠的幫助、支持和鼓勵。基佐的妻子是個心地善良、溫和寬厚、品德高潔的人，她給了自己的丈夫無限的情愛，賜予了她永保熱情的活力，所以每當遭到政敵們無情的攻擊時，每當遇到一浪高過一浪的反對勢力的衝擊時，基佐從不感到畏懼和害怕，內心裡總是充滿了陽光和熱情。妻子的溫情和關愛，總能讓基佐的內心充滿融融的暖意，充滿春天的希望，無論外面的世界多麼殘酷，基佐的家庭都能充滿一派祥和、愉快的氣氛。

　　儘管基佐覺得自己的事業令人振奮和鼓舞人心，但現實鬥爭畢竟相當殘酷，再加上每個人都算計自己的利益，處在這樣的社會生活中，便時常感到心寒和沮喪。處在鬥爭激烈的社會中，人們的心便得不到安寧和充實，也無法培養自己高尚的品德。後來，基佐在自己的《回憶錄》中寫道：「無論一個人的事業多麼成功，權勢多麼顯赫，但是每一個人都渴望能擁有真正的幸福。當人們透過種種努力取得了事業方面豐碩的成果，但是如果他的家庭不幸福，他不能享受家的溫馨和歡樂，那麼，他便不是一個真正成功的人。現在，我的生命歷程即將走向終結，於是我才真正深刻地理解到，任何人的生命歷程從呱呱墜地開始，直到入土終結，真正的幸福必須以家為基礎。因此，不管一個人的事業多麼偉大、多麼輝煌，令他魂牽夢繞的總是自己的家，而且，一個人最為重要的精神支柱，就是家的溫暖、妻子的慈愛。那些光輝、燦爛、顯赫的事業，僅僅只能給一個人帶來表面上的、不完整的愉快和歡樂，而家的溫情和朋友之間的友誼，才能真正給一個人帶來實質上的幸福和歡樂。」

　　有一則基佐求愛的逸聞趣事，非常有趣和奇特。當時，巴黎有位年輕人

以筆謀生，為了謀生，他寫過書、寫過評論、做過翻譯。後來，因為一個偶然的機會，這位年輕人結識了波琳娜‧德‧梅蘭（Polina de Merlin）小姐。梅蘭是《雜談》雜誌的編輯，而且十分具有能耐。然而，天有不測風雲，梅蘭的家裡突然遭到了一場巨大的災難，她自己也病倒了，也就無法從事繁重的編輯、審稿工作。屋漏偏逢連夜雨，梅蘭不能正常工作後，這本雜誌卻因為少了她而無法正常出版，她在屋子裡急得團團轉，也更加加重了病情。在此危急關頭，梅蘭收到了一封匿名信，是一位作者寫來的，這位作者揚言自己能提供可供梅蘭放心的稿子。梅蘭將信將疑，也並沒有將這件事放在心上。過了一個星期，梅蘭收到了這位匿名作者的稿子，拿到稿子後，梅蘭發現這位作者文筆獨特、文采過人，實乃上乘之作。情急之下的梅蘭，再也顧不了那麼多了，於是，原封不動、一字不改地發表了。在梅蘭生病的這段時間，這位匿名作者投來了許多稿件，文章涉及藝術、文學、戲劇和一般性的評論，梅蘭都一篇不落地給予及時出版。這些文章不僅在讀者群裡反響很大，並且幫助梅蘭得到了上司的賞識。梅蘭康復後，便有心要揭開這位神祕作者的面紗。於是，梅蘭給這位作者寫了一封心懷感激、催人淚下的求愛信，藉以引出這位作者的廬山真面目。匿名作者接到信後，按捺不住一顆情欲似火的心，便回了一封表白信。就這樣，基佐便與梅蘭深深地相愛了，而後，他們便走進了婚姻的殿堂。

梅蘭成為基佐的妻子後，時刻與丈夫共同分享快樂和痛苦、幸福和憂傷，同時，她也替丈夫分擔了大量艱苦的工作。在兩個人沒有結婚前，基佐曾問梅蘭：「我能預料到自己一生的命運肯定是反覆無常、盛衰變幻，你會不會因此而感到失望和驚恐？」梅蘭拍著胸脯保證道：「當你事業成功或者春風得意時，我絕對會為你感到無比的高興；當你遭到挫折和失敗時，我絕對不會因此而發出一聲嘆息。」後來，基佐當上了首相，體弱多病的梅蘭在給一位朋友的信中這樣寫道：「自從丈夫當上了部長之後，他與我待在一起的時間便少了。現在，我見到他的機會越來越少，幾乎很難見到他。沒人能了解我此刻的心情，我是多麼想和他待在一起啊！假使有來生的話，我還想嫁給

他，陪伴他再一次經歷人生的風風雨雨，和他一起共同度過最嚴酷的考驗，以及各種各樣令人憂心忡忡的恐懼日子。我從沒為這些心驚膽戰的日子感到煩惱，相反，我倒覺得這些寶貴的時日，是我們一生最為幸福的日子。」、「這些寶貴的時日是我們一生最為幸福的日子。」梅蘭寫下這封信後，過了六個月，便黯然辭世了。梅蘭走後，基佐感到前途一片黑暗，幸福也悄然離他而去。於是，他在給一位友人的信中寫道：「梅蘭是位忠實、勇敢、善良的好妻子，與她在一起，我總是能得到她的支持和鼓舞。現在，她離我而去，我便不會再擁有快樂和幸福。她離開了我，卻要留下悲痛欲絕的我孤獨地走完餘生。我想，梅蘭要是在天有靈的話，她勢必會安慰我、鼓勵我、給我力量、給我信心，從而煥發我的熱情，信心百倍地去挑戰更為激烈的官場生活。」

拉金特是英國輝格黨政論家、下院議員伯克的妻子，她不僅十分漂亮，而且擁有心地善良、情操高尚、寬宏大量的品格。當時，英國社會動盪不安，伯克自己在仕途上遭遇了一次次的坎坷，時常焦躁和苦悶。但是，一旦他想到家庭的幸福，想到拉金特源源不斷的安慰，他便精神飽滿、鬥志昂揚，更加堅定於自己的事業。

伯克曾說：「一個人只有先愛自己的家，才有可能愛周邊的人、愛社會、愛人類。而且，一個連自己的家都不愛的人，也就別寄希望他能做成一番慈善的事業。」伯克在年輕的時候就曾飽含愛意地描繪了自己的妻子。他說：「拉金特確實美麗動人，但我說的美麗動人並不單單指她美麗的臉蛋、柔軟的皮膚、苗條的身段，而是指她溫柔、賢淑、體貼，因為這些特質，拉金特才更加具有魅力和美麗。誠然，拉金特有著苗條的身材、漂亮的臉蛋、白嫩的皮膚和健康的膚色，但她從來不靠這些俘獲我的心，而是靠她溫和的脾氣、善良的天性打動著我、感動著我。她天真且單純、仁慈且善良，這些美德總是讓我如醉如痴、心曠神怡。當我第一次見到拉金特的時候，我也確實被她漂亮的臉蛋迷住了，她是如此的美麗動人，以至讓我不能自已。後來，我透過與她接觸，慢慢了解了她的性格和秉性，我發現這位如天仙般美麗的女子還

具有許多優秀的美德，便更加覺得她魅力四射、光彩照人，而且也更加深深地愛上了她、迷上了她。」

伯克曾多次地描述了自己的妻子——

「她目光柔和，充滿慈愛之情，而且，在這充滿柔情的目光裡，有一種令人敬畏的眼光。她的目光好比一位統率大軍的將軍，將軍的威嚴不在於他嚴肅得近乎冷酷的外表，也不在於他手中的權威，而在於他的仁愛和慈祥。」

「她的個子並不高，也並不是那種儀態萬方、傾城傾國的絕色佳人，但她卻是一位使人感到幸福、讓人心痛的嬌妻。」

「她是那麼柔弱，又是那麼堅定；她心地善良、秉性溫和。雖然略顯嬌嫩，但卻並不懦弱。」

「她的聲音輕柔似水，恰是悠揚婉轉的歌聲。她從不在公共場合大聲高叫，也從不搔首弄姿藉以引人注目。她總是用心傾訴，但是她的聲音卻具有一種魔力，常常使得我忍不住靠過去，聽她訴說。」

「當我描寫她的長相、體形和聲音時，其實也就在描繪她的心靈。她的精神和品德時常合二為一，她的品性和外表常常渾然一體。她十分聰穎和敏銳，具有過人的判斷力和理解力，但她並不是一位日理萬機的女強人，只是一位樂善好施的好妻子。」

「她從不願意在社會上做或說一些出風頭的事，以引起世人的注意。至於那些不應該說、不應該做的事情，她也能克制自我，從來不說、從來不做。」

「我從未見過像她這樣年輕的女孩，能對這個世界有如此透徹的了解；也從未見過像她這樣成熟的女人，不但善良可愛、樂善好施，而且嫉惡如仇、出淤泥而不染。」

「她所有的禮貌、文雅和修養，都是自然流露出來的，同時也是她善良的本性和良好的教養的一種自然體現。她從來不會絲毫矯揉造作、虛偽客套，總是極盡謙遜溫和、待人以誠。因此，那些有修養的女士和先生，總是被她的真誠和得體的舉止深深地感動。即便碰上一些舉止粗魯、缺乏教養的人，她總是不卑不亢、不矜不伐，用自己的德行去感化他們。」

「她有一顆罕見的沉著、冷靜的心，在面對生活中疾風驟雨般的煩心事時，她都能心靜如水，沉著冷靜、妥善地處理。她的溫柔和冷靜，常常給人一種凜然不可侵犯的威嚴與堅強。她的過人之處，在於她善於尊重他人，尊重偉大的、有成就的男人。在她的影響下，我也更加欽佩那些為公共做出了重大貢獻的傑出人物。她迷人的道德魅力，常常使得我自發自覺地去愛身邊的任何一個人，而且總是促使我情不自禁地去原諒那些生活中有弱點和缺點的人。她深愛著我，也使我加倍地愛她、愛周圍的每一個人。」

在讀了伯克對妻子精彩的描述後，我們再換一個角度，看看一位妻子是如何描述自己的丈夫的。哈金森上校的妻子曾對自己的丈夫做了翔實的描述。哈金森在臨死之前囑咐自己的妻子道：「我死後，你千萬不要過度悲傷。」丈夫死後，她聽從了丈夫的囑託，沒有陷入極度的悲痛之中，卻將自己對丈夫的思念化為對丈夫一生真實的記敘。

哈金森夫人在其《生活》一書中的序言裡寫道：「對於那些視死如歸的人們來說，當他們明白死是無法避免的事時，便感到自己畢生追求的目標終將隨他而去。這個時候他們便會心潮澎湃、感慨萬千，無限的悲痛和憂傷也會湧上心頭；他們也將知道，這些如潮水般的哀傷會將自己早已喪失的珍貴記憶一併卷走。然而，哀悼者又總會自發自覺地憶起那些已經失去的東西，當所有令人回憶、值得紀念的東西已經模糊難辨時，心頭那揮之不去的悲痛和哀傷，常常讓哀悼者心痛不已。現在，死者已矣，逝者去矣，但我的記憶深處總會勾起一些事情，來安慰和緩解自己傷痛的心。有時，透過悼念亡者、撫慰生者的方法，在很多思念的場合都能奏效。但是，早已湮沒在記憶中的事情，又會隨著沉重的哀傷浮現出來；一些原本平淡無奇的事情，也會在內心深處日漸清晰，從而日益顯示出它們的可愛和珍貴之處。儘管一些平淡無奇的小事情並沒有特別誘人之處，但是，經過一番生離死別之後，這些小事情也會在心裡翻江倒海、推波助瀾，成為壓抑在我們心頭的哀痛和煩惱。雖然許多滄桑之感讓人倍感珍惜，但我並不像一般人那樣感到傷感和絕望。」

在這裡，我們穿插一下哈金森的生平：哈金森上校是一位不妥協的共

和主義者，也是一位盡職盡責、十分勇敢而又具有高尚品德的人。在王政復辟時期，哈金森被永遠免去了所任的全部公職，甚至連下院議員的資格也被當政者剝奪了。於是，他便回到了自己在諾丁漢郡的莊園。此後不久，他便被捕入獄，關進了諾丁漢郡的監獄，後來又被轉移到位於迪爾附近的撒頓監獄。在撒頓監獄裡，他度過了生命中最後的十一個月，於西元 1664 年 9 月 11 日辭別了人間。哈金森夫人曾請求允許自己和丈夫一起坐監，但遭到監獄當局的嚴詞拒絕。哈金森在臨終之際，知道自己的死會給愛妻帶來巨大的痛苦，於是他托人帶了一封信給自己的妻子。這封信經過幾個人的手，最後終於到達了哈金森夫人的手中。哈金森在信中寫道：「我要走了，你萬萬不可悲傷過度。在這個時候，你應該不同於一般的婦女，既然你是一位優秀的基督教徒，那麼你一定會高出一般的婦女。」哈金森夫人一邊讀著丈夫的信，一邊熱淚盈眶。但是，當她擦乾眼淚後，便恢復了鎮定和平靜。於是，她對自己的孩子說：「我一直在想一種比較好的辦法來緩解因心中的思念之情所帶來的痛苦和悲傷，現在我才明白，除了保存對你們父親的記憶之外，我沒有其他任何辦法來安慰自己，來彌補我對他的愛。當然，我沒有必要也不能用一些虛妄之詞來粉飾你們親愛的父親，事實上，如果我這樣做的話，反而是對他的一種極大侮辱。在我們身邊，有許多受人雇傭的煽動家們總是往死人或活人的臉上貼金，然而，這種做法往往適得其反。因此，我只想如實地記敘他的一切，這樣做也可能給他帶來一些榮譽，但這是他自己應得的榮譽，而不是我或其他任何人憑空捏造出來的榮譽。與那些人為地去神化某些偉人不同，我記敘的這一切都是真實而可信的。」

下面這幾段話，就是哈金森夫人對自己丈夫的一些描述 ——

「他對自己的妻子懷有一種什麼樣的情感呢？有些像他這樣具有身分的人，往往只知道顧及自己的聲譽和面子。然而，他所在乎的往往是自己的宗教信仰和仁慈。在上層社會，許多有身分、有地位、有財產的人，對自己的妻子卻多是沒有深厚感情的，他們也不會真正敬重自己的妻子。但是，哈金森卻和這些人截然不同。他從來不溺愛自己的妻子，也不主張女人不遵循倫

理道德規範，不受行為規則的限制。他是一個恪盡職守的人，總是對政府工作一絲不苟，也總是極為慎重小心地完成屬於他分內的事情。我身為上校的妻子，名義上十分好聽，但實際上卻有難言的苦衷。為了丈夫的工作，我總要在家裡委屈自己，我想，他工作十分繁忙，常常連我自己都難得與他見上一面，在這個時候，倘若妻子不能通情達理的話，丈夫是很難愉快地勝任工作的。」

「他從來不命令別人應該怎樣去做事情，而是以理服人。他常常給我講許多關於誠實、廉恥、榮譽等方面的事情，而且他愛自己的品格和氣節勝過愛他自己的外表。他對自己的妻子從不遷就、縱容，也絕對不是一個溺愛妻子的傻瓜。如果他在眾人面前有意抬高自己的妻子，或者說一些『言過其實』的稱讚妻子的話，那就說明他的妻子真的具有被稱讚的品德。當然，我也並不是在誇耀我自己，我本著實事求是的態度，而且本著哈金森本人誠懇、誠實的品格，對他本人做著客觀而真實的解讀。我所擁有的、珍愛的一切就是『他』，無論我在哪裡，我只是『他』的影子而已。」

「他對妻子完全信任，十分開明。他生性善良，從來不對妻子求全責備，也從來不與妻子計較名分、地位和尊卑。他十分討厭兩口子在一起談錢、談花銷。他從來沒有過問過家中的大小開支，自己的所有財產都聽憑妻子的處理和管制。他幾十年如一日地欣賞自己的妻子，當歲月匆匆流去，妻子已不再年輕漂亮，不再美麗動人，但他對妻子的愛卻愈見熾烈和摯愛。他對自己的妻子十分友善、體貼和關心，這份情意真是無法用言語來描述。但是，他對妻子的這種無與倫比的愛，卻受到了嚴格的階級限制。在當時，他身為一位勳爵，就必須只能以該的身分來愛自己的妻子。在階級要求下，妻子並不是他的寵兒，而且妻子也不能在他心中占據最重要的地位。他對妻子的愛，永遠都只能建立在盡職盡責的基礎上，而且在這樣的階級要求下，他對職業的愛、對自己諾言的尊重、對榮耀的愛，都要遠遠超過他對自己妻子的愛情。他永遠是一位爵爺，他對妻子的愛也只能是一位心腸善良的爵爺對妻子

的關愛之情。然而，他卻不但做到了對職業的愛，而且也做到了對妻子的愛。」

在英國歷史上，羅謝爾‧羅素夫人也是一位相當有口碑的女人，她對丈夫的忠誠和摯愛，可謂驚天地、泣鬼神。當威廉勳爵陷入為難時，她四處奔波、到處求人，以求當政者釋放自己的丈夫。後來，當她明白再怎麼求人也無濟於事時，便鼓起勇氣，設法透過自己的力量來增添丈夫的勇氣和決心。在丈夫彌留之際，兒女們都靜靜地等待著與父親做最後的擁抱。為了讓丈夫走得放心，為了不增加丈夫的憂慮，羅素夫人決定極力隱瞞這生離死別的巨大痛苦。於是，她佯作鎮定，極力堅持最後與夫君擁抱一次。靜靜地告別之後，家人都走了，於是，威廉禁不住自言自語道：「好了！死亡的痛楚終於過去了。」

美國第二任總統、大陸會議代表、《獨立宣言》的起草人之一約翰‧亞當斯，曾經買了一本《羅素夫人的書信和生活》一書，送給了自己的妻子，並說道：「我的用意很明顯，因此你必須提前做好思想準備，要準備像羅素夫人那樣面對可能發生的一切。我從事著十分危險和大膽的事業，因此，你隨時都有可能面臨羅素夫人那樣的悲劇，那就是我隨時都有可能被人推上斷頭臺。」後來，亞當斯在談及這件事時，講到了自己的妻子，他說：「正像羅素夫人一樣，她從來沒有說過一句消極的話，從來沒有產生不愉快的心情，她總是鼓勵我獻身於祖國的解放事業，也總是與我一起分擔種種危險。在妻子的影響下，我的孩子們也從來都不顧及危險。」

一個妻子若不能幫助或促使丈夫朝好的方向發展，那就必然會誘使丈夫朝壞的方向墮落。極而言之，一個好妻子完全可能成就一個偉大的男人；一個壞妻子也完全可以毀滅一個原本十分優秀出眾的男人。在家庭生活中，除了那些好妻子能給丈夫帶來鼓勵和信心外，還有一些不稱職的妻子，卻讓丈夫受到了其壞習性、壞品德的影響。英國散文家、清教徒牧師約翰‧班揚（John Bunyan），原本是一個荒淫放蕩、一無所長的卑鄙小人，整日遊手好閒、無所事事、不務正業。日子一天天過去，班揚已經度過了少年時代，

　　該是成家立業的時候了，但是由於他臭名在外，沒有人願意嫁給他，也沒有人敢與他結伴人生。出人意料的是，命運似乎有意給他安排了一個好妻子，一位年輕出眾而又出身良好的女子，與班揚結成了秦晉之好。班揚自言自語道：「我的天哪！我是一個窮得叮噹響的流浪漢，她的父母卻是十分虔誠的信徒。我們要是結合在一起的話，可就得窮得連一個碟子和湯匙都買不起呀！她唯一擁有的財產，便是她那位普通父親留給她的『通向天堂的路』和『以心向誠』的精神。」但是事實卻是，班揚閱讀了妻子帶來的『嫁妝』，也就是那些感人至深的書籍，而且在善良、賢淑的妻子的鼓舞下，終於漸漸告別了昔日的生活方式，一天一天地走上了正路，走上了寫作之路。事實證明，要是沒有善良且情操高尚的年輕妻子的影響，大概也就不會有英國著名的散文家班揚了。

　　英國基督教清教徒牧師理查‧巴克斯特（Richard Baxter），在結婚以前是一位十分敬業、品德優秀而又開明、豁達的人。後來，巴克斯特遇上了一位十分優秀、出眾的女孩，二人一見鍾情，雙雙墜入愛河。但是，新娘查爾頓小姐擁有大量的家產，巴克斯特為了避免人們認為自己是貪圖查爾頓豐厚的財產才娶了她，於是，他便向未婚妻提出了如下的條件：首先，查爾頓必須把大部分財產交託給她的親戚和朋友，自己不能擁有任何原屬於她的家財；其次，查爾頓必須將產權事宜處理好，以免讓自己捲入訴訟；最後，自己所從事的牧師職業，需要一個人奉獻自己的一切，查爾頓不能向自己提出半點時間上的要求。對於這三個條件，查爾頓都愉快地答應了。

　　因為巴克斯特像喀爾文一樣主張婚姻盡量從簡，所以婚後的巴克斯特工作更加勤勉，根本無暇顧及婚姻和家庭。巴克斯特生活的年代，社會一直動盪不安，巴克斯特更是屢經坎坷，到處都遭到迫害，備受顛沛流離之苦。許多年來，巴克斯特一直流離失所，沒有一個穩定的家。後來，巴克斯特在其所寫的《生活》一書中這樣寫道：「妻子與我經歷了無數的痛苦，但她從來都是默默無語地忍受這一切。」在巴克斯特婚後的第十六年，巴克斯特因主持召集一次非國教教派祕密集會，而被帶到了貝特福德的行政官員面前，並被判

處監禁，關押在克列克威爾監獄。入監之後，巴克斯特的妻子一直陪伴在他的身邊，常常撫慰他受傷的心靈。巴克斯特在談及這件事時，深情款款地說道：「她一直在我身邊侍奉我，我從來沒有看到她這麼愉快和幸福。監獄裡越是冷酷無情，她就越感到高興和快樂，她為了和我在一起，甚至堅決反對我被釋放。」但是後來，巴克斯特不止一次地向民事訴訟法庭控訴行政官員胡亂判決的這一事實。終於，法庭宣布將巴克斯特無罪釋放，巴克斯特夫婦才離開了這「溫馨的家」。在此期間，巴克斯特夫人陪伴自己的丈夫度過了無數風風雨雨，但是因為能與自己的丈夫、丈夫的事業緊緊連在一起，她卻感到無限的歡欣和快慰。就像巴克斯特本人說的那樣：「我們過著相當純潔和滿意的生活，我們彼此互敬互愛互助，相濡以沫近十九年。」

風雨兼程，人生苦短，巴克斯特夫人最終還是沒有陪伴自己的丈夫走完一生，自己便匆匆而別了。妻子的死，給巴克斯特帶來了無盡的遺憾和思念，他把這涓涓思念之情訴諸筆墨，飽含深情地追敘了妻子那無上高潔的品德，以及她萬般柔情、風範宜人的基督教品格。每當巴克斯特在自己的著作中寫下這些追憶妻子的文字時，總是淚珠與筆墨齊下，時常因傷心過度而中途擱筆。

德意志宗教改革家、虔誠派代表人物岑道夫，有幸與一位品格高尚的女孩結了婚。岑道夫一生十分坎坷，屢仆屢起，但是，無論在什麼不利的情況下，岑道夫夫人總是勇敢地支持他，給他力量和信心，她那永不衰竭的熱情和熱情，給了岑道夫巨大的鼓舞和支持。後來，岑道夫說：「經過了長達二十四年的風雨歷程，我便深深地懂得，如果沒有這樣一位富於正義、富於犧牲精神的妻子，我的事業根本不可能取得什麼成就。她是唯一能讓我安心從事事業的女性，同時我也幸好遇上了她。除了她，還有誰能幫助我度過這樣多的難關、幫我處理如此紛繁複雜的家事呢？還有誰能幫助我消除自己身上的缺點、問題呢？還有誰能像她那樣純潔無瑕地過一輩子呢？在面對丈夫命運的起起落落時，還有誰能像她那樣不發一句怨言呢？還有誰能堅持與自己的丈夫一道，經歷跌宕起伏、波濤洶湧的人生旅程呢？在面對重重艱難險

阻時，還有誰能像她那樣昂起頭來，全身心地幫助自己的丈夫呢？茫茫人世間，還有誰能像她那樣如此深刻地理解丈夫的心？還有誰能像她那樣思想高潔、敏銳過人呢？世事紛紜，迷霧漫漫，多少人總是看不透人生玄機，我自己也常常被包裹在其中，霧裡看花，不辨東西南北，而她總能穿透重重神學的迷霧，做到洞若觀火、大徹大悟，保持內心的寧靜與安詳。擁有此等佳人，我大感此生幸矣！」

蘇格蘭傳教士大衛・李文斯頓（David Livingstone）博士，曾冒著生命危險在非洲腹地考察。在考察過程中，李文斯頓經歷了種種艱難困苦，但他卻看得十分平淡，依舊信心十足地堅持工作。但是，正當他在非洲考察的時候，傳來了愛妻逝世的噩耗，這一從天而降的打擊，使得李文斯頓陷入了沉痛的悲哀中。多少年來，為了支持丈夫的事業，善良、溫柔的妻子跟他一起長途跋涉、風餐露宿、浪跡天涯，吃盡了各種苦頭，而今卻撒手人寰，怎能不讓李文斯頓心如刀絞、淚如雨下？當時，李文斯頓正在非洲的尚比亞河實地考察，當他聽到這個不幸的消息後，便給羅德里克・麥奇生（Roderick Murchison）先生寫了一封書信，他在信中寫道：「愛妻的辭世，使我頓失依傍之人，我不禁方寸大亂。以前無論發生什麼樣的事情，我總是在她的鼓勵和支持下，去戰勝各種困難。有時，雖然我們相隔千里，但每時每刻她都生活在我的心中，給我力量，給我幸福。而今，她舍我而去，怎能不令我感到心痛萬分、撕心裂肺？從今以後，她再也不能伴我深入密林、跋山涉水了，每每念及她的善良、勇敢、賢慧，我便心力交瘁、萬念俱灰。我們最後一次相處，是在四年之前。那時，我們在一起相處了短短的三個月，在這三個月的日子裡，我們相依相伴，一起看日出日落，朝夕相處，何其令人留戀！然而，沒承想那一次分別後，竟是四年之遙！在這漫長的四年裡，她就在孤獨地守望著我，渴望我的歸期。當初，我們因為愛而相識，也因為愛才步入了婚姻的殿堂。歲月匆匆，春去秋來，我們彼此更加相知、愈加相愛。她是我的好妻子，我無法忘卻她的善良和勇敢；她是孩子們的好母親，她把自己的青春和愛心都獻了孩子們。她除了教養自己的兒女之外，還負責教育當地的

幼兒。然而，無論是對自己的兒女還是當地的幼兒，她都一視同仁、從無二心。每次外出考察時，我想起她一個人在家操持家務、撫養幼兒，心中是何其心酸、何其心疼。現在，面對這突如其來的打擊，我無可奈何，只能認命。即便我內心異常傷心、異常悲痛，但是我又不得不振作起來，繼續我未完成的使命。從此之後，再也沒有人能像她那樣撫慰我疲憊的身心，我也不得不在這黑暗的地平線上踽踽獨行。」

　　塞繆爾‧羅米利先生在其《塞繆爾‧羅米利先生的一生》的傳記中，曾坦誠地認為自己一生所有的幸福和成功都應歸為妻子的功勞。他深情地寫道：「十五年前，我便開始樂於研究自己的妻子，也得出了幾個結論。她心地善良，具有過人的理解力和判斷力；她的感情十分細膩和豐富，而且善於關心和體貼他人；她不畏強暴，英勇無畏，與邪惡對抗，像她這樣柔弱的女人身上竟然蘊藏著如此頑強的勇氣，實在出人意料。而且，她的美貌雖然沒有達到傾國傾城，但卻也遠近聞名。一個人的品性、勇氣和漂亮，竟然結合得如此天衣無縫，不能不令人嘆服造物主的偉大。」羅米利對妻子的摯愛之情刻骨銘心。妻子的死，給羅米利造成了巨大的打擊，他變得精神失常、寢食俱廢，眼前總是浮現出妻子的音容笑貌。因為傷心過度，羅米利在妻子去世七天之後也離開了人世。後來，人們為了紀念這一對生死鴛鴦，在弗利特大街的塞特‧希蘭德堂區教堂，為這對伉儷立了一塊碑，碑上刻有這樣的銘文：西元 1759 年，羅米利在愛妻死後的第七天，因心臟病突發而逝世。

　　雖然法蘭西斯‧伯第特（Frances Burdite）和羅米利政見不同，一直是死對頭，但是這兩個人在家庭生活中，尤其在和妻子的關係上卻有著驚人的相似之處。自從妻子去世之後，伯第特傷心欲絕，無法自持，拒絕進食，直到精疲力竭時，伯第特趴在妻子的屍體上，安靜地永遠地睡著了。後來，人們在安葬這對夫妻時，有意將他們安葬在同一個墓穴中，使得他們肩並肩地睡在了一起。

　　英國肖像畫、風景畫畫家庚斯博羅先生創作了一幅十分有名的作品，這幅作品蜚聲海外、價值連城。這幅名畫取材於托馬斯‧格雷厄姆（Thomas

Graham）夫婦，畫的是他們在新婚燕爾時的情景。這對夫妻在共同生活了十八年之後，妻子不幸離開了人世，這給丈夫帶來了無窮的思念和痛苦。為了忘記這份揮之不去的痛苦和思念，也為了排遣失去妻子所帶來的焦躁與煩悶，格雷厄姆硬是在四十三歲時毅然從軍。格雷厄姆身為一名志願者，來到了胡德勳爵手下服役。在圍困土倫的戰役中，格雷厄姆完全不顧性命，自始至終都勇猛頑強，殲敵無數。此後，格雷厄姆便以勇敢、不要命的精神名冠三軍。

後來，在半島戰爭期間，格雷厄姆每天都在服役，他首先在英國陸軍中將約翰‧莫爾手下當兵，後來又在威靈頓手下服役。無論在哪裡，格雷厄姆作戰勇猛，屢立戰功，他所擔任的軍職也節節攀升，最後一直升到副統帥。因為格雷厄姆在巴羅沙打了一個非常漂亮的勝仗，人們便尊稱他為「巴羅沙英雄」。回國後，他便被執政者賜予光榮而尊貴的貴族頭銜，即利那多奇勳爵。

晚年的格雷厄姆生活幸福，然而，生活愈幸福，他便愈加思念早已長眠地下的妻子。下院議員、英國戲劇家謝立丹，在議院中曾這樣評價格雷厄姆：「格雷厄姆對妻子的愛，超過了他對任何其他人或事物的愛，他甚至將自己所得的一切榮譽都歸功於自己已故的妻子。」

那些善良、純潔、品德高潔的妻子死後，總是令她們的丈夫久久難以忘記；同樣，許多妻子對自己的丈夫也有生死不改、矢志不渝、忠貞一生的感情，有許多忠貞不渝的妻子，因無法忍受丈夫去世後所產生的巨大痛苦，便紛紛跟隨而去。為了紀念奧地利軍團的一位著名將軍，人們在維也納為他建立了一塊紀念碑，碑上的銘文，詳細地記載了將軍生前在七年戰爭中立下的赫赫戰功，同時也記載了將軍生前與自己妻子的愛情故事。

阿爾伯特‧莫頓先生的逝世，給他妻子帶來了無法排解的痛苦，她念念不忘已故的丈夫，終因憂思過度，不久便離開了人世，睡到了她丈夫的身邊。這件事情深深地感動了英國外交家、詩人沃頓，因情之所至，沃頓以這位夫人的口吻寫下了這句詩：「他已經先我而去了，我曾想試著苟活下來，但是失去了他，我如何還能在人間托身，那麼，就讓我隨他而去吧！」

沃頓這凝重的詩詞，反映了一位忠貞不渝的妻子對丈夫的生死依戀之情。不知是詩中反映的故事真實感人，還是沃頓的詩句富有無窮的魅力，這兩句詩一直流傳不絕，可謂家喻戶曉、無人不知。

　　當華盛頓的妻子得知親愛的丈夫呼吸完最後一口氣後，就要離別人世時，她說道：「好了，一切都已經結束了。我也早已準備好了，與他一起離開。」

　　妻子不僅是丈夫最好的夥伴、朋友和安慰者，而且還是丈夫最好的幫手，尤其在某些特殊的領域，妻子以其敏銳的觀察力，往往能幫助丈夫發現新的線索。加里茲教授的女兒是義大利科學家、醫生伽伐尼的妻子，伽伐尼為擁有這樣一位好妻子而感到十分高興。有一次，伽伐尼的妻子發現，當把青蛙的腿放在帶電的儀器附近，再用刀子去接觸牠時，青蛙的腿就會猛然抽搐一下，如此反覆不已，屢試不爽。妻子的這一發現，立即引起了伽伐尼的高度注意，由此他發現了生物電現象。從此以後，這門新興科學便與伽伐尼的大名緊緊地連在一起。法國化學家、現代化學奠基人安東萬‧拉瓦節（Antoine Lavoisier）的妻子，也是一位具有真正科學才能的女人，她不僅與丈夫一起共同分享丈夫的追求，而且還具體地幫助丈夫做許多科學實驗，可謂丈夫的一位好幫手。

　　巴克南博士也有一位能在自己的科學事業裡幫助自己的好妻子。他的妻子經常幫他精心收集和整理化石，並對一些破碎的化石加以修復，使之恢復原形。她具有非凡的記錄和素描能力，曾在巴克南發表的著作中，提供過無數的例證和素描。巴克南的兒子在其父親的一本著作的序言裡寫道：「在巴克南博士從事著述的漫長生涯中，我母親常常一連幾個晚上、幾個星期，甚至幾個月，都在不停地連續工作。無數個夜晚，我父親不停地講，而我母親就不停地一字不漏地記下我父親口授的文字。他們總是這樣『一個講、一個寫』地度過漫長的黑夜，不知不覺天就亮了。這個時候，當清晨的太陽透過百葉窗照進屋子裡時，母親總要提醒父親停止思考，並『強迫』他躺在床上休息。母親為父親不僅提供了許多有形的幫助，而且還奉獻出了許多無形的努力。

母親善於描摹，而且有過人的天賦，因為父親所從事的事業，母親的這一天賦幾乎得到了充分的發揮。母親只要寥寥幾筆就可以勾畫出各種各樣的古化石的形狀，如果再配上準確、精練的文字說明，足以能成為十分難得的考古『書籍』。在父親的影響下，母親在修復破碎的古化石這方面，不僅思路清晰，而且技藝精湛。母親心靈手巧，做事乾淨俐落，在父親的許多著作裡，都有母親許多的素描和說明文字，母親也因此而得到了父親的首肯。今天，牛津博物館展示著許多栩栩如生的化石，其中許多『原模原樣』的化石，都是經過無數考古學家精心修復而成的，同樣，母親修復的一些化石也在其中陳列著。我們可以想像，身為一個女人，要把七零八碎的粉末一樣的東西，復原成原先的形狀，需要花費多少時間和精力，又需要多麼高超的技巧哇！此外，母親不僅忠於丈夫的事業，而且從來沒有忽視對自己子女的嚴格教育。她總是把上午的時間用來督促子女們認真學習，主張子女們一定要吸收健康而有用的知識。母親幾十年如一日，一直都在堅持這樣做，從不鬆懈。在我後來的生活中，我才深深地體會到早年所受的嚴格教育是多麼的重要，我真慶倖自己有這樣一位嚴師般的慈母。」

　　日內瓦的著名博物學家佛列茲·哈伯（Fritz Haber）和他妻子的愛情故事感人肺腑，令人欽羨不已。在哈伯十七歲那年，突然雙目失明，但他並沒有從此沉淪下去，而是決心想辦法掌握一門自然史。研究自然及其歷史，必須具備過人的觀察力，為此，博物學家或想從事博物學研究的學者們，必須擁有一雙銳利的眼睛。讓人不可思議的是，身為一個雙目失明的人，哈伯居然偏偏選擇了博物學家這一專業，實在讓人費解。難道哈伯愚蠢嗎？要是不愚蠢的話，哈伯為什麼敢做出如此令人瞠目結舌的決定？哈伯有位聰慧異常的妻子，長期以來，哈伯妻子的眼睛似乎長在哈伯本人臉上一樣。哈伯的妻子總是全力支持哈伯的研究工作，每當她看到丈夫潛心於學術研究之中而忘卻了因失明而帶來的巨大痛苦，她便感到莫大的安慰。在妻子的關照之下，哈伯透過妻子的眼睛『看到了』陽光燦爛、五彩繽紛的世界，他便慢慢地忘卻了心中的痛苦。正如許多著名的博物學家都很幸福、長壽一樣，哈伯的生活處

處充滿陽光和愛，因此，他的壽命也很長，他的幸福也很真切。哈伯曾說：「如果有一天我恢復了視力，一定會感到萬分痛苦。我不知道人們會怎樣評價我，但我自己十分愛自己，我也十分愛我的妻子。在我心裡，我的妻子永遠那麼年輕、漂亮、充滿青春活力。」在妻子的幫助下，哈伯的《論蜜蜂》一書中，包含了大量的經觀察得來的第一手資訊，而且這些資訊真實、客觀，具有很高的參考價值。這本書詳細描述了蜜蜂的生活習性、活動規律及其產生、發展、死亡的歷史。即使在今天，該著作仍然是該領域中的權威之作。當人們閱讀這本書的時候，都曾嘆服作者那非凡敏銳而獨到的觀察力，人們絕對不會也不可能想到寫這本書的作者，其實早在二十五年前就已經雙目失明了。

　　與哈伯夫婦的愛情生活一樣，威廉‧漢密爾頓（William Hamilton）和他妻子之間的愛情故事也十分感人肺腑。晚年的漢密爾頓在愛丁堡綜合大學教授邏輯學和形而上學，由於長期操勞過度，在他五十六歲的時候全身癱瘓了。對於全身心地投入工作的漢密爾頓教授來說，這一打擊可謂晴天霹靂，他陷入了悲痛絕望的境地。每當漢密爾頓想到自己可能因為身體的原因，將無法再從事研究工作後，他便感到生不如死。身為一名教授，怎麼能讓自己的工作半途而廢呢？漢密爾頓的妻子完全了解丈夫的心思，於是，她便竭盡所能地支持丈夫的工作。下定決心後，她便成了丈夫的手、眼和心，將自己的一切都交給了丈夫的事業。她幫漢密爾頓閱讀有關文獻資料，幫他抄寫和校正講稿，凡是她能擔任的工作她都接了過來，以便減輕丈夫的壓力。身為一位妻子，漢密爾頓夫人無私奉獻的精神，毫不遜於一首歌頌英雄的史詩。

　　除了全力以赴地幫助丈夫的工作，她還得時時刻刻照顧丈夫的生活，這兩件事情，常常使人精疲力竭，而漢密爾頓夫人以頑強的毅力和忘我的獻身精神，將這兩件事情做得盡心盡責、盡善盡美。她日復一日、年復一年地廝守在丈夫的身邊，每當看到癱瘓的丈夫生活得很愉快時，她便感到十分高興。如果沒有這樣一位忠誠的妻子，沒有她精心的照顧和精神上的巨大支持，漢密爾頓可能都沒有勇氣活下去；如果沒有她那非凡的天資和過人的能

耐，漢密爾頓那些最偉大的著作也根本無法問世。漢密爾頓不講究方法，做事沒有條理，妻子則天生思路清晰，做事講究方式、方法；漢密爾頓生性專心，處事認真，但比較懶散，妻子則精力充沛、十分勤奮；漢密爾頓天資較高，妻子則精力過人，她總是給漢密爾頓以動力和鼓舞。這對夫妻在性格、精力、處事的方式方法等方面正好互相補充、互相促進，可謂天造地設的一對。正因為這樣，他們不僅夫妻恩愛，而且在相當不利的條件下，取得了累累碩果，真令人讚嘆。

　　經過一輪又一輪相當苛刻、激烈乃至近乎嚴酷的競爭之後，漢密爾頓獲得了一連串的榮譽和地位。有些反對者們認為漢密爾頓只不過是一位充滿幻想的空想家，他根本沒有什麼真才實學，也不可能勝任教書這一艱難的事業。面對反對者的人身攻擊，漢密爾頓決心在自己妻子的幫助下發奮努力，做出一番成績，拿事實證明支持他的人是正確的，並以此駁斥那些堅決反對他獲得殊榮的人們。由於漢密爾頓手頭上沒有現成的講演稿，因此，每一次的講演稿，他都必須得一字一句地寫出來。即便如此，漢密爾頓忍受著癱瘓的折磨，長期堅持書寫講演稿。他的妻子便日夜陪伴在他左右，精心地照料他，所以熬夜成了夫妻二人的『家常便飯』。漢密爾頓在房子裡起草好講演提綱後，他的妻子則在隔壁的房間加以整理，充實相關資訊，並謄寫清楚，再給丈夫審閱。夫妻就這樣日復一日、年復一年地互相切磋、互相幫助。漢密爾頓的傳記作家說：「有時候，某一個課題難住了漢密爾頓，他便不得不到處尋找資料，搜集整理有關觀點，並將它們條理化、系統化地分門別類，然後加以消化吸收。他常常這樣忙著工作，總是從當日的晚上一直持續到次日的早上，而他那忠貞不渝、疲憊已極的『祕書』也在沙發上睡著了。」由於年事已高，加上身體不適，有時候，漢密爾頓直到上課前的一瞬間才寫完講演稿。苦心人，天不負。經過夫妻潛心的研究和辛勤的工作，他們終於得到了豐厚的收穫。漢密爾頓已經成了一位有名望的講演者，而且成為歐洲知識界公認的有成就、有才華的大家。

　　維希先生曾在傳記中這樣寫道：「漢密爾頓夫人的許多手稿，都充滿了高

深玄奧的哲理。手稿中的許多觀點，見解十分獨到，引證的資訊極為豐富、翔實，而且，手稿裡有許多精彩的三段論邏輯學，不僅對邏輯的論述十分精闢，而且結構完整、文辭精當。這些珍貴的手稿，直到今天仍被完好無缺地保存著，這些手稿也確實是世所罕見、價值連城的精品。漢密爾頓所有已經付梓的論文以及各系列的講演稿，都是他妻子所寫或謄寫出來的。她對丈夫飽含赤誠之心，勇於擔負起這一無比艱辛的工作，在常人看來實在難以承受，而她不但沒有絲毫的怨悔之情，而且樂此不疲。漢密爾頓夫人的過人之處，在於她不但堅持十幾年如一日地輔佐丈夫的工作，而且極其熱心地督促丈夫做他必須做的事情。她總是理智地幫助丈夫克服懶惰的習性，一旦丈夫舊病復發，她便會方法獨到地使丈夫回到書房中來；一旦丈夫勞累過度，她便會苦口婆心地勸說丈夫從題海戰術中抽出身來。她有時候會藉故問丈夫研究中的一些問題，幫助丈夫理清思路，勞逸結合；有時候則迫使丈夫整理收集資料，以便能調節一下大腦，她總是以使人愉快的性格和不露聲色的堅定意志，讓丈夫感到精神爽快、精力旺盛和心曠神怡。」

　　婚後的第十二年，漢密爾頓癱瘓了，他已經精疲力竭、衰弱不堪了，人也顯得無精打采，目光也有些呆滯了，但是他的思考卻沒有一刻停止過，仍在不停地思考。漢密爾頓夫人總是殫精竭慮地想辦法讓丈夫恢復到以前那樣神清氣爽，但由於夫妻二人年事已高，她已然無能為力了，再也無法使得丈夫能精力充沛，也再也無法幫助丈夫像以往那樣開闢一個又一個新的研究領域、從事一個又一個課題研究，再也不能在學術領域裡取得新的重大的成就。他們夫妻唯一能做的，就是整理以前的成果。即便如此，他們夫妻仍以極大的熱情和勇氣整理著他們在文學和哲學領域中所取得的成果。然而，畢竟漢密爾頓已經精力衰竭，不能再過度的勞累，因此他們整理成果的時間也沒有持續多久。終於，當漢密爾頓不能在自己構建的學術王國裡遨遊後，他便抽身出來，趴了一炷香的工夫，便永遠地睡著了。

　　漢密爾頓夫婦以其絕妙的心靈契合，譜寫了一曲驚天地、泣鬼神的愛情讚歌，同時也給後人留下了豐厚的、不可或缺的精神遺產。如果他們沒有

在學術領域裡得出確定無疑的結論，那麼，這個世界仍將是神祕而不可測度的，而且後世的許多學者，仍要費盡心思地進行重新探索和發現。

當丈夫心煩氣躁、心神不寧的時候，有些妻子總是能善言相慰、好言相勸。她們那溫和的脾氣、輕言細語的勸慰，總能使得丈夫煩躁的心情漸漸平息下來，這樣的妻子不愧為丈夫的賢內助。德國歷史學家尼布林就擁有這樣一位這樣溫和、善良的妻子，他甚至將自己的妻子稱為「忠實的夥伴」。尼布林生性過於急躁，倘若沒有妻子的勸慰，他完全可能沉浸在無窮無盡的煩惱中度過無益的一生。尼布林曾說道：「妻子無私的愛，以及溫和的脾氣，總能讓我順利地擺脫塵世的煩惱和苦悶，從而重新精神抖擻地回到自己的事業中來。不僅如此，妻子對我的幫助，不單單體現在我所從事的事業上，而且體現在我生活的方方面面。」尼布林總喜歡和妻子討論各種各樣的歷史發現、政治事件以及文學方面的逸聞趣事，而這些話題成了他們夫妻生活的一個重要組成部分。正因為尼布林的妻子對歷史和政治有著濃厚的興趣和愛好，所以尼布林才樂此不疲地與她討論這些話題。然而，當尼布林發現任何問題一旦與妻子討論後，他自己留在大腦中的印象也異乎尋常地深刻，並且能在課堂上如數家珍、口若懸河地講出來。

英國哲學家、經濟學家和邏輯學家穆勒的妻子，對丈夫的事業做出了不可磨滅的貢獻。她不但對丈夫百般關心、溫柔體貼，化解了丈夫許多工作上的煩惱，而且以其非凡的熱情和聰明的才智，幫助丈夫獲得了事業的巨大成功。在妻子的影響下，穆勒產生了非同尋常的熱情，並心甘情願地為事業獻身。後來，穆勒在談及自己的名著《論自由》時說：「她是忠誠而熱烈的鼓舞者，她的熱情之火常常能點燃我的靈感之火。她對真理懷有火一般的熱情，為了我的自由而正義的事業，她願意以身相許、獻出生命。在她崇高的精神激勵下，我不斷地追求、不斷地奮鬥、不斷地創作。這本《論自由》和其他著作一樣，就是我們夫妻之間心靈碰撞的結晶。她是我心中強大動力的推動者，如果沒有她的熱心和鼓舞，我可能寫不出如此正義和自由的《論自由》。

長期以來，妻子的理解和讚賞，就是對我的最高獎賞，同時，我將以《論自由》一書，告慰我親愛的妻子的在天之靈！」

自古以來，真正的夫妻恩愛，總是青山常在、綠水長流，它不會隨著歲月的逝去而煙消雲散。那些忠貞不渝、相濡以沫的妻子，總是能使得自己的丈夫深深地懷念她們，而且世人也總是被他們那忠誠、美好的愛情而深深地感動。英國散文家、歷史學家卡萊爾的妻子，葬於哈丁頓的教堂墓地裡，在她的墓碑上刻有卡萊爾親筆題寫的一段文字：「她生性溫柔平和，親切可愛，並具有敏銳的洞察力，然而這些優點很難在一個人身上集中體現出來。她一生歷經磨難與坎坷，但她卻生活得十分踏實和幸福。四十年來，她一直忠誠地守護在我身邊，成為我的得力助手。她總是用自己的言語和行動，促使我不斷地追求、不斷地進步，而她卻不曾有過絲毫懈怠和厭倦。在我身邊，沒有任何一個人能像她這樣時時刻刻地催促我前進，激勵我進步。」

英國物理學家、化學家法拉第的婚姻生活也十分美滿和幸福。他的妻子與他恩恩愛愛幾十年，總是互相關心、互相愛護。他的妻子一直全身心地愛自己的丈夫，支持丈夫的事業，正因為有了這樣一位溫柔、善良、體貼和富有犧牲精神的妻子，法拉第才得以時時心神愉快，並全力投入到科學研究之中。法拉第在日記中寫道：「我對妻子有一種難以言喻的感激之情，這麼說吧！她是我的幸福和快樂之源，是我能在事業上取得成就的根本保證。二十八年來，她給我帶來了無窮的歡樂和幸福。除了我們夫妻情感的深度和廣度有些變化外，二十八年來，我們的婚姻生活一點也沒有變化，始終舉案齊眉、相濡以沫。」誠如法拉第所說的那樣，他們夫妻仍舊一如既往地熱烈、誠摯，兩顆熱情的心總是心心相印、緊緊地貼在一起。月老當初為法拉第夫婦牽了一根紅線，他們便用這根紅線緊緊地捆在一起，繼而風雨同舟、榮辱與共、永不分離。

許多令丈夫感動不已的妻子，往往不僅是丈夫的得力助手，而且還是丈夫心靈的撫慰者。她們往往具有超乎一般的同情心，而且心地善良、本性溫和，她們總是善於撫慰自己的丈夫，使丈夫忘卻工作的煩惱，在家庭中享受

到快樂和幸福。湯姆‧胡德一生被疾病纏身，長時間臥病在床，有時甚至連生活都不能自理，然而，雖然命運不公，老天和胡德開了一個玩笑，卻賜給了他一位忠誠、善良、溫柔和體貼的妻子。在胡德的婚姻生活中，妻子一直都在精心服侍他、體貼他，給他溫暖、使他快樂。

在各種有關夫妻生活的傳記中，像胡德夫婦那樣恩愛的情侶確屬罕見。胡德的妻子富於遠見，而且極為珍愛丈夫的才能，她唯恐丈夫的蓋世才華毀在自己的手中，於是總在安慰他、鼓勵他、激勵他，使他精神愉快、工作輕鬆。任何人的生活中都會有艱難險阻，有狂風暴雨，然而，每當碰上倒楣或者不幸的事情時，胡德的妻子總是樂觀曠達，從不為外界的風聲、雨聲所動，心態十分積極和健康。胡德一生遇到了很多坎坷，而且體弱多病，但是每當看見積極向上的妻子，他的心裡就如同遇到晴天麗日、拂堤春風一樣，充滿了快樂和滿足。在家裡，胡德久病臥床，但是妻子卻如紅彤彤的太陽，時常將溫暖的光芒灑向丈夫身上，給他以春天般的溫暖。不但如此，在妻子的精心照料下，家裡無時無刻都洋溢著寧靜、祥和、喜慶的氣氛，胡德不但從未因家裡的瑣事而心煩意亂，也從未因在外面受到打擊而感到悲觀絕望，而是盡情地發揮自己的聰明才智，無拘無束地施展自己詩人的天賦。正是在妻子的呵護下，胡德先後創作了舉世矚目的〈襯衫之歌〉、〈勞動者之歌〉和〈嘆息橋〉等不朽的傳世之作，成為現實主義詩人的代表人物。

胡德深愛著妻子，妻子在他生命中占據著極為重要的地位。有時，當妻子不在身邊時，胡德便會覺得少了點什麼似的，總是在腦海裡搜尋妻子的影子。有一段時間，妻子不在身邊，胡德思念不已，於是，提筆給妻子寫了一封信，他在信中寫道：「親愛的，在沒有遇到你之前，我真不知道自己的價值幾何，也真不知道自己為什麼活著。自從遇到了你，我的心情變得十分舒暢，也才真正地懂得了何謂幸福，因此，我時常由衷地感到自己是一個非常幸運的人。親愛的，我十分珍惜我們之間的緣分，你不在的這段日子裡，我經常做夢都想到你。我不能忘記的，便是在我失敗的時候，你總是給我真誠而純潔的關心，使得我能奮發向上、滿懷熱情地迎接新的挑戰。今天，我仍

在一如既往地勤奮而充滿熱情地寫作，我這樣全身心地寫作，只是因為兩個原因：一個原因，是我最近收到了你寫的一封情意綿綿的書信；另一個原因，便是我們愛情的結晶──我們親愛的孩子。為了這兩份愛，我就應該筆耕不輟。此刻，我心裡全是你的影子，凝結著你對我全部的愛，我恨不得飛到信的另一端，向你傾訴我對你的思念，但是，我知道這不夠現實，因此我只得將深深的思念訴諸自己的筆端，好讓它傳遞我對你的愛。我知道，你那美麗動人的眼睛一定等著欣賞我的新作，我也應該將最新的作品『端』到你的面前。我想起來了一件事情，那就是無論今後我的命運發生什麼樣的變化，我始終相信你永遠是我善良、溫柔、賢慧的妻子，也永遠是我忠誠的靠山。」還有一次，在夫妻二人小別之後，胡德的心中泛起陣陣思妻之情，於是，他提筆給妻子寫了一封信。他寫道：「我獨自一人又來到了我們常來的這個公園，走在這彼此熟悉的林間小道上，風景依然，晚風依舊，而你卻不在我身邊，讓我好生孤寂。我在我們曾經相依相偎的小石凳上坐了良久，想起我們曾在此相守的時光，心緒才漸漸平息下來，心情也好了許多。親愛的，你是否也感覺到了呢？你一定也感覺到了，一定也暢快了很多。」

胡德夫人不僅是自己丈夫的安慰者，還是丈夫的好幫手，尤其在寫作這個領域，胡德夫人對丈夫的幫助很大。胡德是一位有名的詩人，他寫的詩深受大眾喜愛，但胡德十分尊重妻子的判斷，他每寫完一首詩後，總是先把它奉獻給自己的妻子。胡德一遍又一遍地念給妻子聽，然後聽取她的感受和意見，再加以精雕細琢，然後再念再改，如此反覆不已，直到妻子感到滿意為止。胡德夫人具有很好的文學修養，她以其女性特有的情懷給這些詩文潤色，每次經過她的「妙手」點化之後，作品的詩境、詩意往往為之一變，大有畫龍點睛之妙。不但如此，胡德夫人的記憶力過人，她常常為丈夫提供準確的引文和參考書目，為丈夫寫出不朽的詩篇省了很多道「工序」。在無數天才人物的優秀伴侶中，胡德夫人可謂當之無愧的佼佼者。

威廉·納皮爾先生 (William Francis Patrick Napier) 是專門研究半島戰爭的著名歷史學家，他的妻子則是一位心地善良、富有才華的女人。在納皮爾

所搜集到的資訊中，許多第一手資訊都是原始的檔和書信，而且都是用密碼或代號寫出來的，一般人根本無法破譯這些資訊。但是，納皮爾夫人卻具有這方面的才華，她把大量的原始資訊翻譯過來，然後加以整理、概括，再交給丈夫去做詳細、深層次的研究。如果沒有納皮爾夫人的鼎力相助，可想而知，就連納皮爾本人也很難取得如此輝煌的成就，甚至也根本不可能勝任研究半島戰爭的重任。

有一次，有人告知威靈頓勳爵說：「納皮爾夫人不但能破譯約瑟夫國王的公文，而且還能破譯在維特多利亞發現的大量書信。」威靈頓驚訝了良久，幾乎不敢相信自己的耳朵。於是，威靈頓說：「在伊比利亞半島時，如果有誰能幫我破譯這些密碼，我至少給他兩萬英鎊。」納皮爾的手稿相當難以辨認，總是到處圈圈點點，這裡插一句那裡插一句，再加上他的字跡十分潦草，往往信手塗鴉，就連納皮爾本人也難以辨認自己的手稿。但是，納皮爾夫人卻做到了。她總是細心地加以鑑別、校對，並且做到一字不錯，然後再認真謄寫清楚，並交付出版。納皮爾自己也說：「她幫助我完成了大量的辨認、校對和謄寫工作，她總是極其小心謹慎地對待每一個文字，從未有過懈怠和大意。她的這種嚴謹細緻的處事作風，讓我自己也自愧弗如。」當納皮爾靜靜地躺在床上，等候面見上帝時，他的妻子已經病入膏肓、氣息奄奄了。於是，納皮爾夫人只得讓別人將自己送入丈夫的房間，放在沙發上，夫妻靜默地相視了一陣子，納皮爾便離開了人世。幾個星期之後，納皮爾夫人也跟隨丈夫而去，夫妻兩人肩並肩地睡在了同一個墳墓裡。

古往今來，不乏像納皮爾夫人這樣對丈夫忠貞不渝的妻子，她們對丈夫真摯的愛、那種獻身精神，感動了千千萬萬的人。多少年來，這種至真至純至潔的偉大愛情，一直為人們所稱道，人們也無法忘記這些感人至深的愛情故事，更無法忘記這些真實感人的愛情殉道者。

英國新古典主義雕塑家、插圖畫家約翰‧弗拉克斯曼（John Flaxman）的妻子安妮‧登曼（Annie Denman），一生都奉獻給了丈夫所追求的藝術事業。幾十年來，她陪著自己的丈夫到處拜師學藝，與他一起辛勤地工作，與他共

同分享歡樂、承擔憂愁。夫婦二人一起在羅馬探尋藝術的真諦，一起在雅典追尋古代大師的足跡，在妻子的全力幫助和鼓舞下，弗拉克斯曼在藝術上的進展一日千里，但他從不驕傲自滿，而是一如既往地兢兢業業。四十年的風風雨雨非同尋常，夫妻把自己的全部精力、全部的愛，都獻給了崇高的藝術事業。隨著夫妻之間的感情日益深厚，弗拉克斯曼的技藝也日臻成熟。回顧這四十年的風雨歷程，弗拉克斯曼看到妻子已經蒼老的面容，不禁感慨萬千，便揮毫作了一幅象徵忠誠、希望和仁慈的巨畫，送給了與他風雨同行的妻子，藉以表達自己對愛妻純潔而至深的愛。

素有「黑眼睛凱特」之稱的凱薩琳‧布思（Kathleen Booth），既深深地愛著英國詩人和版畫家布萊克，又深深地愛著丈夫的追求和事業。布思認為自己的丈夫是這個世界上最偉大的天才，於是，她便全身心地支援、幫助丈夫的事業。布萊克生性有些怪癖，行為方式也相當古怪，但在布思看來，這正是一個偉大藝術家真正天才的表現，而且她認為與其說是寬容丈夫這種種古怪的行為，不如說她喜愛丈夫這種特有的風格。在與丈夫風雨同舟、同甘共苦的四十五年中，她總是與丈夫同歡樂共憂愁，將自己完全融進到丈夫的身心和事業當中，直到丈夫逝世。在布萊克七十一歲高齡之際，他準備給自己畫一張肖像，創作這最後一幅作品。這時，他聽到一旁的妻子正親手將整版插圖上的印記清除掉，然後著上漂亮的顏色，於是，他喊道：「布思，別動！你就保持這個姿勢，讓我給你畫一張像，因為你在我心中，一直是我的天使。」

英國海軍少將、探險家佛蘭克林的妻子佛蘭克林夫人，也是一位對丈夫忠貞不渝的人。西元 1845 年，丈夫率領一百三十八人乘坐兩艘船探尋西北航道，結果一去不復返。佛蘭克林夫人多少次遙望那茫茫大海，等著丈夫歸來，可是春去秋來卻杳無音信。於是，她到處查找有關資料，了解了豐富的海洋知識，試著從中找到一些蛛絲馬跡。可是，她一天又一天地追尋，一天又一天地等待，最後宣告失敗。丈夫似乎永遠也不可能回來了，但是她卻咬牙堅持，絕不氣餒。後來，當她得知丈夫及其船隊在威廉島外水域被冰塊包

圍，全體人員都以身殉國的消息時，她靜靜地流著傷心的眼淚。雖然木已成舟，丈夫不可能再回到自己的身邊，可她卻依舊每天遙望著自己的丈夫，直至告別人間。

斯默曼的妻子一輩子都在盡力勸慰丈夫，幫他排遣心中的煩悶和憂思，她總是靜靜地聽他傾訴，同情他、寬慰他。在她的靈魂動身前往天堂時，她無限眷戀地依偎在丈夫身旁，失聲喊道：「親愛的斯默曼，我要走了，可是我走了之後，還有誰能理解你、支持你呢？」

在危急時刻，妻子們會捨生忘死地救自己的丈夫。威斯伯格決定向敵人屈服投降時，當地的婦女請求自己能帶走一些珍貴物品，她們的這一請求得到了敵人的准許。於是，到了投降這一天，當城門打開時，只見成群結隊的婦女身上都背著她們的丈夫，從容地「逃」出了城外。德·拉瓦耐特夫人曾不止一次地提到了一則感人肺腑的愛情故事：要是沒有妻子的錦囊妙計，利斯達爾勳爵就不可能逃出監獄。當時，利斯達爾的妻子巧妙地跟他換了衣服，然後逼迫丈夫以她的身分溜了出去，她自己則假冒自己的丈夫永遠蹲在了監獄中。

荷蘭法學家、詩人格勞修斯的妻子，捨身救夫的英勇事蹟一直流傳至今，這也是一個盡人皆知的歷史事實。當時，聯合省政府判處格勞修斯終身監禁，並將他關押在位於戈爾科姆附近的洛瓦斯泰城堡中。當格勞修斯在這所城堡裡度過了漫長的一年後，他的妻子終於被准許與他同住在一間小牢房裡。有了妻子的陪伴，格勞修斯便少了許多寂寞和憂愁，雖然捱著時光過日子，但是夫妻二人感到已是不幸中的萬幸了。洛瓦斯泰城堡四周戒備森嚴、衛兵林立，格勞修斯夫婦深居在獄中，幾乎與外界斷絕了連繫。後來，格勞修斯的妻子得到監獄當局的允許，每週能有兩次機會去城裡，每次從城裡回來，她都帶回來大量的書籍，供丈夫閱讀，以便他的研究工作得以繼續。有時，書帶得太多了，她便用一個大箱子裝上書，然後往監獄裡趕，但是每次進去，都要經過衛兵們嚴格的盤查。當衛兵們發現箱子裡除了一些供換洗的衣服之外，大多是一些譬如當時沒被遭禁的荷蘭基督教新教神學家阿米尼烏

斯的書籍，便匆匆將這些書籍掃了幾眼之後放她進去。時間久了，衛兵們知道她的箱子裡肯定只是一些破破爛爛的書籍，便懶得動手去檢查。於是，格勞修斯的妻子便在心裡有了一個主意，將自己的丈夫當成「破破爛爛的書」，偷偷地運出城去。一切都按計畫實施後，負責運送的兩個衛兵準時過來取箱子，他們將箱子提起，只是覺得比往常重了一些，並沒有產生懷疑。有一個衛兵還開玩笑地說：「你沒有把阿米尼烏斯藏在裡面吧？」格勞修斯的妻子機智地回答道：「是的，這裡面不僅有阿米尼烏斯本人，而且還有他的一堆破破爛爛的書。」就這樣，箱子被順利地運到了戈爾科姆，格勞修斯也終於安全地逃出了那個陰森森的城堡，隨即前往布拉本特，最後逃到了法國。到了法國之後，他便在這裡安心地與聰明機智的妻子團圓了。

在夫妻生活中，時常會遇到各種各樣的艱難困苦，這些艱難困苦往往也能考驗夫妻之間的感情。疾風知勁草，板蕩識忠臣。患難夫妻往往能經得住歲月的考驗，夫妻之間的情感也往往能更加情真意切。「寶劍鋒從磨礪出，梅花香自苦寒來。」一帆風順的人生歷程、平淡如水的夫妻生活，無論是對男人而言還是對於女人而言，未必是件好事，只有在各種痛苦的考驗中，男女雙方才能顯現出自己本來的面目，也只有經過考驗的感情才能真正地堅不可摧、牢固可靠。事實上，在現實生活中，一帆風順的人生、平步青雲的事業極為少見。

德國著名詩人、政論家海涅，有一位與自己患難與共的妻子。在海涅極為窮困潦倒的時候，他的妻子來到了身邊，並以心相許。在極為艱難的條件下，夫妻手把手、心連心地共同創業。因為創業維艱，他們承受了許多辛酸而貧寒的生活，但是他們卻從未向困難低頭，而是埋頭苦幹。正當海涅的命運有了轉機的時候，妻子卻溘然長逝了。當生死與共的妻子翩然而去時，海涅的心中感到萬分的悲痛，他悲嘆道：「唉！在我感到萬分悲痛的時候，我總忘不了妻子給我的愛。她那至死不渝的、忠貞不渝的愛，曾不止一次地讓我感動，因為有了她的愛，我才能成為這個世界上最為幸福的人。而今，她突然離我而去，她的愛便成了使我痛苦、焦慮和煩惱的源泉。從她嫁給我的那

一天起，她從來沒有享受過一絲一毫的幸福，而她卻絲毫沒有怨言，只知道默默地為我奉獻。難道普天之下難以言說的甜蜜、溫柔之愛和那使人感到崇高、讓人痴迷的歡樂，就必然與無法排遣的痛苦和悲傷緊緊連繫在一起嗎？我從她身上得到了太多的歡樂，難道今天我須以悲哀來償還她嗎？我不能抑制自己對她的思念，我為她悲傷、為她流淚、為她心力交瘁，然而，這不盡的悲傷、痛苦和思念，都使我感到難以名狀的幸福和快慰！當思念的淚水難以抑制的時候，我身上總是湧現出一股莫名的、很少經歷的快樂之泉時刻迴旋在我心裡，靜靜地安慰我，為我祈福。」

「男大當婚，女大當嫁。」愛情和婚姻一直是全人類的共同話題，但由於地理環境、歷史條件及人文習俗不同，不同國家和地區之間的婚姻習俗也不一樣。比如德國和英國這兩個國家的婚姻習俗卻有著天壤之別。關於這一點，我們可以從德國浪漫詩人諾凡利斯、哲學家費希特、卡爾．榮格（Carl Jung）以及其他人的有關生活經歷中，可以窺見一斑。對於德國人來說，訂婚儀式與結婚儀式都非常重要，並且情侶們可以自由地嬉戲、玩耍，不受限制。然而在英國則完全相反，情人們在婚前是不允許自由見面的，他們要受到許多限制，而且女方總是顯得相當拘謹和害羞。

德國思想家、作家、狂飆突進運動的先驅人物赫爾德，他與自己的未婚妻的邂逅，發生在他的一次講壇上。赫爾德的妻子卡洛琳後來說：「在此之前，我從來沒有聽到過任何像這樣天使一般的聲音滲入我的心扉。那天下午，我見到赫爾德時，整個心嘭嘭地跳個不停，於是，我結結巴巴地向他說了聲謝謝，就在這一刻，我們的心就黏在了一起。」後來，他們有了深層次的往來，接著便步入了婚姻的殿堂。婚後，卡洛琳說道：「那是一個玫瑰色的夜晚，我們終於結婚了，那一刻，兩顆相慕已久的心終於緊緊地貼在了一起。」婚後的赫爾德已經心醉神迷，他在給雅各比的信中說道：「我有一位美麗、善良的妻子，她給我帶來了無窮無盡的幸福和歡樂。我們總是心心相印，而且令我們自己都難以置信的是，即使在一些轉瞬即逝的想法上，我們都能有驚人的一致。」

費希特與妻子的愛情故事充滿了詩情畫意，並且具有傳奇色彩。當費希特第一次結識喬拉‧馬里亞‧拉恩時，他還是一個窮得叮噹響的德國學生。當時，費希特在蘇黎世附近一戶人家當家庭教師，而他結識的這位女孩則是德國著名詩人、德國啟蒙運動的重要代表之一克洛普施托克的侄女。克洛普施托克先生的大名如雷貫耳，他的家族也非常顯赫，很顯然，從社會地位、家庭條件等方面來看，這位可憐的德國學生根本配不上喬拉‧馬里亞‧拉恩。但是，拉恩卻真心地愛著費希特，當費希特準備離開蘇黎世的時候，他想大膽地向心中的女神求婚。拉恩知道費希特的心意後，便偷偷地給了費希特一筆錢，然而，令她沒有想到的是，這筆贈禮深深地刺痛了費希特純潔的心。費希特懷疑拉恩並不是真正地愛著自己，而是基於一種憐憫的慈愛之心同情自己，於是，他立即給拉恩寫了一封信，並在信中對她的「厚愛」表示感謝，同時，很明確地告訴她，自己絕對不會收下一文錢。費希特的這封措辭看似委婉卻又十分嚴厲的信，使拉恩大為吃驚，並主動拿回了那筆錢。這個時候，費希特在身無分文的情況下，勇敢地向拉恩射出自己的「丘比特的求愛箭」，結果一舉獲得成功。費希特離開蘇黎世後，基於對未婚妻深深的愛，他開始了艱苦的奮鬥，並且在經過了無數次的奮鬥後終於嶄露頭角，成就了自己的事業，也存了一些積蓄。於是，費希特決定用自己付出辛勞換得的報酬當作婚姻基金迎娶拉恩，他在給拉恩的信中深情地寫道：「親愛的拉恩，現在，我終於可以莊嚴地娶你了！在我窮途末路的時候，感謝上蒼讓我與你相遇相知，並感謝上蒼能讓你我結為夫妻。我深深地知道，我們沒有現成的幸福，因此，你嫁給我後，還要和我並肩奮鬥，共同面對艱苦的生活。我們的一切幸福，只有靠我們自己的雙手去創造，但願我們能手牽手、心連心地共同去打拚未來，同時，我也真誠地希望在我們的人生旅途中能互相支援、互相鼓勵，風雨同舟、禍福與共。最後，但願我們的愛情能夠長相廝守，直到永遠！」

　　婚後，費希特的婚姻生活一直幸福美滿，拉恩確實也是一位見識非凡、感情誠摯、道德高潔的女人。在國家解放戰爭期間，她輾轉於各個戰地醫

院，精心照顧受傷的戰士，而且常常通宵達旦地工作。過度的勞累使得這位善良而仁慈的女人幾欲倒下，也使得這位勤勞的女人患上了致命的流行性感冒，而且從此一病不起，不久便離開了人世。費希特自己也患上了流行性感冒，而且在相當長的一段時間裡都臥床不起，但他又奇蹟般地恢復了。過了幾年，到了他五十二歲生日那天，他耗盡了自己的最後一點點熱情，便隨妻子而去。

英國政治評論家、新聞記者科貝特先生，是一位性情直率、通情達理並注重實際的人。同時，他也是一位相當誠實、有修養、重感情的人，但在許多人看來，他的愛情生活經歷顯得不大符合社會習俗，有人甚至因此而認為他是個卑鄙、可恥、庸俗、猥褻的人。當他第一次看到這位後來成為自己妻子的小女孩的時候，這個女孩才剛滿十三歲，而科貝特已經二十一歲了，且成為國家的準尉副官，他所在的步兵團駐紮在新不倫瑞克省境內。這一年冬天，他正從這個小女孩的家門口經過，看到她一個人在冰天雪地裡，正在擦洗一個洗澡盆。科貝特見到小女孩後，不禁心頭一亮，無法抑制自己純潔而真摯的感情，於是，他自言自語地說道：「這個女孩將來一定屬於我！」從此，科貝特便認識了這個雪地裡的小女孩，並且暗暗下定決心，在退伍之後一定要娶她為妻。

然而，令科貝特沒有想到的是，小女孩的父親竟然是炮兵部隊的一位準尉副官。有一天晚上，這位小女孩和她父親準備回到伍德威奇，科貝特便將自己存下來的一百五十個畿尼全部送給了這位小女孩，並保證她不必再從事繁重的工作，照樣能生活下去。然而，科貝特一年半載還不可能離開部隊回到倫敦去，因此他也無法兌現自己當初在心裡許下的承諾，於是，這位小女孩帶著科貝特給的錢，在茫茫夜色中離去了。五年之後，科貝特正式獲准退役。回到倫敦後，他便心急火燎地去拜訪那位準尉副官的千金。後來，回想起這件事時，科貝特痛心地說：「當時，她在一個名叫布里沙克的陸軍上尉家中工作，我看到她什麼繁重的工作都做，年薪卻只有僅僅可憐的五英鎊。後來，當我回到倫敦之後，她見到我時，一句話也沒有說，便將我曾經給她

的一百五十個畿尼，從一個非常精緻的手絹裡取出來，放在我的手中。讓我感到驚奇的是，這些畿尼一個也沒少，一個也沒破損。」這位小女孩的高尚品德，深深地震撼著科貝特的心，他捧著這一百五十個畿尼，不禁說不出話來。不久，科貝特便與這位小女孩成親了。結婚後，科貝特發現她確實是一位少見的溫和、善良、體貼的妻子，科貝特自己也總是從心底裡感激美麗、善良的妻子，並將自己在後半生取得的大部分成就都歸功於賢淑的妻子，而且將自己全部的幸福也歸功於妻子。

　　許多人都認為科貝特粗俗、冷酷無情、太過於現實，而且充滿偏見，但是，其實人們不知道像科貝特這種人，往往蘊藏著常人所不具有的豐富的詩一般的情感，也具有天才詩人的意境和才華。他總是為反對陳規陋習而鬥爭，但言者諄諄，聽者寥寥，幾乎沒有什麼人真正理解他的為人和他的作品。他也深情地關注著婦女事業，而且特別尊敬女性的高尚品德和高潔的情操，在他所著的《給年輕婦女的信》一書中，曾詳細地描述了一位有道德的婦女應該具備的條件。在良知的激勵下，科貝特大聲地為婦女吶喊，主張社會應該尊重婦女的權利和地位，反對一切歧視、虐待婦女的行為，並且他極力寫文章呼籲社會重視女性的功能，而且他所寫的文章感情豐富、生動明快，遠非一般作家所能及。在傳統社會習俗中，科貝特崇尚良知，認為任何人都應該有教養、有高尚的品德，同時他自己也是一位真誠而溫和的人。不僅如此，他還十分注意自我克制、勇於自我否定。他總是兢兢業業、十分勤勞，總是精神飽滿、充滿活力。誠然，他也有許多觀點是錯誤的，但是這些觀點完全屬於他個人的總結。在當時，很少能有人像他那樣對現實社會有這樣深刻的理解，至於那些受到他思想影響的人，就更不在少數了。科貝特一生特別善於描述自己的情緒、情感和熱情，在這一點上，很少有人能超過他，同時，他也是當之無愧的描寫現實生活的最偉大的散文詩人。

第十一章
高貴的品格源自苦難的磨礪

一個人若想事業有成，他就必須得承受日常工作中形形色色的誘惑，以及各種艱難困苦的考驗。在這些考驗中，人們也必須行得正、走得穩，才能立於不敗之地。

我真希望每一個人都能像偉人們一樣茁壯成長，不獨只提升力量和知識，而且還要日漸變得寬容，越來越懂得尊敬他人。

——丁尼生

一個人要是沒有經歷不幸，那麼，他便是真正的不幸。那些歷經磨難的人，並不感到害怕和痛苦，因為逆境最能使人謹小慎微，而且人們也能「吃一塹，長一智」。然而，那些在順境中成長的人，往往不能正視一切事情。

——丹尼爾

禍兮，福之所倚；福兮，禍之所伏。雖然很少有人能明白不幸孕育著幸福，但我卻認為，痛苦和不幸乃是幸福與快樂的大熔爐和加工廠。

——厄斯金的《福音十四行詩》

苦難使人堅毅，苦難磨練人才。若是一個人能忍受得了苦難的折磨，那麼，這個人終成大器。

——多納

儘管白天疲倦、漫長，但是白天終將會過去，美麗的黃昏也終將到來。

——古代兩行詩

　　人們只有經過了苦難的教育，才能獲得實際有用的人生智慧。人們能從箴言和教導中得到教益，但是如果缺乏實際生活的磨練，這些教益還只能停留在理論層次上。在生活中，人們往往會面臨一些嚴酷的現實，而這些嚴酷的現實卻又不能從一些書本或者學校教育中獲得，但是現實生活中的殘酷競爭和坎坷，能讓人們從中得到真知灼見和生活經驗。

　　一個人若想事業有成，就必須禁得起日常工作中形形色色的誘惑，以及各種艱難困苦的考驗。在這些考驗中，人們也必須行得正、走得穩，才能立於不敗之地。因此，每一個社會人，都得有足夠的能力承受實際生活的折磨和考驗。否則，人們那些藏而不露的美德就會顯得毫無價值，人們的隱居

生活也只能孤芳自賞。隱居的人或者出世的人，無一例外地或多或少對社會存有偏見、對他人存有蔑視，他們也往往就是那些慵懶、怯弱和自我放縱的人。在現實生活中，每一個人都應該勇敢地分擔身為人的義務，也都應該奉獻自己的辛勞、熱血和汗水。身為一個人的義務，不僅對於其自身，而且對於社會，都不應該受到忽視，而是富有責任、富有道德。唯有那些將自己融入到日常生活中的人，也唯有那些能積極參與日常事務的人，才能在現實生活中學到實際有用的知識，也才能獲得真正有用的智慧。身為人類，我們正是在日常生活中、日常事務中，才真正地了解了我們的職責範圍，才真正懂得了遵守工作紀律的必要性，才真正學會了容忍、謙讓和勤勉的品德。同時，我們在日常生活和日常事務中，才會遭遇困難和痛苦，才會面臨形形色色的誘惑，我們對這些誘惑加以適當的處理，就能使得自己在現實生活中游刃有餘、堅強有力。人們正是在這些日常生活和日常事務中，才能磨練自己的意志、培養自己偉大的品格，同時，這些從苦難中訓練出來的實際有用的知識和經驗，比我們平安避世或在隱居生活中學到的知識要豐富和精彩得多。

每一個社會人都要與人交流和接觸，這些人際交往在現實生活中占據著不可或缺的分量。因此，一個人要想更好地了解自己，要想更好地與他人交往，就必須讓自己融入到社會生活中，才能正確地評估自己的能力，才能獲得和他人的友誼。一個人若是沒有這種社會生活的經歷，他就會養成目空一切、夜郎自大的惡習，同時，也不可能正確地理解自我，更不可能成就一番偉大的事業。

斯威夫特曾經說過：「在社會生活中，沒有任何一個真正了解了自己才能的人變成了壞人，也沒有任何一個錯誤估計了自己才能的人變成了好人，這是萬古不易、千真萬確、不容置疑的真理。」然而，在現實生活中，許多人都更加傾向於衡量他人的能力而非自己的能力。18 世紀法國大革命的思想先驅、啟蒙運動最卓越的代表人物之一、《百科全書》的撰稿人之一盧梭，是法國著名的思想家、哲學家、教育家、文學家，同時也是一位自我感覺良好的人。對於盧梭的評價，日內瓦的特倫琴博士在談到盧梭時說：「你們把盧梭帶

到我這裡來，讓我看看他是否真正地了解他自己。」在這裡，我們也從側面了解了盧梭對自己的評價，要比特倫琴對盧梭的評價高出很多。因此，對於那些想有所成就或做出一番事業的人來說，應該在一定程度上擁有自知之明的品格。自知之明的品格對於形成明確的個人信念是必不可少的。弗雷德里克‧帕修斯曾對一位年輕朋友說：「你僅僅只是了解你自己能做什麼，但是，唯有你能明白自己不能做什麼的時候，你才能真正地完成最重要的事情。」

那些自以為很明智、很練達的人，不肯虛心學習他人的長處，因而也就不可能成功地做好任何一件事情，也不可能成就一番偉大的事業。然而，那些善於學習他人經驗的人，善於取他人之長補自己所短的人，從不會羞於向別人請教，在這個社會，也只有這樣的人才能真正成功地完成一件事。因此，我們應該集思廣益，我們應該不恥下問，我們應該虛心向比我們更明智，更有經驗的人學習、請教。

那些經驗豐富且極富睿智的人，總是能正確地判斷耳聞目睹的事物，也總是能確立日常生活的主題。我們所知道的自然科學和人文社會的常識，都是人們透過理論和實踐的一次又一次碰撞，才累積的社會經驗，從某種程度上說，這些常識也只不過是一般經驗的累積和昇華而已。

人們獲得常識往往不需要極強的能力、耐心和謹慎，只要用心體會和銘記便能很輕鬆地占用。因此，黑茲利特就曾說道：「我所遇見的那些最為明智的人，便是那些聰明的生意人和老於世故的人，而這些明智的人在看待問題時，都能從親眼目睹的實際生活著眼，而並非著眼於那些杜撰得令人眩暈的想當然。」

不可否認的是，在同一件事情上，女人的直觀感覺往往比男人要精準得多，因為男人常常只根據想當然的印象來判斷事物的特性，而女人的直覺卻更迅速、更敏銳，而且她們的態度總是能根據特定的目標做出及時的調整和改變。女人的這種圓滑的能力，在駕馭他人方面總是能有具體的體現，因此，有些缺乏理性但感情豐富的女人，常常能駕馭那些最為桀驁不馴的人。教皇曾對威廉三世的皇后瑪麗（Mary II）的圓滑和良好的感覺加倍讚賞，教皇

說道：「她極為謹慎，而且極富深謀遠慮，我從未見過她對一件事情過於認真和過於死板。」

如果我們將人的一生看作一所磨練的大學校的話，那麼，男人和女人便是這所學校的學生。與其他任何學校一樣，學生們總是信服於學校的訓練和教導，同時，他們在這所學校中得到的許多教訓，勢必會贏得他們的信任、影響他們的一生。然而，在這所學校裡，有很多學生並不能真正理解關於經驗方面的教訓和教導。當然，有許多學生並不認為學習這些經驗教訓能給他們帶來好處，尤其在這些經驗教訓讓他們感到最為痛苦、茫然、悲傷和誘惑時，他們的這種感覺往往會更加堅定。但是，若想真正能從這所學校裡獲得社會經驗，我們就必須接受這些磨練，也應該將這些透過磨練得出的教訓視為神聖的律令。

那麼，生活在這所學校裡，學生們到底得到了多少終生受益的經驗呢？他們從這些學習機會中到底獲得了多少好處呢？他們在這種心理訓練中到底得到了什麼啟示呢？他們的智慧、勇敢和自我控制的能力，到底得到了多大程度的提高呢？他們是否能在繁忙的世俗生活中，依然保持誠實、正直的品格？他們是否能依然過著那種節制或節儉的生活？他們是否依然我行我素地過著那種自私自利、從不關心從不考慮別人的生活？他們從痛苦和不幸中到底又學到了什麼呢？他們是否學會了容忍、順從和謙讓？他們是否還是那樣急躁、抱怨和不滿呢？

面對這一連串的疑問，我們必須進行深度的思考和總結。當然，苦難磨練的成果，唯有透過親自感受、接觸豐富的社會生活才能真正獲得。生活是一個時間問題，真正能從生活中提煉出人生經驗的人，他們自然也懂得時間的奧妙。馬沙林的樞機主教有一句人生信條：「時間和人密不可分。」人們常說，時間是美的使者和安慰者；時間是生活的教師；時間是經驗的養料；時間是智慧的土壤；時間是年輕人的朋友，同時也是年輕人的敵人；時間宛如守候在老者身邊的安慰者。因此，一個人的人生是好是壞，是否過得有意

義，就在於他是否真正充分利用了時間，也在於他是否真正地將時間用在正確的事情上。

　　喬治‧赫伯特說：「時間是一位碾碎年輕人夢想的騎車人。」對年輕人來說，呈現在他們面前的新世界往往是光輝燦爛的。在這個新世界裡，到處充滿著新奇，到處彌漫著歡樂！但是，隨著歲月的流逝，我們終於發現，生活是悲傷與快樂共存的世界。在生活的世界裡不僅有快樂，還有悲傷。同時，隨著生命車輪繼續滾滾向前，呈現在我們面前的並不是充滿不幸和失敗的黑暗，那些憑著堅定的信念和純潔的心靈戰勝了各種艱難險阻的人們，是多麼快樂呀！即使在他們承擔生活的沉重負擔時，他們也憑藉堅強的毅力，咬定青山不放鬆，呈現出巍然屹立的魄力和勇氣！

　　青春的熱情宛如人生不竭的動力，因此，無論是年輕人還是年老的人，心裡時常多一點青春的熱情，將更加有益於他們的人生。不管青春的熱情曾經是多麼光輝燦爛，流逝的歲月總是不斷冷卻人們心中湧動的熱情，而且，人生的閱歷也不停地在有意或無意地訓練著青春的熱情，使之變得平和能被克制。對於青春的熱情，一個人如果不是置之不理或強行抑制，而是引導得當，那麼，這種青春的熱情便能成為其健康性格的重要動力之源。正如自私自利和自高自大是一個人偏狹和自私性格的標誌一樣，青春的熱情則是一個人充滿活力和無私性格的重要標誌。一個人若是養成了自私自利和自高自大的性格，便會阻礙一切寬厚的品格，阻礙一切活力四射的精神，而且這種自私自利、自高自大的生活，也就如同四季之中缺少春天一樣。眾所周知，沒有辛勤耕耘、辛勤播種的春天，也就沒有百花齊放、爭奇鬥豔的夏天，更沒有碩果累累的秋收季節。青春期是生命的春季，在這生命的季節裡，一個人如果沒有青春的熱情，也就不會設法去嘗試一些事情，更別說成功地完成一些事情了。青春的熱情，對提高工作品質；對激勵信心和希望；對指導人們走過枯燥乏味的瑣屑事務；對引導人們愉快地承擔義務、恪盡職守，都是不可或缺，而且也是非常有幫助的。

　　亨利‧勞倫斯先生說：「如果青春的熱情和現實恰到好處地結合起來，那

麼，它們便能使得人們度過充滿苦難和挫折的人生。一個人浪漫的氣質或青春的熱情，常常能促使自己堅持不懈地奮鬥。」亨利先生本人也總是督促年輕人，從不強行抑制他們的熱情，而是勤勉地培養和引導這種情感，指導他們渴求智慧，指引他們辛勤耕耘，從而達到他們理想中的崇高目標。勞倫斯在《加爾各答瞭望》上發表的《印度生活中的浪漫和現實》一文中曾精闢地指出：「浪漫氣質和現實氣質，一旦充分地融合在一起，現實氣質就會極力尋找並實現那些稱心如意、切實可行的目標的直接途徑；而浪漫氣質則會引導人們走上另一條新路，並指出人們走向光輝燦爛的前景。同時，浪漫氣質還使人深信，即使在生命的暗夜，自己也仍然能夠找到樂觀的理由，因此，即便那些在生命暗夜裡的人，也能看到蘊藏在這裡的樂觀智慧，從而發覺到昭示成功的那一縷曙光。」

在約瑟夫·蘭開斯特（Joseph Lancaster）還是一個十四歲的孩子時，他閱讀了《奴隸貿易中的克拉克森》一文，於是，他便決心離家前往西印度群島，去教那些貧困的黑人們閱讀《聖經》。後來，他真的背上了一個裝有《聖經》和《天路歷程》的包裹出發了，而且，出發的時候，他的兜裡僅僅只有幾先令。正是在這種信念的鼓舞下，他奇蹟般的出現在西印度群島，但是，他卻對如何著手進行自己早已既定的計畫感到茫然無措。同時，他那憂心如焚的父母得知他的行蹤後，便想方設法地將他強行帶回家。即便如此，他的這種熱情絲毫沒有減弱。從他被帶回家的那一天起，他便堅持不懈地教育那些赤貧的人，投身於真正的慈善工作。

西元 1798 年，年僅二十歲的蘭開斯特，在父親住宅的一間空閒的屋子裡，開辦了他的第一所學校。此後不久，他的學校便擠滿了附近貧困人家的孩子。後來，前來求學的孩子絡繹不絕，這間屋子儼然已經容納不下，於是，蘭開斯特便不得不一處又一處地租用了許多房子。最後，蘭開斯特建成了一座能容納一千名學生的特殊建築，在這棟建築建成之後，他特意張貼了如下標語：「所有願意送孩子到這裡的家長們，都可以讓自己的孩子在這裡免

費接受教育，同時，願意在這裡付費的家長們，當然也可以付費。」可以這樣說，我們國家的國民教育體制的先驅，非約瑟夫・蘭開斯特莫屬。

　　人們成就大業所需要的力量，必須從熱情這一特質那裡獲得。一個人若是沒有熱情，就可能在挫折和困難面前低頭、屈服。一個人具有了非凡的勇氣以及堅忍不拔的毅力，如果再加上熱情的激勵和推動，他就會堅強地面對任何危險，也就能堅強地應付任何困難。哥倫布便是一位熱情滿懷、神勇過人的人。他堅信世界的另一隅存在新大陸，也勇於到那些陌生海域去冒險，因而他才勇於在陌生的海域裡揚帆遠航，探索新大陸。當他周圍那些人陷入絕望、起來反對並威脅要將他扔進大海時，他依然充滿希望和勇氣，並最終發現了新大陸。當新大陸出現在地平線上時，那些反對他的人無不對他身懷愧疚和敬仰。

　　真正的勇士總會百折不回，而且不可阻擋，直到他們抵達勝利的彼岸。一鋸鋸不倒大樹，唯有經過多次反覆地鋸割，才能將大樹鋸倒。我們時常羨慕人們成功時的情景，卻忽視了他們在成功路上的艱辛、痛苦和危險。當勒菲弗元帥的一位朋友稱讚他的財產和好運時，元帥回答說：「你是嫉妒我嗎？你完全可以以一個比我便宜的代價，得到我的這些財富。現在請你到院子裡去，然後我拿一支手槍，在三十步開外向你打二十槍，如果我不能打死你，那麼，我所有的財產都將歸到你的名下。怎麼樣？你不願意？很好，那麼，請你記住，我是在槍林彈雨中、在出生入死中才達到了你現在所看到的成功狀態。在獲得成功之前，我起碼冒過在更近的距離內被敵人射殺一千次以上的危險。」

　　那些偉大的人物，無一不是苦難的學徒，也無一不是歷盡千辛萬苦才成就了輝煌。苦難往往能錘鍊和磨礪人的性格，也往往能激起人們行動的勇氣。若沒有苦難，人們也許疏於行動，正如有時日食能襯托出彗星一樣，英雄也因突然降臨的災難而嶄露頭角或脫穎而出。在某種程度上說，如同生鐵需要燧石敲打一樣，天才也需要經過意外而激烈的苦難的磨礪，才能使得自

己的一些性格成長起來並趨向成熟。然而，在好逸惡勞、遊手好閒的環境中，即便是那些擁有天才能力的人，他們的能力和品德也易於枯萎和凋謝。

苦難是人的一筆寶貴的財富，苦難能激勵人們自力更生、艱苦奮鬥，而且苦難對於一個人有著百利而無一害的功效，一個人歷經苦難遠比漠然、散漫、慵懶地打發時間要強得多。有位偉大的音樂家在評價一位極富前途然而卻缺乏熱情的女歌手時說：「她唱得很棒，但她缺乏某種重要的東西，這是做每件事情都不可缺少的東西。這種東西，便是任何一個偉大的人物必須要經歷的苦難。如果我現在仍然獨身一人，我肯定會向她求愛，也肯定願意娶她；我將粗暴地對待她，也將傷害她的心靈。那麼，在六個月內，她必定能成為全歐洲最偉大的歌唱家！」在現實生活中，唯有遭受了苦難而艱苦奮鬥的人，才能成功到達勝利的彼岸。沒有困難，也就沒有努力奮鬥的必要；沒有誘惑，也就沒有自我控制的訓練；沒有痛苦和不幸，也就不會受到忍耐和順從的薰陶。因而，艱難、困苦和不幸一點也不邪惡，相反，它們往往是獲得力量、紀律和美德的最好源泉。

與困難作鬥爭其樂無窮。一個人能與貧困作鬥爭並戰勝它，就能獲得成功的經驗，以後才能更加游刃有餘、得心應手地去戰勝困難。卡萊爾說：「那些與貧困和艱辛作鬥爭的人，與那些躲在家裡逃避鬥爭的人相比、與那些沉溺於養尊處優的人相比、與那些在悶熱、窒息的房間中仍酣然入夢的人相比，他們往往更顯得意志堅強、充滿活力，而且也十分能幹。」

與可以忍受的貧困和精神食糧的匱乏相比，富裕往往使得人們的心情更加沉重。弗里德里希‧呂克特（Friedrich Rückert）說：「我熱烈地歡迎貧困，而且希望它們不要姍姍來遲。」因為貧困，賀拉斯更加賣力於自己的詩歌創作，也因為貧困，他才結識了維吉爾和馬西隆（Massillon）。麥克雷說道：「挫折乃是人生巨大的動力。我像維吉爾那樣生活了數年，雖然一貧如洗，但是我卻感到自己非常富裕。因為貧困，我才到碼頭貨攤上買了一冊零散的拉辛詩集，也才造就了我自己的人生。」

西班牙人甚至十分高興地提到塞凡提斯所遭遇的貧困，他們認為要是塞

凡提斯沒有遭遇到貧困，他的偉大作品也就不可能創作出來。當托萊多地區的大主教前去拜訪馬德里的法國大使時，法國使館的紳士們說他們非常欽佩《唐吉訶德》作者的作品，並渴望結識給他們帶來如此多快樂的作者。後來，這些紳士們從大使口中得知塞凡提斯一直辛勤地為西班牙服務，而且加上年事已高，生活極度貧苦。一位法國紳士驚奇地喊道：「什麼？塞凡提斯先生現在的處境不佳？那他為什麼不依靠《唐吉訶德》這一公共財富而發家致富呢？」、「上帝不允許！」大主教回答道，「正是因為他貧困，才更加激發了他寫作的熱情；也正是因為他貧困，他才竭力創作出精神文化使得世界更加富裕。所以，上帝是絕對不會允許他擺脫貧困的。」

　　鑄就人類擁有堅強毅力和健康性格的途徑，與其說是順境，不如說是逆境；與其說是富裕，不如說是貧困。正是因為遭遇逆境，才喚醒了人們的活力，並健全了人們的品格。伯克這樣評價自己：「困難和挫折根本就動搖不了我、束縛不了我。然而，順境和富裕也不可能使我變成紈絝子弟。」因此，人們只有在極其困難的關頭，才能更好地展現其品格和天才的力量，同時，征服困難往往是人們取得更大進步的直接動力。

　　在現實生活中，沒有哪個人的一生是一帆順風的。假如人們只經歷勝利的話，那是不合乎實際的，人們往往是在屢遭失敗的情況下，才取得了成功。因此，人們正是在應對各種事務，各種不可忘卻的、刻骨銘心的失敗，才獲得了最為豐富的社會經驗。這些失敗，能促使聰明睿智的人更好地自制，變得機智、老練，以免將來遭到失敗時變得措手不及。如果你向外交家討教經驗，他定會說，他是在屢遭挫折、失敗、阻撓和圍攻後，才逐漸掌握了外交藝術，而這些經驗遠比從成功中掌握的外交藝術要多出數倍。要真正體會生活、駕馭生活，就不能僅僅只從格言、學習建議和榜樣那裡得到啟發，只有經歷了苦難的磨礪、失敗的考驗，人們才能真正深刻地體悟到生活的奧祕。在社會生活中，失敗常常能教給人們許多成功的經驗，教給人們做什麼、不做什麼，教會人們有所為、有所不為。

　　凡欲有所成就的人，必須有勇氣面對成功之前的一次又一次的失敗。如

果他們有勇氣，那麼，失敗就會激發他們的勇氣，鼓勵他們重新努力奮鬥。塔爾馬是最偉大的演員之一，但他第一次登臺演出時卻被觀眾的噓聲轟下臺。現代最偉大的演講家之一拉科達爾，也是在歷經無數次失敗後才獲得了傑出的名聲。蒙塔雷伯曾談到拉科達爾第一次在聖‧羅奇教堂做公開演說時的情景，他說：「他的這次演說完全失敗了，人們紛紛議論他，戳他的脊梁骨，甚至有人認為，雖然他可能是一個天才人物，但他絕對成不了一個真正的演說家。」拉科達爾在經過了一次又一次的失敗後終於功成名就，在他首次公開演講遭到失敗後的第二年，他便開始在巴黎聖母院向聽眾演說，要知道自從波蘇哀和馬西隆時代以來，便很少有法國著名的演說家在巴黎聖母院做過演說。

科布登先生第一次以演說者的身分出現在曼徹斯特的公共集會上時，他的演說完全失敗了，以致會議主席不得不為他糟透了的演講向聽眾道歉。詹姆斯‧格雷厄姆（James Graham）先生和迪斯雷利先生開始演講時也失敗了，並被人嘲笑。後來，他們經過了極為刻苦的演說訓練，並在經過許多次失敗後，才成為了著名的演說家。有一次，陷入絕望中的詹姆斯‧格雷厄姆甚至打算放棄公開演說，於是，他便對好友弗朗西斯‧巴林爵士（Sir Francis Baring）說：「我嘗試過每一種方法，以提高我的即興演講水準，並把這些方法牢記在心。但是，我仍然不能很好地從容自如地演講。我不知道為什麼會是這樣一個結果，只怕我永遠也不能成功地演說，我也將永遠成不了一位成功的演說家。」但是，由於長期不懈的努力，格雷厄姆也像迪斯雷利一樣，成為最有影響的議會演說家。

某一方面的失敗，有時可使得那些富有遠見的人另闢蹊徑。普裡多競選德文郡馬格伯羅教區執事失敗後，便轉而潛心學習，最終成功地晉升為伍斯特地區的主教。受過法律教育的布瓦洛律師，為他的第一宗案件進行辯護時便遭遇失敗，而且遭到人們的嘲笑。接著，他嘗試過教士職務，也遭到了失敗。最後，他嘗試當一名詩人，並最終取得了成功。馮特烈爾和伏爾泰在律師界都曾遭到過失敗。考珀因為膽怯和靦腆，在他為第一宗案件辯護時，也

遭到了致命的失敗。但是，他卻憑著自己的勤奮和努力，最終奠定了英格蘭的詩歌藝術。孟德斯鳩和邊沁都不是成功的律師，因而都離開了律師職位，轉而開始對相同事業的追求，並且邊沁為後人留下了一部立法程序的著作。戈德史密斯報考外科醫生失敗後，卻寫出了《無人居住的村莊》和《韋克菲爾德教區的牧師》。艾迪生發現自己屢次演說不成功後，便另闢蹊徑，成功地寫出了《羅・德・科弗利先生》，並且在《觀察家》雜誌上發表了許多著名的論文。

有些人的重要感覺器官存在缺陷，卻也無法阻擋這些勇士奮勇地搏擊人生。米爾頓在雙目失明後，並沒有因此而氣餒和絕望，反而更加奮勇向前，與命運做著殊死搏鬥。米爾頓曾經歷過最為痛苦的「黑暗時期」，不僅貧病交加和年老力衰，還橫遭誹謗和迫害，但他硬是咬牙堅持了下來，成為英國著名的詩人和政論家。

一些偉人的人生就是在堅持不懈地與困難、與各種明顯的失敗做著頑強而艱苦卓絕的鬥爭。但丁在赤貧和遭到放逐時期，創作出他最為偉大的作品。當時，但丁遭到了地方集團的放逐，在他被驅逐出他所生活的城市後，他的住宅也遭到了洗劫，並且因為他的缺席，他被判處火刑。這時，他的一位朋友告訴他，如果他同意請求寬恕和赦免，他便可以自由地返回佛羅倫斯。但丁卻嚴詞拒絕道：「不！我絕不會請求反對勢力的寬恕和赦免。相反，我認為這並非一條能導致我返回故鄉的途徑。如果你或任何其他人能幫我開闢一條不敗壞和不玷汙名譽的途徑，我很樂意返回自己的故鄉。但是，如果沒有這樣一條可以進入佛羅倫斯的途徑，那我將絕不會返回佛羅倫斯。」終究，因為敵人不肯饒恕但丁，在遭受了二十年的流放之後，但丁客死他鄉。但丁死後，他的敵人們仍不肯放過他，於是，羅馬教皇拉蓋特下令將他的著作《論君主政體》在波倫亞當眾焚毀。

賈梅士的大部分偉大詩作也是在他遭流放時期創作出來的。因為厭倦聖塔倫地區的那種與世隔絕的生活，賈梅士參加了反對摩爾斯的遠征，在遠征中，他以神勇馳名。後來到了海戰中，賈梅士率先衝上了敵艦，但不幸的

是，他的一隻眼睛被敵人當場打中，因救治不及時，那隻眼睛永遠地失去了光明。在賈梅士流放到印度東部的果阿時，他目睹了葡萄牙人在當地犯下的種種暴行，出於義憤，他身先士卒地規勸總督制止這一滅絕人性的暴行。賈梅士這樣做的後果便是自己再次遭到流放，往後又遇到種種驚險和不幸。賈梅士有一次在航行中遭受到暴風雨的襲擊，幾乎死裡逃生，所幸他的《盧濟塔尼亞人之歌》手稿沒有在這次自然災害中丟失。迫害和苦難如夢魘一樣纏著賈梅士，任他怎麼躲閃也避之不及，憑他怎麼拂塵也揮之不去。賈梅士被人押往澳門，便遭到了監禁。逃出澳門後，賈梅士便渡海輾轉回到了闊別十六年的里斯本。賈梅士剛回到里斯本時身無分文、舉目無親，但不久後，《盧濟塔尼亞人之歌》順利付梓出版，給他帶來了巨大的名聲，但卻沒有得到一分錢的報酬。要不是賈梅士忠心耿耿的印度老奴安東尼奧為他沿街乞討，他必定會餓死街頭。

當時，有位騎士前往賈梅士的住所，請教他的七首懺悔詩裡的理想觀點，賈梅士便從簡陋的小床上抬起頭，指著忠實的奴隸說：「當我是一位詩人時，我年輕而幸福，常常能有幸得到女士們的青睞。但是現在，我是一個遭人遺棄的可憐人。瞧，那是我可憐的安東尼奧，他不辭辛苦地終日乞討，以求能為我換回來一點生火做飯的煤渣。其實，在我心裡，我是多麼的不希望人們向他施捨金錢哪！」西元 1824 年，蘇姍在其所著的《賈梅士傳》中寫道：「當騎士聽了賈梅士的話後，立即封閉了自己的情感，一毛不拔地離開了賈梅士的房間。這就是葡萄牙達官貴人的德性！」賈梅士終身被疾病困擾，也被苦難折磨著，但他卻活得十分有骨氣，而且筆耕不輟地為後世留下了許多不朽的著作。終於，死神在一所公共救濟院裡帶走了賈梅士的靈魂。賈梅士死後，在他的墓碑上刻有如下銘文：「路易‧德‧賈梅士安靜地躺在了這裡，他超出了與自己同時代的所有詩人。他活著的時候極為貧困，處境也極為悲慘，直到他去世時，仍舊一貧如洗，十分悲慘。」

義大利文藝復興時期偉大的繪畫家、雕塑家、建築師、詩人米開朗基羅，在其一生中的大部分時間裡，經常受到粗俗的貴族、教士以及各個階層

卑鄙小人的迫害和打擊，這些嫉妒者既不同情他，也不理解他的天才。當保羅四世指責米開朗基羅的作品〈最後的審判〉時，這位藝術家說道：「教皇若是能專心糾正那些給世界丟臉的粗鄙言語和下流行為，要比他對藝術信口開河、吹毛求疵要好上一千倍。」

　　義大利詩人、文藝復興運動晚期的代表人物之一塔索，也是個不斷遭受迫害和誹謗的受害者。在瘋人院裡待了七年以後，塔索成了義大利的流浪漢。在塔索臨死時，他說：「我不會抱怨時運不濟、命途多舛，同時，對於那些將我拖入乞丐墳墓的忘恩負義的人，我也沒有絲毫的怨恨。相反，我還要感激他們，因為正是他們的打擊和迫害，才讓我在詩歌領域能一展身手。」

　　時間能證明一切，時間也能澄清一切冤屈，同時，時間也能改變一切。隨著時間的流逝，那些迫害者和被迫害者往往互換角色，在這其中，那些被迫害者就變得偉大和高尚，而那些迫害者則變得聲名狼藉、臭名昭著。有些迫害者，如果不是與被迫害者連繫在一起，那麼，他們的名字早已被歷史的洪流沖得無影無蹤。如果不是因為關押了塔索，誰還能記得阿爾方索的費拉拉公爵？如果不是因為迫害了席勒，誰還會記得氣量狹小的伍騰堡大公？

　　科學的發展同樣也需要殉道者，正因為這些殉道者承受了無數的困難、迫害和痛苦，他們才為自己開闢了一條通向光明的道路。在第五章裡，我們就詳細地談到了布魯諾、伽利略等科學家，因他們的觀點被認為是異端邪說而遭致迫害的事情，在此不再贅述。在無數的科學家當中，除了他們，還有其他一些不幸者，他們的天才總是引得敵對者和嫉妒者暴跳如雷，同時對他們大肆迫害。曾擔任過巴黎市長的著名法國天文學家貝利和法國偉大的化學家拉瓦節，在第一次法國大革命中就被雙雙送上了斷頭臺。特別是拉瓦節，當他被國民議會判處死刑後，他唯一的要求便是請求法庭能再寬限幾天，好讓他驗證一下自己在監禁期間所做的一些試驗的結果。結果法庭對他的請求置若罔聞，當即將他押送到斷頭臺。在拉瓦節被押走的時候，這位法官咆哮道：「法蘭西共和國不需要所謂的學者！」在拉瓦節被執行死刑時，在英國的現代化學之父普裡斯特利博士的房屋被敵對者燒毀，所在的圖書館也被砸了

個稀巴爛。最後，在敵對者「不要學者」的叫囂聲中，他逃離了自己的祖國，最終客死異國他鄉。

許多偉大的發現，總是在它們的主人遭受迫害、困境和苦難時應運而生。當哥倫布把新大陸當作遺產交給舊世界時，他的一生便在被迫害、被誹謗、被掠奪中度過。馬戈·派克在發現非洲河之後，還沒來得及描述它，就被迫葬身在這條河中。克拉普頓發現非洲大陸中心的一條大河，自己卻不幸死於猩紅熱，後來這條大河被其他冒險家重新發現，並加以描述。佛蘭克林解決了長期懸而未決的西北通道問題之後，同時自己也葬身於冰海。諸如此類的科學家遭受磨難的事例可謂舉不勝舉，但是這一切，無不顯示了在所有創業史上，偉大人物都有著令人傷感的辛酸史。

海洋探險家法蘭西斯·德瑞克爵士（Sir Francis Drake），在法國的一個小島上被監禁了六年，飽受苦難的折磨。西元 1801 年，法蘭西斯乘坐「探索」號輪船從英國出發，開始了一次以發現和考察為目的的航行。儘管當時的英國和法國正處於戰爭時期，然而，英國政府給他提供了一本法國護照，要求所有法國管理人員以神聖的科學名義保護法蘭西斯並給予他幫助。在航海過程中，法蘭西斯考察了澳大利亞的大部分地區、萬迪蒙斯島及其附近的島嶼。這時，人們發現「探索」號輪船漏水並且朽壞，已經不堪使用。於是，法蘭西斯只好跟隨旅客搭乘「海豚」號輪船，然而在回國途中，「海豚」號在南部海域觸礁失事，法蘭西斯和部分海員只得換乘一隻小木船，划向了距離失事地點約七百五十英里的傑克遜港。成功抵達傑克遜港之後，他們便找到了「坎伯蘭」小雙桅縱帆船，接著便返回出事地點去營救那些還困在礁石上的船員。此後，他們便繼續揚帆駛向英國，但是在航行中，「坎伯蘭」小帆船的一塊木板被暗礁撞壞，小船也即將沉沒，於是，他們不得不向法國的一個小島靠攏。等到他們登岸後便成了囚徒，被送進了陰森森的監獄。法蘭西斯見到監獄長後，拿出法國護照「解釋」，但是監獄當局根本不買帳，反而變相地對他實施各種殘忍粗暴的重刑。法蘭西斯百般周旋仍舊不得救後，便想到了在這個島上的法國海洋探險家布豐，他們曾經在澳大利亞海岸考察時有過一面

之緣。然後，布豐卻將法蘭西斯的成果據為己有，並啟程前往歐洲大陸，向世人公布法蘭西斯所發現的價值。努力成果被竊取後，正如法蘭西斯所料，他仍被監禁在法國這個孤島上，而且布豐利用他的新發現，成功地出版了地圖集，並將法蘭西斯和前輩們命名的地點全部抹掉，繼而重新命名。經過了長達六年的監獄生活之後，法蘭西斯終於被釋放了，他也回到了闊別已久的英國，並將自己經過三年辛勤探險發現的成果交給了英國海軍部。回國後，法蘭西斯的健康狀況已經完全惡化，但是他仍然繼續對地圖進行修訂，並且最終寫出了這些地圖的詳細說明文字。就在他的著作出版的當天，他便溘然長逝了。

　　那些有勇氣的人，總是利用強制性的孤立辦法來迫使自己完成非常重要的工作。正是在孤立的狀況中，人們追求精神完美的熱情才能更好地守護自己。往往只有當一個人處於精力極為集中的孤立狀態時，他們的心靈才會與自我進行對話。但是，一個人能否在孤立狀態中有所收穫，主要取決於個人的性情、所接受的訓練和品格。對於一個氣度恢宏的人來說，孤立狀況會使他純潔的心靈更為純潔；而對於一個心胸狹隘的人來說，孤立狀況只會使他冷酷的心靈更加冷酷無情。因為，孤立狀態不但能成為崇高精神的守護神，而且也能給那些氣量狹小的人帶來巨大的精神折磨。

　　在監獄裡，波伊休寫出了《哲學的安慰》；同樣是在監獄裡，格勞秀斯寫成了《評聖徒馬太》。布坎南被關在一所葡萄牙修道院的單人牢房時，創造出了悅耳動聽的〈讚美詩片斷〉。康帕內拉是一位具有愛國心的義大利修道士，由於他被懷疑犯有叛逆罪，被監禁在那不勒斯的地牢裡長達二十七年。在這期間，他被剝奪了享受陽光的權利，但是他卻尋求了更高層次的光明，他利用在地牢裡長足的「休閒時間」創作了《太陽城》，後來，這本書一再重印並被翻譯成多種文字在國外出版。羅利在塔樓上被關押了十三年，在此期間，他寫成了《世界歷史》。路德被關押在瓦特堡城堡時，堅持翻譯《聖經》，並寫出了在德國廣為流傳的戰略策略。

　　班揚之所以寫出了被麥考萊稱為「世界上最優秀的寓言」作品，或許要歸

因於他漫長的監獄生活。約翰·班揚被關押在貝德福德監獄長達十二年，在身陷囹圄期間，他被逼無奈只能透過冥思苦想來發洩自己的熱情，於是他寫成了《天路歷程》、《天恩無處不在》和《聖戰》。然而事實上，在班揚獲得了行動自由之後，他的寫作生涯也就最終結束了。

有一次，一位貴格會教徒來拜訪班揚，並且給他帶來了「上帝的口信」。當班揚得知這位教徒為了找到自己，遍訪了英國半數的監獄，於是，班揚回答道：「上帝知道我已經在貝德福德監獄度過了整整七個春秋，因此，如果你真是上帝派來的，那麼你找我就不用這麼費力了。」

在班揚生活的那個時代，任何一個政黨都有權力將異己分子送進監獄。班揚是在查理斯二世統治時期被關進監獄的，但是，在查理斯一世統治時期，像班揚這樣傑出的囚犯難以用數字來衡量。這其中，便有我們前面提到過的約翰·艾略特爵士（Sir John Eliot）、漢普登、普林。普林不僅被戴上頸手枷示眾，而且被割掉了耳朵。普林先後被關押於倫敦塔、蒙特奧格爾、鄧斯特爾城堡、唐頓城堡和佩頓尼斯城堡。後來，普林因滿懷熱情地為復辟王朝辯護，因此被查理斯二世任命為檔案記錄員。有人統計，普林從成年到去世這段時期，他每天創作、彙編和出版的著作不計其數，可謂當時最為多產的「獄中作家」。而且，普林的著作非常有價值，他的著作總是被人盜用，然後獲取豐厚的暴利。伊利亞德在倫敦塔受到了嚴格的監控，但是他卻創作出了《人類的君主政體》的巨著。詩人喬治·威瑟爾（George Wiesel）是查理斯一世時期的囚犯，在被關押在馬夏爾西監獄時期寫出了著名的《對國王的諷刺》。在復辟時期，他再一次被關入新興門監獄，而後又被轉入倫敦塔，他仍筆耕不輟，創作了許多有價值的作品。

共和政體時期也關押了一些著作頗豐的作家。威廉·達文蘭德勳爵因其對君主的忠誠，曾一度被關押在考斯城堡，然而，他卻在獄中寫成了膾炙人口的詩篇〈龔迪伯特〉。後來，在米爾頓的周旋下，達文蘭德才得以保全性命。達文蘭德在有生之年便還清了米爾頓的人情債，即在查理斯得以再次掌權時，他也拚死救出了米爾頓。保王黨成員、詩人洛夫萊斯被光頭黨人關

進了監獄，在交納了數目巨大的保釋金後，他才得以從牢房中釋放出來。儘管洛夫萊斯為了斯圖亞特王朝歷盡了苦難和喪失了一切，但是在王朝復辟時期，他卻完全被人遺忘了，最後在極度的貧困中死去。

除了威瑟爾和班揚以外，查理斯二世還關押了巴克斯特、哈靈頓、潘恩等人。這些被關在獄中的人，無一例外地都以寫作來聊以自慰。在高等法院的監獄裡，巴克斯特完成了他的名作《生活與時代》的部分手稿。潘恩在被關押在倫敦塔時期，創作了《沒有荊棘就沒有王冠》。在女王安娜統治時期，馬修·普賴爾因被人捏造叛逆罪而被監禁了兩年，在這期間，他寫出了《阿爾瑪和靈魂的進步》。

笛福曾經三次被戴上頸手枷示眾，他的大部分時間都是在獄中度過的。在獄中，他創作了《魯賓孫漂流記》和其他許多有名的政治性小冊子。除此之外，他還寫了《被頸手枷者的讚美詩》，修改並出版了許多大部頭著作。與此同時，他還推出了《觀察》雜誌，為雜誌領域的開闢做出了先驅性的貢獻。此後，在《觀察》的引領下，先後湧現了《閒談》、《嚮導》和《探索》等雜誌。笛福在從事其他各種著述的同時，一個人寫成了一百零二期的《觀察》雜誌，總共有四開本九大卷。斯莫利特因誹謗罪被捕入獄後，在獄中創作了《蘭斯洛特·格列威斯勳爵》。詹姆斯·蒙哥馬利被關押在約克城堡時，創作了第一本詩集。立憲主義者湯瑪斯·庫珀在被關押在斯達福德監獄時，創作了《自殺者的煉獄》。

西爾維爾·皮立科是義大利最近最為優秀的獄中作家，他在奧地利監獄中被監禁了十年，其中八年是在摩拉維亞的斯皮爾堡監獄中度過的。在獄中，他創作了極具趣味的《回憶錄》，這也是唯一能展示他深刻洞察力的作品。即使在女兒短暫的探監活動和單調無聊的日常生活中，他也總是試圖給自己創造一個思想的、有益於人類利益的小天地。

卡欽斯基是匈牙利文學的復興者，他先後在布達、布魯恩、古夫斯坦和蒙克斯的地牢中度過了漫長的七個年頭。在此期間，他寫了《獄中日記》，並

在完成其他工作的同時，還翻譯了斯特恩的《艱難的歷程》。科蘇茲在布達監獄的兩年中刻苦學習英語，以便能閱讀莎士比亞的原著。

我們在上面提到的這些人，都曾遭到了法律的懲罰，在平常人看來，他們似乎是生活中的失敗者，至少也是一時的失敗者，然而，他們並不是真正的失敗者，而是絕對意義上的成功者。許多表面看來在生活中已經完全失敗的人，卻往往比那些從未遇到過任何困難的人在人類史上留下了更為強有力的更深遠的影響。一個人的品格並不取決於他的努力在當時是獲得了成功還是招致了失敗。一個殉道者為堅持真理而遭受了苦難，如果透過他的犧牲獲得了光彩，那麼，他就絕不是一個失敗者。

在《羅伯遜的生平與書信》中記載道：「幾年前，我從報紙上讀到了一句這樣的話，即天堂是為那些在塵世中遭到失敗的人創造的。當時，這句思想意境極為豐富的話，給我留下了深刻的印象。這句話以基督教教義說明了，那些表面上失敗的人其實並非真正的失敗者。同時，這種意境也是我長期苦苦尋求而不得的人生取向。因此，那些為了自己的事業倒在血泊中的愛國者，也許能夠因此而加快勝利的到來。那些偉大運動的先驅們，往往為後來者殺開了一條血路，後來者會跨過他們的屍體走向勝利。正義事業的勝利或許姍姍來遲，但是，一旦它們真的來臨，不僅要歸功於那些取得最終勝利的後來者，而且還要歸功於那些率先做出了努力而招致失敗的人。」

正如優秀人物的生活能給人們建立榜樣一樣，那些做出偉大犧牲的人也給人們做出了榜樣。一個偉大的舉動不會因為實施者生命的終結而消失，它將在後繼者們接下來的行動中繼續生存和成長，也將永遠存活在人們的記憶中。我們或許可以這樣說，對於一些偉人，只有當他們的生命終結的時候，他們才開始真正誕生。

那些為了宗教事業、科學事業和追求真理而飽經苦難的人，會受到人類的極度尊敬和崇拜，雖然他們的生命已經死亡，但是他們追求的真理將永垂千古、永保青春。他們似乎已經失敗，但是他們最終取得了勝利。他們或許被關進了監獄，但是監獄的城牆禁閉不了他們的思想，並且他們已經使得迫

害者的權力落空。洛夫萊斯曾在獄中寫道：「石牆構不成監獄，鐵柵圍不成牢籠。無罪的心自在安寧，此處僻靜正好修行。」西元 1848 年，有位作家在《大眾政治學》寫道：「並不是所有那些似乎失敗的人都已真正失敗，也並不是所有那些失敗者的工作都白做了，因為我們的任何行動都會產生多種結果，只要我們的動機純正而又平凡，那麼，隨著歷史的沉澱，最後都將水落石出，也終將得到昭雪，重獲勝利。善良和智慧的人從來不言失敗，他們總是播下心中的種子，有時雖也撒到路邊，這個時候小鳥也會來掠奪，然而小鳥得到餵養後，牠們卻可能將種子帶到遙遠的地方，等到有一天，他們終將獲得豐收。」

米爾頓說：「誰最能忍受苦難，誰的能力也就最強。」基於責任的感召，許多偉大人物都是在苦難的考驗和困境中成就了自己的一番事業。他們總是乘風破浪、頑強抵抗，有時到達岸邊時已精疲力盡，甚至沒來得及爬到沙灘便已斷氣。但是，他們矢志不渝地牢記自己的職責，雖然冒著付出生命的代價，但他們時常感到職責所在，死而無憾。對於這樣的人，死亡已經顯得蒼白無力，他們的可貴精神將永世長存，並永遠安慰、淨化和祝福人類。歌德曾說道：「生活對於我們任何人來說都是苦難。除了命運以外，誰還有權力找我們算帳呢？我們不要譴責那些已經去世了的人們，因此，活著的人們應該計較的不是他們在哪些方面招致了失敗，不是他們承受了哪些苦難，而是他們做了哪些事情。」

逆境是品格的試金石。因此，使人承受考驗並從中受益的不是舒適和安逸，而是磨難和困境。正如一些香草需要被搗碎後才能散發出醉人的芳香，有些人也需要透過苦難的磨練才來喚醒他們的優秀品格。因此，磨難往往會扯下一個人品行的面具，揭示隱藏在其內心深處的美德。即便那些貌似無用和胸無大志的人，一旦置身於困境和需要擔負責任時，他們也會展現出令人意想不到的品格力量。以前我們見到的只是這些人的柔順和自我放縱，然而現在我們看到的卻是他們身上奔湧而出的力量、生機和自我克制。

正如沒有哪一種幸運不能轉化為不幸一樣，同樣，也沒有哪一件苦難

不能轉化為幸福。光明與黑暗、正義與邪惡總是形影不離，因此，在現實生活中，完美的幸福是不可能存在的，如果能夠得到，那生活也就失去了本來的意義。在所有祝福中，最為虛偽的便是舒適和安逸，然而，那些困境甚至失敗往往是生活中的良師益友。漢弗萊·戴維爵士維（Sir Humphry Davy, 1st Baronet）曾經說道：「即使在個人生活中，過於幸福要麼會損壞人的道德品格，使人行為墮落，陷入苦難的結局；要麼會引起別人的嫉妒、誹謗和惡意。」

失敗往往能改善人的性情和強化人的意志。擁有勇氣和勇於挑戰苦難的人，即使遇到悲傷，他們也能以一種快樂的意境同溫和的性情連繫在一起。約翰·班揚曾說過：「如果失敗是合法的，人們會祈禱更大的苦難，因為它會給人們帶來更多的幸福。」一位窮途潦倒的阿拉伯婦女，在逆境中表現出來的毅力實在令人驚訝，她說：「當我們觀看神的臉時，我們感覺不到他的手。因此，在我們過於在乎逆境時，我們往往忽視了幸福。」

苦難能磨練和美化人的個性，教人以耐心和服從，從而提升出最深邃和最高尚的思想。因此，一個人在苦難中磨練出來的品格，要比在快樂中獲得的品格超出許多。赫爾普斯先生說過：「人類最深邃和最高尚的思想是什麼錘鍊出來的呢？它不是人類的學識，也不是商業行為，更不是感情的衝動，而是苦難。或許，這也就是世界上為什麼有這麼多苦難的原因。那些降臨人間轉而掀起洶湧波濤後又恢復平靜的天使給人類帶來的恩惠，遠不如那些善意地使人們遭受苦難的天使給人類帶來的恩惠多。」

德克懷著勇敢和虔誠的精神寫下了這幾行詩 ——

曾經在地球上生活過的最優秀的人，必定是曾經遭受過苦難的人。

他們溫順、柔和、耐心、謙遜而又精神平靜。

這種人，才是在地球上曾經生活過的第一個真正的紳士。

黑茲利特在談到這幾行詩時說道：「這幾行詩，應該被每一個有良心、有人性、達觀或真正有天才的人牢記在心。」

苦難可以磨練和產生出品德高尚的人，假如幸福是人生的目標，那麼悲

傷就是達到這一目標不可或缺的條件。因此，使徒保羅提出的幾對矛盾描述了基督的生活：「雖然承受了磨練，但並沒有死亡；雖然充滿哀傷，但時常歡喜；雖然貧窮，卻使許多人富有；雖然一無所有，但卻無所不有。」

痛苦，在生活中並不真正讓人感到一無是處。一方面，痛苦與苦難相親相愛；另一方面，痛苦又與幸福毗鄰。因此，痛苦和悲傷一樣都是手段。從一方面看，苦難其實是一種不幸；但是從另一方面看，它又是一種磨練。如果沒有苦難，那麼人性中的那些最好的品格就會酣睡不醒。實際上，痛苦和悲傷是一些人獲得成功必不可少的條件，也是刺激他們的才能發育成熟的必不可少的手段。

珀西・比希・雪萊（Percy Bysshe Shelley）曾經深刻地指出：「最為不幸的人被苦難撫育成了詩人，他們把從苦難中學到的東西轉而用詩歌教給了別人。」如果彭斯真的成了富人、受人尊敬並且擁有輕便的雙輪馬車，那麼，他還會吟詩嗎？假使拜倫擁有了幸福的生活、美好的婚姻，成了掌璽大臣或郵政總長，那麼，他還會自由自在地去歌唱嗎？

有時，那些悲傷的人往往也能冷靜地對待生活。有位哲人說道：「悲傷的人深深地知道，任何有所成就的人都曾經遭遇苦難。」大仲馬問曾是尼斯米斯的麵包師的拉布林：「是什麼使你成為了一位詩人？」拉布林回答道：「苦難！」拉布林先後遭遇妻子的去世、孩子的夭折，他陷入了巨大的悲痛和孤寂之中，最後不得不從詩歌中去尋求解脫。此後，拉布林將悲傷化作一股創作的力量，先後創作了許多膾炙人口的詩篇，尤其是〈天使與孩子〉，更是以其犀利的眼光詮釋了人類生活的奧祕。加斯克爾夫人的優秀作品也是在巨大的家庭苦難中創作出來的。有位作家在《科恩赫爾雜誌》上談及加斯克爾夫人時說道：「在很大程度上來說，加斯克爾夫人的娛樂消遣，是在親人去世之後，從生活的極度空虛和寂寞中解脫出來的。她透過創作一系列的作品獲得了許多朋友，同時也擴大了自己的交際圈。」

不管是男人還是女人，許多最為輝煌、最有意義的事業都是在苦難中得以破繭成蝶。為了抑制自己的悲傷，他們有時是為了從苦難中解脫出來，而

有時是出於一種責任感。達爾文博士對朋友說道：「倘若我的身體不是像現在一樣虛弱，那麼，我就不可能做出今天的成績。」在談到自己的疾病時，多納博士說：「我經常發燒，因而我時時站在通往天堂的大門口，而且疾病使我處於孤寂和近乎禁閉的狀態中，但是我時時祈禱，也時時在與疾病做著殊死搏鬥。」

席勒在承受了無數次拷打和其他肉體折磨之後，才創作出了偉大的悲劇。韓德爾最為偉大的時候，卻是在他中風癱瘓、接近死亡的那些日子。席勒和韓德爾都曾與病魔和痛苦，做了頑強的搏鬥，也在此期間創作出了一些偉大的作品，正是這些作品使得他們的名字在音樂史上永垂不朽。莫札特困於債務的逼迫，在其病入膏肓的情況下，創作出了偉大的歌劇《安魂曲》。貝多芬在他幾乎完全耳聾、處於極度悲傷之中的時候，創作了最傑出的樂章。可憐的舒伯特，在三十二歲時便撒手人寰，他留下的全部財富就是幾本手稿、一身衣服和六十三個銀幣，即便如此，他卻度過了短暫而又輝煌的一生。蘭姆在極度悲傷的時候，創作了一些最優秀的作品。胡德的那些貌似快樂的作品，都是從痛苦的心靈中噴發出來的，正如他自己所說：「沒有一根可以調得和歡樂一致的琴弦，只有那些令人感傷的旋律。」

沃拉斯頓在生命的最後階段也忍受著病痛的折磨，在他面見上帝前的幾個小時裡，透過口述，硬是將自己的一些發現和改進記錄了下來，從而使得他已經獲得的、對人類有益的知識得以流傳下來。

苦難往往是經過化裝了的幸福。一位波斯聖哲說道：「黑暗並不可怕，因為可能隱藏著生命之水的源頭。」苦難不僅僅令人心酸，而且只要能良好地引導它，它便會使得我們學會承受、變得堅強。那些最為高尚的品格，往往是透過苦難這本社會大百科全書一步步磨練出來的。一個富有耐心而又善於思考的人，哪怕是從極度的悲傷中也能獲得極為豐富的社會經驗和智慧。因此，有歌謠吟唱道：「靈魂居住的茅舍，時常暗淡無光，而且經歷過風雨摧殘後，更是破爛不堪。然而，時間從茅舍裡的縫隙中鑽出來，射進了明亮的光線。」

　　傑里米·泰勒在《神聖死亡的規則和練習》一書中說道：「悲慘的事情和痛苦的境況，是一所培養美德的學校，它會使人神智清醒、遇事慎重，它會使人改變舉止輕浮、冒失逞能和太過於自信的惡習。仁慈而又理智地統治著世界的上帝，如果你不想讓苦難成為幸福的發源地、美德的守護神、智慧的訓練場、耐力的磨練所、桂冠的代價和榮耀的通道，那麼，你自己就不會承受如此之多的苦難，也不會讓苦難降臨世界，特別是降臨到那些品德最為高尚、意志最為堅強的人們身上。因此，沒有承受過任何苦難的人，是世界上生活得最悲慘的人，不管他是好是壞，因他沒有經歷過磨練，上帝也不會給他以美德的榮耀，同時，因為任何德行都付出了代價的回報，所以那些能力和素養也勢必與他無緣。」

　　人們自身的順心如意和成績不能稱之為幸福。實際上，那些在生活中取得小小的成績便沾沾自喜的人，大有人在。歌德擁有良好的健康狀況以及榮譽、權力和世俗的財富，然而歌德自己卻說：「在我一生當中，真正快樂的日子不過短短的五個星期。」在《羅馬帝國的衰亡》一書中，記載了阿伯德拉罕在回顧自己成功統治的五十年，他說道：「在我統治的這段時間，我只度過了十四天無憂無慮、天真幸福的日子。」如此看來，完美的幸福在現實生活中根本無法立足，因此，那些追求完美幸福的人，只是心裡存在著一絲幻想。

　　如果只有晴空日麗而沒有陰雨籠罩，如果只有幸福而沒有悲哀，如果只有歡樂而沒有痛苦，那麼，生活根本就不能稱為真正意義上的生活。所有的幸福就像一團纏結不清的紗線，它是由悲傷和喜悅構成的，而喜悅正是因為有了悲傷的襯托，才顯得尤為可愛。生活的舞臺上，不幸和幸運前後相隨、魚貫而出，在讓我們體驗到悲傷之後，總會有一番甜蜜最終湧上心頭。即便是那些死亡本身，也會使得生活充滿了現實，也更能讓我們真切地領悟到生活的來之不易、彌足珍貴。湯瑪斯·布朗博士（Dr. Thomas Brown）作了許多雄辯有力的論證，認為死亡是人類幸福必不可少的條件。但是，當死神真正降臨的時候，我們卻很難做到真正的達觀，我們往往淚眼模糊不能視物，

但是，在時間的長河中，我們卻比那些不知悲傷為何物的人看得更為清楚和明白。

　　一個理智、達觀的人，會漸漸地懂得對生活不能期望過高。當他運用有效的方法力求成功的時候，他同時也做好了失敗的準備。他時時渴望幸福的降臨，但他總是耐心地忍受著各種苦難。因此，在生活中，怨天尤人、悲號哀鳴是毫無用處的，唯有愉快而不懈地工作，才能有真正的收穫。

　　同時，一個理智、達觀的人，對自己身邊的人也不會期許太多。只要能與別人和平相處，他就會容忍和克制。即使是世界上最為優秀的人，他也會有性格上的弱點，需要人們容忍、同情甚至憐憫。因此，有誰敢說自己是完美無缺的呢？誰沒有令人苦惱的事情呢？誰不需要別人的寬大、容忍和諒解呢？丹麥女王卡羅蘭‧馬蒂爾達在被投進監獄時，她在教堂的窗戶上寫下了一句話：「主哇！讓我清白無罪，讓敵對我的人摒除自私、偏狹，從而變得偉大吧！」

　　現在，我們可以得出這樣的結論：一個人的素養取決於他內在的體質和幼年時的生活環境，取決於把他培養成人的家庭是否幸福，取決於他天生的性格和特質，同時也與他們生活中所見到的榜樣好壞有關。因此，基於這些因素，我們就應該學會對任何人都要仁慈和寬容。

　　在很大程度上，生活往往是我們自己創造的。每一個心靈都會給自己創造一個小天地，那些喜悅的心靈會使這個小世界充滿快樂，憂愁的心靈會使這個小天地充滿哀愁。有句經常被人掛在嘴邊的話：「我的心靈對我來說，就是一個王國。」這句話除了適用於一個君王外，也同樣適用於一個農夫。也就是說，一個人可能是他心靈的國王，另一個人可能是他心靈的奴僕。在很大程度上，生活只不過是個體的一面鏡子。我們的心靈在任何情境、任何財富狀況下，都會反映出自己真實的個性。對於好人來說，世界是美好的；對於壞人來說，世界是腐敗的。如果我們的生活觀念得到昇華，擁有不懈的努力、高尚的品德、崇高的思想，做到為自己謀利益的同時也為別人謀些利益，那麼，我們的生活就將充滿歡樂、希望和幸福。相反，如果我們把生活

看作是自我表現、追求感官快樂和擴大權勢的機會，那麼，生活就將充滿陰謀、焦慮和沮喪。

在現實生活中，有許多我們無法理解的事情。事實上，存在不解之謎的事情，就像一些被裝在一隻黑色的杯子裡的東西。飽經苦難的折磨，卻能樂觀向上，將苦難看成一筆財富，是這些優秀人物真正的成功奧祕，在常人看來，或許認為他們偏激或者讓人費解，但是，我們必須完全相信，從苦難到幸福的人生設計，是我們個體生命中不可缺少的一個重要組成部分。

我們每個人都必須在自己的生活範圍內完成自己的職責，只有職責才是真實的，除了完成生活的職責，世界上再也不存在任何真正的行動。職責是生活的最高目標和目的，在一切快樂中，真正的快樂來源於對生活職責業已完成的意識。而且，這種履行職責的快樂，最容易讓人獲得滿足，也最不可能讓人後悔和失望。喬治・赫伯特曾說：「履行了職責這種意識，猶如聽到夜半歌聲一樣，總能給人以享受和快樂。」

當我們完成了那些必不可少的、愛情方面的或職責方面的工作，就像春蠶「作繭自縛」後，便會很快地死去。但是，雖然我們的生命極其短暫，但是，每一個人必須不遺餘力地完成這些偉大的目標和目的。當這些工作都已經塵埃落定的時候，雖然我們會感到肉體的不幸，但是，最終我們破繭成蝶，也走向了精神的不朽。

死亡不過是身體在酣睡而已，我們早已將自己的墓誌銘託付給了客觀、公正的墓碑。在我們的枕頭上，枕的不是山崗就是墳包。

品格，成就人生的力量：

自律習慣 × 領導力 × 責任培養 × 生命價值 —— 若是精神已富足，哪怕生而平庸，靈魂也將成就偉大

作　　者：[英] 塞謬爾·斯邁爾斯（Samuel Smiles）

翻　　譯：孔謐

發 行 人：黃振庭

出 版 者：崧燁文化事業有限公司

發 行 者：崧燁文化事業有限公司

E - m a i l：sonbookservice@gmail.com

粉 絲 頁：https://www.facebook.com/sonbookss/

網　　址：https://sonbook.net/

地　　址：台北市中正區重慶南路一段六十一號八樓 815
室

Rm. 815, 8F., No.61, Sec. 1, Chongqing S. Rd.,
Zhongzheng Dist., Taipei City 100, Taiwan

電　　話：(02)2370-3310

傳　　真：(02)2388-1990

印　　刷：京峯數位服務有限公司

律師顧問：廣華律師事務所 張珮琦律師

國家圖書館出版品預行編目資料

品格，成就人生的力量：自律習
慣 × 領導力 × 責任培養 × 生
命價值 —— 若是精神已富足，
哪怕生而平庸，靈魂也將成就
偉大 / [英] 塞謬爾·斯邁爾斯
(Samuel Smiles) 著，孔謐 譯 .
-- 第一版 . -- 臺北市：崧燁文化
事業有限公司 , 2023.07
面；　公分
POD 版
ISBN 978-626-357-411-3(平裝)
1.CST: 修身 2.CST: 品格
192.1　　112007808

定　　價：465 元

發行日期：2023 年 07 月第一版

◎本書以 POD 印製

電子書購買

臉書